普惠金融与"三农"经济研究系列丛书

丛书策划：米运生

数字普惠金融发展理论与实践

——来自广东的探索

柳 松 著

中国农业出版社

北 京

图书在版编目（CIP）数据

数字普惠金融发展理论与实践：来自广东的探索 /
柳松著. —北京：中国农业出版社，2024.3
（普惠金融与"三农"经济研究系列丛书）
ISBN 978-7-109-31791-8

Ⅰ.①数…　Ⅱ.①柳…　Ⅲ.①数字技术—应用—地方
金融事业—研究—广东　Ⅳ.①F832.765-39

中国国家版本馆 CIP 数据核字（2024）第 055554 号

中国农业出版社出版
地址：北京市朝阳区麦子店街 18 号楼
邮编：100125
责任编辑：闫保荣　　文字编辑：何　玮
版式设计：王　晨　　责任校对：张雯婷
印刷：北京中兴印刷有限公司
版次：2024 年 3 月第 1 版
印次：2024 年 3 月北京第 1 次印刷
发行：新华书店北京发行所
开本：700mm×1000mm　1/16
印张：20.5
字数：357 千字
定价：78.00 元

基金资助：

广东省财政专项资金项目"普惠金融与三农经济研究"（GDZXZJSCAU 202054）

国家社会科学基金重大项目"乡村振兴与深化农村土地制度改革研究"（19ZDA115）

国家社科基金一般项目"数字普惠金融赋能乡村振兴的模式创新与政策优化研究"（22BJY005）

广东省自科基金面上项目"双重绩效目标下数字普惠金融反返贫：功能、服务与机制设计"（2021A1515011926）

序　言

  金融是现代经济的核心。金融业的规模经济性和空间聚焦性容易导致金融发展的不平衡不充分问题。特别是空间分散和稀薄市场等引起的高交易成本等因素，会从广度、宽度和深度等方面，不利于农村金融市场的发展。农民，尤其是小农，容易遭遇到金融排斥和信贷配给等问题，而且农民的认知偏差和较低的金融素养，会使问题变得更为严峻。数字技术和数字经济快速发展带来的数字金融，在一定程度上降低了信息成本和交易成本，在促进长尾市场发展的同时，也在很大程度上促进了农村金融市场的发展。数字鸿沟的存在，也使得农村金融市场发展面临着较大的困难。发展中国家的农村地区普惠金融的发展是一个世界性难题。作为人口最多的发展中国家，中国也一样面临着较大的城乡金融发展不平衡问题，普惠金融也因此变得非常重要。

  广东是中国第一经济强省，同时也是区域差距和城乡差距较大的省份。在金融领域，广东的区域差距和城乡差距也是比较大的。处于改革开放前沿阵地的广东，在通过普惠金融助推乡村振兴并实现现代化方面，承担着重要责任和使命。这既是国家对广东的要求，也是广东农村高质量发展的需要。当前，广东正在以习近平新时代中国特色社会主义思想为指引，谋划"十四五"发展规划。其中，发展普惠金融，也是重要的一环。广东省委、省政府一直高度重视普惠金融，广东的普惠金融发展也取得了较大的进展，探索了不少颇有成效的经验模式。不过，普惠金融的发展是一个系统工程，也是一个动态过程。对广东来说，普惠金融的发展还面临着不少亟待解决的问题，还存在一些需要克服的困难。

通过普惠金融，解决广东金融发展的不平衡和不充分问题，不但关系到广东金融业的可持续发展，也关系到广东乡村振兴战略的顺利实现，更关系到广东现代化建设目标的如期实现。研究广东普惠金融的规律，总结其经验，发现问题并提出方案，是摆在社会各界特别是学术界面前的一项历史使命。要完成这项使命，高校责无旁贷。就发展普惠金融而言，华南农业大学应该发挥它的重要作用。依托金融学广东省特色重点学科、广东省金融大数据分析重点实验室、金融学学术和专业硕士授权点、金融学国家一流专业建设点等平台，华南农业大学金融学学科，在普惠金融的学术研究、人才培养和社会服务等方面，一直发挥着重要作用，为广东农村金融和普惠金融的发展，做出了不可替代的贡献。

华南农业大学金融学学科（专业）的发展，长期以来得到了广东省委、省政府的大力支持。随着乡村振兴战略的深入推进，广东加大了对华南农业大学的支持力度。2020 年，在广东省人民政府张新副省长的关心和指导下，华南农业大学成立了普惠金融与"三农"经济研究院。成立该机构的宗旨主要是：加强普惠金融的学术研究、人才培养和社会服务，探索广东普惠金融的发展道路、实践模式及其所需要的政策支撑体系；通过普惠金融的发展，助推广东乡村振兴战略和粤港澳大湾区战略，促进广东更平衡更充分地发展。根据广东经济和金融发展的特点，我们把研究方向聚焦于普惠金融、数字金融、农村产权抵押融资等领域。为了使社会各界了解广东普惠金融在理论、实践和政策等方面的状况，促进广东普惠金融事业的发展，我们计划出版系列丛书。在 2021 年，我们已经出版了三本专著，即《广东普惠金融发展报告（2020）》《普惠金融改革试验区：理论与实践》《普惠金融实践创新：广东案例》。在此基础上，我们决定继续出版系列专著即丛书第二辑。

　　本丛书的出版，得到了很多人的大力支持。在此，特别感谢广东省人民政府张新副省长、广东省地方金融监督管理局童士清副局长、华南农业大学刘雅红校长、华南农业大学仇荣亮副校长、华南农业大学科学研究院社科处黄亚月处长、华南农业大学经济管理学院领导、华南农业大学普惠金融与"三农"经济研究院的团队负责人和骨干成员等。当然，也要感谢广东省财政专项资金（粤财金202054号文件）对本系列丛书的资金支持。

华南农业大学经济管理学院

华南农业大学普惠金融与"三农"经济研究院　　米运生

目　　录

上　篇

1 绪 论 //

　　数字普惠金融是指所有人口尤其是被正规金融部门排斥或服务不足的人口,通过数字方式获得和利用各种金融服务。这些服务应当切合客户的需求,以负责任的方式提供,对于客户来说安全、适当、便捷与成本可负担,对于提供者而言商业可持续(冯兴元等,2021)[①]。缘起于反贫困而诞生于 20 世纪 70 年代的小额信贷,在历经微型金融并发展成为普惠金融之后,始终面临商业上难以可持续的困境。单纯从技术的可行性角度而言,互联网革命催生的数字普惠金融利用金融科技解决了这一世界性的难题。相较于传统金融,数字普惠金融利用技术进步,使金融服务实体经济实现"三升两降"[②],对社会经济产生了日益深刻的全面影响。

1.1 问题的提出：背景与意义

1.1.1 选题背景

　　纵观全球经济,近年来进入以"弱复苏、慢增长、低就业、高风险"为特征的"新平庸"时代,世界经济呼唤构建一个更公平、更平衡、更繁荣的包容性体系。包容性的经济体系需要包容性的金融体系支撑。包容性金融体系的发展历程可以追溯到 20 世纪五六十年代的社会基金运动[③],在历经小额信贷、微型金融、普惠金融之后,演进成了当下的数字普惠金融。小额信贷是一种为

---

　　① 根据世界银行扶贫协商小组的定义(CGAP,2015),数字普惠金融是指"被正规金融部门排斥或服务不足的人口通过数字方式获得和利用正规金融服务。这些服务应当切合客户的需要,以负责任的方式提供,对于客户来说成本可负担,对于提供者而言可持续"。冯兴元等学者(2021)在此基础上,结合中国实际和经济学上的规范表述进行了部分修正。显然,修正后的数字普惠金融的定义更为精准和科学。

　　② "三升两降"指扩大金融服务规模、改善金融服务体验、提高金融服务效率,同时降低成本并控制风险。

　　③ 该运动是指一种通过组织社区储蓄互助组织来解决贫困人群的信贷需求的社会运动,最早起源于 20 世纪 60 年代的孟加拉国,并在之后的几十年扩展到了其他发展中国家和地区。

贫困人群、小微企业和没有或有限金融历史记录的人群提供小额贷款的金融服务，而微型金融则是在小额信贷的基础上，更广泛地涵盖了其他金融服务和产品，如储蓄、保险、支付服务等，以提供多元化的金融支持。21世纪以来，从小额信贷演进而来的微型金融，其发展受到广度不够、深度不足以及可持续面临严峻挑战的三方面制约，这些制约直接推动了普惠金融（Inclusive Finance）的产生。2005年国际小额信贷年会上正式提出了"构建普惠金融体系"的目标，其后普惠金融联盟和普惠金融专家组分别于2008年、2009年相继成立。普惠金融作为一种全新的金融理念，以金融促发展，是小额信贷和微型金融的延伸和发展，有助于实现包容性增长（Helms et al.，2006）。普惠金融的提出和发展，虽然具有重大的理论与实践意义，对于微型金融发展和反贫困产生了巨大推动作用，但是仍然面临自身可持续的挑战。

因金融扶贫而诞生的小额信贷，伴随着人类反贫困事业的不断深入，虽然在发展成微型金融之后又演进成普惠金融，但是始终面临着同时追求社会绩效与经济绩效双重目标而导致的自身难以为继的困境。然而，互联网革命孕育了受益于大数据和云计算等技术进步的数字普惠金融，一方面，以其对长尾市场的开拓促使传统金融嫌贫爱富的本性得以部分纠偏，打通了金融服务的"最后一公里"；另一方面，以其先天内生的促进包容性增长效应，缩小了社会的贫富差距（贝多广和李焰，2017）。因此，数字普惠金融的长尾效应和包容性增长两大反贫困的实现机制，或许让人类社会在追求效率的征程中找到了和谐发展的金融平衡技术和有效路径依赖。

数字普惠金融利用移动终端快速普及所蕴含的巨大机会，使传统金融服务突破了空间和时间限制，尤其为被排斥于正规金融体系之外，无法享有金融服务的群体提供获取普惠金融的数字渠道，从而满足服务对象的切身需求（Lauer and Lyman，2015）。数字普惠金融因其惠贫性质得到国际社会的广泛认可和高度重视。2007年肯尼亚首创富有商业价值的"M-PESA"模式，其核心是以移动支付发挥数字普惠金融潜力。2016年，中国在G20杭州峰会上提出了数字普惠金融议题，倡导利用数字技术支持普惠金融发展，构建数字金融基础设施生态系统，得到了G20成员的高度认同，并推动出台了《G20数字普惠金融高级原则》。这是国际社会首次在该领域推出高级别的指引性文件，是国际普惠金融领域顶层设计的关键一环，也是全球数字普惠金融发展的一个重要里程碑。

伴随着第三次科技革命的兴起，数字技术的持续创新与广泛应用使数字经济成为继农业经济、工业经济之后的新型经济形态，并给社会经济发展带来了全方位冲击。而作为数字经济在金融领域的集中体现，数字金融逐渐成为中国发展最活跃的领域之一。自 2004 年支付宝创立开始，在短短的十几年间，中国数字金融发展水平已处于世界领先地位，成为全球数字金融领域的领跑者①。广东省作为改革开放的前沿阵地和"先行先试"的样板区，近年来，虽然数字普惠金融处于蓬勃发展之中，但是也面临着区域发展不均衡、数字鸿沟凸显、金融监管滞后等一系列问题。本研究聚焦广东省数字普惠金融的发展，主要回答以下问题：广东省数字普惠金融发展在全国范围内是否起到了带头作用，为其他地区积累了哪些成功经验？广东省区域之间的数字普惠金融发展是否均衡？数字普惠金融服务中小微企业的能力如何，是否成为广东省实现共同富裕的有力抓手？数字普惠金融对广东省农户产生的影响效应与作用机制是什么？期望本研究所取得的成果能够为广东省乃至全国促进数字普惠金融发展、深化数字金融体制改革，进而提升数字金融服务实体经济的能力提供一定的参考与借鉴。

1.1.2　研究意义

数字普惠金融对社会发展、经济运行产生了日益深刻的影响。聚焦广东省数字普惠金融的发展，梳理从小额信贷、微型金融、普惠金融到数字普惠金融的演进逻辑，从金融发展理论的演进审视数字普惠金融的发展逻辑，利用金融功能理论论证数字普惠金融的功能属性，审视数字普惠金融与传统金融的关系，进而深入研究广东数字普惠金融的发展状况及其差异和广东数字普惠金融发展的社会经济效益。显然，这种针对广东省数字普惠金融发展理论与实践的研究，有利于丰富金融发展和金融功能理论，对完善广东省数字普惠金融发展的顶层设计和制度创新，促进金融资源向乡村渗透并提升金融效率，进而助推城乡融合发展并向全国贡献"广东智慧"，具有一定的学术价值。

1.2　国内外文献综述

随着第三次科技革命的到来，以数字经济为代表的新型经济模式逐渐成为

---

① 2018 年全球金融科技 100 强榜单中，中国金融科技公司占据了"领先 50"榜单的五分之三。其中，蚂蚁金服位居第一，京东金融位居第二，度小满金融位居第四。

引领世界各国经济增长的新引擎。国务院 2022 年 1 月正式印发的《"十四五"数字经济发展规划》明确提出"数字经济是继农业经济、工业经济之后的主要经济形态"。数字金融作为驱动数字经济发展的枢纽与核心，其重要性更不容忽视。以金融科技企业和金融机构提供数字化金融服务为代表的新型金融服务，通过信息化技术及产品创新，降低了金融服务产品的成本，扩大了金融服务的覆盖范围，为普惠金融突破发展瓶颈提供了一个新思路，成为普惠金融的重要源动力和增长点，数字普惠金融逐渐进入大众视野（郭峰等，2020）。数字普惠金融作为一种新型的金融服务模式，摆脱了传统金融服务线下物理网点的束缚，降低了金融服务的门槛与金融交易的成本，提升了传统金融的覆盖面与服务效率，为缓解低收入人群和中小企业的融资约束带来了新的契机。实际上，从已有文献来看，学界已经针对数字普惠金融的相关问题进行了较多的研究，例如，如何理解数字普惠金融的内涵，如何科学测度数字普惠金融的发展水平，如何理解数字普惠金融的"前因后果"，并取得了一些成果。基于此，本节拟对数字普惠金融研究的最新进展进行系统评述。具体而言，本节剖析了数字普惠金融的概念内涵，总结了数字普惠金融的测度方式，探讨了数字普惠金融发展的影响因素、经济效应以及面临的机遇与挑战，为促进数字普惠金融健康发展提供参考。

1.2.1 数字普惠金融的相关概念辨析

金融业的发展离不开对数字信息科技的利用，在科技创新的带动下，金融与科技不断融合发展，在这一过程中产生了互联网金融、金融科技、数字金融以及数字普惠金融等新金融业态，且学界还未对上述业态有明晰的概念界定，本节将对这些概念进行辨析，以澄清数字普惠金融的内涵，更好地把握研究领域动态。

1.2.1.1 互联网金融

20 世纪 90 年代以来，随着网络技术的兴起，金融机构开始以网络技术为基底改造传统金融服务形式，互联网技术与金融的融合发展趋势初现端倪。Claessens 等（2003）认为网络技术在金融行业的应用将改变传统服务形式，金融行业的竞争格局也受到网络经济规模效应的影响。由于互联网金融并非一种特定的金融形式，因此国外并没有一个类似的综合性概念。国际上对互联网与金融业务的结合有多种提法，例如，世界银行的电子金融（Electronic finance 或者 E-finance）、在线银行（Online bank）、电子支付（Electronic

payment）等。与国外形成鲜明对比的是国内火热的互联网金融浪潮。自 2012 年阿里巴巴、腾讯筹划成立互联网金融公司，"互联网金融"就作为一种学术概念开始频繁出现在各种中文研究文献当中。谢平和邹传伟（2012）较早地对互联网金融进行了界定，指出互联网金融模式是不从属于直接融资与间接融资的第三种金融融资模式。吴晓求（2014）则提出了不同的看法，认为国内金融界所称的"互联网金融"涉及支付、信贷、基金等各类金融业态，本质上并不构成第三种融资方式，但其功能也不仅仅局限于投融资。进一步地，谢平等（2014）提出了一个更为宽泛的定义，认为互联网金融是一个具有前瞻性的谱系概念，涵盖各类金融中介和市场。2015 年 7 月，由中国人民银行（以下简称"央行"）和有关部委联合起草的《关于促进互联网金融健康发展的指导意见》对互联网金融作出定义，即"互联网金融是传统金融和互联网企业利用互联网技术和信息通信技术实现资金融通、支付、投资和信息中介服务的新型金融业务模式。"相比传统金融，互联网金融创新了融资渠道和方式，具有高效、规模收益、使用便捷等特点和优势，极大提高了金融服务的覆盖面和可获得性，有效缓解了融资难，但没有完全解决融资贵的问题，并且其监管难度与成本费用较高，风险较大，导致互联网金融存在只"普"不"惠"的特点（柳翠和任哲，2015；生蕾等，2018）。

1.2.1.2　金融科技

"金融科技"（Fintech）这一概念来源于金融与技术（Financial Technology）结合后的缩写。20 世纪 70 年代，汉诺威工业信托公司副总裁 Bettinger 便给出了金融科技的初步定义，其认为金融科技是将金融专业知识与管理科学技术以及计算机相结合的一种带有金融属性的技术（Bettinger et al.，1972）。但这一概念被广泛提及与使用则兴起于近几年。由于金融科技在各国的应用层次与广度存在巨大差异，金融科技尚未有一个统一的界定，国际上影响力最大的是金融稳定理事会（Financial Stability Board）对于金融科技的定义："金融发展过程中技术驱动的金融创新，并且这种创新会催生新的商业模式、应用、流程或产品，并对金融服务的提供产生重大影响。"学术界对于金融科技内涵界定的观点则莫衷一是。

通过对相关文献的细致梳理发现，已有文献对于金融科技内涵的界定主要存在以下两类观点。一种观点更倾向于认为金融科技具有更厚重的技术属性。Ma 和 Liu（2017）认为金融科技是一系列广泛影响金融运行、金融服务的技术。Gai 等（2018）将金融科技描述为金融机构所采用的包括数据安全、金融服务交付等在内的众多新型技术。Chen 等（2019）也提出了类似的观点，认为所有可以增强金融服务可得性的技术都可界定为金融科技。进一步地，有学者强调金融科技中的技术通常是指应用在金融服务中的颠覆性数字技术，主要指大数据、云计算、人工智能、区块链等现代信息技术（Bunnell et al.，2020；Knewtson and Rosenbaum，2020）。另一类观点则认为金融科技的本质还是金融，即金融科技的核心是使用新技术去改善金融服务，提供新的金融产品（Thakor，2020），或者金融科技可被视为一种新型商业模式或者金融科技公司（Lee and Teo，2015；Fuster et al.，2019）。综上可知，"金融"与"科技"双重属性对于金融科技来说缺一不可，并驱动金融不断创新发展，极大丰富了金融产品和金融服务的种类，为满足金融需求提供了个性化定制的潜能，拓展了金融活动的广度和深度。

1.2.1.3　数字金融与数字普惠金融

"数字金融"（Digital Finance）的最早雏形可追溯到 1998 年于美国诞生的一款线上支付工具——PayPal，其出现改变了传统的支付形式，提高了支付效率，为数字金融的后续发展奠定了基调。数字金融即金融业态与数字技术的紧密结合而形成的数字化的金融服务，具体而言包括运用大数据、区块链、云计算、AI 等数字技术，对金融业务进行分析、审核、风险管控、信用评估等数字化的过程（黄益平和黄卓，2018）。从某种意义上来说，"互联网金融"可以视作数字金融发展的初级阶段，金融科技则是数字金融不断发展的动力来源，数字金融展示的低成本和时空穿透的特性为支持普惠金融的发展提供了一个新方向。2016 年，G20 杭州峰会正式提出数字普惠金融的概念。数字普惠金融主要通过数字技术赋能传统普惠金融，相较于互联网金融与数字金融而言更加注重普惠性，不再是简单的"数字技术＋传统金融服务"，而是在其基础上通过数字技术促进普惠金融发展的新方式，涵盖支付、融资、信贷、保险、理财、信用等多种业务领域，实现了"普"与"惠"的兼顾。

1.2.2　数字普惠金融的测度方式与发展现状

1.2.2.1　数字普惠金融的测度方式

近年来，随着数字普惠金融的兴起，其发展水平的测度逐渐成为学术界的一大热点。通过对相关文献的梳理，发现测度方法大致分为两类：直接衡量法和综合指数法。这些测度方法为数字普惠金融的相关研究做出了重要贡献。

　　直接衡量法是用与数字金融业务相关的指标作为代理变量来直接衡量数字普惠金融的发展程度。这些指标通常来源于传统的金融调查统计数据以及微观的家庭调查数据。任碧云和李柳颖（2019）基于京津冀 2114 位农村居民调查数据，运用数字支付服务、数字投资服务和数字借贷服务的使用情况以及数字金融服务的可得性作为数字普惠金融的代理变量，探讨了数字普惠金融对农村包容性增长的影响。何婧和李庆海（2019）运用中国农业大学开展的农村普惠金融调查数据，以农户对数字理财产品、数字信贷产品和数字支付产品的使用情况作为数字普惠金融的替代指标。用直接衡量法构造数字普惠金融指标虽然具有直观、构造简便的优点，但其可能存在对数字普惠金融解读不够全面、适用性存在缺陷等问题，且由于学者对于数字普惠金融依托的工具、渠道选择存在差异，设置问题及赋权方法等也存在差异。因此，该方法可复制性较弱、标准性不足、内涵不一致以及差异性较大。

　　综合指数法又分为基于文本挖掘数据构建的综合指数和基于底层交易数据构建的综合指数。其中，基于文本挖掘数据构建数字普惠金融指数是通过建立数字金融初始词库，并依据某个或某几个搜索引擎的次数条目建立数字普惠金融指数。例如，沈悦和郭品（2015）构建互联网金融相关的初始词库，利用文本挖掘法构建互联网金融指数。此后，盛天翔和范从来（2019）、李春涛等（2020）也采用类似思路构建了金融科技指数。虽然该方法构建的指标在一定程度上体现了地区的数字金融发展水平，但其所建立的初始词库与数字金融内涵本身也存在差异，会导致测度结果存在较大偏差。基于底层交易数据构建的数字金融综合指数是指以数字金融平台的用户交易数据为依托构建数字普惠金融指数，其中以北京大学数字金融研究中心编制的数字普惠金融指数（以下简称"北大数字普惠金融指数"）最为典型。该指数依托蚂蚁金服交易账户大数据，选取涵盖信贷、支付、投资等在内的 33 个指标，采用基于层次分析的变异系数赋权法构建而得。由于该指数具有时间跨度长、结构合理、层次分明的特点，所以当前有关数字普惠金融的相关研究中普遍采用该指数来衡量地区数字普惠金融的发展水平。然而，该指标也存在一定的局限性。具体而言，北大数字普惠金融指数所用的底层数据只是蚂蚁金服交易账户数据，既未考虑其他新兴数字金融平台的业务数据，也未考虑传统金融机构的数字金融业务。但是，相对而言这是一个比较好的测度数字普惠金融的指数。

1.2.2.2　测度实践——以北大数字普惠金融指数为例

　　前文已经总结了数字普惠金融测度的两类方法，北大数字金融研究中心编制的数字普惠金融指数作为此类研究中的代表，已被学界广泛采用。分析其测度的实践经验，对于后续相关指数的构建具有一定的借鉴意义。

北大数字普惠金融指数是以全国范围内的蚂蚁金融用户交易数据为依托，具有较大的普适价值与可信度，并且该指标体系的构建过程遵循了以下原则：第一，客观性与全面性原则。北大数字普惠金融指数的构建以体现数字金融的深刻内涵为导向，并同时考虑了数字金融服务的覆盖广度、使用深度和数字化程度，体现了指数构建的客观性与全面性。第二，可比性原则。数字普惠金融的发展是一个随着经济社会和金融体系的发展而不断变化的过程，因此数字普惠金融指数的编制需要兼具纵向与横向可比性。一方面，同一地区在不同年份的数字普惠金融状况会有所变化；另一方面，不同地区在同一年份由于禀赋、经济发展水平与结构、政策和制度的不同，在数字普惠金融表现上也会存在差异，也会在数字普惠金融指数上有所体现。从 2011 年开始，北大数字金融研究中心依据蚂蚁金服的用户数据，编制了各年份每一地区（省、市、县）的数字普惠金融指数，兼顾了横向与纵向可比性。第三，多元性原则。随着金融服务的不断创新发展，金融服务已呈现出多层次性和多元化发展的特征。因此，数字普惠金融指数的构建需要涵盖信贷、支付、投资、保险、货币基金等多个方面。图 1-1 为北大数字普惠金融指数的框架体系，由此可以看出，北大数字金融研究中心编制的数字普惠金融指数包括覆盖广度、使用深度和数字化程度。其中，覆盖广度包含支付宝的账号数量、绑卡用户比例、账号户均绑卡数量三项指标，体现的是账户的覆盖率；使用深度涵盖支付业务、货币基金业务、信贷业务、保险业务、投资业务和信用业务，体现的是数字金融发展的真正效果；数字化程度涵盖移动化、实惠化、信用化和便利化，是互联网技术的集中体现。显然，上述指标体系符合多元性的原则。

1.2.3　数字普惠金融的"前因后果"

1.2.3.1　前因：数字普惠金融发展的影响因素

自 G20 杭州峰会提出数字普惠金融的概念以来，学界掀起了数字普惠金融的研究热潮。通过对相关文献的梳理，就数字普惠金融发展的影响因素而言，学界主要将其分为了宏观经济环境与微观个体特征两个方面。

早期，国内外学者主要聚焦于宏观经济层面，探讨普惠金融发展与经济增长之间的动态关系。Beck 等（2007）基于发展中国家的历史数据，实证分析

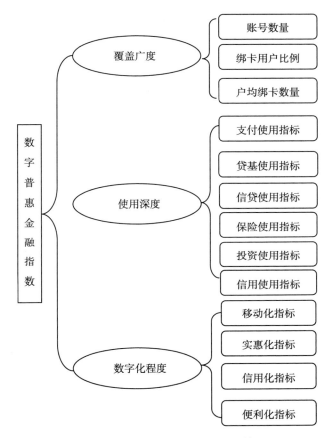

图 1-1　北大数字普惠金融指标体系

了储蓄率及 GDP 增长率等宏观经济因素对普惠金融发展水平产生的影响；Sarma 和 Pais（2010）研究发现，一个国家的普惠金融水平与经济社会发展现代化程度具有很强的正相关性；王婧和胡国晖（2013）则进一步分析了宏观经济指标中的一、二、三产业的发展速度和产出贡献率与普惠金融发展呈现正向关系。上述研究均表明，良好的宏观经济环境是普惠金融健康发展的基础。此外，也有研究发现普惠金融受经济增长影响相对较小，但经济增长受普惠金融影响较大的结论，这与金融深化理论研究成果一致（陈银娥等，2015）。此后，随着 2016 年 G20 杭州峰会正式提出数字普惠金融这一概念，数字普惠金融发展的影响因素研究也日趋丰富。杨明婉等（2019）研究表明，城镇化水平的提升、经济发展和经济结构的转型升级推动了数字普惠金融的发展；王瑶佩和郭峰（2019）研究发现，传统正规金融和满足小微企业与长尾客户的民间金融是数字普惠金融发展重要的基础；李明贤等（2021）以湖南地区为例，发现传统金融与数字普惠金融发展对县域层面的数字普惠金融发展存在显著的正向促进作用；董晓林和张晔（2021）基于273个地级市数据，运用面板固定效应模型分析了自然资源依赖对于地区数字普惠金融发展的影响，结果表明，自然资源依赖对于数字普惠金融发展有显著的抑制作用；刘成杰等（2022）基于285个地级市的面板数据，以"宽带中国"战略作为准自然实验，利用多期 DID 模型分析了数字基础设施建设对数字普惠金融发展的影响，发现数字基础设施建设越完善越有利于地区数字普惠金融水平的提升。此外，吴金旺等（2018）从空间溢出的视角出发，利用省级面板数据，运用空间自回归模型进行实证分析，发现地区数字普惠金融发展还会受到临近地区发展的空间效应影响。进一步地，张嘉怡和胡志明（2022）基于273个地级市层面的面板数据进行实证分析后也得出了与之一致的结论。

由上文可知，良好的宏观经济环境是数字普惠金融发展的坚实基础。后文将聚焦于微观个体层面，对数字普惠金融发展的影响因素进行细致梳理。郭峰和王瑶佩（2020）对上海财经大学"千村调查"项目数据进行分析发现，农户受教育程度和金融素养水平越高越有利于数字金融在乡村地区的拓展。蒋庆正和李红（2019）研究发现民族构成和互联网使用情况等微观个体特征是影响地区数字普惠金融发展的重要因素。郭妍等（2020）基于山东省农村居民与金融机构的调研数据进行分析，发现相较于硬件设备普及率、网络覆盖率等因素，农村居民的受教育程度与金融知识对于农村数字普惠金融发展更具长远意义。刘原宏和杨治辉（2023）运用半参数理论的分析方法研究数字普惠金融发展的影响因素，发现居民受教育程度、就业率以及互联网使用率是促进数字普惠金融发展的重要因素。

1.2.3.2 后果：数字普惠金融发展的经济效应

数字经济作为一种全新的社会经济形态，极大地改变了大众的生活方式，并已成为推动经济增长的新型驱动力。而以移动互联网、人工智能、区块链、大数据、云计算等新型信息技术为基底的数字普惠金融，作为数字经济的核心构成部分，正以令人惊叹的速度赋能传统金融发生巨大变革，并对经济社会的方方面面产生了重大影响。数字普惠金融的经济效应主要体现在以下方面。

（1）宏观层面

①数字普惠金融与区域经济发展。根据新古典经济学理论，金融资本是现

代经济社会中一类不可或缺的要素禀赋，金融资本的差异是导致地区经济发展失衡的重要因素。在金融发展的初期，由于传统金融存在的种种局限性使金融服务无法达到"广覆盖"的效果，因而在各地区之间的金融资本分配表现出一定的不平等，严重影响了国家和地区的可持续发展。进一步地，随着数字技术与传统金融业态的深度融合，数字普惠金融应运而生，其在一定程度上缓解了金融资本在地区上的差距，使金融资源的配置方式更加合理，这也就决定了数字普惠金融对区域经济发展具有重要影响。在经济发展方面，由于传统金融"嫌贫爱富"的特点，其服务对象大多是国有企业和高净值企业，这就使民营的中小企业无法享受到有效金融服务，严重制约地区经济活力。

第一，从经典的经济增长视角切入，张勋等（2019）认为，数字普惠金融通过提高金融服务的可得性和便利性促进居民创业，进而实现包容性增长，尤其是对农村地区和不发达地区的影响更大。钱海章等（2020）研究表明，数字普惠金融通过大数据与信息技术打破了传统金融服务的时空限制，极大地提高了金融服务的普惠性，推动了地区技术创新，进而促进了地区经济增长。傅利福等（2021）研究发现，数字普惠金融主要通过财富渠道和创新渠道促进地区的包容性增长。肖威（2021）利用县域与城市层面的面板数据进行研究，发现数字普惠金融发展能够通过存款机制和贷款机制有效促进经济增长，并且经济增长效应在经济欠发达地区强于经济较发达地区。并且，数字普惠金融发展具有的明显的空间溢出效应（沈悦和郭品，2015；郭峰等，2020）使其惠及范围进一步扩大。

第二，经济进入新常态后，如何推动高质量发展成为当前我国面临的重大现实问题，因此数字普惠金融与经济高质量发展之间的关系也是学者关注的重点话题。滕磊和马德功（2020）认为经济高质量发展的逻辑起点是社会主要矛盾的变化，而数字金融的这种普惠效应显然有助于社会各个领域实现高质量发展，从而破解我国社会的主要矛盾，并通过降低信息不对称和增强弱势群体的金融可得性来促进经济高质量发展。蒋长流和江成涛（2020）基于城市层面的数据探讨了数字普惠金融与经济高质量发展的关系，发现数字普惠金融与高质量发展呈现非线性关系，促进地区企业全要素生产率的提升是数字普惠金融促进地区经济高质量发展的有效机制。徐伟呈和范爱军（2022）基于南北差异视角，实证分析了数字普惠金融对区域经济高质量发展的影响效应，结果表明数字普惠金融通过产业结构调整对区域经济高质量发展产生了非线性的促进作用。

第三，由于数字普惠金融覆盖面广、金融服务门槛低等特点，数字普惠金融能够让更多的弱势群体享受到金融服务带来的便利，进而缩小区域间的收入差距。已有的关于数字普惠金融与收入差距的研究主要聚焦于城乡二元结构间的收入差距与地区间收入差距。宋晓玲（2017）基于数字金融服务视角，基于省级平衡面板数据分析了数字普惠金融与城乡居民收入差距的关系，发现数字普惠金融发展能够显著缩小城乡之间的收入差距。周利等（2020）利用北大数字普惠金融指数与中国劳动力追踪调查的匹配数据集进行实证分析也得出了类似的结论。张碧琼和吴琬婷（2021）从居民收入的视角考察了数字普惠金融发展对收入分配的影响及其传导机制，结果表明数字普惠金融对居民收入具有显著的正向影响，且对农村居民的收入影响更大，从而有助于缩小城乡收入差距。胡善成等（2022）研究发现数字普惠金融发展与地区收入差距之间呈现"U形"关系。就影响机制而言，人力资本积累（杨怡等，2022）、资本错配降低（胡善成等，2022）、收入结构与信贷配置优化（宋科等，2022；田瑶和郭立宏；2022）是数字普惠金融影响区域收入差距的重要渠道。

②数字普惠金融与货币政策以及金融风险。数字普惠金融作为一种以数字技术为依托的新兴金融中介，其迅猛发展与快速渗透会对宏观货币政策造成一定的冲击，因而许多学者基于此话题开展了大量研究。一种观点认为数字普惠金融的发展会降低货币政策的传导效果。Mishra 和 Montiel（2013）的观点认为，金融行业的数字化转型有可能进一步弱化货币当局对宏观经济的调控力度。从传统银行的视角来看，黄益平和黄卓（2018）认为数字普惠金融的发展会导致银行资产负债业务增加，进而降低货币政策的传导效率。此外，从企业的视角来看，数字普惠金融扩宽了传统金融的融资渠道，让银行的贷款业务受到压缩，从而减弱了企业对银行的依赖。以支付宝花呗、京东金融等为代表的新型借贷服务，让资金供求双方不再受地域空间的限制，大大提高了企业的信贷可得性。同时，第三方支付会削弱企业对现金的持有需求，让货币政策的实施效果大打折扣（Li et al.，2020）。另一种观点则认为，数字普惠金融会提高货币政策的效果。段永琴和何伦志（2021）研究发现，数字金融对银行贷款利率定价市场化具有显著正向作用，其中大数据等数字技术提升银行贷款利率定价技术水平，是促进银行贷款利率定价市场化的核心动力，互联网贷款和互联网理财则通过改进银行贷款利率的定价模式发挥了助推作用。战明华等（2018）利用拓展的 IS-LM-CC 模型，构建了一个数字金融通过利率与信贷两个机制传导到货币政策的理论模型，结果表明数字金融放大了货币政策的效果。

此外，数字普惠金融与金融风险也有重要关联。一方面，有观点认为数字普惠金融的发展增加了金融风险的积聚。首先，由于数字普惠金融的便利性与快捷性，金融服务随手可及，用户在每一次数字金融交易的过程中都会产生金融信息，一旦客户的身份信息与账户信息出现泄露，很容易被犯罪分子利用，形成金融诈骗，这一情况在老年群体中尤甚（雷晓燕等，2022）。其次，数字普惠金融降低了金融服务的门槛，在一定程度上弱化了金融中介的作用，会诱使高风险用户进行贷款，从而增加发生金融风险的可能性（李优树和张敏，2020）。最后，相较于传统金融，数字金融具有业务模式新颖、科技含量高、业务主体多元甚至模糊等特点，在形成之初容易游离于监管之外，形成监管盲区（黄益平和陶坤玉，2019），加剧金融风险。另一方面，也有观点认为数字普惠金融发展促进了金融风险缓释。具体而言，第一，数字普惠金融能够弥补传统金融的不足，通过缓解信息不对称、降低交易成本、缓解资源错配等增加金融服务实体经济的效率（Ozili，2018），增强实体经济抵御风险的能力（郭丽虹和朱柯达，2021），进而降低区域性金融风险。第二，数字普惠金融运用大数据、区块链技术等能够更好地获取信息，减少交易中的信息不对称现象，有利于监管部门甄别市场信息，提升监管部门的风险识别和处置效率，增强风险防控能力（金洪飞等，2020）。第三，数字普惠金融推动了金融体系内部的抗风险能力提升，有助于降低金融风险（欧阳资生等，2021）。例如，数字普惠金融通过提高资产收益率、拉低账面杠杆以及促进资本流动来降低地方商业银行风险（李振新和陈享光，2023）。

（2）中观层面

数字普惠金融是经济发展提质增效的新动能和新引擎，对产业结构的转型升级具有重要驱动作用。基于此，学者们就数字普惠金融与产业升级的关系展开了大量的讨论。唐文进等（2019）基于2011—2015年的面板数据，运用门槛模型实证分析了数字普惠金融与产业结构升级之间的关系。结果表明，数字普惠金融发展与产业结构升级之间存在非线性关系，具有门槛效应。杜金岷等（2020）研究发现，数字普惠金融促进了我国产业结构优化，收入差距缩小、资本积累、消费需求扩张以及技术创新是数字普惠金融促进产业结构优化升级的重要渠道。此外，数字普惠金融发展对我国产业结构升级的影响也存在显著的区域异质性。具体而言，数字普惠金融对于经济发达地区的促进效应更强（牟晓伟等，2022），并且当周边地区数字普惠金融大于临界值以后会对本地区产业结构的升级产生负向的空间溢出效应（郭守亭和金志博，2022）。

（3）微观层面

①数字普惠金融与家庭经济活动。新兴科技手段与金融业态的结合为广大民众的生活带来了诸多便利，也潜移默化地影响了家庭经济活动。因此，笔者基于新古典经济学经典的分析框架，从消费、收入以及投资的视角出发，梳理数字普惠金融对家庭经济活动的影响。

首先，数字普惠金融与家庭消费行为。相较于传统金融，数字普惠金融得益于科技进步带来的便利性，能够在一定程度上弥补传统金融在支持消费方面的不足，并对居民家庭消费呈现出不同特质的影响。第一，从消费增长的视角来看，易行健和周利（2018）基于宏观和微观的匹配数据集，实证研究发现数字普惠金融发展对家庭居民消费有显著的促进作用，并且存在一定的普惠效应。江红莉和蒋鹏程（2020）通过省级面板数据进行分析，发现数字普惠金融能够有效促进居民消费结构升级，缩小城乡差距与产业结构优化是数字普惠金融促进居民消费结构升级的重要机制。邹新月和王旺（2020）发现数字普惠金融的发展可以通过收入、移动支付、消费信贷以及保险等渠道影响居民消费水平，且数字普惠金融对西部地区的影响大于东部地区。孙玉环等（2021）基于大连市住户调查数据与北大数字普惠金融指数的匹配数据集，运用面板固定效应模型进行分析发现，数字普惠金融对城区、村庄中心居民消费促进作用显著，而对边缘区域居民消费无显著影响。第二，从消费结构的角度切入，谢家智和吴静茹（2020）运用CHFS2013数据（CHFS即"中国家庭金融调查"）实证分析了数字金融与居民消费结构的关系，发现数字金融对居民家庭的发展型和享受型消费有显著的促进作用。何宗樾和宋旭光（2020）则研究发现数字普惠金融对居民家庭生存型消费有显著的正向影响。第三，就数字普惠金融对居民消费差距的影响而言，张海洋和韩晓（2022）研究发现数字普惠金融发展能够显著降低居民之间消费不平等程度，且主要通过数字支付便利消费、数字信贷平滑消费、数字保险降低预防性储蓄动机三个机制来缓解金融约束，缓解消费不平等。

其次，数字普惠金融与家庭投资行为。数字普惠金融对于家庭经济活动的影响还表现在投资方面。近年来，随着数字技术的发展，以移动支付为代表的数字普惠金融服务逐渐进入大众的日常生活，个体居民逐渐对其产生信任，进而利用支付宝等数字金融平台开展投资活动。数字普惠金融的发展缓解了金融供需双方的信息不对称，为个体居民提供了更为全面的金融产品信息，扩大了投资者对于投资产品的选择范围，满足了不同个体差异化的金融需求，进一步增加了投资者投资的可能和享受其他金融服务的机会（李晓等，2021）。周雨晴和何广文（2020）基于北大数字普惠金融指数与 CHFS2015 的匹配数据进行实证研究，发现数字普惠金融发展能够显著提升农户参与金融市场的意愿与配置金融资产的比例。吴雨等（2021）研究发现，数字普惠金融发展通过增加投资便利性、促进金融信息获取和提升风险承担水平等路径提升了家庭金融资产组合的有效性，同时也提高了家庭金融资产投资组合的多样性，从而降低家庭极端风险投资的可能性。此外，张海洋和韩晓（2021）的研究还显示，数字普惠金融发展为个体农户优化家庭资产配置提供了可能，最终起到了防贫、减贫的作用。

最后，数字普惠金融与家庭收入和财富。除"促消费"的经济效应外，数字普惠金融还存在一定的"增收创富"效应。一方面，从家庭收入的视角切入，数字普惠金融发展对家庭收入增长有显著的促进作用。张勋等（2019）利用北京大学数字普惠金融指数研究发现，数字普惠金融发展能够显著促进包容性增长，提高居民收入。王永仓等（2021）聚焦农户层面，基于 CHFS2017 数据实证分析了数字金融对农村家庭收入的影响，发现数字金融发展通过提升家庭创业的概率显著促进了农户增收。此外，数字普惠金融的"普惠"特性与"广覆盖"特点使其在缩小收入差距方面也发挥了一定作用（宋晓玲，2017；周利等，2020），但当"数字鸿沟"现象存在时，数字金融可能有拉大收入差距的风险（胡联等，2021）。另一方面，数字普惠金融也是家庭财富增长的重要驱动力。周天芸和陈铭翔（2021）基于 CFPS 数据（CFPS 即"中国家庭追踪调查"）实证研究发现，与传统普惠金融相比，数字普惠金融更能促进家庭总体财富规模的增长。吴海涛和秦小迪（2022）基于城乡二元视角实证分析了数字普惠金融与财富差距的关系，发现数字普惠金融发展能够显著降低城乡财富不平等程度。

②数字普惠金融与企业经济活动。企业作为国民经济运行的重要组成部分，更是实现高质量发展的重要一环。企业的生产离不开资本要素的投入。因此，企业在发展过程中离不开有效的金融支持。随着数字技术与传统金融的深度融合，数字普惠金融为中小企业发展注入了新动能。一方面，传统金融供给不足导致区域内企业受到较强的融资约束。在"普惠"靶向下，数字普惠金融发展带来的新型金融供给能够优先投放至被传统金融忽视的企业中，从而明显改善企业融资约束（任晓怡，2020；黄锐等，2021），促进企业创新发展。另一方面，数字普惠金融在支持个体开展创业活动中也起到了不容忽视的作用。

长期以来，"融资难、融资贵"是制约小微经营者开展创业活动的原因之一（侯宝锋等，2022）。相较于传统金融的"嫌贫爱富"，具有"普惠性"特征的数字普惠金融更能为个体经营者开展创业活动提供有力支持。例如，以支付宝为代表的新型移动支付方式的出现大大地降低了创业过程中的交易成本，促进了电子商务的发展（李继尊，2015）。谢绚丽等（2018）研究发现，数字普惠金融降低了小微个体创业过程中的搜寻成本，极大提高了创业成功的概率。郭沛瑶和尹志超（2022）认为数字普惠金融的发展有利于小微企业开展创业活动和激发创新活力。

1.2.4 数字普惠金融发展面临的机遇与挑战

1.2.4.1 发展机遇

随着我国经济进入向高质量发展转型的关键时期，经济发展也对数字普惠金融提出了更高的要求。国家政策的支持、科学技术的进步、金融高质量发展的必然要求为数字普惠金融发展提供了现实机遇。

首先，就政策支持层面而言，我国政府在扶持数字金融发展方面做出了大量努力。2014年，"互联网金融"作为数字普惠金融的前身，首次被纳入政府工作报告；2015年，央行等十个国家相关部门联合发布了《关于促进互联网金融健康发展的指导意见》，该政策的实施为数字金融发展创造了良好的外部环境。2020年，在新冠疫情的冲击下，国家发展改革委提出了建设新型基础设施的重大战略举措。新型基础设施建设能支撑数字普惠金融服务的智能升级、融合创新，对数字普惠金融健康发展具有积极引导作用。其次，科技的快速进步也为数字普惠金融发展提供了强大助力，物联网、大数据分析、量子计算和移动互联等高科技手段的应用与推广正不断改变金融形态，助推数字普惠金融发展进入"快车道"。金融科技也已成为决定一国金融国际竞争力的主要因素。与此同时，随着新型通信技术——"5G"技术的广泛应用，数字技术赋能金融服务将会彻底释放数字普惠金融的潜在生产力。最后，由于我国金融发展依然存在着不平衡、不充分的问题，各地金融资源禀赋具有较大的差异，这就要求金融向高质量发展方向转型，而金融服务数字化则是其中的"应有之义"（贝多广，2017）。一方面，由于传统金融体系主要为"精英"人群提供金融服务，具有门槛高、效率低、费用大等弊病，不能满足金融的高质量发展要求，而数字普惠金融具有的低门槛、广覆盖、高效率的特质，有效地匹配了金融高质量发展的内在需求。另一方面，传统的金融监管方式已难以符合新时代金融高质量发展要求，金融监管部门必然要借助数字技术创新监管模式，促进传统金融监管模式向科技监管模式发展。

1.2.4.2 面临的挑战

虽然数字普惠金融能够在一定程度上弥补传统金融体系的诸多不足，但是这并不意味着其发展前景是一片坦途。笔者认为，数字普惠金融在未来的发展过程中仍面临着许多挑战。例如，既有法律法规的相对滞后、监管体系的不健全、数字普惠金融参与主体素养欠缺等。

第一，既有法律法规的相对滞后。数字普惠金融作为近年来的新兴金融业态，既有法律法规对于数字普惠金融的约束已日渐乏力，无法有效约束数字普惠金融主体行为，导致金融风险不减反增。具体而言，数字金融领域的违法犯罪行为呈现出新的特征，既有的法律法规难以对其进行有效规制。实践也已经证明，数字金融法律法规的滞后性不仅会造成金融市场无序发展，而且会阻碍数字普惠金融的顺利推进（王定祥和胡小英，2023）。第二，监管体系的不完善。我国传统金融监管体系主要是对银行、证券和保险等传统金融机构的分业监管模式，即不同监管部门只针对某一具体金融产品或金融业务（银行、证券、保险）的行为进行规范，进而预防风险。因而各监管主体之间缺乏必要的信息共享机制，监管行动的一致性难以形成。数字普惠金融作为以数字技术为基底的多领域混业经营的新兴金融服务模式，具有明显的跨界特征，需要多部门综合监管，传统金融监管对其无法有效发挥作用（何宏庆，2019）。第三，数字普惠金融参与主体素养不高。虽然数字普惠金融在我国得到了迅猛发展，但其产生的时间较短，金融从业人员缺少相关技能培训，进而制约了数字普惠金融的运行效率。丁嫚琪和张立（2019）认为企业和金融机构要重视培养职工的专业技能，持续提升金融从业人员与监管人员的专业素养和综合能力。此外，金融素养的欠缺也导致金融消费者无法熟练地使用数字普惠金融服务。

1.2.5 总结与展望

人类社会正在经历一场深刻的数字化变革。聚焦金融领域，数字技术也逐渐与金融业态融合交互，数字普惠金融越来越受到关注。通过细致梳理数字普惠金融的相关研究成果，可以总结为以下几点：第一，基于数字普惠金融发展现状，数字普惠金融的内涵可概括为数字技术赋能传统金融而产生的新型金融服务模式；第二，已有研究从地区层面和家庭层面对数字普惠金融的测度问题进行了探索，所用方法主要包括直接衡量法、综合指数法；第三，数字普惠金融产生与发展受到经济增长、数字基础设施、社会资源等因素的影响；第四，数字普惠金融发展对宏观经济、中观产业结构以及微观企业和居民行为产生了广泛而深刻的影响；第五，国家政策的支持、科学技术的进步、金融高质量发展的必然要求为数字普惠金融健康发展提供了契机，但法律法规的相对滞后、监管体系的不完善以及参与主体素养不高等问题也亟须重视。因此，有关部门应高度重视对数字普惠金融发展的支持。在数字经济时代，有关部门应科学制定各项政策以缩小地区之间、群体之间的社会不平等程度，充分发挥数字普惠金融的"普惠效应"，确保不同地区、企业和居民能公平享受到数字普惠金融带来的"数字红利"，实现包容性增长和共享式发展。

关于数字普惠金融的研究虽已取得了丰硕成果，但未来还应进一步深入与拓展，重点包括以下三个方面。首先，完善数字普惠金融的概念框架。基于不同的研究目的，学术界对数字普惠金融的概念内涵还没有达成共识。随着大数据、区块链和 5G 技术对传统金融业产生的影响越来越深刻，经济发展也越来越离不开数字技术的支持，数字普惠金融的概念框架将会在更多的金融实践中得到补充和完善。其次，完善数字普惠金融的研究内容。现有的关于数字普惠金融对经济发展的研究更多的关注数字普惠金融的经济效应，对于影响数字普惠金融发展的因素研究还有待进一步加深。此外，后续研究可以从消费者保护、风险控制与管理、监管模式创新等方面做进一步扩充完善。最后，丰富数字普惠金融的研究方法。一方面，现有研究多采用层次分析法构建指标体系对数字普惠金融发展水平进行测算，该方法具有一定的主观性，后续研究可以探索如何采用更加科学合理的测算方法来构建数字普惠金融发展水平测度的指标体系。另一方面，为了更加准确地认识数字普惠金融，大多数学者采用定性分析法来演绎数字普惠金融的发展规律。较少学者采用定量分析法。考虑到数字普惠金融内涵正在不断延伸拓展，学术界可以积极尝试社会工程学、密码学等跨学科研究方法，进而更加有效地揭示数字普惠金融发展的本质规律。

1.3　研究思路、内容与方法

本书共计 11 章，分为上篇（第 1—7 章）和下篇（第 8—11 章）。主要采用了理论分析、数据分析和计量分析相结合的方法，具体按照如下步骤进行研究。

首先，对数字普惠金融发展进行理论分析。内容包括两章，即第 1 章绪论；第 2 章数字普惠金融发展的理论渊源与初步理论架构。主要通过对数字普惠金融发展的国内外文献进行综述和对数字普惠金融发展的理论渊源进行追溯，从三方面初步探讨数字普惠金融发展的理论架构：一是基于金融反贫困视角，从金融发展理论的演进审视数字普惠金融的发展逻辑；二是从金融功能观剖析数字普惠金融的功能属性；三是论证数字普惠金融与传统金融之间的关系。

其次，对广东省数字普惠金融的发展水平和发展差异进行数据分析。内容包括五章，即第 3 章数字普惠金融发展水平：广东与全国的比较；第 4 章广东"一核一带一区"数字普惠金融发展状况及其差异；第 5 章广东地市级数字普惠金融发展状况及其差异；第 6 章广东县域级数字普惠金融发展状况及其差异；第 7 章广东数字普惠金融发展差异：特征、成因与对策。主要使用北京大学互联网金融研究中心提供的数字普惠金融发展指数，包括 2011—2021 年全国指数和广东省各地市级、各县域级指数。基于总体指数、分类指数两个维度，从数字普惠金融纵向的发展水平与横向的发展差异上，进行了广东与全国的比较和广东"一核一带一区"、各地市级、各县域级的对比分析，进而深入研究了广东数字普惠金融发展差异的主要特征、形成原因及其破解对策。

最后，对广东省数字普惠金融发展的社会经济效益进行计量分析。内容包括四章，即第 8 章数字普惠金融对广东农户金融素养的影响及作用机制；第 9 章数字普惠金融对广东农户家庭金融资产配置的影响及作用机制；第 10 章数字普惠金融对广东农户家庭财务脆弱性的影响及作用机制；第 11 章数字普惠金融对广东共同富裕的影响及作用机制。主要基于中国家庭金融调查与研究中心（Survey and Research Center for China Household Finance）发布的广东省调研数据，从理论和实证两方面综合研究了数字普惠金融发展对广东农户的金融素养、家庭金融资产配置和家庭财务脆弱性以及广东共同富裕的影响效应与作用机制。同时，运用工具变量法较好地克服了研究中存在的内生性问题，并使用双稳健的 IPWRA 估计、倾向得分匹配法、替换核心变量和细分数字普惠金融指标等方法进行了稳健性检验。

1.4　边际贡献与应用价值

1.4.1　边际贡献

本研究的边际贡献主要表现为以下三个方面。

第一，追溯了数字普惠金融发展的理论渊源。数字普惠金融的发展具有深远的理论渊源，促进其发展的内在动力是社会对提升金融服务效能、降低金融服务成本、增加金融服务便利性的追求，而促进其发展的外在条件是金融科技的不断进步并广泛应用于金融行业。数字普惠金融发展的理论渊源可追溯到马克思的生产力与生产关系的辩证思想以及政治经济学中的货币理论与虚拟资本，而网络效应理论、长尾理论被认为是数字普惠金融发展最直接的理论来源。

第二，初步构建了数字普惠金融发展的理论框架。从三方面初步探讨了数字普惠金融发展的理论架构。一是基于金融反贫困的视角，从金融发展理论的演进审视了数字普惠金融的发展逻辑。诞生于 20 世纪 70 年代的小额信贷，缘起于社会的包容性发展和金融反贫困，从"金融排斥论"的提出到普惠金融的发展进而到数字普惠金融的大力推广，将金融发展的研究从效率视角延伸至公平视角，体现了金融发展史上的巨大进步。二是从金融功能观剖析了数字普惠金融的功能属性。得出相较于传统金融，数字普惠金融优化了资源配置功能、提升了支付结算功能、促进了风险管理功能以及强化了信息服务功能的结论。三是数字普惠金融与传统金融的关系是一种"竞合关系"。

第三，首次聚焦广东省数字普惠金融发展的理论与实践，试图贡献"广东智慧"。相较于国际、全国层面的研究，本研究专注于广东省数字普惠金融发展的理论与实践。从数字普惠金融纵向的发展水平与横向的发展差异上，进行了广东与全国的比较和广东"一核一带一区"、各地市级、各县域级的对比分析，深入探讨了广东数字普惠金融发展差异的主要特征、形成原因及其破解对策。进而通过理论与实证相结合，深入研究了数字普惠金融对广东农户的金融素养、家庭金融资产配置、家庭财务脆弱性以及广东共同富裕的影响效应及作用机制。广东省是中国改革开放的前沿阵地和先行先试的样板区，上述研究有助于形成数字普惠金融发展的"广东智慧"。

1.4.2 应用价值

本研究聚焦于广东省数字普惠金融的发展，并从多个角度进行探索和分析，揭示了数字普惠金融对广东省社会发展和经济运行产生的多方面影响，具有一定的应用价值，具体如下。

首先，研究结果可以为相关政府职能部门提供关于数字普惠金融政策制定和调整的参考。通过深入研究广东省数字普惠金融的发展特征、比较差异及其形成原因，可以提供政策建议或对策来推动数字普惠金融在广东的进一步发展。

其次，金融机构和企业可以从研究中获得关于数字普惠金融的发展逻辑和功能定位的理解，从而更好地调整经营策略和服务定位，以适应数字普惠金融的发展趋势，并发掘潜在的商业机会。

再次，研究深入探讨了数字普惠金融对广东农户的影响效应，包括金融素养、家庭金融资产配置和家庭财务脆弱性等方面。通过了解数字普惠金融对农户的实际影响，可以提供政策建议和推动力来提升农户的金融素养和财务管理水平，从而改善他们的经济状况和生活质量。

最后，研究还涉及数字普惠金融对广东共同富裕的影响效应及其作用机制。这些可以为广东省实现共同富裕目标提供理论支持和政策建议，推动广东省在经济发展的同时实现更加均衡和可持续的社会发展。

因此，本研究的应用价值主要体现在为政府决策者、金融机构、企业和农户提供参考和指导，进而为推动数字普惠金融的进一步发展、促进金融资源向乡村渗透、提升金融服务实体经济的效率提供理论依据和经验证据。

2 数字普惠金融发展的理论渊源与初步理论架构 ///////////////////////////

互联网革命和金融科技的进步带动数字普惠金融以令人震惊之势在中国高速发展。数字普惠金融在给传统金融体系带来巨大挑战和冲击的同时，也对社会经济运行和国民日常生活产生了巨大影响。由此引发的思考是，支撑数字普惠金融发展的理论渊源是什么？如何构建数字普惠金融的基本理论框架？如何从金融发展理论认识数字普惠金融发展的基本逻辑？数字普惠金融在金融功能上具有哪些基本属性？数字普惠金融与传统金融的关系是什么？能否颠覆传统金融？显然，对于这些问题的回答具有重要的理论意义。因此，面对数字普惠金融的迅猛发展，追溯其理论渊源并构建其理论框架就显得尤为必要。

2.1 数字普惠金融发展的理论渊源

2.1.1 马克思的生产力与生产关系的辩证思想

马克思（1859）提出"社会的物质生产力发展到一定阶段，便同它们一直在其中运动的现存关系或财产关系（生产关系的法律用语）发生矛盾，于是这些关系便由生产力的发展形式变成生产力的桎梏。"在人类社会的发展中，生产力与生产关系这一对矛盾统一体表现为生产力决定生产关系，而生产关系又对生产力产生反作用。相较而言，由于生产力总是表现得比较活跃，是社会生产发展中最革命的因素，因此生产关系需要不断调整，以适应生产力的变化。只有生产关系适应生产力的发展需要，社会才可以不断进步。近百年来，全球的生产关系是基于大规模生产下的分工协作需要而建立的，主要表现为工业时代中所形成的层级化、职能化的生产关系。随着互联网革命带来的人工智能、区块链、云计算、大数据等金融科技的兴起，全球经济迎来以数字经济为新生产力的发展新时代，工业时代的生产关系已经不能适应新生产力发展的需要。

理论上，就金融与经济的关系而言，数字经济这种新的生产力对应的是数字金融这种新的生产关系。数字经济时代促使社会不断朝着透明、诚信、公平、包容的方向进步，创造与数字化生产力相匹配的新的生产关系，需要围绕生产、交换、分配、消费等环节进行全方位重塑和完善，用数字技术优化新的生产方式，形成新的交换模式，创造社会成员参与分配的新形式和新方法，释放适应数字生产力的大量新消费。无论是政府职能部门，还是企业和居民部门，都需要重新思考自身在新生产关系中的新定位，共同创造一个能够为每个人带来美好生活的公平、可信、福祉最大化的生产关系。这种生产关系至少应具备三个典型特征，即数据透明、全员可信和身份对等。然而，在传统的金融服务领域，由区域、行业、群体之间的禀赋差异导致的金融排斥和金融抑制现象普遍存在，尤其是小微企业和弱势群体得不到应有的金融服务，金融的包容性亟待提高。因此，传统金融体系及其服务或产品亟待进行数字化改革和优化，特别是普惠型金融的数字化重塑，即数字普惠金融的大力推行，才能有效发挥数字金融对数字经济的促进作用。

2.1.2 政治经济学中的货币理论与虚拟资本

数字普惠金融，其本质仍是金融，而金融的核心和根本性要素就是货币。因而数字普惠金融应与传统政治经济学中的货币理论有深厚的渊源关系。首先，数字普惠金融提升了货币的流通手段职能。数字普惠金融依托金融科技，在交易结算过程中能够溯源交易中的信息流和商品流，突破交易物理空间的限制和交易结算时间的约束，有效留痕交易的个体行为特征和突破交易的时空边界。其次，数字普惠金融优化了货币的支付手段职能。相较于传统金融服务，货币支付通常被局限于相识的企业之间、个人之间或者企业与个人之间。而数字普惠金融的出现一方面使赊购赊销在消费过程中变得更为普遍，另一方面又使货币支付变得更为便捷，既改善了支付的服务体验，又降低了支付的交易成本，更提升了支付的效率和规模。最后，数字普惠金融促进了货币形态的改变。法定数字货币的出现是继电子货币后的最新货币形式，其推广应用对货币政策、金融体系乃至整个社会经济都将产生深远影响。

此外，数字普惠金融无论是在社会经济层面还是资本运作层面，都加深了资本虚拟化程度，提升了资本集中的速度、效率与规模。历史上，随着社会信用制度的建立和发展，产生了专门经营借贷资本的银行资本家，借贷资本形式逐渐被虚拟化。而虚拟资本的发展加速了资本的集中，使社会生产规模得以迅猛扩张。然而，由于借贷资本存在进入门槛限制，资本的虚拟化和资本集中常常滞后于社会经济的发展。而数字普惠金融的出现，一方面创新了金融机构和金融服务，例如众筹、微众银行、网商银行、蚂蚁金服、P2P、数字理财、数字信托、数字保险等，极大丰富了虚拟资本的种类和运作渠道；另一方面扩大了服务规模、改善了服务体验、提高了服务效率，同时降低成本并控制风险，增强了虚拟资本的资金吸附能力。

2.1.3 网络效应理论

网络效应是伴随现代信息技术发展而产生的一种重要思想，阐述了信息技术产品所表现出的需求方规模经济、边际收益递增以及有效评估信用风险的特点。

首先，互联网经济表现出了一种需求方规模经济现象。产品给用户提供的价值量不仅取决于该产品的固有属性，还取决于使用该产品的其他用户的规模。简而言之，网络效应分析了互联网经济具有正外部性，即当用户通过使用某一产品而加入某一网络时，其参与行为增加了该产品所拥有的信息范围，而这种信息范围的增加能够带给其他用户产品使用体验与效用的提升（Carlsson and Stankiewicz，1991），这种正外部性即需求方规模经济。

其次，互联网经济具有边际收益递增的优势。依据互联网产品的特性，可知其边际成本呈现递减趋势，即在完成其初期的硬件设备购置、程序开发等前期准备后，其产品的成本基本完成，后续再接入新用户时不再需要额外的大量投入。相反，其平均成本和边际成本还会由于新客户的加入而不断被摊薄，进而收益增加。同样，在金融行业方面，金融机构在构建并形成网络后，在成本既定的情况下，其吸引的客户量越多，其平均成本越低，收益越高。

最后，互联网经济能够有效评估信用风险。信用是金融的基石，信用风险是传统金融领域面临的基础风险。传统的信用风险评估，通常依靠企业的资产规模、财务状况、资金流量和个人的身份地位、收入水平、资产规模等信息。而互联网经济下的信用风险评估可以依靠互联网平台所产生的海量数据，客观地描述相关交易主体的履约状况和信用水平，真实地展现他们的商业行为轨迹，实现对参与主体行为模式和声誉情况的精准画像，进而确定营销渠道与方式以及借贷融资的金额、期限和利率等。

上述三方面阐释了网络效应的内涵，同时也在一定程度上揭示了数字普惠金融发挥作用的路径。具体而言，数字普惠金融所具有的互联网经济特性，使其同样具有了需求方规模经济、边际收益递增以及有效评估信用风险的特点。这些特点有效地增加了数字普惠金融的服务能力。

2.1.4 长尾理论

Anderson（2004）提出长尾理论，认为当商品储存、流通、展示的场地和渠道足够宽广，商品生产成本和销售成本急剧下降时，这些需求和销量不高的产品的市场份额总和可以和主流产品的市场份额相当甚至更大，众多小市场能够汇聚成与主流产品相匹敌的市场能量。受信息不对称、缺少抵押物等因素的制约，传统金融服务"嫌贫爱富"，专注于服务头部客户，遵循"二八定律"，而大量的长尾群体得不到传统金融服务的青睐，产生了严重的金融抑制和信贷配给现象。数字普惠金融利用金融科技的优势能够为长尾市场提供低成本、广覆盖、多便捷的金融产品和服务，其优势在于：能够突破金融交易双方的时空限制；实现金融产品数字化和销售方式网络化的商业模式；有效过滤资质不佳的客户，并在风险可控的前提下为长尾群体提供金融服务。虽然长尾群体的单位金融需求相对较小，但数量众多的尾部群体能够为数字普惠金融创造不输于头部客户的金融收益。

事实上，数字普惠金融作用于长尾市场的经济效应是通过外部经济、规模经济和范围经济三条路径来实现的（王馨，2015）。外部经济指数字普惠金融产品和服务的价值随着用户数量的增加而提高；规模经济指由于数字普惠金融产品和服务的可变成本趋近于零，随着业务量的上升，数字普惠金融的平均成本不断下降；范围经济指数字普惠金融体现了混业经营和金融一体化服务的特性，能够通过提供多种金融产品达到降低生产成本的协同效应。用户数量、交易意愿、交易风险和大数据应用等是驱动数字普惠金融发展的关键（霍兵和张延良，2015），这些因素的变动会导致数字普惠金融市场长尾的变动。因此，吸引潜在投资者的长尾延展策略、为客户创造价值的长尾加厚策略、吸引传统金融客户转移的长尾向下等驱动数字普惠金融市场发展的策略均可以有效拓展数字普惠金融长尾市场的需求。

综上所述，数字普惠金融的发展具有深远的理论渊源，促进其发展的内在动力是不断完善金融服务功能，提升金融服务效能，降低金融服务成本，增加金融服务便利性；而促进其发展的外在条件是数字技术的不断进步并广泛应用于金融行业。数字普惠金融发展的理论渊源可追溯到马克思的生产力与生产关系的辩证思想以及政治经济学中的货币理论与虚拟资本，而网络效应理论、长尾理论可以说是数字普惠金融发展最直接的理论来源。

2.2 数字普惠金融发展的初步理论架构

2.2.1 从金融发展理论看数字普惠金融：金融反贫视角

金融发展理论是关于金融与经济关系的理论，主要研究金融在经济发展中的地位和作用以及金融自身的发展规律。该理论的缘起大体上可追溯到 Schmpeter（1912）在《经济发展理论》中的观点，其认为金融中介的储蓄调动、项目评估、风险管理、管理者监督等对于技术创新和经济发展至关重要。随后，大量的研究表明，经济增长决定金融发展，金融发展反过来也会影响经济增长，并逐渐演化出了金融结构论、金融抑制和金融深化论、金融约束论、金融可持续发展论等。21 世纪以来，经济的包容性增长和金融反贫困成为主旋律，金融发展的广度和深度问题更加受重视，学界开始聚焦对金融排斥和普惠金融的研究，而互联网革命带来的金融科技的蓬勃发展，直接催生了对数字普惠金融的深入研究。

2.2.1.1 金融发展理论的演进

（1）金融结构论

金融结构论由耶鲁大学教授 Gold Smiths（1969）在《金融结构与金融发展》一书中提出，是最早和最有影响力的金融发展理论。该理论研究了金融发展的过程及规律，将金融现象归纳为金融工具、金融机构和金融结构，其中金融结构指一国现存金融工具的多样性和金融机构的相对规模。同时，首次提出金融结构与发展水平的存量和流量指标，并用金融相关比率来衡量一国金融结构和金融发展水平及金融深化程度，认为金融发展的实质就是金融结构的变迁。

进而，该理论认为金融发展与经济增长正相关，金融发展能够促进经济增长，认为可通过金融结构的优化提升经济体中储蓄-投资转化的总量与效率。金融机构的介入导致了储蓄和投资的分离，即使投资摆脱了本单位储蓄能力的限制，并为储蓄者带来收益和增加收入，又使投资和储蓄总量超出了金融机构不存在时的直接融资总量。因此，金融工具的供给和金融机构的正常运行是金融结构论的核心问题。

尽管各国金融发展的方式存有差异，但是各国的金融结构具有趋同性。随着金融发展水平的提升，间接融资占比将下降，直接融资占比将上升。因此，该理论的主要政策主张是发展中国家应打破单一银行体系，形成不同性质的银行并存和相互竞争的格局，并创新金融工具和金融制度，推动利率市场化改革，拓展银行表外业务。同时，深化资本市场改革，大力发展资本市场，形成多元化的市场结构。

（2）金融抑制和金融深化论

麦金农和肖针对发展中国家的二元金融结构、货币化程度低、金融体制效率低下、金融市场不发达、政府对金融过度管制等现象，提出了金融抑制和金融深化论，是研究发展中国家的金融发展理论诞生的标志。

该理论认为金融抑制，即各种金融价格的扭曲及其他管制手段，不仅导致实际增长率降低，而且导致金融体系相对于非金融总量的规模缩小。发展中国家的金融管制和二元金融结构使金融和经济之间形成恶性循环，并表现为：一方面，金融市场欠发达，金融机构高度国有化，政府制定低利率导致资金供不应求，通过"信贷配给"将资金提供给效率不高的国企，造成资金浪费，形成不良资产阻碍经济发展；另一方面，经济疲软和困难时期，经济运行恶化又会影响资金积累和社会对金融服务的需求，拖累金融业发展，形成金融和经济的恶性循环。

进而，该理论提出应反对金融抑制和利率管制，减少政府对金融体系的人为干预，发挥市场在资源配置中的作用，推进金融自由化，通过金融发展促进经济增长。当然，金融自由化不能过快，应结合本国国情，稳妥推进。

（3）金融约束论

发展中国家的过度金融自由化导致了风险和动荡等结果，许多经济学家开始反思以往理论。Hellman、Murdock 和 Stiglitz（1997）发表《金融约束：一个新的分析框架》，提出了金融约束论。该理论认为金融约束是政府通过一系列金融政策，如存贷款利率控制、市场准入限制甚至对直接竞争加以管制等，促进金融业更快发展，从而推动经济快速增长；在民间部门创造租金机会，以达到既减少金融抑制的危害，又促使银行体系规避风险的目的；金融政策影响租金在生产企业和金融部门之间的分配，调动金融企业、生产企业和居民等在生产、投资和储蓄方面的积极性。

金融约束获得理想效果需要一系列前提条件，即稳定的宏观经济环境、较低的通胀率；政府对银行和企业较少干预、有效管理金融业并解决市场失灵；符合市场要求的银行和企业行为；等等。然而在实际中，上述条件和前提往往难以满足，这也使金融约束政策的实施存在巨大困难，而且管理金融的政府也存在失灵问题。因而实际结果往往是政府过度干预金融市场，导致资源配置扭曲并阻碍经济发展。

金融约束论是发展中国家从金融抑制走向金融自由化的一个过渡性政策理论，可视为金融深化理论的丰富和发展，由于其限制利率的做法与市场规律相悖，最终仍需推进利率的市场化改革并推进金融自由化。

（4）金融可持续发展论

20 世纪 80 年代以来，现实中金融业的动荡与重整使金融业如何可持续发展这一问题受到格外关注。白钦先和丁志杰（1998）、白钦先（2003）在金融资源学说的基础上，基于可持续发展的思想提出了金融可持续发展论。

该理论认为，金融可持续发展是在遵循金融发展的内在客观规律的前提下，建立和健全金融体制，发展和完善金融机制，提高和改善金融效率，合理有效地动员和配置金融资源，从而达到经济和金融长期的有效运行和稳健发展。实施金融可持续发展战略有以下原则：首先，金融可持续发展是量性金融发展和质性金融发展统一的金融发展，其中量性金融发展是质性金融发展的基础，而质性金融发展又能促进量性金融发展。其次，金融可持续发展是相对稳定发展与跳跃性发展并存的金融发展。最后，金融可持续发展是金融整体效率与微观效率并重的金融发展。

金融可持续发展论为经济学中的资源配置范式增加了新的约束，要求一定时期内的资源配置必须考虑资源的长期利用和效率。量性金融发展与质性金融发展相辅相成，在兼顾两方面的同时尤其要注重质性金融发展。推动金融质性发展是金融实现可持续发展和突破性发展的必要途径。

（5）金融排斥论

金融排斥作为金融地理学上的概念范畴，最初由 Leyshon 和 Thrift（1993）从"地理排斥"的视角提出，认为银行分支机构的关闭影响了民众金融服务的可得性，尤其是阻止弱势群体参与金融体系并获得金融服务。而 Kempson 和 Whyley（1999）进一步认为金融排斥除地理排斥以外，还应包括评估排斥、条件排斥、价格排斥、营销排斥和自我排斥。金融排斥意味着部分社会群体没有能力通过正规金融体系或者合适方式获取必需的金融服务（Sinclair，2001；Carbó et al.，2005），其核心特征是处于弱势地位的金融需求者无法以可承受的成本从正规金融体系获得公平且安全的金融服务。

"金融排斥"的另一面显然就是"金融普惠"，由此，普惠金融的发展是建立在金融排斥论之上的，其目的是让社会各阶层都能获得所需的金融产品或服务，进而减少贫困和收入不平等，并实现金融公平和社会的包容性发展。星焱（2016）认为普惠金融是研究金融发展与金融福祉的经济理论，是基于公平合理的金融福祉分配原则，应满足可得性、价格合理性、便利性、安全性、全面性五大核心要素；发展普惠金融的实质是在资源稀缺的条件下，逐步扩大金融部门的生产可能性边界，从而满足各种潜在的有效金融需求，实现社会金融福利的最大化。然而，普惠金融因其商业上的不可持续，在实践层面面临重大挑战，而互联网革命带来的金融科技的迅猛发展直接推动了数字普惠金融的发展，有望解决普惠金融自身难以为继的困局。

金融排斥论的提出，到普惠金融的发展，进而到数字普惠金融的大力推广，将金融发展的研究从效率视角延伸至公平视角，体现了人类金融发展史上的巨大进步。

2.2.1.2 从小额信贷发展到数字普惠金融：金融反贫困

本质上，追求效率与公平作为人类社会发展的两大永恒主题，因其内在不可调和的矛盾，一直以来是经济学直面的两大任务和尖锐挑战。一方面，在反贫困运动此起彼伏和不断深入的背景下，伴随着经济增长理念从华盛顿共识到亲贫式增长，进而演进为现在的包容性增长，公平问题在全球受到越来越多的重视。另一方面，人类社会的发展虽然带来了金融业的变革与繁荣，但是金融业的本质是追求商业利润的最大化，缺乏人文关怀和社会包容，集中表现为一种纯商业精神的富人游戏规则。这种相对糟糕的金融理念虽由人类社会的发展带来，却日益表现出阻碍人类社会和谐与进步的趋势（柳松和姜美善，2018）。仅就金融逻辑而言，穷人之所以贫穷是因为缺乏有效的金融支持。人类社会需要和谐发展，天下苍生诉求金融普惠，正如罗伯特·希勒（2012）所言"金融业追求的最高目标是社会效益，最正确和安全的前进方向是通过技术与业务创新为中等收入群体和穷人提供全面和便利的金融服务。"

起源于 20 世纪 70 年代金融扶贫的小额信贷，伴随着人类反贫困事业的不断深入，虽然在发展成微型金融之后又演进成普惠金融，但是始终面临着追求社会绩效与经济绩效双重目标而产生的内在矛盾挑战（温涛等，2017）。而在科技浪潮推动下催生的数字普惠金融，开启了数字技术与金融服务相结合的普惠金融新时代，并以低成本、多便捷、广覆盖、可持续的金融特质，有望同时实现社会和经济的双重绩效目标（黄益平和黄卓，2018），或许是普惠金融事业最终到达理想彼岸的有效途径，进而可以将人类反贫困事业推入新时代。根据国内外数字普惠金融反贫困研究的发展脉络，可将其研究成果主要归纳为数字普惠金融反贫困的缘起与功能、减贫效应与传导机制、影响结果与路径依赖三个方面。

（1）数字普惠金融反贫困的缘起与功能

数字普惠金融反贫困的缘起历经小额信贷的起源与发展、微型金融的产生与绩效、普惠金融的提出与意义、数字普惠金融的诞生与反贫困四个阶段。数字普惠金融在反贫困上的金融功能主要表现为基础功能、主导功能和衍生功能。

①数字普惠金融反贫困的缘起。首先，小额信贷的起源与发展。小额信贷起源于20世纪70年代孟加拉国、巴西等国家的金融扶贫（张正平和何广文，2012）。穆罕默德·尤努斯于1974年在孟加拉国创立小额贷款，并于1983年成立Grameen Bank。1997年100余个国家在华盛顿召开小额信贷峰会并提出了《小额信贷宣言和行动纲领》。小额信贷一定程度上促进了扶贫事业，Pitt和Khandker（1998）发现小额信贷促使贫困发生率下降了约5个百分点，Khandker（2005）认为小额信贷可使平均贫困发生率每年下降1个百分点，中等贫困农户减贫的40%归因于小额信贷，Crépon等（2015）发现自主创业的农户获得小额信贷后，其资产投资和经营收益都有显著增加。

其次，微型金融的产生与绩效。自20世纪90年代开始，人们日益认识到贫困群体与富裕人群一样，不仅需要小额贷款，还需要更全面的金融服务，从而推动小额信贷发展为微型金融（马九杰，2012）。微型金融是小额信贷多样化和持续化发展的必然结果，相对于小额信贷而言，其对扶贫事业产生了更大影响。Mosley（2001）等经济学家几乎一致认为微型金融在消费、收入、资产增长和技术运用等方面，为一般贫困家庭带来了明显改善，但对极端贫困家庭的促进作用不显著（Coleman，2006；Liverpool and Winter-Nelson，2010；Cai et al.，2017）。然而，在妇女权利提升上学界则存在争议，Ashraf等（2010）认为微型金融能提升妇女家庭决策权，而Goetz和Gupta（1996）、Banerjee等（2015）则持相反观点。

再次，普惠金融的提出与意义。普惠金融的提出是因为微型金融的发展受到广度不够、深度不足、低持续性的制约，这一概念最早被联合国用于"2005国际小额信贷年"的宣传中（罗剑朝等，2019）。普惠金融是小额信贷和微型金融在广度与深度上的延伸和发展（Hannig and Jansen，2010），有助于减少贫困，实现经济包容性增长（Swamy，2014；Jaramillo et al.，2015），其核心要义是指能够以可负担的成本，全方位地为所有社会成员提供金融服务

（Mehrotra and Yetman，2015）。普惠金融作为一种全新的金融理念，主张以金融促发展而不是简单的扶贫（Helms et al.，2006），对于全球反贫困事业产生了较大的推动作用。

最后，数字普惠金融的诞生与反贫困。从小额信贷的产生，到微型金融的改善，进而演进为普惠金融的全新金融理念，人类社会在金融反贫困的事业中虽然进行了不懈的努力与探索，但是始终面临同时追求经济绩效与社会绩效双重目标而产生的内在矛盾和挑战（北京大学数字金融研究中心课题组，2017）。而在科技浪潮的推动下，集金融与科技于一体的数字普惠金融愈来愈表现出强大的普适性与普惠性（曾燕等，2019），具有降低金融服务门槛、促进价格发现和信息流通、打通金融服务"最后一公里"的特征，助力实现社会与经济双重绩效目标（吴晓求，2015），有望将人类反贫困事业推向一个崭新阶段。

数字普惠金融利用移动终端快速普及所蕴含的巨大机会，使传统金融服务突破了空间和时间限制，尤其为被排斥于正规金融体系之外无法享有金融服务的群体提供获取普惠金融的数字渠道，从而满足服务对象的切身需求（Lauer and Lyman，2015）。数字普惠金融因其惠贫性质得到国际社会的广泛认可和高度重视。2007年肯尼亚首创富有商业价值的"M-PESA"模式，其核心是以移动支付发挥数字普惠金融潜力。2016年，中国在G20杭州峰会上提出了数字普惠金融议题，倡导利用数字技术支持普惠金融发展，构建数字金融基础设施生态系统，得到了各成员国的高度认同，并推动出台了《G20数字普惠金融高级原则》。这是国际社会首次在该领域推出高级别的指引性文件，是国际普惠金融领域顶层设计的关键一环，也是全球数字普惠金融发展的一个重要里程碑。

②数字普惠金融反贫困的金融功能。一个本质性的判断，金融功能无论以何种形态演变，所指向的都是"人本主义"的发展理念与寻求更高的经济绩效（周立，2007）。事实上，数字普惠金融的功能从来没有脱离这一本质性的判断，它只是以信息化技术手段改造传统金融，并纠正其发展偏差（张贺和白钦先，2018）。根据金融功能所处的不同层次，从低级到高级递进划分为：基础功能（服务功能、中介功能）、核心功能（资源配置功能）、扩展功能（经济调节、风险规避）、衍生功能（信息传递、财富再分配、引导消费、区域协调）。四个功能不是截然分开的，核心功能和扩展功能具有极大的重叠性，合称为金融的主导功能（白钦先和谭庆华，2006）。

首先，反贫困的基础功能。一方面，互联网数字技术的进步，使数字普惠金融服务的边界得以拓展，成本得以降低（李明贤和何友，2019）。数字普惠金融的平台经济和规模经济特征以及通过信息技术进行金融产品创新，将互联网网民的"碎片化资金"进行了整合，降低了服务门槛（王曙光和杨北京，2017）。低成本可能是数字普惠金融最显著的特征。另一方面，信贷技术的创新使数字普惠金融降低了信息不对称及信用中介成本（李建军和韩珣，2019）。低收入人群往往既缺乏征信记录又无有效的抵质押物，难以获得传统信贷支持。而基于大数据的数字普惠金融，将散落于网络的购物、支付、缴款等海量信息收集起来构建征信画像，做到客户资信可验证，从而提升了客户的信贷获得。

其次，反贫困的主导功能。金融的核心功能就是资源配置，可以理解为金融信用中介主动化。信用中介只是便利价值运动，而资源配置则是引导价值运动实现最佳路径（曾康霖，2019）。数字普惠金融促进了金融各个业态的竞争，提升了资金配置效率和能力，满足客户的个性化需求，正如吴晓求（2015）所言，以数字普惠金融为代表的新金融与传统金融是一种互补关系，激发了金融市场活力，拓展了金融视阈，并提升了金融附加值。同时，以 P2P、众筹为代表的数字普惠金融还有效地引导了民间资本投资国家鼓励的领域。以数字普惠金融为核心的新金融在推动普惠金融发展的同时，普遍提高了以资源配置为核心的金融主导功能效率。

最后，反贫困的衍生功能。金融的衍生功能是在主导功能基础上产生的，尤其是对扩展功能的复杂化与主动化，并且还在不断向前"衍生"（张贺和白钦先，2018）。全球普惠金融合作伙伴组织（GPFI）（2017）认为，成年人正规金融账户拥有率、服务成本、金融基础设施等数字普惠金融指标与经济增长正相关。因此，政府应大力提升数字普惠金融水平，进而实现包容性增长。事实上，当低收入人群获得普惠性外源融资后，将其用于生计、健康、教育，随着人力资本的提升，人均生产率也将稳步提高。而生活改善后，穷人消费将增加，特别是互联网的普及，互联网消费金融兴起更加带来人均内需消费增长（易行健和周利，2018）。

（2）数字普惠金融反贫困的减贫效应与传导机制

数字普惠金融反贫困的减贫效应主要研究了数字普惠金融的发展水平对贫困发生率的影响特征、影响程度、空间溢出等，而内在的传导机制主要表现为长尾效应和包容性增长。

①数字普惠金融反贫困的减贫效应。就影响特征而言，龚沁宜和成学真

（2018）发现西部地区数字普惠金融对农村贫困发生率的影响具有非线性关系，且存在门槛特征值。当经济发展未跨越门槛值时，数字普惠金融显著减缓了农村贫困，而超过门槛值时，数字普惠金融对贫困的抑制作用有所减弱，其减贫的边际效用表现出递减的规律。

从影响程度来看，黄倩、李政和熊德平（2019）基于 2011—2015 年的中国省际面板数据，实证检验了数字普惠金融对贫困减缓的影响，结果表明，数字普惠金融发展总体上有利于贫困减缓，其中，账户覆盖率、个人支付和小微信贷的作用较为显著。而吴金旺等（2019）认为数字普惠金融的发展具有显著的减贫效应，并且性别、户籍、学历以及职业等控制变量对减缓贫困也会产生较为显著的影响。

就空间溢出而言，钱鹏岁和孙姝（2019）利用空间杜宾模型发现，数字普惠金融不仅对本地区减贫有显著正向作用，同时也能显著降低关联地区的贫困率；短期内数字普惠金融对减贫具有显著直接影响和空间溢出效应，而从长期看数字普惠金融对减贫的直接影响仍显著，但空间溢出效应不显著。刘丹等（2019）采用空间计量模型发现，数字普惠金融发展在中国不同省域之间均对农民非农收入存在正向溢出效应；数字普惠金融的发展不仅对本地区农民非农收入的提高具有显著促进作用，而且对邻近省份农民非农收入的提高也具有正向溢出效应。

②数字普惠金融反贫困的传导机制。就长尾效应而言，金融的"二八原则"意味着对金融机构来说，只有 20% 的顶端客户是重要的，然而这样做的后果就是剩下的 80% 的客户往往面临着金融服务严重不足的问题（谢平和邹传伟，2012）。而数字普惠金融利用数字化技术，将长尾客户纳入服务范围，打通了金融服务"最后一公里"（贝多广和李焰，2017）。利用互联网技术，数字普惠金融既可以在不增加金融网点的基础上进行服务，降低金融服务的边际成本；又可以通过大数据分析代替传统信贷员烦琐的调查工作，降低风险控制成本；还可以提供定制化的个性服务。这三方面的共同作用解决了金融机构因"长尾客户"而面临的成本与利润之间的矛盾，从而有利可图（龚沁宜和成学真，2018）。

包容性增长主要关注收入增长和收入分配均等，这一概念兼顾了效率与公平两个维度（Abor et al.，2018）。从包容性增长来看，数字金融通过便利支付、平滑消费以及提供储蓄和补贴渠道来帮助肯尼亚的农户（Grossman and Tarazi，2014），数字普惠金融正在缩小像肯尼亚和南非等非洲国家间的收入差距，技术深化进一步加强了金融深化过程，并最终带来了经济的包容性增长（Mbiti and Weil，2011）。黄倩、李政和熊德平（2019）从收入分配和收入增长双重视角，认为数字普惠金融的发展改善了居民内部的收入不均等，相较于富裕群体，贫困群体能够获益更多，且可以兼顾效率与公平，实现包容性增长。张勋和万广华等（2019）发现中国数字普惠金融的发展通过显著提升农村低收入群体的家庭收入、改善农村居民的创业行为并带来创业机会的均等化等途径，促进了中国经济的包容性增长。任碧云和李柳颖（2019）分析了数字支付、数字投资和数字借贷服务的使用情况以及数字金融服务的可得性等四个维度对农村包容性增长的影响，发现除数字投资服务的使用情况外，其余三个维度均对包容性增长有直接促进作用，且数字金融服务的可得性可以通过影响另外两个维度间接推动包容性增长。

（3）数字普惠金融反贫困的影响结果与路径依赖

重点从研究数字普惠金融的需求与供给出发，关注数字普惠金融发展对经济增长、产业发展、创业创新、城乡收入差距等方面的影响，而这些影响途径又构成了数字普惠金融反贫困的路径依赖。

①数字普惠金融的需求与供给。数字普惠金融是普惠金融的持续深化，能够有效兼顾商业性和社会性的双重绩效目标（董玉峰和赵晓明，2018）。就需求角度而言，Bihari（2011）认为随着普惠金融与网络技术的发展，手机银行逐渐被人们所接受，并在一定程度上满足了贫困人群对金融的需求。农村网民的互联网习惯直接促进农村地区的数字普惠金融普及（粟芳等，2020），区域数字普惠金融的覆盖广度对农户参与数字金融有正向影响，但使用深度和数字支持服务程度则对农户参与数字金融的决策没有显著影响（王瑶佩和郭峰，2019）。进一步，农村生产性、消费性正规信贷需求概率分别与数字普惠金融水平呈负相关和正相关（傅秋子和黄益平，2018）。从供给角度来看，郑美华（2019）根据不同的供给主体，将农村数字普惠金融划分为基于金融机构、农业供应链金融服务商、金融科技企业的三种数字普惠金融模式。数字化通信技术作为一项新兴的金融基础设施，加强了信贷、储蓄和保险业务的供给能力（Diniz et al.，2012），而 Kpodar 和 Andrianaivo（2011）认为数字普惠金融可以通过创新储蓄、信贷和支付手段，提升金融资源的可获得性、可接触性和支付便利度。进一步，Ozili（2018）提出数字金融的应用可降低低收入人群和贫困人口享受金融服务的"皮鞋成本"，同时增加其融资渠道和获得金融服务的机会；Gabor 和 Brooks（2017）认为数字金融业务提高了金融体系的包容性，

同时也将穷人纳入金融资产的创造者中。

②数字普惠金融对经济增长的影响。数字普惠金融弥补了传统金融"嫌贫爱富"的不足，通过便捷、安全的金融服务和产品，促进了欠发达地区的就业创造和产出增长（Lauer and Lyman，2015）。Peric（2015）也认为数字普惠金融缓解了经济发达地区与欠发达地区的收入差距，有助于实现益贫式增长。进一步，詹韵秋（2018）发现数字普惠金融存在对经济增长数量的抑制效应，而对经济增长质量会产生促进作用；数字普惠金融分别与经济增长数量和质量之间存在"U形"和"倒U形"关系，且数量效应处于抑制区间、质量效应处于上升区间；数字普惠金融对经济增长数量和质量的效应都具有明显的区域异质性。郝云平和雷汉云（2018）认为数字普惠金融正向促进了经济增长，且存在空间相关性和集聚效应，数字普惠金融对经济增长的影响路径呈现为三次曲线的促进作用。

③数字普惠金融对产业发展的影响。数字普惠金融的线上服务提升了金融触及能力，拓宽了受众范围，增强了政府宏观调控的效力和市场的金融稳定性（Khan，2009）。数字普惠金融发展有望让全球数十亿人的经济前景得以改善，为因缺乏信贷获取渠道而受阻的小型企业注入新的活力，让中等收入国家GDP增加5%（Manyika et al.，2016）。唐文进等（2019）的实证研究表明，数字普惠金融发展与产业结构升级之间存在非线性关系；数字普惠金融的覆盖广度对产业结构升级具有长期促进作用，使用深度和数字化程度与产业结构升级之间存在非线性关系；数字普惠金融发展对产业结构升级的正效应从东部区域到中西部区域逐级增强。而丁日佳等（2019）进一步利用省际面板数据，借助工具变量法和中介效应模型研究了数字普惠金融对我国服务业发展的影响与作用机制。

④数字普惠金融对创业创新的影响。曾之明等（2018）剖析了数字普惠金融支持农民工创业的可行性及功能优势，并探讨了数字普惠金融支持农民工创业的创新思路及建议。谢绚丽等（2018）认为数字普惠金融的发展和推广对创业有显著的促进作用，尤其对城镇化率较低的省份、注册资本较少的微型企业有更强的鼓励创业的作用。何婧和李庆海（2019）从微观视角分析了数字金融使用对农户创业行为和创业绩效的影响，并将数字金融使用影响农户创业行为的机制细分为信贷约束缓解机制、信息约束缓解机制和社会信任强化机制。进一步地，梁榜和张建华（2019）利用数字普惠金融地级市层面数据与城市整体以及微观中小企业专利数据进行匹配，研究了中国数字普惠金融发展和推广对

企业技术创新的激励效应。

⑤数字普惠金融对城乡收入差距的影响。信息通信数字技术在金融领域的应用能促进居民增收（Demirgüç-Kunt and Klapper，2012）。宋晓玲（2017）发现数字普惠金融的发展能够显著缩小城乡居民收入差距。进一步地，张子豪和谭燕芝（2018）运用空间面板计量模型，发现数字普惠金融对城乡收入差距的缩小具有显著促进作用，且覆盖广度对城乡收入差距减小的作用最大。梁双陆和刘培培（2019）根据金融深化理论并基于 2011—2015 年省级面板数据，测算了 31 个省级区域的泰尔指数，并在此基础上使用面板回归模型检验了数字普惠金融对城乡收入差距的影响，发现数字普惠金融可以通过门槛效应、减贫效应、排除效应显著缩小城乡居民收入差距。韩谷源和朱辰（2019）基于贫富差距视角，运用 Bootstrap 的中介效应检验和广义矩估计，得出贫富差距是数字普惠金融影响金融稳定的中介路径这一结论，数字普惠金融能够缩小贫富差距，从而对金融稳定产生正向冲击。

2.2.2　从金融功能理论看数字普惠金融的功能

2.2.2.1　金融功能理论的演进

追溯金融功能理论的演进进程，大体可以区分为传统金融功能理论、现代金融功能理论以及金融功能观的提出与发展三个阶段。

（1）传统金融功能理论

从 18 世纪到 20 世纪 60 年代，理论界基于银行相继提出关于金融功能理论的传统观点，探究了银行关于货币流通与货币创造等方面的功能，即信用媒介论、信用创造论及信用替换论。以亚当·斯密、李嘉图和约翰·穆勒等为代表的学者在 18 世纪提出"信用媒介论"，认为金融中介是存款人与贷款人的集中，银行促进了资本的再分配。而以约翰·劳、亨利·桑顿、麦克鲁德、熊彼特、菲利普斯等为代表的学者，在 18、19 世纪提出信用创造论，认为金融中介不仅能够存款和贷款，而且可以进行信用创造。到 20 世纪 60 年代，美国经济学家格利和肖提出了信用替换论，认为金融中介是通过提供间接证券在资金的盈余者与短缺者之间融通资金的，而间接证券是否具有货币性是区分银行与其他金融机构的重要标志。

（2）现代金融功能理论

现代金融功能理论主要集中在金融机构改善流动性的不确定、降低交易成本以及改善信息不对称等方面。Douglas 和 Dybvig（1983）认为银行为家庭提供了防范影响消费需求意外冲击的保险手段；Tobin（1963）、Benston 和 Smith（1976）、Fama（1980）认为金融中介具有技术上的规模经济和范围经济，能够有效节省交易成本；Diamond（1984）提出了"代理监督说"，认为金融机构的出现改善了资金供求双方的信息不对称问题。而现代金融中介理论认为在转换资产的过程中，金融中介为最终储蓄者和投资者提供了增加值。Scholtens 和 Wensveen（2000）认为持有风险并管理风险是银行的核心业务；理论研究应更多地采用动态的概念，并将金融中介视为一个独立行使的市场主体而非所谓的代理人，因为他们是以价值增值为发展驱动的，而降低交易成本和拓展金融服务是价值增值的手段。

进一步，艾伦和盖尔在《比较金融系统》一书中对金融机构与金融市场的功能进行了比较，认为两类金融体系所面临的主要风险不同，对企业治理结构的影响强度不同，以及对严监管的要求也有差别。具体来看，金融市场在风险分散方面主要是为投资者提供多种金融产品以供进行横向的风险对冲，并能通过外部力量优化企业治理，同时金融市场为参与者提供了一个环境，在这种环境下投资者不得不关心监管强度，并要求当局进行严格的监管；而金融机构在相关方面有较大的差别，这体现在金融机构通过自身运作为储蓄者提供跨期的风险分担，其对企业治理的影响在日常并不突出，但在企业陷入危机时会体现为参与企业治理的取向，且在金融机构主导的金融体系下，最终的投资者和储蓄者对监管力度的关注度不高。

（3）金融功能观的提出与发展

在 20 世纪 70 年代前后，金融创新飞速发展，各类工具层出不穷，金融机构开始向其他领域进行拓展，加之 1999 年美国《金融服务现代化法案》的颁布，进一步将金融混业经营推向主流发展方向。在此背景下，金融中介之间的区分越来越模糊，理论研究若继续从金融机构角度出发将难以对未来的问题进行有效解释。

以哈佛大学金融学教授（Merton and Bodie，1995，2006）等为代表的学者，在前人研究的基础上，提出了金融功能观。主要内容包括：①两个基本前提。金融功能比金融机构更加稳定；金融机构对其金融功能的不断创新与完善是提高整个金融体系效率的重点。②金融体系有六大功能。分别是跨期、跨区域、跨行业的资源配置；提供支付、清算和结算；提供管理风险的方法和机制；提供价格等信息服务；储备资源和所有权分割；创造激励机制。③四个分析层面。金融功能观可以从体系层面、机构层面、经营层面和产品层面来分别分析。在体系层面上，要求一国金融体系需要构建与目标金融功能相适应的产品、机构和市场形态结构；在机构层面上，金融机构履行某项金融功能应该由市场竞争及其自身优势来决定，同时金融功能与机构之间不必建立机械式的固定关系；在经营层面上，某类经营业务一般集多项金融功能于一身；在产品层面上，同一金融功能也可以由不同的产品形态来执行。④金融创新推动了金融体系结构的演进。金融创新源于经济发展和技术创新，创新的产生往往在金融机构内部，并随着发展向市场转移，因为市场在进行大规模同质化产品的交易中有着高效和低成本的优势。这种机构和市场之间的既竞争又补充和促进的关系，被称之为金融创新螺旋，它推动着金融体系向更为有效的方向发展。⑤只有通过改善金融基础设施和公共政策，才能保证金融体系更有效率地执行金融基本功能。

中国关于金融功能观的理论研究始于白钦先（1989）的"金融倾斜及其逆转"理论。这一理论第一次从融资结构的动态演进视角对金融的发展问题进行了探讨。进一步地，白钦先（1995，2006）将金融功能划分为四个层次，分别为基础功能、核心功能、扩展功能以及衍生功能，并勾画了金融功能演进的历史轨迹。随后，孙立坚（2003）认为金融体系具有投融资服务、风险分散、价格发现以及信息传递等六大基本功能，而张卓元（2005）和刘伟（2006）等学者以此为基础进一步探讨了金融功能的相关问题，并认为提高要素配置效率是实体经济增长方式由粗放型转向集约型的重要途径。

2.2.2.2 数字普惠金融的功能剖析

默顿和博迪提出的金融功能观认为金融功能可具体细分为六个层面：跨期、跨区域、跨行业的资源配置；提供支付、清算和结算；提供管理风险的方法和机制；提供价格等信息服务；储备资源和所有权分割；创造激励机制。在上述六项金融功能中，从基因的匹配性上看，互联网与金融的前四种功能，即"资源配置功能""支付结算功能""风险管理功能""信息服务功能"具有更高的耦合性。后两种功能的实现更多的是基于制度结构和产品设计，但互联网平台的植入与此两种功能的实现并无冲突，一定意义上说亦有利于这两种功能的效率提升（吴晓求，2015）。下文将从四个方面论述数字普惠金融的功能属性。

（1）优化资源配置功能

数字普惠金融的资源配置功能建立在互联网平台上并利用金融科技得以实现，技术的创新和进步使传统金融的资源配置功能得以显著优化，无论是在长尾群体的投融资需求、商业边界拓展上，还是在就业岗位创造并促进经济转型升级上，都使社会资源得到更好、更优地配置。

首先，突破"二八定律"，满足长尾群体的投融资需求。相对于传统金融遵循的"二八定律"，数字普惠金融依靠数字技术能够为长尾群体提供投融资服务。究其原因，一方面，数字普惠金融服务的成本低廉，降低了金融服务的进入门槛；另一方面，与传统金融的标准化服务不同，数字普惠金融尊重客户体验，采取的是定制化服务模式，从而激活了数量众多的长尾用户。

其次，赋能数字经济，拓展了商业可行性边界。数字普惠金融与数字经济通过互联网平台实现了金融与经济的内在耦合。典型的是近年来兴起的各类电商平台，在数字普惠金融的赋能下，为产品的供给和需求搭建了新的高效率销售渠道，既引导了生产和消费，更优化了产品生产和资源配置。

最后，创造就业岗位，促进了社会经济的转型升级。以数字普惠金融为核心的"互联网＋"的兴起，创造大量的就业岗位，吸纳了众多社会劳动力，既刺激了消费和内需，又提升了社会福祉，更为经济的转型升级和可持续发展提供了有效保障。

（2）提升支付结算功能

数字普惠金融优化了现行的以银行业为主体的支付结算体系，在提供支付结算服务上操作更为便捷、成本更为低廉，并促使社会经济运行的支付结算的功能效率得以大幅提升。传统金融服务体系下的支付结算方式，主要指的是通过现金、票据、银行卡支付等物理实体的流转来实现往来账款支付结算的方式。传统支付结算方式常常是有形的，在安全性、认证性、完整性和不可否认性上具有保障，虽然已经发展为一套相对成熟的业务运行和经营管理的模式，然而其中的缺陷和局限性也非常明显，主要表现为业务流程复杂、运作成本较高、资金回笼滞后、受到时空限制以及运作速度与处理效率相对较低（成学真和张佳欣，2015）。

数字普惠金融下的支付结算手段，通过将无线通信设备与新兴支付技术相结合，实现促进价值流动和资金融通的目的，主要包括终端、软件和应用三个层面。其中，终端指智能手机、电脑等硬件设施设备；软件指网络传输系统、中间件、操作软件、数据库等软件设备。现实中主要有第三方支付、移动支付和网银支付三种方式。

相较于传统金融体系下的支付结算，数字普惠金融的优势非常明显。首先，突破了时空限制，简化了操作流程，能随时随地满足消费者的支付、提现、存储等金融需求。其次，降低了交易成本，解决了支付资金沉淀与存量化的困境，能够契合线上交易频繁、金额细小的特点，提升了金融系统的支付结算效率。最后，因其具有担保功能，有效满足了交易双方的安全需求。此外，还使支付结算服务不再局限为银行所独有的功能，其他机构也能提供，开始具有金融"脱媒"的某些特征。

在数字普惠金融下的支付结算工具和支付结算体系，由于具有金融"脱媒"和高技术的特性，支付结算功能优势明显，其所具有的灵活、便捷、快速、高效是传统金融服务体系难以达到的（吴晓求，2015）。然而，由于传统金融体系的垄断优势仍然存在，以及受到人们的"知识鸿沟"和心理偏好的影响，再加上传统金融自身也在不断改善支付结算功能和体验，所以在相当长的一段时间内二者之间应该是一种"竞合"关系。因此，基于数字普惠金融的支付结算工具和支付结算体系，既是传统金融的重要竞争者，也是社会支付结算系统进一步升级的推动者。

（3）促进风险管理功能

数字普惠金融的风险管理主要指为防范信息科技迅猛发展带来的技术选择、信息安全等技术性风险和互联网特有属性带来的流动性、信用、支付、结算、法律等业务性风险，而采取的利用数字普惠金融工具和交易实现风险控制和风险分散的行为。相较于传统金融，数字普惠金融在识别信用风险、提升金融风险配置能力、集成更多金融产品等方面进一步促进了风险管理功能的实现。

首先，识别信用风险，有效降低了经济活动中的信息不对称。传统金融体系下，无论是直接融资还是间接融资，都面临难以解决的信用风险。直接融资下信用的履约依靠法律和道德的双重约束，而间接融资下信用风险的缓释则主要通过抵押、质押和担保等方式。数字普惠金融依靠金融科技，通过信息流带来海量数据的挖掘，实现了对交易行为特征的精准画像，动态、有效地评估信用等级和测算违约概率，降低了信息不对称，有效促进了信用风险的识别能力。

其次，完善财富管理，提升金融风险配置能力。数字普惠金融对金融的财富管理功能的贡献主要表现在三个方面：一是向下延伸客户群链条，进一步丰富财富管理的功能；二是提供成本低廉、快捷便利的基于财富管理的金融产品营销网络；三是突破了商业银行余额资金储蓄化的规律，推动余额资金的财富化，有效扩大了财富管理需求者规模（吴晓求，2015）。由此，在整个社会层面，数字普惠金融有效提升了金融风险配置能力，进而客观上推动了商业银行传统业务的竞争和转型。

最后，集成更多金融产品，满足个性化的风险偏好需求。相较于传统金融，数字普惠金融在风险管理功能的实现上，可以通过互联网集成和整合更多金融产品及服务于一个平台，扩大投资者对金融产品或服务的选择范围，从而满足不同风险偏好者的个性化投资需求。在数字普惠金融快速发展和金融科技不断渗透的背景下，传统金融机构也在不断调整竞争策略，运用数字技术加快金融改革和创新，客观上推动了金融结构的变革、金融业的数字化转型和金融风险管理功能的效率提升。

（4）强化信息服务功能

信息服务功能包括信息处理和提供价格信息两个方面。理论上，信息不对称将导致逆向选择和道德风险，是金融体系脆弱的根源。相较于传统金融而言，数字普惠金融利用金融科技，能够准确快速地收集、处理、传递、执行信息，颠覆性地提升了传统金融的信息处理功能，主要表现在如下三个方面。一是通过社交网络生成和建立起信息传播与共享机制，在加强联系与沟通的同时也快速传播大量信息，有效降低了个人、企业以及金融机构获取信息的成本。二是搜索引擎技术能够快速组织、排序与检索海量信息，切实缓解了信息超载问题，并且缩短了用户搜寻相关信息的时间和交易成本，能帮助用户在最短时间内获取最需要的信息，有针对性地满足了用户的差异化信息需求。三是云计算和云储存的应用大幅减少了信息处理和信息储存的时间和成本，并降低了传统信息处理和储存过程中的差错率，有效解决了由于信息处理和储存不准确而引起的决策失误问题（谢平，2012）。

大数据的应用是数字普惠金融的核心。数据挖掘与量化分析系统通过整合企业和个人的历史交易数据、信用记录、客户评价、消费习惯等内部数据和纳税记录、海关记录、征信记录等外部数据，形成信用评级。从要求补偿覆盖风险损失变为持续考核与监控企业稳健经营、创造现金并还款的能力，从考察"硬信息"（资产负债表等）到考察"软信息"（经营和交易数据、单据等），数字普惠金融将很好地解决信息不对称问题（成学真和张佳欣，2015），有效减少因信息不对称带来的逆向选择和道德风险问题，减少信息获取和处理的时间，降低交易成本，保证决策的正确性和及时性，提高资源配置效率和风险控制的能力，并且也为数字普惠金融的支付结算功能和风险管理功能的发挥奠定了坚实的信息保障。

此外，数字普惠金融优化了传统金融提供价格信息的功能。在传统金融体系下，价格信息包括资金价格（即利率）和资产价格两个方面。数字普惠金融通过互联网平台，提升了资金的动员能力和使用效率，通过与传统金融体系的竞争，使资金的价格即利率的决定更为市场化，更为合理和有效地反映资金的供求关系。同时，互联网所创造出的无边界平台和对信息流的高效整合为众多厂商和消费者以及厂商之间的竞价提供了高效的机制，远比传统市场结构下的价格形成机制透明，从而促使资产价格更为合理。因此，数字普惠金融利用互联网平台优化了传统金融的提供价格信息功能。

2.2.3　数字普惠金融与传统金融的关系

理论上，数字普惠金融与传统金融之间的关系主要有"替代论""互补论"以及"竞合论"三种不同的学术观点。

持有"替代论"观点的学者认为，数字普惠金融作为一种全新融资模式，能够打破传统金融格局，基本上可以替代传统金融，可能出现既不同于商业银行间接融资，也不同于资本市场直接融资的第三种金融融资模式，称为"互联网金融模式"（谢平和邹传伟，2012）。数字普惠金融无论在覆盖广度还是覆盖深度上，都呈现出迅猛发展的态势，并逐渐成为传统存贷款市场和中间业务市场的有力替代（邱晗等，2018）。首先，传统金融服务的运作载体，即金融市场和金融机构，被互联网平台所取代。网络借贷、众筹等网络融资模式通过互联网平台而不是传统意义上的金融运作载体将投资和融资连接起来，并且既有债权融资形式也有股权融资形式。其次，在资产业务方面，数字普惠金融利用以互联网为代表的现代信息科技，特别是移动支付、社交网络、搜索引擎和云计算等，对金融模式产生根本性影响（谢平和邹传伟，2012；Arjunwadkar，2018），主要表现为通过拓宽风险评估来源、挖掘客户潜在需求和提升风险定价效率等为客户融资需求提供个性化的高效优质的金融服务。再次，在负债业务方面，数字普惠金融的各种货币基金型业务对传统银行类金融机构的存款业务形成了显著替代。比如，微信零钱通、余额宝等货币基金型产品凭借其相对的高收益性和操作的便捷性，对传统商业银行的存款业务构成了巨大冲击，导致了银行存款的分流。最后，在中间业务方面，移动支付的便捷性使互联网支付成为越来越受欢迎的新型支付方式，这极大地削弱了传统银行业金融机构中间业务的获利能力，加剧了银行支付业务的竞争并促进了银行业的数字化转型。此外，在风险管理方面，数字普惠金融平台上沉淀了大量交易数据和交易个体的行为特征，通过金融科技手段能够对客户进行精准的信用画像，所构建的各种信用评分模型显著优于相关的传统模型（Frost，2019）。

持有"互补论"观点的学者认为，数字普惠金融与传统金融之间的关系表现为前者是后者的有效补充，究其原因是传统金融存在不可替代性，数字普惠金融本质上只是传统金融在理念、流程、业务上的创新与延伸，并未对传统金融产生颠覆性的影响（丁杰等，2022）。传统金融的不可替代性主要体现在以下两个方面。一方面，数字普惠金融需要传统金融体系提供诸如金融知识、人才储备、风险管理、金融监管等基础性支撑（Haddad and Hornuf，2019；唐松等，2020；张龙耀等，2021），这些支撑有助于数字普惠金融更好地发展。另一方面，数字普惠金融有助于传统金融服务创新和弥补传统金融服务的空白。数字普惠金融依靠金融科技提供的广覆盖、低成本、多便捷的金融服务，倒逼传统金融机构进行金融创新和数字化转型，同时也有助于弥补传统金融服务的空白（黄益平和黄卓，2018；谢绚丽等，2018）。因此，基于传统金融的不可替代性，数字普惠金融是传统金融的有效补充。

至于持有"竞合论"观点的学者则认为，伴随着互联网革命，以大数据、云计算、人工智能、区块链、近场通信等为代表的金融科技蓬勃发展，进而推动数字普惠金融发展迅猛，在金融市场上掀起"鲇鱼效应"，主要表现为在存量上促进现有金融服务不断优化，在增量上日益成为现有金融服务的有力补充。数字普惠金融与传统金融之间的融合空间逐步扩大，已从最初的单一竞争关系逐渐转向跨界竞合发展（Drasch et al.，2018）。在激烈的市场环境下，数字普惠金融与传统金融之间既竞争又合作，二者之间的"竞合"互动关系推动着金融结构的变革、金融效率的提升以及金融监管的转型。随着数字普惠金融的深入发展，传统商业银行为谋求竞争优势开始积极地拥抱金融科技，加大了对数字普惠金融平台建设的投入，基于线上服务模式不断升级原有的产品和服务、开发新型金融产品，逐渐向数字化、网络化和智能化的生态金融模式过渡（王定祥和胡小英，2023）。

鉴于上述，显然"替代论"过分夸大了数字普惠金融对传统金融的影响和冲击。因为数字普惠金融并不能依靠金融科技构建出替代传统金融的颠覆性创新模式，而是侧重于使用数字技术改造传统金融的产品服务、业务流程、融资模式等，二者的金融功能本质上是相同的，只是数字普惠金融的金融功能是传统金融的升级版或创新版。进而言之，传统金融也能利用金融科技开展数字普惠金融的相关业务。同时，数字普惠金融与传统金融之间也并非完全的"互补关系"。因为数字普惠金融的发展确实填补了传统金融的部分服务空白，但是又对传统金融机构的部分业务造成很大冲击，尤其是银行类金融机构的存贷款业务。事实上，数字普惠金融与传统金融之间的关系，理解为一种"竞合关系"恐怕更为合适。一方面，数字普惠金融的发展加剧了金融行业的竞争程度，倒逼传统金融机构进行数字化改革和转型，提升相关金融产品或服务的竞争力；另一方面，数字普惠金融也必须依托传统金融的制度架构和基础支撑（王定祥和胡小英，2023）。

2.3　本章小结

数字普惠金融的发展具有深远的理论渊源，促进其发展的内在动力是社会对提升金融服务效能、降低金融服务成本、增加金融服务便利性的追求；而促进其发展的外在条件是金融科技的不断进步并广泛应用于金融行业。数字普惠金融发展的理论渊源可追溯到马克思的生产力与生产关系的辩证思想以及政治经济学中的货币理论与虚拟资本，而网络效应理论、长尾理论可以被认为是数字普惠金融发展最直接的理论来源。进而，本章从三方面初步探讨了数字普惠金融发展的理论架构。一是基于金融反贫困的视角，从金融发展理论的演进审视了数字普惠金融的发展逻辑。发现诞生于 20 世纪 70 年代的小额信贷，缘起于社会的包容性发展和金融反贫困。从"金融排斥论"的提出，到普惠金融的发展，进而到数字普惠金融的大力推广，将金融发展的研究从效率视角延伸至公平视角，体现了人类金融发展史上的巨大进步。二是从金融功能观角度剖析了数字普惠金融的功能属性。得出相较于传统金融，数字普惠金融优化了资源配置功能、提升了支付结算功能、促进了风险管理功能以及强化了信息服务功能的结论。三是关于数字普惠金融与传统金融的关系，理解为一种"竞合关系"更为合适。

3 数字普惠金融发展水平：广东与全国的比较 /////////////////////////////////

随着大数据、云计算、人工智能、区块链等信息技术的快速发展，数字技术与普惠金融的深度融合大幅提高了金融服务的便捷性与可获得性，扩大了金融服务的覆盖面。毋庸置疑，数字普惠金融已经成为中国政府推动政策落地、实现普惠金融可持续发展的重要抓手。那么在金融数字化转型步伐日益加快的时代背景下，中国数字普惠金融整体发展状况如何？省域之间又存在怎样的发展差异？广东作为中国改革开放的先驱者和创新发展的领头羊，其数字普惠金融发展在全国范围内是否起到了良好的带头作用？为明晰上述问题，本章基于北京大学数字金融研究中心公布的 2011—2021 年数字普惠金融指数，深入分析了中国整体及省域数字普惠金融发展的时序演变及空间分异特征[①]，并进一步探讨了广东省数字普惠金融在全国范围内的发展地位。

3.1 中国数字普惠金融发展状况

3.1.1 整体发展状况

从总指数变化趋势来看，如图 3-1 所示，2011—2021 年中国数字普惠金融实现了蓬勃发展，总指数从 2011 年的 40 增长到 2021 年的 372.72，十年间增加了 8 倍有余，年均增长量超过 33。值得注意的是，中国数字普惠金融蓬勃发展的十年也是数字经济腾飞的十年。2011—2021 年间，中国数字经济规模从 9.5 万亿元增长到 45.5 万亿元，十年间增加了近 4 倍。而金融作为现代经济体系的核心无疑是数字经济赋能的重点领域，也就是说数字经济的高速发展为数字普惠金融的持续发展提供了不竭动力。就总指数增速变化趋势而言，中国数字普惠金融在这十年间又可区分为高速发展阶段、中高速发展阶段和低

---

① 北京大学数字金融研究中心公布的数字普惠金融指数仅涉及省、市、县数据，未公布全国发展指数。因此，本章采用省域数字普惠金融指数的历年均值对中国整体数字普惠金融发展水平进行分析。

速发展阶段。其中，2011—2015 年为高速发展阶段，总指数从 2011 年的 40 增长到 2015 年的 220.01，年均增速高达 53.14％。2015—2018 年增速放缓，进入中高速发展阶段，总指数从 2015 年的 220.01 增长到 2018 年的 300.21，年均增速从高速发展阶段的 53.13％下降到 10.92％。2018—2021 年增速进一步下降，步入低速发展阶段，总指数从 2018 年的 300.21 增长到 2021 年的 372.72，年均增速仅为 7.48％。尤其是 2020 年，在新冠疫情冲击下的同比增速仅有 5.40％，为 2018 年增速放缓以来的最低增速，说明了新冠疫情冲击对中国数字普惠金融发展造成了一定的负面影响。然而，2021 年中国数字普惠金融发展势头又开始向好，总指数从 2020 年的 341.22 增长到 2021 年的 372.72，同比增速提高至 9.23％，充分体现了中国数字普惠金融发展的旺盛生命力。

图 3-1　2011—2021 年中国数字普惠金融总指数及同比增速变化

3.1.2　覆盖广度发展状况

从覆盖广度指数变化趋势来看，如图 3-2 所示，2011—2021 年中国数字普惠金融覆盖广度得到了大幅拓宽，覆盖广度指数从 2011 年的 34.28 增长到 2021 年的 361.41，十年间增加了 9 倍有余，年均增长量高达 32.71。就覆盖广度指数增速变化趋势而言，中国数字普惠金融覆盖广度在这十年间先后经历了高速发展、中高速发展以及低速发展三个阶段。具体来看，2011—2014 年，中国数字普惠金融覆盖广度迎来了高速发展，覆盖广度指数从 2011 年的 34.28 增长到 2014 年的 169.90，年均增速高达 70.50％。而 2014—2018 年，增速开始放缓，进入中高速发展阶段，覆盖广度指数从 2014 年的 169.90 增长到 2018 年的 281.92，年均增速从高速发展阶段的 70.50% 下降到 13.50%。2018—2021 年增速进一步下降，步入低速发展阶段，覆盖广度指数从 2018 年的 281.92 增长到 2021 年的 361.41，年均增速下降至 8.63%。尤其是 2020 年，在新冠疫情冲击下的同比增速仅有 6.07%，为十年间的最低增速。然而，新冠疫情这一外部冲击所带来的负面影响并未呈现出持续性，随着国内外疫情防控形势的持续好转，2021 年中国数字普惠金融覆盖广度再次呈现良好发展势头，同比增速从 2020 年的 6.07% 提高到 2021 年的 10.71%，这也是中国数字普惠金融进入低速发展阶段以来的最高同比增速。

图 3-2　2011—2021 年中国数字普惠金融覆盖广度指数及同比增速变化

3.1.3　使用深度发展状况

从使用深度指数变化趋势来看，如图 3-3 所示，2011—2021 年中国数字普惠金融使用深度得到了有效提升，使用深度指数从 2011 年的 46.93 增长到 2021 年的 373.93，十年间增加了近 7 倍，年均增长量为 32.70。就使用深度指数增速变化趋势而言，中国数字普惠金融使用深度在这十年间可以区分为高速发展和低速发展两个阶段，但在高速发展阶段以及高速发展阶段向低速发展阶段转变过程中均出现了不同程度的负增长。具体来看，2011—2013 年，中国数字普惠金融使用深度迎来了高速发展，使用深度指数从 2011 年的 46.93 增长到 2013 年的 172.70，年均增速高达 91.83%。然而，2014 年中国数字普惠金融使用深度发展水平明显下滑，使用深度指数从 2013 年的 172.70 缩小到 2014 年的 154.07，同比下降 10.79%。2014—2017 年，中国数字普惠金融使用深度发展水平在经历短暂下降后再次进入高速发展阶段，使用深度指数从

2014 年的 154.07 增长到 2017 年的 293.69,年均增速为 23.99%。但在 2018
年,中国数字普惠金融使用深度发展水平再次出现下滑,使用深度指数从
2017 年的 293.69 缩小到 2018 年的 287.50,同比下降 2.11%。而在 2019—
2021 年,中国数字普惠金融使用深度发展势头"由负转正",但增速明显放
缓,进入低速发展阶段,使用深度指数从 2019 年的 312.83 增长到 2021 年的
373.93,年均增速为 9.33%。值得注意的是,数字普惠金融使用深度指数主
要是由购买金融服务和产品等的数据编制而成,极易受到市场环境、政策条件
等因素影响。但自数字普惠金融萌芽以来,国家不断出台相关支持政策,市场
环境也持续改善,所以即使中国数字普惠金融使用深度指数在 2014 年和 2018
年出现明显下滑,也能及时实现恢复性增长。

图 3-3 2011—2021 年中国数字普惠金融使用深度指数及同比增速变化

3.1.4 数字化程度发展状况

从数字化程度指数变化趋势来看,如图 3-4 所示,2011—2021 年中国数
字普惠金融数字化程度显著提高,数字化程度指数从 2011 年的 46.32 增长到
2021 年的 407.88,十年间增加了近 8 倍,年均增长量高达 36.16,在总指数
和分维度指数年均增幅中排名第一。就数字化程度指数增速变化趋势而言,中
国数字普惠金融数字化程度在这十年间既出现了高速发展,也出现了低速发
展,甚至还出现了频繁的负增长。具体来看,2011—2015 年,中国数字普惠
金融数字化程度迎来了高速发展,数字化程度指数从 2011 年的 46.32 增长到
2015 年的 399.64,年均增速高达 71.39%。而 2015—2017 年中国数字普惠金

融数字化程度发展水平持续下滑，数字化程度指数从 2015 年的 399.64 缩小到
2017 年的 319.01。值得说明的是，2016 年北京大学数字金融研究中心对数字
普惠金融指数编制指标进行了调整，因此这一时期中国数字普惠金融数字化
程度指数的持续下降可能是编制指标变动带来的影响。2018—2021 年，中
国数字普惠金融数字化程度发展势头有所恢复，但增速明显下降，步入低速
发展阶段，数字化程度指数从 2018 年的 383.70 增长到 2021 年的 407.88，
年均增速仅有 2.06%。值得注意的是，在新冠疫情冲击下，2020 年中国数
字普惠金融数字化程度发展水平再次出现短暂下滑，数字化程度指数从 2019
年的 396.30 缩小到 2020 年的 395.82，同比下降 0.12%。随着国内疫情防控
形式的持续好转，2021 年中国数字普惠金融数字化程度发展势头又开始向好，
数字化程度指数从 2020 年的 395.82 增长到 2021 年的 407.88，同比增速提高
至 3.05%。

图 3-4 2011—2021 年中国数字普惠金融数字化程度指数及同比增速变化

3.2 中国省域数字普惠金融发展状况

3.2.1 整体发展状况

从总指数变化趋势来看，2011—2021 年，中国 31 个省份（不含港澳台，
下同）的数字普惠金融发展水平均得到了大幅提高，总指数在十年间实现了成
倍增长。具体来看，如表 3-1 所示，2011—2021 年，中国各省份的数字普惠
金融总指数年均增长量均高于 30，在 30.76～37.88 区间范围内波动。其中，

增长幅度最为显著的是上海市，总指数从 2011 年的 80.19 增长到 2021 年的 458.97，十年间增加了近 5 倍，年均增长量高达 37.88。增长幅度最小的是黑龙江省，总指数从 2011 年的 33.58 增长到 2021 年的 341.14，虽然十年间增加了 9 倍有余，但年均增长量仅有 30.76。就数字普惠金融总指数历年同比增速而言，如表 3-2 所示，除 2016 年宁夏回族自治区的同比增速为负以外，其余省份在这十年间均保持连续的正增长。进一步观察同比增速的变化趋势可以发现，各省份的数字普惠金融发展增速在十年间均呈放缓趋势。具体来看，2012 年各省份的数字普惠金融总指数同比增速普遍较高，省域平均同比增速高达 177.04%。其中，西藏自治区的同比增速最高，为 322.50%；广东省的同比增速最低，为 82.87%。但从 2012 年到 2014 年，各省份的数字普惠金融总指数同比增速均出现持续下降，省域平均同比增速从 2012 年的 177.04% 下降到 2014 年的 16.40%。2014—2017 年，各省份的数字普惠金融总指数同比增速普遍呈"N 形"变化趋势，省域平均同比增速从 2014 年的 16.40% 提高到 2017 年的 18.09%。而在 2017—2020 年，除内蒙古自治区和宁夏回族自治区外，其余省份的数字普惠金融总指数同比增速均呈持续下降势头，省域平均同比增速从 2017 年的 18.09% 下降到 2020 年的 5.41%。值得注意的是，2020 年新冠疫情暴发对中国数字普惠金融发展造成了一定的负面冲击，各省市的数字普惠金融总指数同比增速较 2019 年均有所下降，普遍达到了十年间的最低增速。然而在 2021 年，各省份的数字普惠金融总指数同比增速又有所提高，省域平均同比增速从 2020 年的 5.41% 提高到 2021 年 9.36%。

表 3-1　2011—2021 年中国省域数字普惠金融总指数

省份	2011 年	2012 年	2013 年	2014 年	2015 年	2016 年	2017 年	2018 年	2019 年	2020 年	2021 年	年均增长量
北京	79.41	150.65	215.62	235.36	276.38	286.37	329.94	368.54	399.00	417.88	445.44	36.60
天津	60.58	122.96	175.26	200.16	237.53	245.84	284.03	316.88	344.11	361.46	395.73	33.52
河北	32.42	89.32	144.98	160.76	199.53	214.36	258.17	282.77	305.06	322.70	352.44	32.00
山西	33.41	92.98	144.22	167.66	206.30	224.81	259.95	283.86	308.73	325.73	359.70	32.63
内蒙古	28.89	91.68	146.59	172.56	214.55	229.93	258.50	271.57	293.89	309.39	344.76	31.59
辽宁	43.29	103.53	160.07	187.61	226.40	231.41	267.18	290.95	311.01	326.29	357.23	31.39
吉林	24.51	87.23	138.36	165.62	208.20	217.07	254.76	276.08	292.77	308.26	339.41	31.49
黑龙江	33.58	87.91	141.40	167.80	209.93	221.89	256.78	274.73	292.87	306.08	341.14	30.76

（续）

省份	2011年	2012年	2013年	2014年	2015年	2016年	2017年	2018年	2019年	2020年	2021年	年均增长量
上海	80.19	150.77	222.14	239.53	278.11	282.22	336.65	377.73	410.28	431.93	458.97	37.88
江苏	62.08	122.03	180.98	204.16	244.01	253.75	297.69	334.02	361.93	381.61	412.92	35.08
浙江	77.39	146.35	205.77	224.45	264.85	268.10	318.05	357.45	387.49	406.88	434.61	35.72
安徽	33.07	96.63	150.83	180.59	211.28	228.78	271.60	303.83	330.29	350.16	384.62	35.16
福建	61.76	123.21	183.10	202.59	245.21	252.67	299.28	334.44	360.51	380.13	410.31	34.86
江西	29.74	91.93	146.13	175.69	208.35	223.76	267.17	296.23	319.13	340.61	372.17	34.24
山东	38.55	100.35	159.30	181.88	220.66	232.57	272.06	301.13	327.36	347.81	380.68	34.21
河南	28.40	83.68	142.08	166.65	205.34	223.12	266.92	295.76	322.12	340.81	374.37	34.60
湖北	39.82	101.42	164.76	190.14	226.75	239.86	285.28	319.48	344.40	358.64	391.90	35.21
湖南	32.68	93.71	147.71	167.27	206.38	217.69	261.12	286.81	310.85	332.03	362.36	32.97
广东	69.48	127.06	184.78	201.53	240.95	248.00	296.17	331.92	360.61	379.53	406.53	33.71
广西	33.89	89.35	141.46	166.12	207.23	223.32	261.94	289.25	309.91	325.17	355.11	32.12
海南	45.56	102.94	158.26	179.62	230.33	231.56	275.64	309.72	328.75	344.05	375.35	32.98
重庆	41.89	100.02	159.86	184.71	221.84	233.89	276.31	301.53	325.47	344.76	373.22	33.13
四川	40.16	100.13	153.04	173.82	215.48	225.41	267.80	294.30	317.11	334.82	363.61	32.34
贵州	18.47	75.87	121.22	154.62	193.29	209.45	251.46	276.91	293.51	307.94	340.80	32.23
云南	24.91	84.43	137.90	164.05	203.76	217.34	256.27	285.79	303.46	318.48	346.93	32.20
西藏	16.22	68.53	115.10	143.91	186.38	204.73	245.57	274.33	293.79	310.53	342.10	32.59
陕西	40.96	98.24	148.37	178.73	216.12	229.57	266.85	295.95	322.89	342.04	374.16	33.32
甘肃	18.84	76.29	128.39	159.76	199.78	204.11	243.78	266.82	289.14	305.50	341.16	32.23
青海	18.33	61.47	118.01	145.93	195.15	200.38	240.20	263.12	282.65	298.23	329.89	31.16
宁夏	31.31	87.13	136.74	165.26	214.70	212.36	255.59	272.92	292.31	310.02	344.86	31.36
新疆	20.34	82.45	143.40	163.67	205.49	208.72	248.62	271.84	294.34	308.35	341.77	32.14

表3-2 2011—2021年省级数字普惠金融总指数同比增速（%）

省份	2012年	2013年	2014年	2015年	2016年	2017年	2018年	2019年	2020年	2021年
北京	89.71	43.13	9.15	17.43	3.61	15.22	11.70	8.27	4.73	6.60
天津	102.97	42.53	14.21	18.67	3.50	15.54	11.57	8.59	5.04	9.48
河北	175.51	62.32	10.88	24.12	7.43	20.44	9.53	7.88	5.78	9.22

（续）

省份	2012 年	2013 年	2014 年	2015 年	2016 年	2017 年	2018 年	2019 年	2020 年	2021 年
山西	178.30	55.11	16.25	23.05	8.97	15.63	9.12	8.84	5.51	10.43
内蒙古	217.34	59.89	17.72	24.33	7.17	12.43	5.05	8.22	5.28	11.43
辽宁	139.15	54.61	17.20	20.68	2.21	15.46	8.90	6.90	4.91	9.48
吉林	255.90	58.62	19.70	25.71	4.26	17.36	8.36	6.05	5.29	10.11
黑龙江	161.79	60.85	18.67	25.11	5.70	15.73	6.99	6.60	4.51	11.46
上海	88.02	47.34	7.83	16.11	1.48	19.29	12.20	8.62	5.28	6.26
江苏	96.57	48.31	12.81	19.52	3.99	17.31	12.21	8.35	5.44	8.20
浙江	89.11	40.60	9.08	18.00	1.23	18.63	12.39	8.40	5.00	6.82
安徽	192.20	56.09	19.73	16.99	8.28	18.72	11.87	8.71	6.02	9.84
福建	99.50	48.61	10.64	21.04	3.04	18.45	11.75	7.80	5.44	7.94
江西	209.11	58.96	20.23	18.59	7.39	19.40	10.88	7.73	6.73	9.27
山东	160.31	58.74	14.17	21.32	5.40	16.98	10.69	8.71	6.25	9.45
河南	194.65	69.79	17.29	23.22	8.66	19.63	10.80	8.91	5.80	9.85
湖北	154.70	62.45	15.40	19.25	5.78	18.94	11.99	7.80	4.13	9.28
湖南	186.75	57.62	13.24	23.38	5.48	19.95	9.84	8.38	6.81	9.13
广东	82.87	45.43	9.06	19.56	2.92	19.42	12.07	8.64	5.25	7.11
广西	163.65	58.32	17.43	24.75	7.77	17.29	10.43	7.14	4.92	9.21
海南	125.94	53.74	13.50	28.23	0.53	19.04	12.36	6.15	4.65	9.10
重庆	138.77	59.83	15.54	20.10	5.43	18.14	9.13	7.94	5.93	8.25
四川	149.33	52.84	13.58	23.97	4.61	18.80	9.90	7.75	5.59	8.60
贵州	310.77	59.77	27.55	25.01	8.36	20.05	10.12	6.00	4.91	10.67
云南	238.94	63.33	18.96	24.21	6.66	17.91	11.52	6.18	4.95	8.93
西藏	322.50	67.96	25.03	29.51	9.85	19.95	11.71	7.09	5.70	10.17
陕西	139.84	51.03	20.46	20.92	6.13	16.34	10.91	9.10	5.93	9.39
甘肃	304.94	68.29	24.43	25.05	2.17	19.43	9.45	8.36	5.66	11.67
青海	235.35	91.98	23.66	33.73	2.68	19.87	9.54	7.42	5.51	10.62
宁夏	178.28	56.94	20.86	29.92	−1.09	20.36	6.78	7.10	6.06	11.24
新疆	305.36	73.92	14.14	25.55	1.57	19.15	9.31	8.28	4.76	10.84
平均	177.04	57.71	16.40	22.81	4.88	18.09	10.29	7.80	5.41	9.36

3.2.2 覆盖广度发展状况

从覆盖广度指数变化趋势来看，2011—2021 年，中国 31 个省、市、自治区的数字普惠金融覆盖广度持续拓宽，覆盖广度指数在十年间均得到了大幅提高。具体来看，如表 3－3 所示，2011—2021 年，中国各省份的数字普惠金融覆盖广度指数年均增长量普遍较高，在 29.51～35.34 范围内波动。其中，增长幅度最为显著的是河南省，覆盖广度指数从 2011 年的 13.54 增长到 2021 年的 366.97，十年间增加了 26 倍有余，年均增长量高达 35.34。增长幅度最小的是辽宁省，覆盖广度指数从 2011 年的 44.96 增长到 2021 年的 340.10，十年间增加了 6 倍有余，年均增长量为 29.51。就覆盖广度指数历年同比增速而言，如表 3－4 所示，中国各省份的数字普惠金融覆盖广度发展态势较好，覆盖广度指数同比增速在十年间均保持连续的正增长。但进一步观察同比增速的变化趋势可以发现，各省份的数字普惠金融覆盖广度发展增速在十年间总体呈放缓趋势。具体来看，2012—2016 年，各省份的覆盖广度指数同比增速呈持续下降趋势，省域平均同比增速从 2012 年的 343.71％下降到 2016 年的 9.38％。其中，2012 年各省份的覆盖广度指数同比增速普遍较高，尤其是青海省的数字普惠金融覆盖广度指数迎来了爆发式增长，从 2011 年的 1.96 增长到 2012 年的 47.12，同比增速高达 2 304.08％。2017 年，各省市的覆盖广度指数同比增速在经历长期下降后均有所提高，省域平均同比增速从 2016 年的 9.38％提高到 2017 年的 18.31％。2017—2020 年，各省份的覆盖广度指数同比增速在经历短暂提高后再次呈持续下降趋势，省域平均同比增速从 2017 年的 18.31％下降到 2020 年的 6.13％。尤其是 2020 年，各省份的覆盖广度指数同比增速在新冠疫情冲击下均达到了十年间的最低值。然而，2021 年各省份的数字普惠金融覆盖广度发展势头又开始向好，覆盖广度指数同比增速较 2020 年均有所提高，省域平均同比增速从 6.13％提高到 10.78％。

表 3－3　2011—2021 年中国省域数字普惠金融覆盖广度指数

省份	2011 年	2012 年	2013 年	2014 年	2015 年	2016 年	2017 年	2018 年	2019 年	2020 年	2021 年	年均增长量
北京	97.53	155.56	193.86	243.92	268.39	285.65	316.12	353.87	384.66	397.00	432.93	33.54
天津	69.37	110.61	146.54	193.86	211.89	225.41	257.90	295.35	323.86	340.29	381.75	31.24
河北	18.46	65.46	105.66	149.97	172.78	191.55	232.89	264.06	284.39	304.10	335.69	31.72

（续）

省份	2011 年	2012 年	2013 年	2014 年	2015 年	2016 年	2017 年	2018 年	2019 年	2020 年	2021 年	年均增长量
山西	28.94	75.20	115.40	163.16	186.14	205.51	243.02	277.03	305.61	327.29	363.63	33.47
内蒙古	24.65	75.03	116.37	165.46	185.34	202.00	238.92	269.49	291.45	310.40	346.89	32.22
辽宁	44.96	89.01	126.67	175.49	194.17	207.74	239.87	271.81	292.44	307.11	340.10	29.51
吉林	23.75	69.43	106.85	154.91	175.49	191.94	227.45	256.55	275.75	290.78	325.38	30.16
黑龙江	21.12	66.48	104.49	152.48	174.68	191.24	226.00	256.12	275.79	290.48	327.59	30.65
上海	98.85	149.35	187.31	237.02	258.98	274.25	305.89	346.33	378.25	395.20	433.42	33.46
江苏	66.70	106.69	144.68	193.18	215.94	233.22	272.32	311.95	341.50	362.11	398.66	33.20
浙江	85.53	128.50	167.96	217.48	239.33	254.44	290.06	330.17	362.40	382.07	415.93	33.04
安徽	20.20	66.06	106.51	156.56	171.65	194.89	234.70	273.41	301.15	323.75	364.43	34.42
福建	63.28	112.74	157.43	204.22	226.60	240.47	275.40	312.31	340.65	359.21	394.01	33.07
江西	13.97	59.82	99.81	148.73	170.86	188.79	228.52	266.46	294.32	316.14	353.62	33.97
山东	33.67	80.15	122.01	169.89	192.11	209.80	247.19	281.99	309.97	331.66	367.59	33.39
河南	13.54	61.93	105.06	157.52	181.50	200.65	241.45	278.46	309.34	331.16	366.97	35.34
湖北	35.17	82.06	123.74	176.61	199.53	215.55	253.63	292.56	320.79	336.54	374.32	33.92
湖南	15.33	63.39	103.46	150.42	170.07	186.13	223.47	258.07	282.28	302.28	338.79	32.35
广东	63.41	111.37	153.33	199.63	225.52	240.07	275.91	312.44	339.98	356.94	386.37	32.30
广西	19.98	66.47	106.97	154.29	176.33	193.51	232.73	270.41	295.26	311.98	342.81	32.28
海南	30.96	79.51	121.75	170.99	192.26	210.09	253.39	294.40	319.41	335.87	368.48	33.75
重庆	40.38	85.39	125.27	175.57	197.46	214.03	249.50	285.11	311.03	329.39	362.23	32.19
四川	29.02	74.36	114.03	162.58	182.08	197.00	231.87	266.15	291.22	310.76	342.96	31.39
贵州	3.06	49.87	89.59	139.90	160.98	180.70	227.77	267.39	292.66	313.24	345.73	34.27
云南	7.47	52.78	95.59	147.32	167.86	185.37	223.54	262.29	284.43	302.46	335.34	32.79
西藏	3.37	32.86	74.09	126.67	139.87	167.21	209.29	249.82	271.14	290.18	322.87	31.95
陕西	37.81	83.62	123.60	173.25	194.92	211.17	246.48	281.05	308.21	329.53	364.12	32.63
甘肃	4.99	54.72	96.77	148.10	169.67	189.28	227.38	261.29	287.31	308.87	344.36	33.94
青海	1.96	47.12	88.18	139.24	159.59	177.73	215.67	251.69	272.90	292.06	325.52	32.36
宁夏	32.27	76.78	115.08	167.18	190.35	205.92	242.42	274.25	299.04	320.45	355.28	32.30
新疆	12.92	60.88	101.44	151.28	172.01	190.32	228.82	267.35	293.48	310.22	345.92	33.30

表 3－4 2011—2021 年中国省域数字普惠金融覆盖广度指数同比增速（％）

省份	2012 年	2013 年	2014 年	2015 年	2016 年	2017 年	2018 年	2019 年	2020 年	2021 年
北京	59.50	24.62	25.82	10.03	6.43	10.67	11.94	8.70	3.21	9.05
天津	59.45	32.48	32.29	9.30	6.38	14.41	14.52	9.65	5.07	12.18
河北	254.60	61.41	41.94	15.21	10.86	21.58	13.38	7.70	6.93	10.39
山西	159.85	53.46	41.39	14.08	10.40	18.26	13.99	10.32	7.09	11.10
内蒙古	204.38	55.10	42.18	12.01	8.99	18.28	12.80	8.15	6.50	11.76
辽宁	97.98	42.31	38.54	10.64	6.99	15.47	13.32	7.59	5.02	10.74
吉林	192.34	53.90	44.98	13.29	9.37	18.50	12.79	7.48	5.45	11.90
黑龙江	214.77	57.18	45.93	14.56	9.48	18.17	13.33	7.68	5.33	12.78
上海	51.09	25.42	26.54	9.27	5.89	11.54	13.22	9.22	4.48	9.67
江苏	59.96	35.61	33.52	11.78	8.00	16.77	14.55	9.47	6.04	10.09
浙江	50.24	30.71	29.48	10.05	6.31	14.00	13.83	9.76	5.43	8.86
安徽	227.03	61.23	46.99	9.64	13.54	20.42	16.49	10.15	7.50	12.57
福建	78.16	39.64	29.72	10.96	6.12	14.53	13.40	9.07	5.45	9.69
江西	328.20	66.85	49.01	14.88	10.49	21.05	16.60	10.46	7.41	11.86
山东	138.05	52.23	39.24	13.08	9.21	17.82	14.08	9.92	7.00	10.83
河南	357.39	69.64	49.93	15.22	10.55	20.34	15.33	11.09	7.05	10.81
湖北	133.32	50.79	42.73	12.98	8.03	17.67	15.35	9.65	4.91	11.23
湖南	313.50	63.21	45.39	13.06	9.44	20.06	15.48	9.38	7.09	12.08
广东	75.63	37.68	30.20	12.97	6.45	14.93	13.24	8.82	4.99	8.25
广西	232.68	60.93	44.24	14.28	9.75	20.27	16.19	9.19	5.67	9.88
海南	156.82	53.13	40.44	12.44	9.27	20.61	16.19	8.50	5.15	9.71
重庆	111.47	46.70	40.15	12.47	8.39	16.58	14.27	9.09	5.90	9.97
四川	156.24	53.35	42.58	11.99	8.19	17.70	14.78	9.42	6.71	10.36
贵州	1 529.74	79.65	56.16	15.07	12.25	26.05	17.39	9.45	7.04	10.37
云南	606.56	81.11	54.01	14.09	10.37	20.59	17.33	8.44	6.34	10.87
西藏	875.07	125.47	70.97	10.42	19.54	25.17	19.36	8.54	7.02	11.27
陕西	121.16	47.81	40.17	12.51	8.34	16.72	14.03	9.66	6.92	10.50
甘肃	996.59	76.85	53.04	14.56	11.56	20.13	14.91	9.96	7.50	11.49
青海	2 304.08	87.14	57.90	14.62	11.37	21.35	16.70	8.43	7.02	11.45
宁夏	137.93	49.88	45.27	13.86	8.18	17.72	13.13	9.04	7.16	10.87
新疆	371.21	66.62	49.13	13.70	10.65	20.23	16.84	9.77	5.70	11.51
平均	343.71	56.20	42.90	12.68	9.38	18.31	14.80	9.15	6.13	10.78

3.2.3 使用深度发展状况

从使用深度指数变化趋势来看,2011—2021 年,中国 31 个省、市、自治区的数字普惠金融使用深度持续提升,使用深度指数在十年间均得到了大幅提高。具体来看,如表 3-5 所示,中国各省市的数字普惠金融使用深度指数在十年间均实现了成倍增长,但在年均增长量上表现出一定的差异。其中,增长幅度最为显著的是上海市,使用深度指数从 2011 年的 86.24 增长到 2021 年的510.69,年均增长量高达 42.45,远超其他省份。增长幅度最小的是贵州省,使用深度指数从 2011 年的 27.51 增长到 2021 年的 302.40,年均增长量仅有27.49,远低于上海、北京、浙江等省份。就使用深度指数同比增速变化趋势而言,如表 3-6 所示,中国各省份的数字普惠金融使用深度发展水平在十年间波动频繁,既出现了持续的正增长,也出现了反复的负增长。具体来看,2012—2015 年,各省份的使用深度指数同比增速均出现了大幅下降,省域平均同比增速从 2012 年的 188.33% 下降到 2015 年的 13.72%。其中,2014 年各省份的使用深度指数同比增速均为负值,中国数字普惠金融使用深度发展陷入困境。但在 2015—2017 年,各省份的数字普惠金融使用深度发展势头开始向好,使用深度指数同比增速均呈持续提高趋势,省域平均同比增速从 2015年的 13.72% 提高到 2017 年的 36.50%。然而在 2018 年,绝大部分省份的使用深度发展水平再次出现负增长,省域平均同比增速为 -2.41%。2019—2021年,各省份的使用深度发展水平再次呈现持续的正增长,并且大部分省份的使用深度指数同比增速呈"V 形"变化趋势,省域平均同比增速从 2019 年的8.77% 提高到 2021 年的 11.09%。

表 3-5 2011—2021 年中国省域数字普惠金融使用深度指数

省份	2011 年	2012 年	2013 年	2014 年	2015 年	2016 年	2017 年	2018 年	2019 年	2020 年	2021 年	年均增长量
北京	72.23	159.42	247.50	219.89	234.17	263.74	357.24	366.78	402.07	445.83	474.30	40.21
天津	53.33	135.77	197.52	180.28	195.46	231.61	310.13	317.94	349.01	373.91	404.56	35.12
河北	44.19	108.15	162.85	131.34	151.45	196.87	273.45	267.92	297.33	318.42	352.95	30.88
山西	21.61	86.48	139.08	124.78	141.52	189.38	254.98	249.73	277.89	291.37	331.73	31.01
内蒙古	30.27	95.44	138.84	114.88	136.04	184.89	249.20	232.31	260.31	275.66	318.60	28.83
辽宁	44.64	120.36	181.54	162.89	178.41	220.06	291.27	279.48	302.52	328.12	363.90	31.93

（续）

省份	2011 年	2012 年	2013 年	2014 年	2015 年	2016 年	2017 年	2018 年	2019 年	2020 年	2021 年	年均增长量
吉林	24.04	93.83	147.95	136.01	154.68	204.14	273.62	255.23	275.93	297.63	334.22	31.02
黑龙江	36.28	100.46	152.58	142.48	164.06	206.54	275.86	254.88	274.64	293.69	335.20	29.89
上海	86.24	174.72	280.93	242.78	259.81	281.48	396.05	400.40	439.91	488.68	510.69	42.45
江苏	79.22	156.55	223.09	201.09	218.62	253.08	328.93	333.09	365.50	395.01	429.00	34.98
浙江	93.52	200.42	265.48	233.67	251.29	270.62	366.40	372.01	404.65	439.25	468.56	37.50
安徽	55.58	138.06	190.86	173.84	189.78	229.95	309.55	309.62	341.53	366.15	399.88	34.43
福建	68.51	140.25	194.12	164.85	198.23	245.12	334.33	334.30	363.73	401.80	436.06	36.76
江西	54.82	132.68	183.73	167.19	182.48	222.74	305.92	296.52	319.18	353.23	384.47	32.97
山东	47.16	127.53	189.07	161.19	178.15	217.81	290.92	287.85	318.54	343.49	381.02	33.39
河南	38.11	98.07	155.23	132.24	151.05	199.22	279.56	275.74	301.85	321.21	362.20	32.41
湖北	53.56	125.84	197.04	175.70	189.08	233.41	317.58	322.44	348.53	369.58	408.74	35.52
湖南	60.73	132.38	175.00	153.46	174.47	219.80	297.70	286.55	311.81	347.44	377.36	31.66
广东	80.97	149.38	208.44	176.04	195.87	236.50	328.17	329.43	364.50	404.35	438.13	35.72
广西	44.06	104.58	153.84	139.98	153.46	202.21	279.52	272.49	292.48	313.24	351.84	30.78
海南	57.74	120.72	173.37	153.80	184.91	220.35	297.53	300.23	314.46	337.24	377.12	31.94
重庆	47.46	116.14	178.20	157.88	171.58	211.54	301.21	285.60	310.36	343.91	373.57	32.61
四川	58.56	126.50	176.71	159.82	176.54	216.54	301.54	295.83	319.53	344.86	375.60	31.70
贵州	27.51	89.92	125.46	114.08	132.74	182.70	258.44	241.33	245.66	258.20	302.40	27.49
云南	48.39	111.96	153.55	144.30	158.79	203.17	282.85	278.84	291.12	309.45	342.00	29.36
西藏	30.16	71.07	112.84	108.76	157.75	202.53	273.79	267.16	293.21	319.38	359.15	32.90
陕西	29.74	98.61	145.94	139.00	157.95	202.87	276.00	277.15	309.14	331.73	371.22	34.15
甘肃	12.76	68.98	114.20	107.29	125.25	172.66	240.39	227.52	251.74	265.35	308.64	29.59
青海	6.76	51.85	113.42	108.40	136.10	182.50	254.31	235.32	252.67	264.67	300.33	29.36
宁夏	23.16	90.34	129.02	114.28	134.87	179.62	252.21	225.27	241.55	262.72	305.29	28.21
新疆	23.60	85.14	146.39	134.87	148.60	190.11	249.10	232.94	256.31	273.85	313.19	28.96

表 3-6 2011—2021 年中国省域数字普惠金融使用深度指数同比增速（％）

省份	2012 年	2013 年	2014 年	2015 年	2016 年	2017 年	2018 年	2019 年	2020 年	2021 年
北京	120.71	55.25	-11.16	6.49	12.63	35.45	2.67	9.62	10.88	6.38
天津	154.58	45.48	-8.73	8.42	18.50	33.90	2.52	9.77	7.13	8.20

（续）

省份	2012 年	2013 年	2014 年	2015 年	2016 年	2017 年	2018 年	2019 年	2020 年	2021 年
河北	144.74	50.58	−19.35	15.31	29.99	38.90	−2.02	10.98	7.09	10.85
山西	300.19	60.82	−10.28	13.42	33.82	34.64	−2.06	11.28	4.85	13.85
内蒙古	215.30	45.47	−17.26	18.42	35.91	34.78	−6.78	12.05	5.89	15.58
辽宁	169.62	50.83	−10.27	9.53	23.35	32.36	−4.05	8.25	8.46	10.90
吉林	290.31	57.68	−8.07	13.73	31.97	34.04	−6.72	8.11	7.87	12.29
黑龙江	176.90	51.88	−6.62	15.15	25.89	33.56	−7.60	7.75	6.94	14.13
上海	102.60	60.79	−13.58	7.01	8.34	40.70	1.10	9.87	11.09	4.50
江苏	97.61	42.50	−9.86	8.72	15.76	29.97	1.26	9.73	8.07	8.61
浙江	114.31	32.46	−11.98	7.54	7.69	35.39	1.53	8.77	8.55	6.67
安徽	148.40	38.24	−8.92	9.17	21.17	34.61	0.02	10.31	7.21	9.21
福建	104.71	38.41	−15.08	20.25	23.66	36.39	−0.01	8.80	10.47	8.53
江西	142.03	38.48	−9.00	9.15	22.06	37.35	−3.07	7.64	10.67	8.84
山东	170.42	48.26	−14.75	10.52	22.26	33.57	−1.06	10.66	7.83	10.93
河南	157.33	58.28	−14.81	14.22	31.89	40.33	−1.36	9.47	6.41	12.76
湖北	134.95	56.58	−10.83	7.62	23.45	36.06	1.53	8.09	6.04	10.59
湖南	117.98	32.20	−12.31	13.69	25.98	35.44	−3.74	8.82	11.43	8.61
广东	84.49	39.54	−16.02	11.90	20.74	38.76	0.54	10.48	10.93	8.35
广西	137.36	47.10	−9.01	9.63	31.77	38.23	−2.51	7.33	7.10	12.32
海南	109.08	43.61	−11.29	20.23	19.16	35.03	0.91	4.74	7.25	11.82
重庆	144.71	53.44	−11.40	8.68	23.29	42.39	−5.18	8.67	10.81	8.63
四川	116.02	39.69	−9.56	10.46	22.66	39.25	−1.89	8.01	7.93	8.91
贵州	226.86	39.52	−9.07	16.36	37.63	41.46	−6.62	1.79	5.10	17.12
云南	131.37	37.15	−6.02	10.04	27.95	39.22	−1.42	4.41	6.30	10.52
西藏	135.64	58.77	−3.62	45.04	28.39	35.18	−2.42	9.75	8.92	12.45
陕西	231.57	48.00	−4.76	13.63	28.44	36.05	0.42	11.54	7.31	11.90
甘肃	440.60	65.56	−6.05	16.74	37.85	39.23	−5.35	10.65	5.40	16.31
青海	667.01	118.75	−4.43	25.92	33.53	37.76	−6.28	7.41	4.72	13.47
宁夏	290.07	42.82	−11.42	18.02	33.18	40.41	−10.68	7.22	8.77	16.20
新疆	260.76	71.94	−7.87	10.18	27.93	31.03	−6.49	10.03	6.85	14.36
平均	188.33	50.65	−10.43	13.72	25.38	36.50	−2.41	8.77	7.88	11.09

3.2.4 数字化程度发展状况

从数字化程度指数变化趋势来看，2011—2021 年，中国 31 个省、市、自治区的数字普惠金融数字化程度发展势头良好，数字化程度指数在十年间均实现了不同程度的增长。具体来看，如表 3-7 所示，2011—2021 年，中国各省市的数字普惠金融数字化程度指数增长均较为显著，但地区间在年均增长量上也表现出一定差异。其中，增长幅度最为显著的是上海市，数字化程度指数从 2011 年的 7.58 增长到 2021 年的 449.36，十年间增加了 58 倍有余，年均增长量高达 44.18，远超其余省市。而增长幅度最小的是青海省，数字化程度指数从 2011 年的 93.42 增长到 2021 年的 398.07，十年间增加了 3 倍有余，年均增长量为 30.46，远低于上海、江苏、浙江、北京等发达省市。就数字化程度指数同比增速变化趋势而言，如表 3-8 所示，中国各省份的数字普惠金融数字化程度发展水平在十年间波动较为频繁，既有持续的正增长，也有持续的负增长。具体来看，2012—2014 年，中国各省市的数字化程度指数同比增速呈持续下降趋势，省域平均同比增速从 2012 年的 255.89% 下降到 2014 年的 8.80%。其中，2014 年四川省和新疆维吾尔自治区的数字化程度发展水平明显下滑，数字化程度指数同比增速均为负数。但 2015 年各省市的数字化程度发展势头又有所恢复，数字化程度指数同比增速大幅提高，省域平均同比增速从 2014 年的 8.80% 提高到 2015 年的 54.68%。而在 2015—2017 年，各省份的数字普惠金融同比增速大幅下降，并且绝大部分省份在 2016 年和 2017 年出现了持续的负增长，省域平均同比增速从 2015 年的 54.68% 下降到 2017 年的 -3.18%。但在 2018 年，各省份的数字化程度发展势头又开始向好，数字化程度指数同比增速均大幅提高，省域平均同比增速从 2017 年的 -3.18% 提高到 2018 年的 20.30%。2018—2021 年各省份的数字化程度指数同比增速再次出现大幅下降，省域平均同比增速从 2018 年的 20.30% 下降到 2021 年的 3.11%。尤其是 2020 年，绝大部分省份的数字化程度指数在新冠疫情冲击下出现了负增长，省域平均同比增速为 -0.07%。

表 3-7 2011—2021 年中国省域数字普惠金融数字化程度指数

省份	2011 年	2012 年	2013 年	2014 年	2015 年	2016 年	2017 年	2018 年	2019 年	2020 年	2021 年	年均增长量
北京	32.59	118.47	229.57	235.22	379.48	329.90	326.02	420.19	440.83	436.02	434.35	40.18
天津	44.72	140.44	229.67	257.11	398.62	339.15	322.91	386.10	402.11	408.74	425.92	38.12
河北	57.15	133.90	242.35	249.86	375.20	321.46	313.87	371.55	387.38	391.92	406.84	34.97
山西	69.57	163.50	248.75	260.43	390.57	352.96	324.92	367.19	375.07	383.04	397.58	32.80

（续）

省份	2011年	2012年	2013年	2014年	2015年	2016年	2017年	2018年	2019年	2020年	2021年	年均增长量
内蒙古	40.35	139.78	260.45	300.84	453.66	404.00	340.10	349.76	362.98	367.40	385.28	34.49
辽宁	35.33	120.91	231.33	272.53	420.06	330.21	313.57	375.01	387.77	386.33	401.73	36.64
吉林	27.86	133.99	224.97	254.75	413.47	323.59	310.72	378.46	379.62	385.29	395.20	36.73
黑龙江	69.83	135.89	242.97	264.41	409.72	350.97	323.77	372.28	382.41	380.09	396.69	32.69
上海	7.58	111.94	230.30	241.88	374.54	309.94	330.31	440.26	462.23	450.08	449.36	44.18
江苏	15.71	109.94	224.30	246.02	382.84	322.80	324.69	408.62	422.92	421.70	430.83	41.51
浙江	21.22	107.07	222.12	230.71	373.77	308.66	322.66	421.07	439.16	429.98	434.61	41.34
安徽	34.66	122.31	224.45	272.22	381.23	338.54	324.48	393.79	406.11	408.38	423.62	38.90
福建	44.50	126.79	247.85	265.76	392.01	306.70	314.47	407.76	420.25	409.82	417.38	37.29
江西	36.21	123.92	230.78	280.18	379.14	341.08	324.38	394.00	400.97	398.52	411.09	37.49
山东	39.01	117.68	228.32	259.08	392.16	334.58	319.92	388.48	400.84	409.00	423.33	38.43
河南	59.81	129.37	240.42	259.08	382.73	340.80	328.05	389.27	401.16	408.32	420.96	36.12
湖北	30.18	121.00	241.51	261.07	385.07	331.83	331.10	402.99	414.89	411.73	419.38	38.92
湖南	39.02	123.56	244.25	247.99	384.24	318.07	318.96	382.19	403.46	402.30	412.99	37.40
广东	68.66	138.31	245.61	255.98	373.79	295.07	304.92	399.86	421.66	409.06	415.71	34.70
广西	61.33	137.25	232.82	252.66	406.94	360.15	326.44	381.93	390.01	390.41	401.71	34.04
海南	71.63	147.98	251.39	255.03	438.59	322.83	309.34	377.54	385.58	383.46	394.88	32.33
重庆	36.77	119.05	240.74	263.63	393.65	340.10	319.57	384.74	400.62	397.12	408.90	37.21
四川	43.50	137.31	238.82	236.39	396.51	335.38	325.14	384.51	398.23	396.05	410.00	36.65
贵州	52.92	136.21	217.93	276.90	410.01	353.03	316.99	373.01	383.30	380.81	394.29	34.14
云南	39.81	138.91	249.15	255.54	403.67	348.65	316.08	376.06	388.74	387.78	394.17	35.44
西藏	33.33	181.65	254.65	264.70	391.97	332.66	314.10	368.33	369.65	361.67	374.64	34.13
陕西	71.74	145.88	234.55	269.00	391.85	337.60	317.47	379.31	396.36	402.11	412.67	34.09
甘肃	75.61	160.79	258.60	293.60	434.64	310.24	304.10	356.54	363.16	367.36	389.71	31.41
青海	93.42	126.30	224.82	236.23	419.14	308.11	301.42	351.43	369.19	379.58	398.07	30.46
宁夏	42.96	115.46	222.32	251.55	440.18	293.12	305.24	355.14	362.35	361.52	382.40	33.94
新疆	38.92	148.76	276.48	256.91	419.40	303.31	313.56	357.37	366.30	364.88	379.99	34.11

表 3-8 2011—2021 年中国省域数字普惠金融数字化程度指数同比增速（%）

省份	2012 年	2013 年	2014 年	2015 年	2016 年	2017 年	2018 年	2019 年	2020 年	2021 年
北京	263.52	93.78	2.46	61.33	−13.07	−1.18	28.88	4.91	−1.09	−0.38
天津	214.04	63.54	11.95	55.04	−14.92	−4.79	19.57	4.15	1.65	4.20
河北	134.30	80.99	3.10	50.16	−14.32	−2.36	18.38	4.26	1.17	3.81
山西	135.02	52.14	4.70	49.97	−9.63	−7.94	13.01	2.14	2.13	3.80
内蒙古	246.42	86.33	15.51	50.80	−10.95	−15.82	2.84	3.78	1.22	4.87
辽宁	242.23	91.32	17.81	54.13	−21.39	−5.04	19.59	3.40	−0.37	3.98
吉林	380.94	67.90	13.24	62.30	−21.74	−3.98	21.80	0.31	1.49	2.57
黑龙江	94.60	78.80	8.82	54.96	−14.34	−7.75	14.98	2.72	−0.61	4.37
上海	1 376.78	105.74	5.03	54.85	−17.25	6.57	33.29	4.99	−2.63	−0.16
江苏	599.81	104.02	9.68	55.61	−15.68	0.59	25.85	3.50	−0.29	2.17
浙江	404.57	107.45	3.87	62.01	−17.42	4.54	30.50	4.30	−2.09	1.08
安徽	252.89	83.51	21.28	40.04	−11.20	−4.15	21.36	3.13	0.56	3.73
福建	184.92	95.48	7.23	47.51	−21.76	2.53	29.67	3.06	−2.48	1.84
江西	242.23	86.23	21.41	35.32	−10.04	−4.90	21.46	1.77	−0.61	3.16
山东	201.67	94.02	13.47	51.37	−14.68	−4.38	21.43	3.18	2.04	3.50
河南	116.30	85.84	7.86	47.60	−10.96	−3.73	18.65	3.06	1.78	3.10
湖北	300.93	99.60	8.10	47.50	−13.83	−0.22	21.71	2.95	−0.76	1.86
湖南	216.66	97.68	1.53	54.94	−17.22	0.28	19.82	5.57	−0.29	2.66
广东	101.44	77.58	4.22	46.02	−21.06	3.34	31.14	5.45	−2.99	1.62
广西	123.79	69.63	8.52	61.06	−11.50	−9.36	17.00	2.12	0.10	2.90
海南	106.59	69.88	1.45	71.98	−26.39	−4.18	22.05	2.13	−0.55	2.98
重庆	223.77	102.22	9.51	49.32	−13.60	−6.03	20.39	4.13	−0.87	2.96
四川	215.66	73.93	−1.02	67.74	−15.42	−3.05	18.26	3.57	−0.55	3.52
贵州	157.39	60.00	27.06	48.07	−13.90	−10.21	17.67	2.76	−0.65	3.54
云南	248.93	79.36	2.56	57.97	−13.63	−9.34	18.97	3.37	−0.25	1.65
西藏	445.00	40.19	3.95	48.08	−15.58	−5.58	17.27	0.36	−2.16	3.59
陕西	103.35	60.78	14.69	45.67	−13.85	−5.96	19.48	4.50	1.45	2.63
甘肃	112.66	60.83	13.53	48.04	−28.62	−1.98	17.24	1.86	1.16	6.08
青海	35.20	78.00	5.08	77.43	−26.49	−2.17	16.59	5.05	2.82	4.87
宁夏	168.76	92.55	13.15	74.99	−33.41	4.14	16.35	2.03	−0.23	5.78
新疆	282.22	85.86	−7.08	63.25	−27.68	3.38	13.97	2.50	−0.39	4.14
平均	255.89	81.46	8.80	54.68	−17.13	−3.18	20.30	3.26	−0.07	3.11

3.3 中国省域数字普惠金融发展的区域差异

上述分析表明，2011—2021 年，中国 31 个省、市、自治区的数字普惠金融均实现了不同程度的发展。那么在中国省域数字普惠金融持续发展的同时，其在空间分布上呈现怎样的特征？省域间发展差距是否有所收敛呢？为厘清这些问题，本节首先以各省数字普惠金融总指数和分维度指数的历年均值为基准，对中国省域数字普惠金融发展的空间分布特征进行探讨。随后借助 σ 收敛模型，对中国省域数字普惠金融发展差距的敛散性进行深入分析。

3.3.1 中国省域数字普惠金融发展的空间特征

为明晰中国省域数字普惠金融发展水平的空间分布特征，本章按照总指数和分维度指数历年均值排名将 31 个省、市、自治区划分为高发展水平（第 1—10 名）、中等发展水平（第 11—20 名）和低发展水平（第 21—31 名）三个梯队，进而探讨各省份数字普惠金融整体发展水平及分维度发展水平在中国四大经济区域上的分布特征[①]。

从总指数历年均值排名来看，如图 3-5 所示，在排名前十的省份中，上海、北京、浙江、江苏、福建、广东、天津和海南均属于东部地区，湖北、重庆分别属于中部和西部地区，即中国数字普惠金融高发展水平省份中有 80% 分布在东部地区。在排名第 11—20 名的省份中，安徽、江西、河南、湖南、山西属于中部地区，陕西、四川、广西属于西部地区，而山东、辽宁分别属于东部和东北地区。由此可见，中国数字普惠金融中等发展水平省份主要分布在中部地区和西部地区，其他区域较少。具体而言，在数字普惠金融中等发展水平省份中，中部地区占 50%，西部地区占 30%，东部和东北地区一共占 20%。而在排名第 21—31 名的省份中，内蒙古、云南、宁夏、新疆、贵州、甘肃、西藏、青海属于西部地区，黑龙江、吉林属于东北地区，河北属于东部地区，也就是说有超过 70% 的数字普惠金融低发展水平省份分布在西部地区。总体而言，我国东部地区各省份的数字普惠金融发展水平普遍较高，并且排在

---

① 东部地区：北京、天津、河北、上海、江苏、浙江、福建、山东、广东和海南；中部地区：山西、河南、安徽、湖北、江西、湖南；西部地区：重庆、四川、云南、贵州、西藏、陕西、甘肃、青海、新疆、宁夏、内蒙古、广西；东北地区：黑龙江、吉林、辽宁。

全国前列；而中部、西部和东北地区各省份的数字普惠金融发展水平相对偏低，目前仍集中处于中等发展水平及低发展水平梯队。

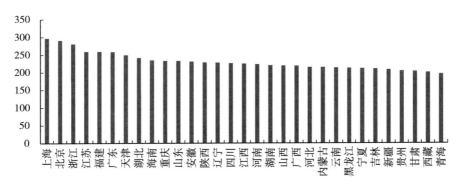

图3-5 中国省域数字普惠金融总指数历年均值排名

从覆盖广度指数历年均值排名来看，如图3-6所示，在排名前十的省份中，北京、上海、浙江、福建、广东、江苏、天津、海南均属于东部地区，湖北、重庆则分别属于中部和西部地区，即中国数字普惠金融覆盖广度高发展水平省份中有80%分布在东部地区。在排名第11—20名的省份中，陕西、宁夏、内蒙古、四川、广西属于西部地区，山西、河南、安徽属于中部地区，山东、辽宁分别属于东部和东北地区。也就是说，中国省域数字普惠金融覆盖广度中等发展水平省份主要分布在西部和中部地区，而东部和东北地区相对较少。其中，西部地区占比50%，中部地区占比30%，东部地区和东北地区一共占比20%。而在排名第21—31名的省域中，新疆、甘肃、贵州、云南、青海、西藏属于西部地区，江西和湖南属于中部地区，吉林和黑龙江属于东北地区，河北属于东部地区，也就是说有超过一半的数字普惠金融覆盖广度低发展水平省份位于西部地区。整体来看，中国数字普惠金融覆盖广度高发展水平省份集中分布在东部地区，而中等发展水平省份和低发展水平省份主要分布在中部、西部和东北地区。

从使用深度指数历年均值排名来看，如图3-7所示，在排名前十的省份中，上海、浙江、北京、江苏、广东、福建、天津均属于东部地区，湖北、安徽和江西属于中部地区。由此可见，中国数字普惠金融使用深度高发展水平省份主要分布在东部地区，中部地区占比相对较小，而西部和东北地区尚未有省份达到高发展水平。在排名第11—20名的省份中，四川、重庆、陕西、云南、广西属于西部地区，山东、海南属于东部地区，湖南、河南属于中部地区，辽

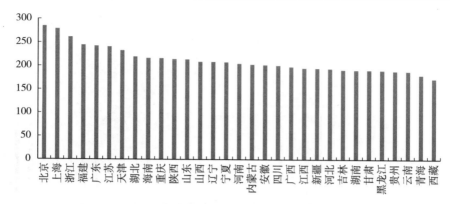

图 3-6 中国省域数字普惠金融覆盖广度指数历年均值排名

宁属于东北地区。也就是说，中国数字普惠金融使用深度中等发展水平省份中，西部地区占比 50%，东部和中部地区各占 20%，而东北地区仅占 10%。在排名第 21—31 名的省域中，西藏、新疆、内蒙古、贵州、宁夏、青海、甘肃属于西部地区，黑龙江、吉林属于东北地区，河北属于东部地区，山西属于中部地区。由此可见，中国数字普惠金融使用深度低发展水平省份主要分布在西部地区，东北地区次之，而东部和中部地区相对较少。总体而言，中国省域数字普惠金融使用深度发展水平在空间分布上与整体发展水平和覆盖广度发展水平相似，均是高发展水平省份集中分布在东部地区，而中等发展水平省份和低发展水平省份主要分布在中部、西部和东北地区。

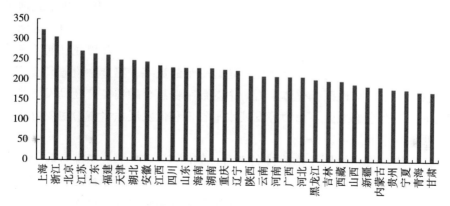

图 3-7 中国省域数字普惠金融使用深度指数历年均值排名

从数字化程度指数历年均值排名来看，如图 3-8 所示，在排名前十的省份中，上海、北京、天津、福建、海南属于东部地区，内蒙古、陕西、广西属于西部地区，河南、湖北属于中部地区。值得注意的是，东部地区的省份在数字普惠金融数字化程度发展水平方面并未像覆盖广度和使用深度发展水平一样展现出绝对优势。具体来看，在数字普惠金融数字化程度高发展水平省份中，东部地区占比为 50%，西部地区占比 30%，中部地区占比 20%。在排名第11—20 名的省份中，广东、山东、浙江、江苏属于东部地区，山西、安徽、江西属于中部地区，甘肃、重庆属于西部地区，而黑龙江属于东北地区。也就是说，在数字普惠金融数字化程度中等发展水平省份中，东部地区占比 40%，中部地区占比 30%，西部地区占比 20%，东北地区占比 10%。在排名第21—31 名的省份中，四川、云南、贵州、西藏、新疆、青海、宁夏属于西部地区，辽宁、吉林属于东北地区，河北属于东部地区，湖南属于中部地区。由此可见，中国数字普惠金融数字化程度低发展水平省份在空间分布上以西部地区为主，东北地区次之，而东部地区和中部地区最少。整体而言，中国东部地区各省份数字普惠金融数字化程度发展水平相对较高，主要处于高发展水平和中等发展水平梯队；中部和西部地区虽然有小部分省份已经处于高发展水平梯队，但大部分省份仍处于中等发展水平和低发展水平梯队；而东北地区各省份仍集中处于中等发展水平和低发展水平梯队。

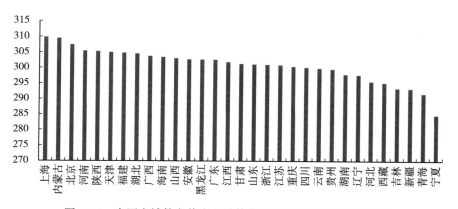

图 3-8 中国省域数字普惠金融数字化程度指数历年均值排名

3.3.2 中国省域数字普惠金融发展差距的敛散性

为进一步明晰中国省域数字普惠金融发展差距的敛散性，本节采用经济收敛的主要验证方法 σ 收敛模型进行讨论。σ 收敛是针对存量水平的刻画，能够反映地区数字普惠金融偏离整体平均水平的差异以及这种差异的动态过程。如

果 σ 收敛系数随着时间的推移越来越小，则认为该地区数字普惠金融存在收敛性。具体而言，σ 收敛模型可以定义为：

$$\sigma_t = \left[\frac{1}{n} \sum_{i=1}^{n} (\ln index_{it} - \frac{1}{n} \sum_{i=1}^{n} \ln index_{it})^2 \right]^{\frac{1}{2}} \quad (3-1)$$

其中，i 代表省份，t 代表年份，n 表示地区数量，$\ln index_{it}$ 代表 t 年 i 省份的数字普惠金融指数对数值，σ_t 代表 t 年数字普惠金融指数的 σ 收敛检验系数；如果 $\sigma_{t+1} < \sigma_t$，则认为 $t+1$ 年的数字普惠金融较 t 年更趋收敛[①]。表 3-9 和图 3-9 具体汇报了 2011—2021 年中国省域数字普惠金融总指数和分指数的 σ 收敛系数及其变化趋势。

表 3-9　2011—2021 年中国省域数字普惠金融总指数及分指数的收敛系数

类别	2011 年	2012 年	2013 年	2014 年	2015 年	2016 年	2017 年	2018 年	2019 年	2020 年	2021 年
总指数	0.442	0.211	0.158	0.123	0.098	0.087	0.083	0.093	0.097	0.096	0.085
覆盖广度	0.992	0.335	0.216	0.151	0.141	0.122	0.097	0.089	0.090	0.084	0.078
使用深度	0.566	0.283	0.231	0.216	0.182	0.122	0.119	0.147	0.150	0.162	0.136
数字化程度	0.496	0.118	0.054	0.059	0.052	0.065	0.027	0.054	0.060	0.053	0.043

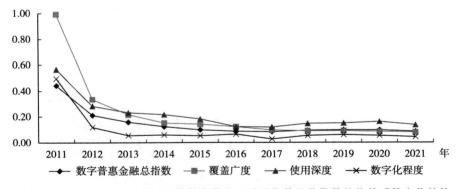

图 3-9　2011—2021 年中国省域数字普惠金融总指数及分指数的收敛系数变化趋势

从总指数收敛系数变化趋势来看，2011—2021 年，中国省域数字普惠金融整体发展差距既出现了持续收敛，也出现了持续扩大。其中，2011—2017 年为持续收敛阶段，收敛系数从 2011 年的 0.442 逐年下降到 2017 年的 0.083。而在 2017—2019 年收敛趋势有所反弹，收敛系数从 2017 年的 0.083

---

① 第四章至第六章的敛散性均是按照公式（3-1）计算而得。

提高到 2019 年的 0.097。2019—2021 年，中国省域数字普惠金融整体发展差距再次呈持续收敛势头，收敛系数从 2019 年的 0.097 缩小到 2021 年的 0.085。

从覆盖广度指数收敛系数变化趋势来看，2011—2021 年，中国省域数字普惠金融覆盖广度发展差距收敛趋势明显，但在十年间也出现了短暂扩大。其中，2011—2018 年为持续收敛阶段，收敛系数从 2011 年的 0.992 逐年缩小到 2018 年的 0.089。但在 2019 年，覆盖广度发展差距却出现了短暂扩大，收敛系数从 2018 年的 0.089 提高到 2019 年的 0.090。而 2019—2021 年，覆盖广度发展差距再次呈持续收敛趋势，收敛系数从 2019 年的 0.090 缩小到 2021 年的 0.078。

从使用深度指数收敛系数变化趋势来看，2011—2021 年，中国省域数字普惠金融使用深度发展差距先后经历了持续收敛、持续扩大和短暂收敛三个阶段。其中，2011—2017 年为持续收敛阶段，收敛系数从 2011 年的 0.566 缩小到 2017 年的 0.119。但 2017—2020 年，使用深度发展差距持续扩大，收敛系数从 2017 年的 0.119 提高到 2020 年的 0.162。而到了 2021 年，使用深度发展差距再次出现收敛势头，收敛系数从 2020 年的 0.162 缩小到 2021 年的 0.136。

从数字化程度指数收敛系数变化趋势来看，2011—2021 年，中国省域数字普惠金融数字化程度发展差距呈现出较强波动性。其中，2011—2013 年数字化程度发展差距持续收敛，收敛系数从 2011 年的 0.496 缩小到 2013 年的 0.054。而在 2013—2017 年，数字化程度发展差距呈"M 形"变化趋势，既在 2014 年和 2016 年出现了短暂扩大，也在 2015 年和 2017 年实现了短暂缩小。2017—2019 年，数字化程度发展差距持续扩大，收敛系数从 2017 年的 0.027 提高到 2019 年的 0.060。但 2019—2021 年，数字化程度发展差距再次呈现持续收敛趋势，收敛系数从 2019 年的 0.060 逐年缩小到 2021 年的 0.043。

总体而言，2011—2021 年，中国省域数字普惠金融总体及各维度发展差距均有所收敛，但在收敛过程中均出现了不同程度的波动。尤其是在 2017—2019 年，使用深度和数字化程度发展差距的扩大较好地解释了中国省域数字普惠金融整体发展水平为什么会在这一时期持续扩大。这也说明了数字普惠金融发展是一项系统性工程，要想实现其高质量发展，不仅要高度重视金融服务的触达性和覆盖面，更要在金融服务的类型、移动化程度、便利化程度、信用化程度等方面做足文章。

3.4 广东省数字普惠金融发展状况

3.4.1 整体发展状况

从总指数变化趋势来看，如图 3 - 10 所示，2011—2021 年广东省数字普惠金融实现了跨越式发展，总指数从 2011 年的 69.48 增长到 2021 年的 406.53，十年间增加了近 5 倍，年均增长量约为 33.71。究其原因，可能是广东省作为中国经济第一大省和全国科技创新高地，在资金、技术、人才、政策等方面优势突出，为数字普惠金融高质量发展提供了有力保障。就总指数增速变化趋势而言，广东省数字普惠金融在这十年间又可区分为高速发展、中高速发展和低速发展三个阶段。其中，2011—2013 年为高速发展阶段，总指数从 2011 年的 69.48 增长到 2013 年的 184.78，年均增速高达 63.08%。2013—2018 年增速开始放缓，进入中高速发展阶段，总指数从 2013 年的 69.48 增长到 2018 年的 331.93，年均增速从高速发展阶段的 63.08% 下降到 12.43%。而到了 2018—2021 年，增速进一步下降，步入到低速发展阶段，总指数从 2018 年的 331.92 增长到 2021 年的 406.53，年均增速为 6.99%。尤其是 2020 年，在新冠疫情冲击下的同比增速仅有 5.25%，为十年间的最低增速。然而，2021 年广东省数字普惠金融实现恢复性发展，总指数从 2020 年的 379.53 增长到 2021 年的 406.53，同比增速提高到 7.11%，说明广东省凭借自身强大的综合发展实力，较大程度上克服了新冠疫情冲击对数字普惠金融发展带来的负面影响，展现出了良好的发展韧性。

图 3 - 10　2011—2021 年广东省数字普惠金融总指数及增速变化

3.4.2　覆盖广度发展状况

从覆盖广度指数变化趋势来看，如图 3-11 所示，2011—2021 年广东省数字普惠金融覆盖广度持续拓宽，覆盖广度指数从 2011 年的 63.41 增长到 2021 年的 386.37，十年间增加了五倍有余，年均增长量约为 32.30。数字普惠金融作为普惠金融数字化转型的产物，其服务及产品的供给与推广更加依赖于互联网平台，而广东省不仅拥有扎实的金融服务能力，还具备完善的数字基础设施，为全省数字普惠金融覆盖广度的持续拓宽提供了有力保障。就覆盖广度指数增速变化趋势而言，广东省数字普惠金融覆盖广度在这十年间可以划分为高速发展、中高速发展和低速发展三个阶段。其中，2011—2014 年为高速发展阶段，覆盖广度指数从 2011 年的 63.41 增长到 2014 年的 199.63，年均增速高达 46.56%。而在 2014—2018 年，增速开始放缓，进入中高速发展阶段，覆盖广度指数从 2014 年的 199.63 增长到 2018 年的 312.44，年均增速从高速发展阶段的 46.56% 下降到 11.85%。2018—2021 年增速进一步下降，步入中低速发展阶段，覆盖广度指数从 2018 年的 312.44 增长到 2021 年的 386.37，年均增速仅为 7.34%。值得注意的是，在新冠疫情冲击下，2020 年广东省覆盖广度同比增速仅有 4.99%，为十年间的最低增速。但随着疫情防控形势的好转，广东省覆盖广度发展势头又开始向好，覆盖广度指数从 2020 年的 356.94 增长到 2021 年的 386.37，同比增速提高至 8.25%。

图 3-11　2011—2021 年广东省数字普惠金融覆盖广度指数及同比增速变化

3.4.3　使用深度发展状况

从使用深度指数变化趋势来看，如图 3-12 所示，2011—2021 年广东省数字普惠金融使用深度得到了大幅提升，使用深度指数从 2011 年的 80.97 增长到 2021 年的 438.13，十年间增加了四倍有余，年均增长量约为 35.72。就使用深度指数增速变化趋势而言，广东省数字普惠金融使用深度在这十年间总体上可以区分为高速发展和低速发展两个阶段，但在两个阶段中均出现了异常波动。具体来看，2011—2017 年广东省数字普惠金融使用深度迎来高速发展，使用深度指数从 2011 年的 80.97 增长到 2017 年的 328.17，年均增速高达 26.27%。其中，2014 年广东省数字普惠金融使用深度发展水平明显下滑，使用深度指数从 2013 年的 208.44 下降到 2014 年的 175.04，同比下降 16.02%。但是该负增长现象并未表现出持续性，2015 年便实现了恢复性增长并再次呈现蓬勃发展势头。2017—2021 年增速明显放缓，步入到低速发展阶段，使用深度指数从 2017 年的 328.17 增长到 2021 年的 438.13，年均增速下降到 7.49%。其中，2018 年的同比增速仅有 0.54%，为同比增速"由负转正"以来的最低增速。值得注意的是，在 2020 年新冠疫情冲击下的同比增速为 10.93%，较 2019 年有所提高，说明广东省凭借其强劲的综合发展实力较好地抵御了外部不确定性冲击带来的负面影响。但在 2021 年，广东省数字普惠金融使用深度指数同比增速较 2020 年有所下降，从 10.93% 下降到 8.35%，数字普惠金融使用深度发展增速放缓问题日益凸显。

图 3-12　2011—2021 年广东省数字普惠金融使用深度指数及同比增速变化

3.4.4　数字化程度发展状况

从数字化程度指数变化趋势来看，如图 3-13 所示，2011—2021 年广东省数字普惠金融数字化程度实现了蓬勃发展，数字化程度指数从 2011 年的

68.66 增长到 2021 年的 415.71，十年间增加了五倍有余，年均增长量为
34.71。就数字化程度指数增速变化趋势而言，广东省数字普惠金融数字化程
度发展水平在十年间波动频繁，既有高速发展，也有低速发展，甚至还出现了
反复的负增长。具体来看，2011—2015 年，广东省数字普惠金融数字化程度
迎来了高速发展，数字化程度指数从 2011 年的 68.66 增长到 2015 年的
373.79，年均增速高达 52.75%。然而在 2016 年，广东省数字普惠金融数字化
程度发展水平却出现大幅下降，数字化程度指数从 2015 年的 373.79 下降到 2016
年的 295.07，同比下降 21.06%，这可能是编制指标调整带来的影响。2016—
2021 年增速开始大幅放缓，步入低速发展阶段，数字化程度指数从 2016 年的
295.07 增长到 2021 年的 415.71，年均增速从高速发展阶段的 52.75% 下降到
7.10%。值得注意的是，广东省数字普惠金融数字化程度在低速发展阶段中出现
了短暂的高速发展和负增长。其中，2018 年的同比增速为 31.14%，为 2016 年
以来的最高增速。而在 2020 年，新冠疫情这一外部冲击使广东省数字普惠金融
数字化程度发展水平明显下滑，数字化程度指数从 2019 年的 421.66 下降到 2020
年的 409.06，同比下降 2.99%。但到了 2021 年，广东省数字普惠金融数字化程
度发展势头有所恢复，同比增速"由负转正"，从 −2.99% 提高到 1.62%。

图 3 - 13　2011—2021 年广东省数字普惠金融数字化程度指数及同比增速变化

3.5　广东数字普惠金融与全国的对比分析

3.5.1　广东数字普惠金融与全国平均水平的对比

　　如图 3 - 14、图 3 - 15、图 3 - 16、图 3 - 17 所示，将广东省数字普惠金融

总指数及各维度指数与全国平均水平进行对比可以发现，2011—2021 年，广东省数字普惠金融整体发展水平、覆盖广度发展水平和使用深度发展水平长期位于全国平均水平线以上，但与平均水平之间的发展差距却呈现不同敛散性。其中，数字普惠金融整体发展水平、使用深度发展水平与全国平均水平之间的发展差距呈扩大趋势，总指数、使用深度指数与全国平均指数的差值从 2011 年的 29.48 和 34.04 提高到 2021 年的 33.81 和 64.20。而覆盖广度发展水平与全国平均水平之间的发展差距呈收敛趋势，覆盖广度指数与全国平均指数的差值从 2011 年的 29.13 缩小到 2021 年的 24.96。与整体发展水平、覆盖广度发展水平和使用深度发展水平长期位于全国平均水平线以上不同，2011—2021 年广东省数字普惠金融数字化程度发展水平长期在全国平均水平线上下波动。其中，2011—2013 年，广东省数字普惠金融数字化程度发展水平常年位于全国平均水平线以上，但与全国平均水平之间的发展差距日趋收敛，数字化程度指数差值从 2011 年的 22.34 缩小到 2013 年的 7.15；2014—2017 年，广东省数字普惠金融数字化程度发展水平常年位于全国平均水平以下，并且与全国平均水平之间的发展差距呈扩大趋势，数字化程度指数差值从 2013 年的 2.97 提高到 2017 年的 14.09；2018—2021 年，广东省数字普惠金融数字化程度发展水平再次位于全国平均水平线以上，并且与全国平均水平之间的发展差距有所收敛，数字化程度指数差值从 2018 年的 16.16 缩小到 2021 年的 7.83。

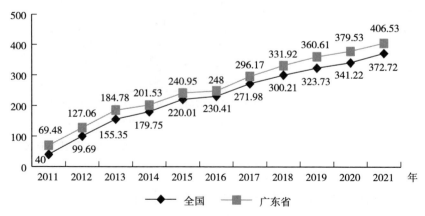

图 3-14   2011—2021 年广东省数字普惠金融总指数与全国平均水平对比

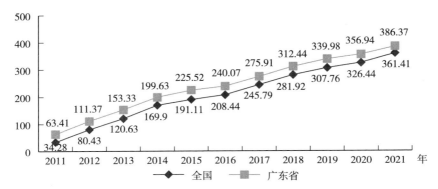

图 3-15 2011—2021 年广东省数字普惠金融覆盖广度指数与全国平均水平对比

图 3-16 2011—2021 年广东省数字普惠金融使用深度指数与全国平均水平对比

图 3-17 2011—2021 年广东省数字普惠金融数字化程度指数与全国平均水平对比

3.5.2 广东数字普惠金融与其余省域水平的对比

从总指数和分维度指数排名变化情况来看，如表 3－10 所示，2011—2021 年，广东省数字普惠金融整体发展水平、覆盖广度发展水平和使用深度发展水平较高，在全国范围内的排名较为靠前且变动情况相对稳定。其中，总指数和覆盖广度指数排名常年在第 4—6 名之间波动，而使用深度指数排名则常年在第 3—7 名之间波动。值得注意的是，虽然广东省在数字技术方面占据一定优势，但在数字普惠金融数字化程度指数排名上却波动频繁。具体来看，2011 年广东省数字普惠金融数字化程度指数在 31 个省份中排名第 7，位居全国前列。但在 2012—2017 年，广东省数字普惠金融数字化程度发展水平不断被其余省份赶超，数字化程度指数排名从 2011 年的第 7 名跌落到 2017 年的第 29 名。尤其是在 2015—2017 年，广东省数字普惠金融数字化程度发展水平长期处于全国倒数位置，数字化程度指数排名在第 29—30 名之间波动。2018—2021 年，广东省数字普惠金融数字化程度发展水平从上一阶段的长期倒数重新回到全国前列，数字化程度指数排名在第 5—11 名之间波动。进一步将 2021 年广东省数字普惠金融总指数及各维度指数排名与其他省份进行对比可以发现，除覆盖广度指数排名保持一致以外，数字普惠金融总指数、使用深度指数以及数字化程度指数排名均有所下降。其中，总指数排名从 2011 年的第 4 名跌落到 2021 年的第 6 名；使用深度指数从 2011 年的第 3 名跌落到 2021 年的第 4 名；数字化程度指数从 2011 年的第 7 名跌落到 2021 年的第 11 名。总指数及分维度指数排名的普遍下滑意味着广东省数字普惠金融发展在经历高速发展阶段后正面临着发展增速大幅放缓问题。

表 3－10　2011—2021 年广东省数字普惠金融总指数及各维度指数全国排名

年份	总水平		覆盖广度		使用深度		数字化程度	
	指数	排名	指数	排名	指数	排名	指数	排名
2011	69.48	4	63.41	6	80.97	3	68.66	7
2012	127.06	4	111.37	5	149.38	5	138.31	10
2013	184.78	4	153.33	5	208.44	5	245.61	9
2014	201.53	6	199.63	5	175.04	7	255.98	18
2015	240.95	6	225.52	5	195.87	6	373.79	30
2016	248.00	6	240.07	5	236.50	6	295.07	30

（续）

年份	总水平		覆盖广度		使用深度		数字化程度	
	指数	排名	指数	排名	指数	排名	指数	排名
2017	296.17	6	275.91	4	328.17	6	304.92	29
2018	331.92	6	312.44	4	329.93	6	399.86	7
2019	360.61	5	339.98	6	364.50	5	421.66	5
2020	379.53	6	356.94	6	404.35	4	409.06	7
2021	406.53	6	386.37	6	438.13	4	415.71	11

3.6 本章小结

　　2011—2021 年，中国整体及各省份的数字普惠金融发展水平均得到了大幅提高，数字普惠金融总指数和分维度指数均实现了不同程度的增长。然而，由于各地区在数字基础设施、金融生态环境等方面存在显著差异，中国省域数字普惠金融发展水平长期处于失衡状态。具体而言，我国东部地区各省份的数字普惠金融发展水平普遍较高，而中部、西部以及东北地区各省份的数字普惠金融发展水平仍集中处于中等发展水平和低发展水平梯队。但随着时间的推移，中国各省份之间的数字普惠金融发展差距开始趋于收敛。进一步分析发现，广东作为中国改革开放的先驱者和创新发展的领头羊，其数字普惠金融总指数、覆盖广度指数和使用深度指数排名均位居全国前列，在全国范围内起到了良好的带头作用。但广东省数字普惠金融数字化程度指数排名相对靠后，且十年间波动频繁，如何进一步提高数字普惠金融数字化程度成为其推进数字普惠金融高质量发展的重要任务。

4 广东"一核一带一区"数字普惠金融 发展状况及其差异 /////////////////////////

    区域发展失衡是广东省经济社会发展过程中长期存在的历史性难题。那么在广东数字普惠金融飞速发展的时代背景下,其省内各区域的数字普惠金融呈现怎样的发展趋势?区域之间又表现出哪些发展差异?为厘清这些问题,本章以广东省"一核一带一区"的区域发展格局[①]为标准,将广东省划分为珠三角核心发展区、沿海经济带和北部生态发展区三大经济区域,并对各经济区域数字普惠金融发展水平的时空演变特征进行深入分析。

4.1 珠三角核心发展区数字普惠金融发展状况

4.1.1 整体发展状况

    从区域总指数变化趋势来看,如图 4-1 所示,2011—2021 年珠三角核心发展区的数字普惠金融得到了持续快速发展,总指数从 2011 年的 75.45 增长到 2021 年的 317.38,十年间增加了三倍有余,年均增长超过 24。究其原因,可能是该区域作为广东经济社会发展的重要引擎,在数字基础设施、金融生态环境、客户认知禀赋、政策支持力度等方面优势突出,为数字普惠金融发展提供了有力保障。就总指数增速变化趋势而言,该区域数字普惠金融在这十年间又可区分为高速发展、中高速发展和低速发展三个阶段。其中,2011—2013年为高速发展阶段,总指数从 2011 年的 75.45 增长到 2013 年的 158.30,年均增速高达 44.85%,两年间便实现了指数翻番。而 2013—2017 年,增速开始放缓,进入中高速发展阶段,总指数从 2013 年的 158.30 增长到 2017 年的250.71,年均增速从高速发展阶段的 44.85%下降到 12.18%。2017—2021 年增速进一步下降,步入低速发展阶段,总指数从 2017 年的 250.71 增长到

---

    ① 珠三角核心发展区:广州、深圳、珠海、佛山、惠州、东莞、中山、江门、肇庆;沿海经济带:汕头、汕尾、揭阳、潮州、湛江、茂名、阳江;北部生态发展区:韶关、梅州、清远、河源、云浮。

2021 年的 317.38，年均增速仅为 6.07%。尤其是 2020 年，在新冠疫情冲击下，该年同比增速仅有 3.93%，为十年间的最低增速，这也说明新冠疫情这一外部不确定性的冲击对该区域数字普惠金融发展产生了一定负面影响。然而，2021 年珠三角核心发展区的数字普惠金融发展势头又开始向好，总指数从 2020 年的 290.70 增长到 2021 年的 317.38，同比增速提高到 9.18%，说明该区域凭借自身强大的综合发展实力，较大程度上克服了新冠疫情冲击对数字普惠金融发展带来的负面影响，展现出了良好的区域发展韧性。

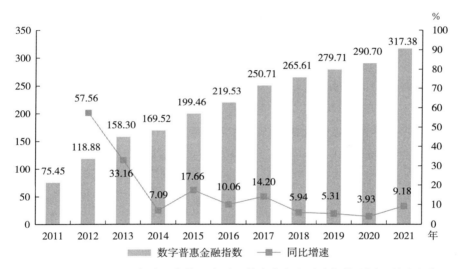

图 4-1　2011—2021 年珠三角核心发展区数字普惠金融总指数及同比增速变化

4.1.2　覆盖广度发展状况

从区域覆盖广度指数变化趋势来看，如图 4-2 所示，2011—2021 年珠三角核心发展区的数字普惠金融覆盖广度持续拓宽，覆盖广度指数从 2011 年的 80.67 增长到 2021 年的 325.72，十年间增加了三倍有余，年均增长 24.51。背后的原因可能是，与传统金融机构通过广泛铺设网点和增加服务人员来扩大金融服务覆盖面不同，数字普惠金融覆盖广度的拓宽主要依托数字技术和互联网平台，而珠三角核心发展区较其他经济区域拥有更加完善的数字基础设施、更加扎实的金融服务能力，常住人口也具备较高的数字素养和金融素养，数字普惠金融供给侧和需求侧能够形成良好的契合效应，推动该区域数字普惠金融覆盖广度不断拓宽。就覆盖广度指数增速变化趋势而言，该区域数字普惠金融覆盖广度在这十年间同样可以区分为高速发展、中高速发展和低速发展三个阶段。其中,2011—2013 年为高速发展阶段,覆盖广度指数从 2011 年的 80.67 增长到 2013 年的 156.13,年均增速高达 39.12%。2013—2015 年,增速开始放缓,覆盖广度指数从 2013 年的 156.13 增长到 2015 年的 209.33,年均增速从高速阶段的 39.12% 下降到 15.79%。而到了 2015—2021 年,增速进一步下降,步入中低速发展阶段,覆盖广度指数从 2015 年的 209.33 增长到 2021 年的 325.72,年均增速仅为 7.65%。尤其是 2020 年,在新冠疫情冲击下,同比增速仅有 5.02%,为十年间最低增速。然而,2021 年珠三角核心发展区的数字普惠金融覆盖广度发展势头有所恢复,同比增速提高到 12.36%,这也是自 2015 年该区域数字普惠金融覆盖广度发展增速放缓以来所达到的最高同比增速。

图 4-2 2011—2021 年珠三角核心发展区数字普惠
金融覆盖广度指数及同比增速变化

4.1.3 使用深度发展状况

从区域使用深度指数变化趋势来看,如图 4-3 所示,2011—2021 年珠三角核心发展区的数字普惠金融使用深度得到了有效提升,使用深度指数从 2011 年的 74.65 增长到 2021 年的 305.99,十年间增加了三倍有余,年均增长超过 23。就使用深度指数增速变化趋势而言,珠三角核心发展区数字普惠金融使用深度在这十年间主要经历了高速发展和低速发展两个阶段,但也在个别年份出现了负增长现象。其中,2011—2013 年为高速发展阶段,使用深度指数从 2011 年的 74.65 增长到 2013 年的 154.02,年均增速高达43.64%。然而,2014 年该区域数字普惠金融使用深度指数明显下滑,从2013 年的 154.02 下降到 2014 年的 141.51,同比下降 8.12%,数字普惠金融使用深度发展陷入困境。而在 2014—2017 年,该区域数字普惠金融使用深度发展水平在经历短暂下降后再次进入高速发展阶段,使用深度指数从2014 年的 141.51 增长到 2017 年的 268.13,年均增速为 23.74%。2018年,该区域数字普惠金融使用深度发展水平再次出现小幅下滑,使用深度指数从 2017 年的 268.13 下降到 2018 年的 263.14,同比下降 1.86%。而到了2019 年至 2021 年,珠三角核心发展区数字普惠金融使用深度发展势头"由负转正",但增速显著下降,步入到低速发展阶段,使用深度指数从 2019 年的 273.37 增长到 2021 年的 305.99,年均增速仅有 5.80%。值得说明的是,数字普惠金融使用深度指数主要由购买金融产品、金融服务等数据构建而成,更有可能受到市场环境变化的影响。珠三角核心发展区的市场环境、政策基调长期保持稳中向好的发展趋势,所以即使该区域数字普惠金融使用深度指数在 2014 年和 2018 年出现了负增长,也能及时实现恢复性增长。

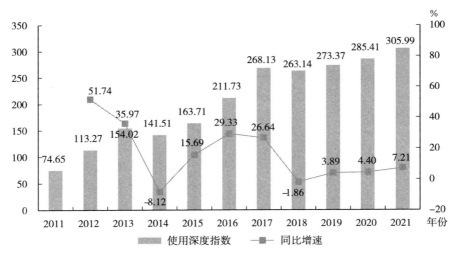

图 4-3　2011—2021 年珠三角核心发展区数字普惠
金融使用深度指数及同比增速变化

4.1.4 数字化程度发展状况

从区域数字化程度指数变化趋势来看，如图4-4所示，2011—2021年珠三角核心发展区的数字普惠金融数字化程度实现了蓬勃发展，数字化程度指数从2011年的59.70增长到2021年的310.56，十年间增加了四倍有余，年均增长更是超过25，在总指数和分维度指数年均增长中排名第一。就数字化程度指数增速变化趋势而言，该区域数字普惠金融数字化程度在十年间既出现了短暂的高速发展，也出现了长期的低速发展，甚至还出现了反复的负增长。其中，2011—2013年为高速发展阶段，数字化程度指数从2011年的59.70增长到2013年的173.24，年均增速高达70.35%，说明该区域在数字技术领域长期形成的优势为数字普惠金融数字化程度发展提供了强有力支撑。然而，2014年该区域数字普惠金融数字化程度发展指数却明显下降，数字化程度指数从2013年的173.24下降到2014年的161.82，同比下降6.59%。值得注意的是，2015年该区域数字普惠金融数字化程度在经历短暂下降后立刻实现了恢复性增长，数字化程度指数从2014年的161.82增长到2015年的231.82，同比增速高达43.26%。而在2016年，该区域数字普惠金融数字化程度指数再次出现负增长，从2015年的231.82下降到2016年的231.19，下降幅度较小，可能是数字普惠金融指数编制指标调整带来的影响①。而到了2017—2021年，珠三角核心发展区数字普惠金融数字化程度发展呈现恢复势头，但增速显著下降，步入到低速发展阶段，数字化程度指数从2017年的253.23增长到2021年的310.56，年均增速仅为5.23%。尤其是2020年，在新冠疫情冲击下甚至出现了负增长，数字化程度指数同比下降0.11%。究其原因，可能是该区域作为广东省的经济中心对金融服务的需求量较大，但2020年新冠疫情的冲击使社会面生产停摆，对该区域数字普惠金融数字化程度发展造成了剧烈冲击。但值得注意的是，2020年珠三角核心发展区数字普惠金融数字化程度指数虽较2019年有所下降，但下降幅度极小，说明该区域长期形成的数字技术优势和创新能力一定程度上缓解了新冠疫情暴发所带来的外部冲击力。到了2021年，珠三角核心发展区数字普惠金融数字化程度发展增速有所提高，但同比增速也仅有2.48%，说明新冠疫情这一外部冲击对该区域数字普惠金融

---

① 目前，北京大学数字研究中心共编制了两期数字普惠金融指数。其中，第一期指数时间跨度为2011—2015年，编制指标共26个；第二期指数从2016年开始，编制指标调整为33个。

数字化程度发展水平所产生的影响具有持续性。

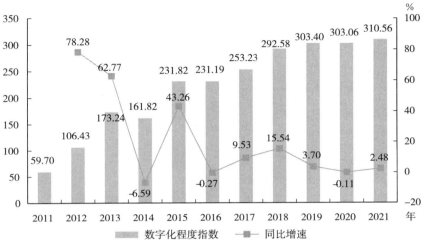

图 4 - 4 2011—2021 年珠三角核心发展区数字普惠金融
数字化程度指数及同比增速变化

4.2 沿海经济带数字普惠金融发展状况

4.2.1 整体发展状况

总体而言,沿海经济带数字普惠金融整体发展趋势与珠三角核心区极为相似,增速发生波动的时间点也较为吻合。从区域总指数变化趋势来看,如图 4 - 5 所示,2011—2021 年沿海经济带的数字普惠金融实现了蓬勃发展,总指数从 2011 年 52.85 增长到 2021 年的 288.56,年均增长量约为 23.57,略低于珠三角核心发展区。就总指数增速变化趋势而言,该区域数字普惠金融在这十年间又可区分为高速发展、中高速发展和低速发展三个阶段,但在高速发展向中高速发展转变过程中却出现了波动。其中,2011—2013 年为高速发展阶段,总指数从 2011 年的 52.85 增长到 2013 年的 130.55,年均增速高达 57.17%。值得注意的是,该区域数字普惠金融发展基础较为薄弱,2011 年总指数仅有 52.85,远低于珠三角核心区的 75.45,但年均增速 57.17% 远高于珠三角核心区的 44.85%,说明该区域数字普惠金融具有巨大发展潜力。但在 2014 年,沿海经济带数字普惠金融发展增速出现断崖式下降,同比增速从 2013 年的 39.62% 骤降到 2014 年的 6.38%,从侧面说明了该区域数字普惠金融缺乏长期稳定的发展机制。而在 2014—2017 年，该区域数字普惠金融发展增速在经历短暂下降后开始有所提高，但较 2011—2013 年有所放缓，进入到中高速发展阶段。这一时期，沿海经济带的数字普惠金融总指数从 2014 年的 138.88 增长到 2017 年的 219.34，年均增速从高速发展阶段的 57.17% 下降到 16.46%。2017—2021 年增速进一步下降，步入低速发展阶段，总指数从 2017 年的 219.34 增长到 2021 年的 288.56，年均增速仅为 7.10%。尤其是 2020 年，总指数同比增速仅有 4.61%，为十年间的最低增速，说明了新冠疫情冲击对该区域数字普惠金融发展产生了一定的抑制作用。然而，2021 年沿海经济带数字普惠金融实现了恢复性增长，总指数从 2020 年的 257.36 增长到 2021 年的 288.56，同比增速提高到 12.12%。事实上，数字普惠金融依托数字技术和互联网平台，能够有效抵御外部冲击所带来的负面影响，这是该区域数字普惠金融在 2020 年新冠疫情冲击下依旧保持正增长，并且在 2021 年实现恢复性增长的重要原因。

图 4-5　2011—2021 年沿海经济带数字普惠金融总指数及同比增速变化

4.2.2　覆盖广度发展状况

从区域覆盖广度指数变化趋势来看，如图 4-6 所示，2011—2021 年沿海经济带数字普惠金融覆盖广度发展水平大幅提高，覆盖广度指数从 2011 年的 36.94 增长到 2021 年的 281.30，十年间增加了六倍有余，年均增长量约为

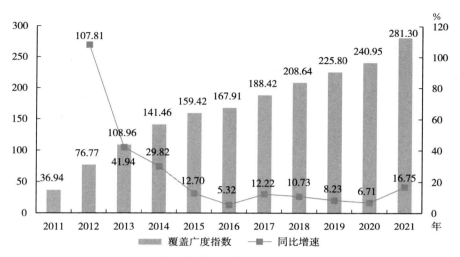

图 4-6　2011—2021 年沿海经济带数字普惠金融覆盖广度指数及同比增速变化

24.44，超过总指数的年均增长量，说明覆盖广度的不断拓宽为该区域数字普惠金融发展水平的持续提高做出了重要贡献。就覆盖广度指数增速变化趋势而言，该区域数字普惠金融覆盖广度在这十年间同样可以区分为高速发展、中高速发展和低速发展三个阶段。具体来看，2011—2014 年为高速发展阶段，覆盖广度指数从 2011 年的 36.94 增长到 2014 年的 141.46，年均增速高达56.45％。相比珠三角核心发展区，沿海经济带数字普惠金融覆盖广度发展基础较为薄弱，2011 年覆盖广度指数仅为 36.94，远低于珠三角核心发展区。但数字基础设施的持续完善、金融服务能力的持续提升、用户金融素养的持续提高为沿海经济带数字普惠金融覆盖广度的不断拓宽提供了有力保障，促使其以较高的增速持续发展。而在 2014—2018 年，增速开始放缓，进入中高速发展阶段，覆盖广度指数从 2014 年的 141.46 增长到 2018 年的 208.64，年均增速从高速发展阶段的 56.45％下降到 10.20％。其中，2016 年该区域数字普惠金融覆盖广度指数的同比增速仅为 5.32％，为十年间的最低增速，这可能是编制指标调整带来的影响。2018—2020 年，增速进一步下降，步入低速发展阶段，覆盖广度指数从 2018 年的 208.64 增长到 2020 年的 240.95，年均增速仅有 7.46％。尤其是 2020 年，新冠疫情的暴发给沿海经济带数字普惠金融覆盖广度的拓宽带来了一定负面影响，同比增速从 2019 年的 8.23％下降到 2020年的 6.71％。但随着国内疫情防控形式的好转，该区域的数字普惠金融覆盖广度发展势头又开始向好，覆盖广度指数从 2020 年的 240.95 增长到 2021 年的281.30，同比增速提高到16.75％，这也是自2014年该区域数字普惠金融覆盖广度发展增速放缓以来所达到的最高同比增速。

4.2.3 使用深度发展状况

从区域使用深度指数变化趋势来看，如图4-7所示，2011—2021年沿海经济带数字普惠金融使用深度持续提升，使用深度指数从2011年的70.96增长到2021年的297.30，年均增长量约为22.63，略低于珠三角核心发展区。就使用深度指数增速变化趋势而言，该区域数字普惠金融使用深度在这十年间与珠三角核心发展区呈现同样的发展趋势，均是在经历高速发展、低速发展的同时出现了反复的负增长。其中，2011—2013年为高速发展阶段，使用深度指数从2011年的70.96增长到2013年的144.61，年均增速高达42.76％。但在2014年，该区域数字普惠金融使用深度发展水平明显下滑，使用深度指数从2013年的144.61下降到2014年的127.13，同比下降12.09％。2014—2017年，该区域数字普惠金融使用深度发展水平在经历短暂下降后再次进入高速发展阶段，使用深度指数从2014年的127.13增长到2017年的256.96，年均增速为26.44％。然而，2018年该区域数字普惠金融使用深度发展水平再次下滑，使用深度指数从2017年的256.96下降到2018年的251.77，同比下降2.02％。而到了2019年，沿海经济带数字普惠金融使用深度发展增速"由负转正"，但增速大幅放缓，2019—2021年为低速发展阶段，使用深度指数从2019年的262.37增长到2021年的297.30，年均增速仅为6.45％。尤其是2020年，在新冠疫情冲击下的同比增速仅有3.96％。但随着疫情防控形势的持续好转，2021年沿海经济带数字普惠金融使用深度发展势头开始向好，使用深度指数从2020年的272.76增长到2021年的297.30，同比增速提高到8.99％。

4.2.4 数字化程度发展状况

从区域数字化程度指数变化趋势来看，如图4-8所示，2011—2021年沿海经济带数字普惠金融数字化程度发展水平大幅提高，数字化程度指数从2011年的72.49增长到2021年的296.64，十年间增加了三倍有余，年均增长量超过22。就数字化程度指数增速变化趋势而言，该区域数字普惠金融数字化程度在经历高速发展阶段后便开始趋于放缓，并且在由高速发展阶段向低速发展阶段转变过程中出现了短暂的负增长。其中，2011—2013年为高速发展

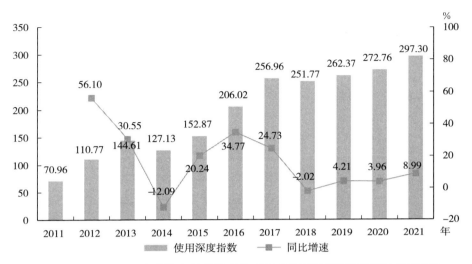

图 4-7　2011—2021 年沿海经济带数字普惠金融使用深度指数及同比增速变化

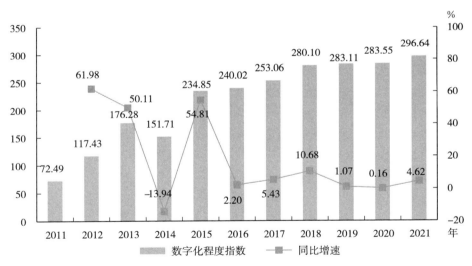

图 4-8　2011—2021 年沿海经济带数字普惠金融数字化程度指数及同比增速变化

阶段,数字化程度指数从 2011 年的 72.49 增长到 2013 年的 176.28,年均增速高达 55.94%。然而在 2014 年,该区域数字普惠金融数字化程度发展水平明显下滑,数字化程度指数从 2013 年的 176.28 下降到 2014 年的 151.71,同比下降 13.94%。但在 2015 年,该区域数字普惠金融数字化程度发展水平实现恢复性增长,数字化程度指数从 2014 年的 151.71 增长到 2015 年的

234.85，同比增速高达 54.81%。该区域数字普惠金融数字化程度在经历短暂的高速发展阶段后开始趋于放缓，2015—2021 年步入低速发展阶段，数字化程度指数从 2015 年的 234.85 增长到 2021 年的 296.64，年均增速仅为 3.97%。尤其是 2020 年，在新冠疫情冲击下，同比增速仅有 0.16%，说明新冠疫情的暴发对该区域数字普惠金融数字化程度发展水平的提高产生了一定负面影响。2021 年沿海经济带数字普惠金融数字化程度发展势头有所恢复，数字化程度指数从 2020 年的 283.55 增长到 2021 年的 296.64，同比增速提高到 4.62%，说明新冠疫情冲击对该区域数字普惠金融数字化程度发展带来的消极影响正逐步衰减。

4.3 北部生态发展区数字普惠金融发展状况

4.3.1 整体发展状况

从区域总指数变化趋势来看，如图 4 - 9 所示，2011—2021 年北部生态发展区数字普惠金融发展水平同珠三角核心发展区和沿海经济带一样得到大幅提高，总指数从 2011 年的 52.32 增长到 2021 年的 283.73，十年间增加了四倍有余，年均增长量约为 23.14，略低于珠三角核心发展区和沿海经济带。与珠三角核心发展区和沿海经济带相比，北部生态发展区数字普惠金融发展基础较为薄弱，因此数字基础设施、金融生态环境等发展条件的不断完善将产生较高的边际效益，进而推动该区域数字普惠金融实现快速发展。就总指数增速变化趋势而言，该区域数字普惠金融在这十年间同珠三角核心发展区一样，均是先后经历了高速发展、中高速发展和低速发展三个阶段。其中，2011—2013 年为高速发展阶段，总指数从 2011 年的 52.32 增长到 2013 年的 125.49，年均增速高达 54.87%，超过珠三角核心发展区同期增速。而在 2013—2017 年，发展增速开始放缓，总指数从 2013 年的 125.49 增长到 2017 年的 218.66，年均增速从高速发展阶段的 54.87% 下降至 14.89%。2017—2021 年增速进一步下降，总指数从 2017 年的 218.66 增长到 2021 年的 283.73，年均增速仅为 6.73%。值得注意的是，2020 年北部生态发展区数字普惠金融发展增速并未像珠三角核心发展区和沿海经济带一样出现明显下降，说明该区域数字普惠金融发展具有良好的韧性，一定程度上抵御了新冠疫情冲击带来的负面影响。尤其是 2021 年，新冠疫情防控形势有所好转，北部生态发展区数字普惠金融再次呈现加速发展势头，总指数从 2020 年的 252.80 增长到 2021 年的 283.73，同比增速提高至12.24%。

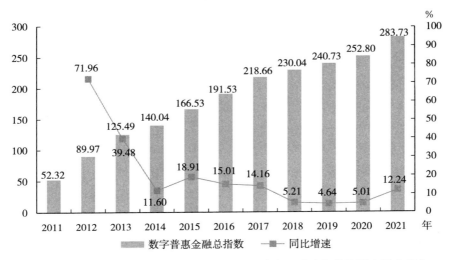

图 4 - 9 2011—2021年北部生态发展区数字普惠金融总指数及同比增速变化

4.3.2 覆盖广度发展状况

与珠三角核心发展区相比,北部生态发展区数字普惠金融覆盖广度发展基础较为薄弱,2011年覆盖广度指数为40.33,仅是珠三角核心发展区的一半。但从区域覆盖广度指数变化趋势来看,如图 4 - 10 所示,2011—2021年北部生态发展区数字普惠金融覆盖广度发展水平大幅提高,覆盖广度指数从2011年的40.33增长到2021年的281.46,十年间增加了近6倍,年均增长量超过24。受市场环境、地理位置等诸多因素影响,北部生态发展区金融业务的开展更具难度和挑战性,但金融数字化转型进程的加快使更多用户群体能够以便捷化的方式获取金融服务,极大程度上推动了该区域数字普惠金融覆盖广度的提升。就覆盖广度指数增速变化趋势而言,该区域数字普惠金融覆盖广度在这十年间同样经历了高速发展、中高速发展和低速发展三个阶段。其中,2011—2014年为高速发展阶段,覆盖广度指数从2011年的40.33增长到2014年的140.25,年均增速高达51.50%,三年间指数增加了近2.5倍。而在2014—2018年,增速开始大幅放缓,进入中高速发展阶段,覆盖广度指数从2014年的140.25增长到2018年的209.52,年均增速从高速发展阶段的51.50%下降到10.56%。而到了2018年,增速进一步下降,2018—2020年步入低速发展阶段，覆盖广度指数从 2018 年的 209.52 增长到 2020 年的 240.49，年均增速为 7.14％。2021 年北部生态发展区数字普惠金融覆盖广度再次呈现加速发展势头，覆盖广度指数从 2020 年的 240.49 增长到 2021 年的 281.46，同比增速高达 17.04％。其背后的原因可能是 2020 年新冠疫情的冲击使"居家"成为大众的生活常态，在此背景下网络成为居民工作、生活的主要媒介，这就实现了更多群体与"数字时代"接轨，也为该区域数字普惠金融覆盖广度的提高创造了条件。

图 4 - 10　2011—2021 年北部生态发展区数字普惠金融
覆盖广度指数及同比增速变化

4.3.3　使用深度发展状况

从区域使用深度指数变化趋势来看，如图 4 - 11 所示，2011—2021 年北部生态发展区数字普惠金融使用深度发展水平大幅提高，使用深度指数从 2011 年的 66.64 增长到 2021 年的 278.22，十年间增加了三倍有余，年均增长量超过 21。就使用深度指数的变化趋势而言，该区域数字普惠金融使用深度在这十年间总体上可以区分为高速发展和低速发展两个阶段，但是在两个阶段均出现了短暂的负增长现象。其中，2011—2017 年为高速发展阶段，使用深度指数从 2011 年的 66.64 增长到 2017 年的 249.40，年均增速高达 24.60％。值得注意的是，2014 年该区域数字普惠金融使用深度发展水平较 2013 年出现下滑，使用深度指数从 2013 年的 132.16 下降到 2014 年的 123.83，同比下降

6.31%。2017—2021年增速放缓，步入低速发展阶段，使用深度指数从2017年的249.40增长到2021年的278.22，年均增速从高速发展阶段的24.60%下降到2.77%。尤其是2018年，该区域数字普惠金融使用深度发展水平再次出现负增长，使用深度指数从2017年的249.40下降到2018年的240.01，同比下降3.77%。值得说明的是，广东省三大经济区域数字普惠金融使用深度指数在2014年和2018年均有所下降，但这两个时间点广东省宏观发展环境并未受到重大外部冲击，数字普惠金融发展环境也较为稳定。因此，2014年和2018年广东省各经济区域数字普惠金融使用深度指数的普遍下降可能是指标数据存在缺失和异常值导致的。值得一提的是，2020年北部生态发展区较好地抵御了新冠疫情冲击所带来的消极影响，数字普惠金融使用深度水平稳中有升，发展指数从2019年的246.95增长到2020年的256.55，同比增速为3.89%，略高于2019年的2.89%。而到了2021年，该区域数字普惠金融使用深度发展水平进一步提高，使用深度指数从2020年的256.55增长到2021年的278.22，同比增速提高到8.45%，这也是2018年以来的最高同比增速。

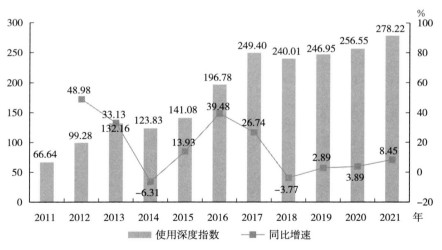

图4-11 2011—2021年北部生态发展区数字普惠金融
使用深度指数及同比增速变化

4.3.4 数字化程度发展状况

从区域数字化程度指数变化趋势来看，如图4-12所示，2011—2021年北部生态发展区的数字普惠金融数字化程度得到了持续快速发展，数字化程度指数从 2011 年的 65.92 增长到 2021 年的 301.25，十年间增加了三倍有余，年均增长量超过 23。就数字化程度指数增速变化趋势而言，该区域数字普惠金融数字化程度在这十年间总体上可以区分为高速发展和低速发展两个阶段，但是在高速发展阶段出现了短暂的负增长。其中，2011—2015 年为高速发展阶段，数字化程度指数从 2011 年的 65.92 增长到 2015 年的 239.89，年均增速高达 38.12％。但在 2014 年，该区域数字普惠金融数字化程度发展水平明显下滑，数字化程度指数从 2013 年的 173.39 下降到 2014 年的 168.83，同比下降 2.63％。值得注意的是，2014 年广东省各经济区域以及其余省份市域数字普惠金融数字化程度指数均有所下降。从指数编制视角来看，数字化程度发展水平的衡量主要包括移动化、实惠化、信用化和便利化四个方面，而在数字化进程日益加快的时代背景下，金融服务的移动化、实惠化、信用化和便利化水平均有所提高，因此 2014 年广东省各区域数字普惠金融数字化程度发展水平的下降可能是统计数据偏差带来的影响。2015—2021 年，增速开始大幅放缓，进入低速发展阶段，数字化程度指数从 2015 年的 239.89 提高到 2021 年的 301.25，年均增速仅有 3.87％。尤其是 2017 年和 2019 年，北部生态发展区数字普惠金融数字化程度指数同比增速仅有 0.03％和 0.15％，低于珠三角核心发展区和沿海经济带的同期增速，说明该区域要想进一步提高数字普惠金融数字化程度发展水平仍需在优化外部环境和增强内生动力上做好文章。

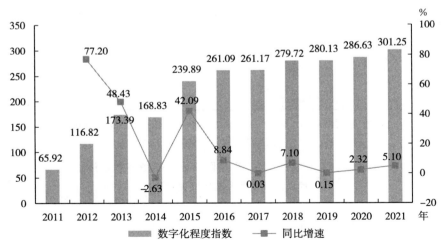

图 4-12　2011—2021 年北部生态发展区数字普惠金融
数字化程度指数及同比增速变化

4.4 "一核一带一区"数字普惠金融的发展差异

4.4.1 区域数字普惠金融发展水平排名变化情况

从 2021 年广东省"一核一带一区"数字普惠金融总指数和分维度指数静态排名来看，珠三角核心发展区数字普惠金融总指数和分维度指数排名均位列全省第一，说明该区域无论是数字普惠金融整体发展水平还是分维度发展水平均处于全省领先地位。具体来看，2021 年广东省数字普惠金融总指数和使用深度指数的排名在空间上呈"珠三角核心发展区＞沿海经济带＞北部生态发展区"的分布特征；而覆盖广度指数和数字化程度指数的排名在空间上呈"珠三角核心发展区＞北部生态发展区＞沿海经济带"的分布特征。将时间窗口拉长可以发现，在 2011 年至 2021 年，广东省"一核一带一区"数字普惠金融总指数和分维度指数排名的动态变化呈现不同特征。其中，总指数和使用深度指数的排名相对稳定，而覆盖广度指数和数字化程度指数的排名却在十年间波动频繁。

就区域总指数排名而言，如表 4-1 所示，在 2011—2021 年，广东省"一核一带一区"数字普惠金融总指数排名变化较小，大部分时间呈"珠三角核心发展区＞沿海经济带＞北部生态发展区"的空间分布特征。然而，沿海经济带和北部生态发展区总指数排名在 2014 年和 2016 年均出现了变动。具体来看，在 2014 年和 2016 年，沿海经济带总指数排名较其余年份下降了 1 个名次，从原来的第 2 名跌落到第 3 名；而北部生态发展区在 2014 年和 2016 年完成了对沿海经济带的反超，总指数排名从原来的第 3 名上升到第 2 名。但这种反超势头并未呈现出持续性，均是在完成反超后的下一年便恢复到原有排名。与总指数排名变化情况相比，如表 4-3 所示，广东省"一核一带一区"使用深度指数排名较为稳定，十年间均保持"珠三角核心发展区＞沿海经济带＞北部生态发展区"空间分布特征。

就区域覆盖广度指数排名而言，如表 4-2 所示，在 2011 年至 2021 年，珠三角核心发展区长期排名第 1，而沿海经济带和北部生态发展区则呈现交替领先特征。具体来看，2011 年广东省"一核一带一区"覆盖广度指数排名在空间上呈"珠三角核心发展区＞北部生态发展区＞沿海经济带"的分布特征，与 2021 年一致。但进一步观察发现，沿海经济带和北部生态发展区覆盖广度指数排名在 2012—2016 年以及 2019—2020 年均出现了变动，在上述时间段内，沿海经济带覆盖广度指数反超北部生态发展区，在三大经济区域中排名第2，较2011年提高了1个名次。但在2017—2018年以及2021年，北部生态发展区覆盖广度指数再度反超沿海经济带，排名恢复到原来的第2名。总体来看，沿海经济带和北部生态发展区数字普惠金融覆盖广度发展水平相仿，两者在指数排名上交替领先。

就区域数字化程度指数排名而言，如表4-4所示，2011—2021年，广东省"一核一带一区"数字普惠金融数字化程度指数排名变化情况可以划分为三个阶段：沿海经济带领先阶段（2011—2013年）、北部生态发展区领先阶段（2014—2017年）和珠三角核心区领先阶段（2018—2021年）。在2011—2013年，广东省"一核一带一区"数字化程度指数排名较为稳定，三年间均保持"沿海经济带＞北部生态发展区＞珠三角核心发展区"这一排名顺序。而在2014—2017年，北部生态发展区数字化程度指数反超沿海经济带，指数排名从原来的第2名上升到第1名。而在上一阶段长期位列全省第1的沿海经济带的数字化程度指数排名却有所下降，与珠三角核心发展区交替位列全省第2。值得注意的是，在2011—2017年，数字技术水平具有绝对优势的珠三角核心发展区在数字普惠金融数字化程度发展上却并未占据主导地位，反而长期落后于其他两大经济区域，这也从侧面说明了数字普惠金融数字化程度发展不仅依靠于数字技术所带来的移动化，还依赖于金融服务的实惠化、信用化等诸多方面。而在2018—2021年，珠三角核心发展区数字化程度指数显著提高，指数排名反超沿海经济带和北部生态发展区，位列全省第1，沿海经济带和北部生态发展区则交替位列全省第2。

总体而言，广东省"一核一带一区"数字普惠金融整体水平及其各维度水平经过长期发展已经形成了以珠三角核心发展区为引领，沿海经济带和北部生态发展区交替领先的区域发展格局。

表4-1 2011—2021年广东省"一核一带一区"数字普惠金融总指数及排名

年份	珠三角核心发展区		沿海经济带		北部生态发展区	
	指数	排名	指数	排名	指数	排名
2011	75.45	1	52.85	2	52.32	3
2012	118.88	1	93.51	2	89.97	3
2013	158.30	1	130.55	2	125.49	3
2014	169.52	1	138.88	3	140.04	2

（续）

年份	珠三角核心发展区		沿海经济带		北部生态发展区	
	指数	排名	指数	排名	指数	排名
2015	199.46	1	169.80	2	166.53	3
2016	219.53	1	191.01	3	191.53	2
2017	250.71	1	219.34	2	218.66	3
2018	265.61	1	233.12	2	230.04	3
2019	279.71	1	246.03	2	240.73	3
2020	290.70	1	257.36	2	252.80	3
2021	317.38	1	288.56	2	283.73	3

表 4 - 2　2011—2021 年广东省"一核一带一区"数字普惠金融覆盖广度指数及排名

年份	珠三角核心发展区		沿海经济带		北部生态发展区	
	指数	排名	指数	排名	指数	排名
2011	80.67	1	36.94	3	40.33	2
2012	125.73	1	76.77	2	76.73	3
2013	156.13	1	108.96	2	107.32	3
2014	187.26	1	141.46	2	140.25	3
2015	209.33	1	159.42	2	158.32	3
2016	220.28	1	167.91	2	167.57	3
2017	240.36	1	188.42	3	188.86	2
2018	258.81	1	208.64	3	209.52	2
2019	276.02	1	225.80	2	225.37	3
2020	289.88	1	240.95	2	240.49	3
2021	325.72	1	281.30	3	281.46	2

表 4 - 3　2011—2021 年广东省"一核一带一区"数字普惠金融使用深度指数及排名

年份	珠三角核心发展区		沿海经济带		北部生态发展区	
	指数	排名	指数	排名	指数	排名
2011	74.65	1	70.96	2	66.64	3
2012	113.27	1	110.77	2	99.28	3
2013	154.02	1	144.61	2	132.16	3

（续）

年份	珠三角核心发展区		沿海经济带		北部生态发展区	
	指数	排名	指数	排名	指数	排名
2014	141.51	1	127.13	2	123.83	3
2015	163.71	1	152.87	2	141.08	3
2016	211.73	1	206.02	2	196.78	3
2017	268.13	1	256.96	2	249.40	3
2018	263.14	1	251.77	2	240.01	3
2019	273.37	1	262.37	2	246.95	3
2020	285.41	1	272.76	2	256.55	3
2021	305.99	1	297.30	2	278.22	3

表4-4 2011—2021年广东省"一核一带一区"数字普惠金融数字化程度指数及排名

年份	珠三角核心发展区		沿海经济带		北部生态发展区	
	指数	排名	指数	排名	指数	排名
2011	59.70	3	72.49	1	65.92	2
2012	106.43	3	117.43	1	116.82	2
2013	173.24	3	176.28	1	173.39	2
2014	161.82	2	151.71	3	168.83	1
2015	231.82	3	234.85	2	239.89	1
2016	231.19	3	240.02	2	261.09	1
2017	253.23	2	253.06	3	261.17	1
2018	292.58	1	280.10	2	279.72	3
2019	303.40	1	283.11	2	280.13	3
2020	303.06	1	283.55	3	286.63	2
2021	310.56	1	296.64	3	301.25	2

4.4.2 区域数字普惠金融发展差距的敛散性

上一节对数字普惠金融总指数和分维度指数排名变化的分析只能反映广东省"一核一带一区"数字普惠金融发展的空间特征，无法对区域间数字普惠金融发展差距的敛散性加以判断。因此，本小节通过计算区域间数字普惠金融总指数和分维度指数的差值，对广东省"一核一带一区"数字普惠金融发展差距的敛散性进行详尽分析。

4.4.2.1 整体发展差距的敛散性

从区域间总指数差值变化趋势来看,珠三角核心发展区与北部生态发展区之间的数字普惠金融发展差距在 2011—2021 年的十年间呈反复"扩大—缩小"的变化特征。具体来看,在 2011—2016 年,如图 4-13 所示,珠三角核心发展区和北部生态发展区的区域间发展差距呈"M 形"扩大趋势,总指数差值从 2011 年的 23.13 提高到 2016 年的 28.00。并且,在 2016—2019 年,珠三角核心发展区的数字普惠金融领先优势持续扩大,与北部生态发展区之间的总指数差值从 2016 年 28.00 提高到 2019 年的 38.98,达到十年间的最大发展差距。而到了 2019—2021 年,珠三角核心发展区与北部生态发展区之间的数字普惠金融发展差距持续缩小,总指数差值从 2019 年的 38.98 缩小到 2021 年的 33.65,区域间发展差距呈收敛趋势。

相比较而言,2011—2021 年,珠三角核心发展区与沿海经济带之间的数字普惠金融发展差距的变化相对稳定,但在十年间也出现了反复的"扩大—缩小"。其中,2011—2014 年两区域间的发展差距持续扩大,总指数差值从 2011 年的 22.60 提高到 2014 年的 30.64。而在 2014—2016 年,区域间发展差距有所拉近,总指数差值从 2014 年的 30.64 缩小到 2016 年的 28.51,但是该收敛趋势并未表现出持续性。2016—2019 年区域间发展差距再次扩大,总指数差值从 2016 年的 28.51 增长到 2019 年的 33.68。尤其是 2019 年,区域间总指数差值扩大到 33.68,是十年间的最大发展差距。2019 年后,珠三角核心发展区与沿海经济带之间的数字普惠金融发展差距逐渐缩小,总指数差值从 2019 年的 33.68 缩小到 2021 年的 28.82,区域间发展差距呈收敛趋势。

沿海经济带与北部生态发展区之间的数字普惠金融发展差距较小,2011—2021 年总指数差值常年低于 6。其中,2011—2013 年,沿海经济带数字普惠金融发展水平长期领先于北部生态发展区,总指数差值从 2011 年的 0.53 提高到 2013 年的 5.06,区域间发展差距呈持续扩大势头。而在 2013—2016 年,北部生态发展区数字普惠金融发展水平两度反超沿海经济带,尤其是 2016 年,区域间总指数差值缩小到 0.51,这也是十年间的最小发展差距。但在 2016—2019 年,北部生态发展区数字普惠金融发展水平在实现短暂反超后再次落后于沿海经济带,并且区域间发展差距持续扩大,总指数差值从 2016 年的 0.51 提高到 2019 年 5.30。2019—2021 年的沿海经济带和北部生态发展区之间的数字普惠金融发展差距呈"平 V 形"变化趋势,总指数差值从 2019 年的 5.30

缩小到 2020 年的 4.56 后再次扩大到 2021 年的 4.83，区域间发展差距尚未形成显著的收敛趋势。

图 4-13　2011—2021 年广东省区域数字普惠金融的发展差距

4.4.2.2　覆盖广度发展差距的敛散性

从区域间覆盖广度指数差值变化趋势来看，2011—2021 年珠三角核心发展区数字普惠金融覆盖广度发展水平长期领先于沿海经济带，区域间覆盖广度指数差值常年保持在 40 以上。具体来看，如图 4-14 所示，2011—2016 年珠三角核心发展区和沿海经济带之间的数字普惠金融覆盖广度发展差距呈 "N 形" 扩大趋势，覆盖广度指数差值从 2011 的 43.72 扩大到 2016 年的 52.37，达到了十年间的最大发展差距。而在 2016—2021 年间，区域间覆盖广度发展差距开始趋于收敛，覆盖广度指数差值从 2016 年的 52.37 缩小到 2021 年的 44.42。其中，2019 年珠三角核心发展区和沿海经济带之间的覆盖广度发展差距较 2018 年有所扩大，覆盖广度指数差值从 2018 年的 50.17 提高到 2019 年的 50.22，但增幅较小，并未对整体收敛趋势造成持续性影响。

2011—2021 年，珠三角核心发展区数字普惠金融覆盖广度发展水平也长期大幅领先于北部生态发展区，区域间覆盖广度指数差值常年保持在 40 以上。具体来看，2011—2016 年珠三角核心发展区与北部生态发展区之间的数字普惠金融覆盖广度发展差距呈 "N 形" 扩大趋势，区域间覆盖广度指数差值从 2011 年的 40.33 提高到 2016 年的 52.71，达到了十年间的最大发展差距。而在2016—2021年，区域间发展差距总体呈收敛趋势，覆盖广度指数差值从2016年的52.71缩小到2021年的44.26。值得注意的是，2019年珠三角核心发展区与北部生态发展区之间的数字普惠金融覆盖广度发展差距较2018年有所扩大，但并未对整体收敛趋势造成持续性影响。

从区域间覆盖广度指数差值变化趋势来看，沿海经济带和北部生态发展区之间的数字普惠金融覆盖广度发展差距较小，覆盖广度指数差值常年低于4。但进一步观察发现，沿海经济带和北部生态发展区数字普惠金融覆盖广度发展呈交替领先特征，并且区域间发展差距波动频繁。其中，2011年北部生态发展区处于领先地位，区域间覆盖广度指数差值为3.39，这也是十年间的最大发展差距。2012—2016年，沿海经济带开始长期处于领先地位，区域间发展差距呈先扩大后缩小的"倒U形"变化趋势，覆盖广度指数差值从2012年的0.04提高到2013年的1.64后便持续下降，2016年为0.34。而在2016—2018年，沿海经济带覆盖广度发展优势逐步下降并被北部生态发展区反超，区域间发展差距有所扩大，覆盖广度指数差值从2016年的0.34提高到2018年的0.88。2018—2020年，沿海经济带覆盖广度发展水平再次从落后变为领先，并且区域间发展差距有所收敛，覆盖广度指数差值从2018年的0.88缩小到2020年的0.46。虽然2021年北部生态发展区覆盖广度发展水平再次实现反超，但覆盖广度指数差值仅有0.16，区域间发展差距呈进一步收敛趋势。

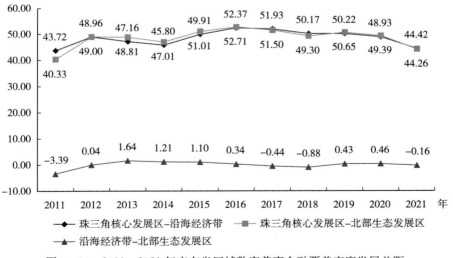

图4-14　2011—2021年广东省区域数字普惠金融覆盖广度发展差距

4.4.2.3　使用深度发展差距的敛散性

从区域间使用深度指数差值变化趋势来看，2011—2021 年珠三角核心发展区数字普惠金融使用深度发展水平长期领先于北部生态发展区，且区域间发展差距表现出较强的波动性。具体来看，如图 4 - 15 所示，2011—2016 年，珠三角核心发展区和北部生态发展区的区域间发展差距呈"M形"扩大趋势，使用深度指数差值从 2011 年的 8.01 提高到 2016 年的 14.96。自 2016 年起，区域间发展差距开始持续扩大，使用深度指数差值从 2016 年的 14.96 提高到 2020 年的 28.86，这也是十年间的最大发展差距。而到了 2020—2021 年，珠三角核心发展区与北部生态发展区之间的使用深度发展差距有所缩小，使用深度指数差值从 2020 年的 28.86 缩小到 2021 年的 27.76，区域间发展差距呈收敛趋势。

同样，在 2011—2021 年，珠三角核心发展区数字普惠金融使用深度发展水平长期领先于沿海经济带，区域间使用深度指数差值在 2.50～14.37 范围内波动。具体来看，2011—2017 年，区域间发展差距呈反复"缩小—扩大"的"W形"变化趋势，使用深度指数差值从 2011 年的 3.69 提高到 2017 年的 11.17。其中，2014 年珠三角核心发展区与沿海经济带之间的使用深度指数差值高达 14.37，为十年间的最大发展差距。而在 2017—2020 年，区域间发展差距呈"N形"变化趋势，使用深度指数差值从 2017 年的 11.17 提高到 2020 年的 12.64，区域间发展差距有所扩大。2020 年开始，珠三角核心发展区与沿海经济带之间的使用深度发展差距逐渐缩小，使用深度指数差值从 2020 年的 12.64 缩小到 2021 年的 8.69，区域间发展差距呈收敛趋势。

从区域间使用深度指数差值变化趋势来看，在 2011—2021 年的十年间，沿海经济带数字普惠金融使用深度发展水平长期领先于北部生态发展区，并且区域间发展差距呈现出较强的波动性。具体来看，2011—2017 年区域间发展差距波动频繁，呈反复"扩大—缩小"的"M形"变化特征，使用深度指数差值从 2011 年的 4.33 提高到 2017 年的 7.56，区域间发展差距总体呈扩大趋势。其中，2013 年和 2014 年沿海经济带与北部生态发展区之间的使用深度指数差值为 12.45 和 3.31，分别是十年间的最大发展差距与最小发展差距。2017—2021 年沿海经济带与北部生态发展区之间的使用深度发展差距持续扩大，使用深度指数差值从 2017 年的 7.56 提高到 2021 年的 19.07，区域间发展差距呈进一步扩大趋势。

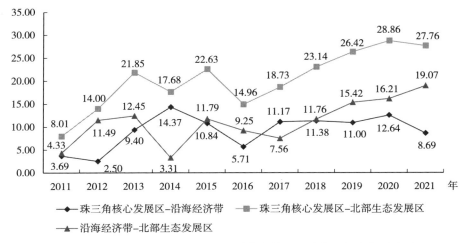

图 4-15　2011—2021 年广东省区域数字普惠金融使用深度发展差距

4.4.2.4　数字化程度发展差距的敛散性

从区域间数字化程度指数差值变化趋势来看，2011—2021 年，珠三角核心发展区和沿海经济带的数字化程度发展水平呈交替领先特征，并且区域间发展差距在各个阶段呈现不同敛散性。具体来看，2011—2016 年沿海经济带数字化程度发展水平领先优势明显，区域间发展差距呈反复"扩大—缩小"的"W 形"变化趋势，数字化程度指数差值从 2011 年的 12.80 缩小到 2016 年的8.83。其中，2014 年珠三角核心发展区数字化程度发展水平成功反超沿海经济带，数字化程度指数差值从 2013 年的 3.04 提高到 2014 年的 10.12，区域间发展差距明显扩大。但这种势头并未呈现出持续性，2015 年沿海经济带数字化程度发展水平重新处于领先地位，且数字化程度指数差值仅有 3.03，远低于 2014 年的 10.12，区域间发展差距有所收敛。2017—2021 年珠三角核心发展区数字化程度发展水平始终领先于沿海经济带，区域间发展差距呈"倒 U形"变化趋势。其中，2017—2019 年区域间发展差距持续扩大，数字化程度指数差值从 2017 年的 0.18 提高到 2019 年的 20.30，达到了十年间的最大发展差距。2019 年开始区域间发展差距趋于收敛，数字化程度指数差值从 2019年的 20.30 缩小到 2021 年的 13.92。

珠三角核心发展区和北部生态发展区的数字化程度发展水平在 2011—2021 年间同样呈交替领先特征，并且区域间发展差距在不同阶段呈现出不同的敛散性。具体来看，如图 4-16 所示，2011—2017 年沿海经济带数字化程度发展水平长期领先于珠三角核心发展区，并且区域间发展差距呈波浪式扩大趋势，数字化程度指数差值从 2011 年的 6.23 提高到 2017 年的 7.94。其中，2013 年和 2016 年的区域间数字化程度指数差值为 0.15 和 29.89，分别为十年间的最小发展差距和最大发展差距。2017—2021 年珠三角核心发展区数字化程度发展水平从落后转变为领先，区域间发展差距呈先扩大后缩小的"倒 U 形"变化趋势。其中，2017—2019 年区域间发展差距持续扩大，数字化程度指数差值从 2017 年的 7.94 提高到 2019 年的 23.27。而 2019—2021 年珠三角核心发展区与北部生态发展区之间的数字化程度发展差距有所拉近，数字化程度指数差值从 2019 年的 23.27 缩小到 2021 年的 9.31，区域间发展差距呈收敛趋势。

2011—2021 年，沿海经济带和北部生态发展区数字化程度发展水平呈交替领先特征，并且交替频率较高，这也导致区域间发展差距在十年间波动频繁。具体来看，2011—2013 年沿海经济带数字化程度发展水平长期处于领先地位，区域间发展差距呈"V 形"收敛趋势，数字化程度指数差值从 2011 年的 6.57 缩小到 2013 年的 2.89。2013—2017 年北部生态发展区数字化程度发展水平从落后转变为领先，区域间发展差距呈"M 形"扩大趋势，数字化程度指数差值从 2013 年的 2.89 提高到 2017 年的 8.12。其中，2016 年区域间数字化程度指数差值高达 21.07，为十年间的最大发展差距。2017—2019 年沿海经济带数字化程度发展水平再次领先，并且区域间发展差距有所缩小，数字化程度指数差值从 2017 年的 8.12 缩小到 2019 年的 2.97。然而，2019—2021 年北部生态发展区数字化程度发展水平再次从落后变为领先，同时区域间发展差距持续扩大，数字化程度指数从 2019 年的 2.97 提高到 2021 年的 4.61。

章节 4.4.2 从区域间数字普惠金融总指数和分维度指数差值出发，对 2011—2021 年间广东省"一核一带一区"的数字普惠金融整体发展差距和分维度发展差距的敛散性进行了详细分析。结果发现，除沿海经济带和北部生态发展区之间的数字普惠金融使用深度和数字化程度发展差距收敛趋势不显著以外，其余经济区域之间的数字普惠金融整体发展差距及各维度发展差距在经历了长期波动式扩大阶段后，均于 2020 年前后开始趋于收敛。但对比 2021 年和 2011 年广东省"一核一带一区"各经济区域之间的数字普惠金融总指数和分维度指数差值可以发现，2021 年各经济区域之间的数字普惠金融总指数和分维度指数差值普遍高于 2011 年，说明广东省区域数字普惠金融发展差距收敛趋势较为缓慢，总体仍呈扩大趋势。

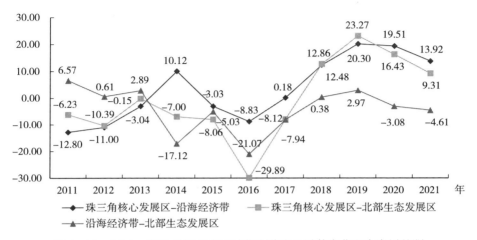

图4-16 2011—2021年广东省区域数字普惠金融数字化程度发展差距

4.5 本章小结

2011—2021年，广东省"一核一带一区"的数字普惠金融总指数和分维度指数均实现了不同程度的增长，总体上形成了以珠三角核心发展区为引领，沿海经济带和北部生态发展区交替领先的空间发展格局。然而，广东省"一核一带一区"三大经济区域在内外部条件上存在显著差异，导致区域间数字普惠金融整体发展水平和分维度发展水平长期失衡。进一步分析发现，虽然广东省各经济区域的数字普惠金融整体发展差距及各维度发展差距在经历长期扩大阶段后开始有所收敛，但收敛速度较为缓慢，使得区域间发展差距与2011年相比普遍呈扩大趋势。

5 广东地市级数字普惠金融发展
状况及其差异 /////////////////////////////////

第四章从经济区域视角分析了广东省"一核一带一区"的数字普惠金融发展状况及其差异,结果发现广东省三大经济区域的数字普惠金融发展水平在十年间均实现了不同程度的提高,但区域间也表现出显著的发展差异。事实上,广东省的数字普惠金融发展差异不仅存在于区域之间,更体现在城市之间。那么在2011—2021年,广东省21个地级市的数字普惠金融分别呈现怎样的发展趋势?各市之间又表现出哪些发展差异?为厘清这些问题,本章首先对广东省各地级市的数字普惠金融整体发展水平及各维度发展水平进行了细致分析,并进一步对市域间呈现的发展差异进行深入探讨。

5.1 广东地市级数字普惠金融发展状况

5.1.1 整体发展状况

从总指数历年均值变化趋势来看,如表5-1所示,2011—2021年,广东地市级数字普惠金融平均发展水平显著提高,总指数从2011年的62.41增长到2021年的299.76,十年间增加了近4倍,年均增长量为23.74。进一步观察21个地级市的总指数变化趋势可以发现,广东各市的数字普惠金融在十年间均实现了不同程度的发展,总指数普遍得到了大幅提高。具体来看,在2011—2021年,广东省各地级市的数字普惠金融总指数年均增长量均超过20,普遍在21.68～26.09区间范围内波动。其中,深圳和广州的数字普惠金融总指数年均增长量较为显著,分别为26.09和25.15,在全省范围内处于领先地位。而江门、韶关和云浮的数字普惠金融总指数年均增长量均低于23,分别为22.95、22.87和21.68,处于全省倒数位置。值得一提的是,虽然江门地处珠三角核心发展区,但其数字普惠金融总指数年均增长量却低于大部分非珠三角城市,这一方面说明了揭阳、河源等非珠三角城市的数字普惠金融发展速度较快,另一方面也说明了江门市数字普惠金融发展增速正日趋放缓。

就总指数同比增速而言，广东省各地级市的数字普惠金融发展态势良好，总指数在十年间均实现了连续的正增长。进一步观察同比增速的变化趋势可以发现，各地级市的数字普惠金融发展增速在十年间均波动频繁，并且总体呈放缓趋势。具体来看，如表 5-2 所示，2012—2014 年，广东省各地级市的数字普惠金融总指数同比增速均呈持续下降趋势，市域平均同比增速从 2012 年的 68.44%下降到 2014 年的 8.12%。其中，2012 年各地级市的数字普惠金融普遍迎来了蓬勃发展，总指数均得到了大幅提高。尤其是茂名市的数字普惠金融总指数呈爆发式增长，从 2011 年的 41.63 增长到 2012 年的 80.35，同比增速高达 93.01%，排名全省第 1。2015 年，广东省各地级市的数字普惠金融总指数同比增速在经历持续下降后均有所提高，市域平均同比增速从 2014 年的 8.12%提高到 2015 年的 19.56%。而在 2015—2017 年，各地级市的数字普惠金融总指数同比增速普遍呈先下降后提高的变化趋势，市域平均同比增速从 2015 年的 19.56%下降到 2016 年的 12.11%后，又提高至 2017 年的 14.42%。2017—2020 年，广东省各地级市的数字普惠金融总指数同比增速普遍持续下降，市域平均同比增速从 2017 年的 14.42%下降到 2020 年的 4.43%。尤其是 2020 年，各地级市的数字普惠金融总指数在新冠疫情冲击下达到了十年间的最低增速。2021 年各地级市的数字普惠金融发展势头又开始向好，总指数同比增速较 2020 年均有所提高，市域平均同比增速从 2020 年的 4.43%提高到 2021 年的 10.93%，展现出了良好的发展韧性。

表 5-1　2011—2021 年广东省 21 个地级市的数字普惠金融总指数

城市	2011 年	2012 年	2013 年	2014 年	2015 年	2016 年	2017 年	2018 年	2019 年	2020 年	2021 年	年均增长量
广州	82.11	130.86	173.11	181.96	214.36	232.64	266.79	282.66	299.93	310.34	333.65	25.15
深圳	84.39	140.84	181.14	189.26	219.99	238.05	272.72	289.22	306.67	319.24	345.33	26.09
珠海	78.28	127.62	169.69	176.42	215.10	236.10	267.19	278.25	290.84	299.64	323.61	24.53
佛山	81.87	122.32	162.69	171.39	201.04	218.44	250.62	267.49	281.34	292.92	319.08	23.72
惠州	69.23	110.86	150.79	159.94	191.44	213.90	242.59	257.61	272.00	283.79	311.82	24.26
东莞	78.29	117.29	156.87	169.12	199.99	221.34	250.99	266.35	281.44	292.76	320.60	24.23
中山	83.10	122.96	163.13	170.48	200.82	220.82	252.66	267.79	282.20	292.72	317.16	23.41
江门	69.56	105.79	142.90	157.27	182.94	202.68	231.38	247.64	258.18	269.66	299.04	22.95
肇庆	52.24	91.35	125.44	143.51	170.16	191.77	221.43	233.52	244.79	255.26	286.13	23.39

（续）

城市	2011 年	2012 年	2013 年	2014 年	2015 年	2016 年	2017 年	2018 年	2019 年	2020 年	2021 年	年均增长量
汕头	67.96	109.56	146.97	153.02	181.38	200.66	233.33	249.40	260.45	270.12	298.89	23.09
汕尾	48.85	91.22	123.29	133.18	165.06	189.31	219.84	230.73	242.28	254.11	289.08	24.02
揭阳	50.19	92.12	131.03	134.47	165.15	184.50	216.02	234.16	247.56	259.01	290.36	24.02
潮州	60.07	99.39	140.49	145.44	178.42	199.73	220.99	237.70	255.23	266.92	295.44	23.54
湛江	47.52	85.06	122.88	136.98	166.44	188.81	215.59	225.65	238.01	251.05	285.02	23.75
茂名	41.63	80.35	115.64	126.61	157.67	181.42	208.59	218.85	231.50	242.60	272.24	23.06
阳江	53.76	96.85	133.55	142.45	174.50	192.65	221.01	235.37	247.16	257.69	288.87	23.51
韶关	55.96	96.39	133.50	143.79	172.45	195.14	222.16	233.48	244.68	255.35	284.63	22.87
梅州	46.29	87.13	127.50	139.06	164.47	188.64	216.92	228.08	238.65	250.11	280.91	23.46
清远	53.98	91.11	123.78	147.21	169.25	194.10	221.09	233.74	245.57	257.96	287.75	23.38
河源	46.30	82.79	118.25	134.18	166.37	194.09	219.65	230.53	241.35	254.18	289.52	24.32
云浮	59.09	92.45	124.43	135.98	160.13	185.66	213.46	224.38	233.39	246.38	275.84	21.68
平均	62.41	103.54	141.24	152.52	181.73	203.35	232.62	246.31	259.20	270.56	299.76	23.73

表 5-2　2011—2021 年广东省 21 个地级市的数字普惠金融总指数同比增速（%）

城市	2012 年	2013 年	2014 年	2015 年	2016 年	2017 年	2018 年	2019 年	2020 年	2021 年
广州	59.37	32.29	5.11	17.81	8.53	14.68	5.95	6.11	3.47	7.51
深圳	66.89	28.61	4.48	16.24	8.21	14.57	6.05	6.03	4.10	8.17
珠海	63.03	32.51	8.04	16.45	10.96	13.17	4.14	4.52	3.03	8.00
佛山	49.41	33.00	5.35	17.30	8.66	14.73	6.73	5.18	4.12	8.93
惠州	60.13	35.57	6.42	19.69	11.73	13.41	6.19	5.62	4.30	9.88
东莞	49.81	33.75	7.81	18.25	10.67	13.40	6.12	5.67	4.02	9.51
中山	47.97	32.67	4.51	18.75	9.08	14.42	5.99	5.34	3.77	8.35
江门	52.08	35.08	10.06	16.32	10.79	14.16	7.03	4.26	4.44	10.89
肇庆	74.87	37.32	14.41	18.57	12.70	15.46	5.46	4.83	4.28	12.09
汕头	61.21	34.15	4.12	18.53	10.63	16.28	6.89	4.43	3.71	10.65
汕尾	86.73	35.16	8.02	23.94	14.69	16.13	4.95	5.00	4.88	13.76
揭阳	83.54	42.24	2.63	22.82	11.72	17.08	8.40	5.72	4.63	12.10
潮州	65.46	41.35	3.52	22.68	11.94	10.65	7.56	7.37	4.58	10.68

（续）

城市	2012 年	2013 年	2014 年	2015 年	2016 年	2017 年	2018 年	2019 年	2020 年	2021 年
湛江	79.00	44.46	11.47	21.51	13.44	14.18	4.67	5.48	5.48	13.53
茂名	93.01	43.92	9.49	24.53	15.07	14.97	4.92	5.78	4.80	12.22
阳江	80.15	37.89	6.66	22.50	10.40	14.72	6.50	5.01	4.26	12.10
韶关	72.25	38.50	7.71	19.91	13.18	13.84	5.10	4.80	4.36	11.47
梅州	88.23	46.33	9.07	18.27	14.70	14.99	5.14	4.64	4.80	12.31
清远	68.78	35.86	18.93	14.97	14.68	13.90	5.72	5.06	5.05	11.55
河源	78.81	42.83	13.47	23.99	16.66	13.17	4.95	4.69	5.32	13.90
云浮	56.46	34.59	9.28	17.76	15.94	14.97	5.11	4.01	5.57	11.96
平均	68.44	37.05	8.12	19.56	12.11	14.42	5.88	5.22	4.43	10.93

5.1.2　覆盖广度发展状况

从覆盖广度指数历年均值变化趋势来看，如表 5 - 3 所示，在 2011—2021 年，广东地市级数字普惠金融覆盖广度发展水平显著提高，平均覆盖广度指数从 2011 年的 56.49 增长到 2021 年的 300.37，十年间增加了 4 倍有余，年均增长量为 24.39。进一步观察 21 个地级市的覆盖广度指数变化趋势可以发现，广东各地级市的数字普惠金融覆盖广度在十年间均得到了持续拓宽，覆盖广度指数都实现了成倍增长。具体来看，2011—2021 年，广东各地级市的数字普惠金融覆盖广度指数年均增长量均超过 22，在 22.94～26.96 区间范围内波动。其中，增长幅度最为显著的是深圳市，覆盖广度指数从 2011 年的 92.03 增长到 2021 年的 361.65，十年间增加了近 3 倍，年均增长量高达 26.96。增长幅度最小的是江门市和云浮市，覆盖广度指数从 2011 年的 68.66、41.04 增长到 2021 年的 298.10、270.47，年均增长量均为 22.94。

就覆盖广度指数同比增速而言，如表 5 - 4 所示，在 2011—2021 年，广东各地级市的数字普惠金融覆盖广度均呈现良好发展势头，覆盖广度指数在十年间都实现了连续的正增长。但进一步观察覆盖广度指数同比增速的变化趋势可以发现，广东各地级市的数字普惠金融覆盖广度发展增速在十年间均波动频繁，并且总体呈大幅放缓趋势。具体来看，2012 年各地级市的数字普惠金融覆盖广度均迎来了高速发展，覆盖广度指数大幅提高，市域平均同比增速高达 87.04%。其中，茂名市的数字普惠金融覆盖广度发展速度最快，覆盖广度指数从 2011 年的 22.51 增长到 2012 年的 63.07，同比增速高达 180.19％，位居全省第一。但在 2012—2016 年，各地级市的数字普惠金融覆盖广度指数同比增速均呈持续下降势头，市域平均同比增速从 2012 年的 87.04％逐年下降到 2016 年的 5.42％。尤其是数字普惠金融覆盖广度在 2012 年出现爆发式增长的茂名市，其发展增速下降幅度最为显著，同比增速从 2012 年的 180.19％下降到 2016 年的 4.30％。到了 2017 年，各地级市的数字普惠金融覆盖广度发展势头又有所恢复，覆盖广度指数同比增速均有所提高，市域平均同比增速从 2016 年的 5.42％提高到 2017 年的 11.11％。但 2017—2020 年各地级市的覆盖广度指数同比增速又普遍持续下降，市域平均同比增速从 2017 年的 11.11％下降到 2020 年的 6.02％。尤其是 2020 年，在新冠疫情的冲击下，各地级市的覆盖广度指数同比增速较 2019 年均有所下降，部分城市更是达到了十年间的最低增速。然而随着疫情防控形势的持续好转，2021 年各地级市的数字普惠金融覆盖广度发展势头又开始向好，覆盖广度指数同比增速较 2020 年均有所提高，市域平均同比增速从 2020 年的 6.02％提高到 2021 年的 15.01％。

表 5 - 3　2011—2021 年广东省 21 个地级市的覆盖广度指数

城市	2011 年	2012 年	2013 年	2014 年	2015 年	2016 年	2017 年	2018 年	2019 年	2020 年	2021 年	年均增长量
广州	90.52	146.32	176.58	206.76	230.48	240.15	256.67	273.65	292.92	304.80	339.25	24.87
深圳	92.03	158.62	189.09	219.98	242.89	254.13	273.02	290.32	310.91	324.67	361.65	26.96
珠海	89.53	146.52	176.03	207.61	230.71	242.08	259.62	277.62	294.03	305.98	337.81	24.83
佛山	91.55	127.69	157.34	188.20	209.97	219.84	239.42	258.24	275.03	289.32	325.29	23.37
惠州	71.13	112.08	144.25	176.69	197.79	211.26	233.22	253.26	271.86	287.68	323.97	25.28
东莞	87.20	127.44	158.73	189.45	214.08	227.62	249.55	267.55	285.28	299.64	333.63	24.64
中山	90.65	129.79	160.28	190.90	212.92	224.42	245.74	264.20	280.02	293.80	326.21	23.56
江门	68.66	102.23	131.14	160.69	181.44	190.52	210.63	229.00	244.40	258.30	298.10	22.94
肇庆	44.72	80.87	111.70	145.07	163.89	172.54	195.36	215.50	229.75	244.72	285.53	24.08
汕头	58.93	97.88	128.14	157.30	175.46	182.54	205.40	223.84	237.38	251.01	289.37	23.04
汕尾	27.98	69.38	103.01	136.79	154.31	163.49	186.39	208.33	225.20	241.75	286.77	25.88
揭阳	27.22	69.28	102.19	133.63	152.13	160.76	183.11	202.99	220.15	235.63	276.58	24.94
潮州	45.45	83.92	115.08	145.93	162.12	173.45	186.10	207.20	228.46	243.86	281.88	23.64

（续）

城市	2011 年	2012 年	2013 年	2014 年	2015 年	2016 年	2017 年	2018 年	2019 年	2020 年	2021 年	年均增长量
湛江	27.86	67.91	100.71	135.85	154.70	163.75	186.08	207.45	224.87	239.85	283.69	25.58
茂名	22.51	63.07	96.11	130.35	148.58	154.98	175.42	194.26	213.74	230.35	267.81	24.53
阳江	48.64	85.93	117.47	150.36	168.67	176.01	196.46	216.42	230.83	244.22	283.01	23.44
韶关	49.66	85.16	113.93	145.85	163.42	172.52	193.09	211.83	226.89	241.99	282.28	23.26
梅州	35.01	72.67	103.61	135.80	153.81	160.71	181.75	202.32	218.67	233.84	276.32	24.13
清远	40.62	78.51	110.18	144.44	163.09	173.66	194.80	216.38	232.54	248.97	287.82	24.72
河源	35.33	73.40	105.25	138.43	157.86	169.10	191.88	213.61	231.17	245.89	290.40	25.51
云浮	41.04	73.90	103.62	136.73	153.42	161.89	182.80	203.45	217.58	231.75	270.47	22.94
平均	56.49	97.74	128.78	160.80	180.55	190.28	210.78	230.35	247.22	261.81	300.37	24.39

表 5-4　2012—2021 年广东省 21 个地级市的覆盖广度指数同比增速（％）

城市	2012 年	2013 年	2014 年	2015 年	2016 年	2017 年	2018 年	2019 年	2020 年	2021 年
广州	61.64	20.68	17.09	11.47	4.19	6.88	6.62	7.04	4.06	11.30
深圳	72.36	19.21	16.34	10.41	4.63	7.43	6.34	7.09	4.43	11.39
珠海	63.65	20.14	17.94	11.13	4.93	7.25	6.93	5.91	4.07	10.40
佛山	39.48	23.22	19.61	11.57	4.70	8.90	7.86	6.50	5.20	12.43
惠州	57.57	28.70	22.49	11.94	6.81	10.39	8.59	7.34	5.82	12.62
东莞	46.15	24.55	19.35	13.00	6.33	9.63	7.21	6.63	5.03	11.34
中山	43.18	23.49	19.10	11.43	5.50	9.50	7.51	5.99	4.92	11.03
江门	48.89	28.28	22.53	12.91	5.00	10.56	8.72	6.72	5.69	15.41
肇庆	80.84	38.12	29.87	12.97	5.28	13.23	10.31	6.61	6.52	16.67
汕头	66.10	30.92	22.76	11.54	4.27	12.27	8.98	6.05	5.74	15.28
汕尾	147.96	48.47	32.79	12.81	5.95	14.01	11.77	8.10	7.35	18.63
揭阳	154.52	47.55	30.73	13.84	5.67	13.91	10.86	8.45	7.03	17.38
潮州	84.64	37.13	26.81	11.09	6.99	7.29	11.34	10.26	6.74	15.59
湛江	143.75	48.30	34.89	13.88	5.85	13.63	11.48	8.40	6.66	18.28
茂名	180.19	52.39	35.63	13.99	4.30	13.19	10.74	10.02	7.77	16.26
阳江	76.67	36.70	28.00	12.18	4.35	11.61	10.16	6.66	5.80	15.89
韶关	71.49	33.78	28.02	12.05	5.57	11.92	9.71	7.11	6.65	16.65

（续）

城市	2012	2013	2014	2015	2016	2017	2018	2019	2020	2021
梅州	107.57	42.58	31.07	13.26	4.48	13.09	11.32	8.08	6.94	18.17
清远	93.28	40.34	31.09	12.91	6.48	12.17	11.08	7.47	7.06	15.61
河源	107.76	43.39	31.52	14.04	7.12	13.47	11.33	8.22	6.37	18.10
云浮	80.07	40.22	31.95	12.21	5.52	12.92	11.29	6.95	6.51	16.71
平均	87.04	34.67	26.17	12.41	5.42	11.11	9.53	7.41	6.02	15.01

5.1.3 使用深度发展状况

从使用深度指数历年均值变化趋势来看，如表5-5所示，2011—2021年广东地市级数字普惠金融使用深度平均发展水平大幅提高，总指数从2011年的71.51增长到2021年的296.48，十年间增加了3倍有余，年均增长量为22.50。进一步观察21个地级市的使用深度指数变化趋势可以发现，广东各地级市的数字普惠金融使用深度在十年间均得到了有效提升，使用深度指数实现了不同程度的增长。具体来看，2011—2021年各地级市的数字普惠金融使用深度指数年均增长量普遍较高，在19.81~25.30区间范围内波动。其中，以广州、深圳为主的珠三角城市的数字普惠金融使用深度指数年均增长量普遍超过22，而年均增长量最高的广州市更是达到了25.30，排名全省第1。反观以韶关、湛江、梅州为主的部分非珠三角城市，其数字普惠金融使用深度指数年均增长量普遍低于22，而年均增长量最低的云浮市更是仅有19.81，排在全省最末。总体而言，广东各地级市的数字普惠金融使用深度发展水平在十年间均得到了有效提升，但城市间也表现出明显的发展差距，如何推动市域间数字普惠金融使用深度均衡发展成为实现广东数字普惠金融高质量发展的重要任务。

就使用深度指数同比增速变化趋势而言，广东各地级市的数字普惠金融使用深度发展水平在十年间均呈现出较强波动性，既出现了持续的正增长，也出现了反复的负增长。具体来看，如表5-6所示，2012年广东各地级市的数字普惠金融使用深度均迎来了高速发展，使用深度指数大幅提高，市域平均同比增速高达52.92%。其中，阳江市的数字普惠金融使用深度发展增速最快，使用深度指数从2011年的62.16增长到2012年的105.99，同比增速高达70.51%。但在2012—2013年，广东各地级市的数字普惠金融使用深度指数同比增速均出现大幅下降，市域平均同比增速从 2012 年的 52.92％下降到 2013 年的 33.54％。到了 2014 年，除河源市的数字普惠金融使用深度保持正增长势头以外，其余各市的使用深度发展水平均为负增长，市域平均同比增速为－8.87％。2015—2017 年，广东各地级市的使用深度发展水平恢复正增长，使用深度指数同比增速普遍呈先扩大后缩小的"倒 V 形"变化趋势，市域平均同比增速从 2015 年的 16.95％提高到 2016 年的 33.84％后又下降到 2017 年的 26.04％。然而在 2018 年，除汕头市以外，其余各市的使用深度发展水平再度下滑，使用深度指数同比增速均为负值，市域平均发展水平同比下降了 2.39％。自 2019 年起，广东各地级市的数字普惠金融使用深度再次呈增长态势，市域平均同比增速从 2019 年的 3.37％提高到 2021 年的 8.17％。

表 5－5　2011—2021 年广东省 21 个地级市的使用深度指数

城市	2011 年	2012 年	2013 年	2014 年	2015 年	2016 年	2017 年	2018 年	2019 年	2020 年	2021 年	年均增长量
广州	79.53	120.58	166.54	151.30	177.74	224.41	293.66	288.33	301.29	316.96	332.49	25.30
深圳	85.48	129.35	170.74	153.79	176.22	221.00	286.44	276.77	289.69	308.16	327.11	24.16
珠海	70.74	107.48	154.35	142.30	167.16	213.94	280.32	274.39	282.61	290.50	308.29	23.76
佛山	76.04	117.64	159.32	146.30	167.31	217.21	270.43	266.12	277.30	289.87	310.31	23.43
惠州	69.89	107.76	142.17	132.35	156.60	208.25	255.82	252.30	260.90	271.20	295.09	22.52
东莞	74.52	108.91	148.92	137.67	158.54	204.90	251.59	251.50	262.65	274.16	297.63	22.31
中山	81.76	118.34	161.14	147.75	169.03	215.70	268.60	261.10	271.71	282.64	303.95	22.22
江门	72.08	111.21	149.38	139.69	157.78	206.60	261.15	259.05	265.16	276.63	296.79	22.47
肇庆	61.78	98.18	133.58	122.40	142.64	193.60	245.18	238.72	249.01	258.53	282.23	22.05
汕头	83.81	126.46	164.88	148.51	168.54	220.95	276.79	277.75	286.95	295.81	316.98	23.32
汕尾	68.38	111.73	130.30	113.79	145.33	205.28	256.08	246.09	256.07	264.03	290.72	22.23
揭阳	79.20	123.08	153.49	128.93	157.00	211.15	265.43	264.77	274.83	286.18	313.36	23.42
潮州	79.05	116.85	165.56	141.78	174.63	224.47	270.55	269.32	287.90	300.59	320.92	24.19
湛江	64.06	99.75	133.08	129.32	146.73	194.14	244.81	232.00	240.44	253.46	278.41	21.44
茂名	60.07	91.52	117.94	103.93	127.67	184.91	235.48	227.24	235.64	242.81	268.01	20.79
阳江	62.16	105.99	147.03	123.67	150.58	201.26	249.61	245.20	254.79	266.47	292.68	23.05
韶关	64.78	106.79	146.15	134.11	153.10	200.45	253.56	246.06	254.79	261.75	280.52	21.57
梅州	67.72	106.07	142.02	130.35	143.91	203.82	255.80	243.91	251.44	261.84	281.99	21.43

（续）

城市	2011年	2012年	2013年	2014年	2015年	2016年	2017年	2018年	2019年	2020年	2021年	年均增长量
清远	68.80	98.04	127.14	116.67	137.10	194.54	246.75	238.93	245.44	255.81	278.38	20.96
河源	56.11	83.26	112.49	114.49	138.56	196.08	247.96	238.45	243.28	251.78	276.38	22.03
云浮	75.77	102.22	133.02	123.51	132.72	188.99	242.94	232.69	239.80	251.57	273.85	19.81
平均	71.51	109.11	145.68	132.51	154.71	206.27	259.95	253.84	263.41	274.32	296.48	22.50

表 5 - 6　2012—2021 年广东省 21 个地级市的使用深度指数同比增速（％）

城市	2012年	2013年	2014年	2015年	2016年	2017年	2018年	2019年	2020年	2021年
广州	51.62	38.12	−9.15	17.48	26.26	30.86	−1.81	4.49	5.20	4.90
深圳	51.32	32.00	−9.93	14.58	25.41	29.61	−3.38	4.67	6.38	6.15
珠海	51.94	43.61	−7.81	17.47	27.98	31.03	−2.12	3.00	2.79	6.12
佛山	54.71	35.43	−8.17	14.36	29.83	24.50	−1.59	4.20	4.53	7.05
惠州	54.19	31.93	−6.91	18.61	32.66	22.84	−1.38	3.41	3.94	8.81
东莞	46.15	36.74	−7.55	15.16	29.24	22.78	−0.03	4.43	4.38	8.56
中山	44.74	36.17	−8.31	14.40	27.61	24.53	−2.79	4.06	4.02	7.54
江门	54.29	34.32	−6.49	12.95	30.94	26.41	−0.80	2.36	4.33	7.29
肇庆	58.92	36.06	−8.37	16.54	35.72	26.65	−2.64	4.31	3.82	9.17
汕头	50.89	30.38	−9.93	13.49	31.10	25.27	0.35	3.31	3.09	7.16
汕尾	63.40	16.62	−12.67	27.72	41.25	24.74	−3.90	4.06	3.11	10.11
揭阳	55.40	24.71	−16.00	21.77	34.49	25.71	−0.25	3.80	4.13	9.50
潮州	47.82	41.69	−14.36	23.17	28.54	20.53	−0.46	6.90	4.41	6.76
湛江	55.71	33.41	−2.83	13.46	32.31	26.10	−5.23	3.64	5.42	9.84
茂名	52.36	28.87	−11.88	22.84	44.83	27.35	−3.50	3.70	3.04	10.38
阳江	70.51	38.72	−15.89	21.44	34.01	24.02	−1.77	3.91	4.58	9.84
韶关	64.85	36.86	−8.24	14.16	30.93	26.50	−2.96	3.55	2.73	7.17
梅州	56.63	33.89	−8.22	10.40	41.63	25.50	−4.65	3.09	4.13	7.70
清远	42.50	29.68	−8.24	17.51	41.90	26.84	−3.17	2.72	4.23	8.82
河源	48.39	35.11	1.78	21.02	41.51	26.46	−3.83	2.00	3.50	9.77
云浮	34.91	30.13	−7.15	7.46	42.40	28.55	−4.22	3.06	4.91	8.86
平均	52.92	33.54	−8.87	16.95	33.84	26.04	−2.39	3.75	4.13	8.17

5.1.4　数字化程度发展状况

从数字化程度指数历年均值变化趋势来看，如表 5 - 7 所示，2011—2021年广东地市级数字普惠金融数字化平均发展水平大幅提高，数字化程度指数从2011 年的 65.44 增长到 2021 年的 303.71，十年间增加了 3 倍有余，年均增长量是 23.83。进一步观察 21 个地级市的数字化程度指数变化趋势可以发现，广东各市的数字普惠金融数字化程度指数在十年间均实现了倍增，但在年均增长量上也表现出一定的差异。具体来看，2011—2021 年广东各地级市的数字化程度指数年均增长量均超过了 20，在 20.88～26.74 区间范围内波动。其中，增长最为显著的是深圳市，数字化程度指数从 2011 年的 57.19 增长到2021 年的 324.56，年均增长量高达 26.74。增长最小的是云浮市，数字化程度指数从 2011 年的 88.40 增长到 2021 年的 297.22，年均增长量为 20.88。值得注意的是，2011 年广东省数字普惠金融数字化程度发展水平较高的城市主要分布在非珠三角地区，广州、深圳等珠三角城市的数字普惠金融数字化程度发展水平相对较低。然而到了 2021 年，珠三角核心发展区各城市的数字普惠金融数字化程度实现了跨越式发展，数字化程度指数普遍排在全省前列。究其原因，可能是早期的财政政策倾斜为湛江、云浮等非珠三角城市的数字普惠金融数字化程度发展提供了庞大助力。但中国数字普惠金融发展正由"政府驱动"向"政府和市场双轮驱动"转变，并且越来越强调市场的作用。非珠三角城市的数字基础设施、金融市场环境等条件难以支撑其继续实现高速发展，从而导致数字普惠金融数字化程度发展增速日趋放缓。而以广州、深圳为主的珠三角城市在长期发展过程中早已具备良好的资金、技术、人才等发展要素，因此能够凭借"先天优势"赶超非珠三角城市。

就数字化程度指数同比增速变化趋势而言，广东各地级市的数字普惠金融数字化程度发展水平在十年间波动极为频繁，部分城市甚至出现了频繁的负增长。具体来看，如表 5 - 8 所示，2012 年广东各地级市的数字普惠金融数字化程度均实现了蓬勃发展，数字化程度指数较 2021 年大幅提高，市域平均同比增速高达 74.69%。其中，梅州市的数字普惠金融数字化程度发展增速最快，数字化程度指数从 2011 年的 44.63 增长到 2012 年的 100.48，同比增速高达125.14%。但在 2012—2013 年间，广东各地级市的数字化程度指数同比增速均大幅下降，市域平均同比增速从 2012 年的 74.69% 下降到 2013 年的55.74%。到了 2014 年，除珠海、江门、肇庆和清远以外，其余各市的数字普惠金融数字化程度发展水平均有所下滑，数字化程度指数同比增速均为负，市域平均发展水平同比下降了7.76%。而在2015年，广东各地级市的数字化程度发展水平实现了"触底反弹"，数字化程度指数与2014年相比均得到了大幅提高，市域平均同比增速高达47.48%。2015—2021年，广东各地级市的数字化程度同比增速总体呈"W形"变化趋势，市域平均同比增速从2015年的47.48%下降到2021年的3.84%。值得注意的是，在2016年、2017年、2019年和2020年，均有部分城市的数字化程度发展水平出现负增长，说明了广东地市级数字普惠金融数字化程度发展仍缺乏完善的长效发展机制。

表5-7 2011—2021年广东省21个地级市的数字化程度指数

城市	2011年	2012年	2013年	2014年	2015年	2016年	2017年	2018年	2019年	2020年	2021年	年均增长量
广州	59.03	98.48	173.59	155.80	227.67	222.80	251.38	302.14	320.63	316.61	317.26	25.82
深圳	57.19	102.99	173.81	152.26	223.94	215.94	246.82	308.25	323.55	321.47	324.56	26.74
珠海	54.82	101.81	173.10	173.92	236.40	256.61	268.30	287.36	295.28	295.33	304.59	24.98
佛山	60.46	113.10	186.45	161.49	232.82	216.06	251.64	300.55	309.46	310.36	314.51	25.41
惠州	61.74	112.47	184.95	154.76	233.11	232.87	249.49	281.61	293.13	293.85	302.15	24.04
东莞	55.76	98.98	165.14	159.14	228.75	230.45	254.69	289.37	302.89	303.83	319.31	26.36
中山	60.60	108.81	176.13	144.36	229.23	218.24	246.60	291.83	307.75	307.48	311.26	25.07
江门	67.93	107.72	169.95	177.93	233.59	235.77	245.62	288.49	291.03	294.52	306.22	23.83
肇庆	59.74	113.51	156.03	176.74	240.91	251.99	264.36	283.59	286.81	284.10	295.22	23.55
汕头	68.96	117.46	176.60	147.13	224.25	222.30	246.57	282.30	288.53	286.55	297.45	22.85
汕尾	82.29	126.06	177.50	156.50	236.45	245.56	264.50	276.84	273.60	276.92	293.74	21.14
揭阳	73.35	111.30	185.33	147.29	222.98	214.49	234.89	281.48	288.52	286.85	294.08	22.07
潮州	73.83	118.76	178.82	150.46	239.11	241.55	246.15	280.96	284.01	281.91	293.94	22.01
湛江	82.36	115.01	177.57	154.65	241.00	261.89	259.93	274.22	276.99	283.69	301.42	21.91
茂名	71.26	117.11	175.98	155.94	242.21	262.44	269.25	284.80	282.64	282.70	294.57	22.33
阳江	55.41	116.30	162.13	150.45	237.96	231.92	250.10	280.07	287.21	286.26	301.32	24.59
韶关	60.71	114.59	175.12	154.61	237.24	260.24	261.09	282.10	285.03	287.88	299.86	23.91
梅州	44.63	100.48	180.01	165.65	237.02	262.42	284.39	284.39	281.42	282.65	294.09	24.95
清远	71.13	120.09	162.57	211.81	248.03	260.78	261.25	281.64	288.82	291.58	304.57	23.34
河源	64.74	112.97	171.68	155.91	245.05	272.99	259.95	272.04	271.46	285.90	310.53	24.58
云浮	88.40	135.95	177.67	156.15	232.09	258.13	261.16	278.41	273.94	285.27	297.22	20.88
平均	65.44	112.57	174.29	160.12	234.75	241.25	255.07	285.35	291.10	292.65	303.71	23.83

表 5 - 8　2011—2021 年广东省 21 个地级市的数字普惠金融数字化程度指数同比增速（％）

城市	2012 年	2013 年	2014 年	2015 年	2016 年	2017 年	2018 年	2019 年	2020 年	2021 年
广州	66.83	76.27	−10.25	46.13	−2.14	12.83	20.19	6.12	−1.25	0.20
深圳	80.08	68.76	−12.40	47.08	−3.57	14.30	24.89	4.96	−0.64	0.96
珠海	85.72	70.02	0.47	35.92	8.55	4.56	7.10	2.75	0.02	3.13
佛山	87.07	64.85	−13.39	44.17	−7.20	16.47	19.43	2.99	0.26	1.34
惠州	82.17	64.44	−16.32	50.63	−0.10	7.14	12.88	4.09	0.25	2.82
东莞	77.51	66.84	−3.63	43.74	0.74	10.52	13.62	4.67	0.31	5.10
中山	79.55	61.87	−18.04	58.79	−4.79	13.00	18.34	5.46	−0.09	1.23
江门	58.58	57.77	4.70	31.28	0.93	4.26	17.36	0.88	1.20	3.97
肇庆	90.01	37.46	13.27	36.31	4.60	4.91	7.27	1.13	−0.94	3.91
汕头	70.33	50.35	−16.69	52.42	−0.87	10.92	14.49	2.20	−0.69	3.80
汕尾	53.19	40.81	−11.83	51.09	3.85	7.71	4.67	−1.17	1.21	6.07
揭阳	51.74	66.51	−20.53	51.39	−3.81	9.51	19.84	2.50	−0.58	2.52
潮州	60.86	50.57	−15.86	58.92	1.02	1.91	14.14	1.17	−0.82	4.27
湛江	39.64	54.40	−12.91	55.84	8.67	−0.75	5.50	1.01	2.42	6.25
茂名	64.34	50.27	−11.66	55.80	8.35	2.60	5.77	−0.76	0.02	4.20
阳江	109.89	39.41	−7.20	58.17	−2.54	7.84	11.98	2.55	−0.33	5.26
韶关	88.75	52.82	−11.71	53.44	9.69	0.33	8.05	1.04	1.00	4.16
梅州	125.14	79.15	−7.98	43.08	6.87	3.60	8.37	−1.05	0.40	4.09
清远	68.83	35.37	30.29	17.10	5.14	0.18	7.80	2.55	0.96	4.46
河源	74.50	51.97	−9.19	57.17	11.40	−4.78	4.65	−0.21	5.32	8.61
云浮	53.79	30.60	−12.05	48.63	11.22	1.17	6.61	−1.61	4.14	4.19
平均	74.69	55.74	−7.76	47.48	2.67	6.11	12.05	1.97	0.58	3.84

5.2　广东地市级数字普惠金融发展的区域差异

　　总体而言，2011—2021 年广东 21 个地级市的数字普惠金融均实现了不同程度的发展。那么在广东地市级数字普惠金融持续发展的同时，各地级市的数字普惠金融发展水平在空间上呈现怎样的分布特征？市域间发展差距是否有所收敛呢？为回答上述问题，本节首先基于各地级市的数字普惠金融总指数和分维度指数的历年均值，对广东地市级数字普惠金融发展的空间分布特征进行探讨；随后借助 σ 收敛模型，对地级市之间数字普惠金融发展差距的敛散性进行深入分析。

5.2.1 广东地市级数字普惠金融发展的空间特征

为明晰广东地市级数字普惠金融发展的空间特征，本节按照总指数和分维度指数的历年均值排名将 21 个地级市划分为高发展水平（第 1—7 名）、中等发展水平（第 8—14 名）和低发展水平（第 15—21 名）三个梯队，进而探讨各地级市的数字普惠金融整体发展水平和分维度发展水平在广东三大经济区域上的分布特征。

从总指数历年均值排名来看，如图 5-1 所示，排名前 7 的城市（深圳、广州、珠海、中山、佛山、东莞、惠州）均地处珠三角核心发展区，也就是说广东数字普惠金融高发展水平城市全部分布在珠三角核心发展区。排名第 8—14 名的城市中，江门和肇庆地处珠三角核心发展区，汕头、潮州、阳江地处沿海经济带，韶关和清远地处北部生态发展区。由此可见，广东数字普惠金融中等发展水平城市在空间分布上相对平均，三大经济区域均有所涉及。而排名第 15—21 名的城市中，揭阳、汕尾、湛江、茂名地处沿海经济带，河源、梅州、云浮地处北部生态发展区。也就是说，广东数字普惠金融低发展水平城市集中分布在沿海经济带和北部生态发展区，其中又以沿海经济带为主。总体而言，珠三角核心发展区各城市的数字普惠金融发展水平普遍较高，在全省范围内位居前列；而沿海经济带和北部生态发展区各城市的数字普惠金融发展水平相对较低，目前仍集中处于中等发展水平和低发展水平梯队。

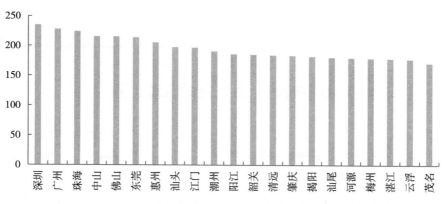

图 5-1 广东省 21 个地级市的数字普惠金融总指数历年均值排名

从覆盖广度指数历年均值排名来看，如图 5－2 所示，排名前 7 的城市（深圳、珠海、广州、东莞、中山、佛山、惠州）均地处珠三角核心发展区，也就是说广东省数字普惠金融覆盖广度高发展水平城市全部分布在珠三角核心发展区，这与数字普惠金融高发展水平城市的空间分布特征一致。排名第8—14 名的城市中，江门、肇庆地处珠三角核心发展区，汕头、阳江、韶关、潮州地处沿海经济带，清远则地处北部生态发展区。由此可见，广东数字普惠金融覆盖广度中等发展水平城市主要分布在沿海经济带，珠三角核心发展区次之，北部生态发展区最少。而排名第 15—21 名的城市中，汕尾、湛江、揭阳、茂名地处沿海经济带，河源、云浮、梅州地处北部生态发展区。也就是说，广东数字普惠金融覆盖广度低发展水平城市集中分布在沿海经济带和北部生态发展区两大经济区域，其中又以沿海经济带为主。整体来看，广东数字普惠金融覆盖广度高发展水平城市集中分布在珠三角核心发展区，而中等发展水平和低发展水平城市主要分布在沿海经济带和北部生态发展区。

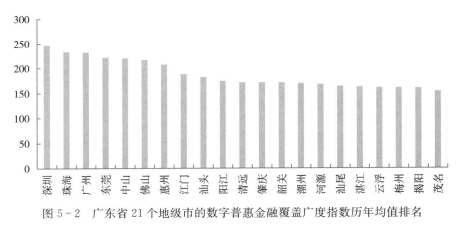

图 5－2　广东省 21 个地级市的数字普惠金融覆盖广度指数历年均值排名

从使用深度指数历年均值排名来看，如图 5－3 所示，排名前 7 的城市中，广州、深圳、佛山、珠海、中山地处珠三角核心发展区，汕头和潮州地处沿海经济带。也就是说，广东数字普惠金融使用深度高发展水平城市主要分布在珠三角核心发展区，沿海经济带次之，而北部生态发展区尚未有城市进入高发展水平梯队。排名第 8—14 名的城市中，江门、东莞、惠州地处珠三角核心发展区，揭阳、阳江地处沿海经济带，韶关、梅州地处北部生态发展区。由此可见，广东数字普惠金融使用深度中等发展水平城市在空间分布上较为平均，三大经济区域均有所涉及。排名第 15—21 名的城市中，肇庆地处珠三角核心发展区，汕尾、湛江、茂名地处沿海经济带，清远、云浮、河源地处北部生态发展区。也就是说，广东数字普惠金融使用深度低发展水平城市主要分布在沿海经济带和北部生态发展区，珠三角核心区相对较少。总体而言，珠三角核心发展区各城市的数字普惠金融使用深度发展水平普遍较高，主要处于高发展水平和中等发展水平梯队；沿海经济带虽然有小部分城市处于高发展水平梯队，但大部分城市仍处于中等发展水平和低发展水平梯队；而北部生态发展区各城市的数字普惠金融使用深度发展水平相对不高，仍集中处于中等发展水平和低发展水平梯队。

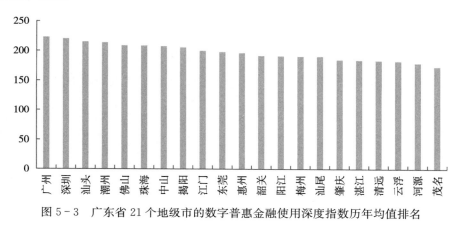

图 5-3　广东省 21 个地级市的数字普惠金融使用深度指数历年均值排名

从数字化程度指数历年均值排名来看，如图 5-4 所示，排名前 7 的城市中，佛山、深圳、珠海、广州地处珠三角核心发展区，清远、云浮地处北部生态发展区，茂名地处沿海经济带。也就是说，广东数字普惠金融数字化程度高发展水平城市在空间分布上以珠三角核心发展区为主，北部生态发展区次之，而沿海经济带最少。排名第 8—14 名的城市中，江门、肇庆、东莞地处珠三角核心发展区，湛江、汕尾地处沿海经济带，河源、韶关地处北部生态发展区。由此可见，广东数字普惠金融数字化程度中等发展水平城市在空间分布上同样是以珠三角核心发展区为主，沿海经济带和北部生态发展区次之。而在排名第 15—21 名的城市中，潮州、阳江、汕头、揭阳地处沿海经济带，中山、惠州地处珠三角核心发展区，梅州地处北部生态发展区。即广东数字普惠金融数字化程度低发展水平城市主要分布在沿海经济带，珠三角核心发展区次之，北部生态发展区最少。总体而言，珠三角核心发展区各城市的数字普惠金融数字化程度发展水平普遍较高，主要处于高发展水平和中等发展水平梯队，而沿海经济带和北部生态发展区虽然有小部分城市处于高发展水平梯队，但绝大部分城市仍处于中等发展水平和低发展水平梯队。

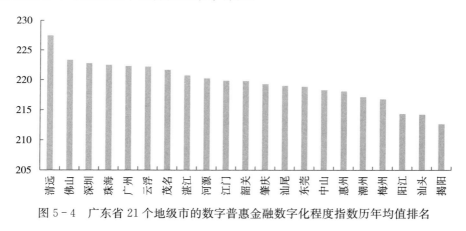

图 5-4 广东省 21 个地级市的数字普惠金融数字化程度指数历年均值排名

5.2.2 广东地市级数字普惠金融发展差距的敛散性

为进一步探讨广东地市级数字普惠金融发展差距的变化趋势，本节采用经济收敛方法中的 σ 收敛模型进行探讨。表 5-9 和图 5-5 具体汇报了 2011—2021 年广东地市级数字普惠金融总指数和分维度指数的 σ 收敛系数及其变化趋势。

从总指数收敛系数变化趋势来看，2011—2021 年广东地市级数字普惠金融发展差距总体呈收敛趋势，收敛系数从 2011 年的 0.224 缩小到 2021 年的 0.064。其中，2011—2017 年为持续收敛阶段，收敛系数从 2011 年的 0.224 逐年下降到 2017 年的 0.081。但 2017—2019 年，广东省地市级数字普惠金融发展差距收敛趋势有所反弹，收敛系数从 2017 年的 0.081 提高到 2019 年的 0.084。2019 年后广东省地市级数字普惠金融发展差距再次趋于收敛，收敛系数从 2019 年的 0.084 缩小到 2021 年的 0.064。

为揭示广东省地市级数字普惠金融发展差距敛散性在十年间出现波动的原因，本节进一步对数字普惠金融分维度指数的敛散性进行了细致分析。从覆盖广度指数收敛系数变化趋势来看，2011—2021 年广东地市级数字普惠金融覆盖广度发展差距呈持续收敛趋势，收敛系数从 2011 年的 0.456 缩小到 2021 年的 0.086。就使用深度指数收敛系数变化趋势而言，广东地市级数字普惠金融使用深度发展差距呈现较强波动性。其中，2011—2016 年为持续收敛阶段，收敛系数从 2011 年的 0.114 缩小到 2016 年的 0.056；但 2016—2020 年使用深度发展差距持续扩大，收敛系数从 2016 年的 0.056 提高到 2020 年的 0.072；2021 年广东地市级数字普惠金融使用深度发展差距又开始趋于收敛，收敛系数从 2020 年的 0.072 缩小到 2021 年的 0.061。值得注意的是，广东地市级数字普惠金融数字化程度发展差距在十年间的敛散性波动更加频繁。其中，2011—2013 年数字化程度发展差距持续快速收敛，收敛系数从 2011 年的 0.159 缩小到 2013 年的 0.044；2013—2016 年数字化程度发展差距呈"N形"波动趋势，既出现了 2014 年和 2016 年的短暂扩大，也出现了 2015 年的短暂缩小；到了 2016—2018 年，数字化程度发展差距又开始持续收敛，收敛系数从 2016 年的 0.076 缩小到 2018 年的 0.031；2019 年，广东地市级数字普惠金融数字化程度发展差距又出现了短暂扩大，收敛系数从 2018 年的 0.031 提高到 2019 年的 0.048，此后，数字化程度发展差距开始持续收敛，收敛系数从 2019 年的 0.048 缩小到 2021 年的 0.030。

总体而言，2011—2021 年，广东地市级数字普惠金融整体发展差距和分维度发展差距呈现出不同的变化趋势，分维度发展差距所表现出的敛散性较好地解释了数字普惠金融整体发展差距在十年间出现波动的原因。其中，2011—2017 年，覆盖广度和使用深度发展差距的持续收敛是广东地市级数字普惠金融发展差距持续收敛的重要原因。而使用深度和数字化程度发展差距的进一步扩大则较好地解释了为什么广东地市级数字普惠金融发展差距会在 2017—2019 年间持续扩大。此外，2019—2021 年覆盖广度、使用深度和数字化程度发展差距均呈持续收敛趋势，这也使广东地市级数字普惠金融整体发展差距不断缩小。

表 5 - 9　2011—2021 年广东省地市级数字普惠金融总指数及分指数的收敛系数

类别	2011 年	2012 年	2013 年	2014 年	2015 年	2016 年	2017 年	2018 年	2019 年	2020 年	2021 年
总指数	0.224	0.160	0.133	0.116	0.101	0.084	0.081	0.082	0.084	0.079	0.064
覆盖广度	0.456	0.286	0.212	0.165	0.158	0.156	0.138	0.123	0.116	0.107	0.086
使用深度	0.114	0.106	0.113	0.104	0.094	0.056	0.057	0.066	0.070	0.072	0.061
数字化程度	0.159	0.078	0.044	0.084	0.029	0.076	0.035	0.031	0.048	0.040	0.030

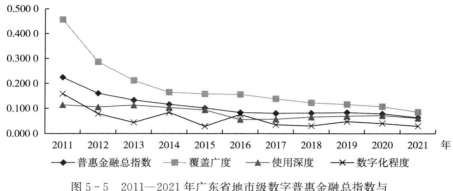

图 5-5　2011—2021 年广东省地市级数字普惠金融总指数与
分指数的收敛系数变化趋势

5.3　本章小结

　　2011—2021 年，广东省各地级市的数字普惠金融发展水平均得到了大幅提高，总指数及分维度指数都实现了不同程度的增长。其中，总指数和覆盖广度指数增长趋势较为稳定，在十年间均保持连续的正增长；而使用深度指数和数字化程度指数虽总体呈提高趋势，但十年间波动频繁，甚至出现了反复的负增长。值得注意的是，在广东省各地级市数字普惠金融持续发展的同时，市域间发展失衡问题也逐步凸显。具体来看，广东数字普惠金融高发展水平城市集中分布在珠三角核心发展区，而沿海经济带和北部生态发展区各城市的数字普惠金融发展水平仍集中处于中等发展水平和低发展水平梯队。进一步观察分维度发展水平的空间分布特征可以发现，广东省各地级市的数字普惠金融覆盖广度发展水平的空间分布特征与整体发展水平相一致，而使用深度和数字化程度发展水平的空间分布特征则与整体发展水平略有差异。但总体而言，珠三角核心发展区各城市的数字普惠金融整体发展水平和分维度发展水平普遍较高，沿海经济带和北部生态发展区各城市的数字普惠金融整体发展水平和分维度发展水平相对较低。但随着时间的推移，广东省各地级市之间的数字普惠金融整体发展差距及分维度发展差距正趋于收敛。

6 广东县域级数字普惠金融发展状况及其差异 /////////////////////////////

上述章节从经济区域和地级市两个层级探讨了广东数字普惠金融发展的时序演变及空间分布特征，较好地把握了广东数字普惠金融发展的基本状况。事实上，县域作为中国经济社会活动的基本单元，在发展经济、保障民生、维护稳定、促进国家长治久安方面均发挥着重要作用。县域数字普惠金融能否实现高质量发展，更是直接关系到中国数字普惠金融发展的现实成效。基于此，为进一步明晰广东县域数字普惠金融的实际发展状况，本章基于北京大学数字金融研究中心公布的县域数字普惠金融指数，对广东县域数字普惠金融发展的时序演变及空间分布特征进行细致分析，并对县域之间发展差距的敛散性进行深入探讨①。

6.1 广东县域级数字普惠金融发展状况

6.1.1 整体发展状况

从总指数历年均值变化趋势来看，如表 6 - 1 所示，2016—2021 年，广东县域数字普惠金融平均发展水平得到了有效提高，总指数从 2016 年的 94.18 增长到 2021 年的 122.83，年均增长量为 5.73。进一步观察 119 个县域单元的总指数变化趋势可以发现，广东各县域单元的数字普惠金融在五年间均实现了不同程度的发展，总指数都有所提高。其中，2016 年数字普惠金融发展水平最高和最低的县域单元分别是深圳市南山区和云浮市云安区，总指数分别为 107.5 和 82.35；2021 年数字普惠金融发展水平最高和最低的县域单元依旧是

---

① 北京大学数字普惠金融县域指数中的"县域"包含县级市、旗、市辖区等，指数的时间跨度为 2014—2021 年。其中，2014—2015 年公布的广东县域单元仅有 57 个，2016—2018 年为 119 个，2019 年为 121 个，2020—2021 年为 122 个。考虑到 2016 年之前公布的县域单元样本较少，因此本章对广东县域数字普惠金融发展状况及其差异的分析主要使用 2016—2021 年 119 个县域单元所构成的面板数据。

深圳市南山区和云浮市云安区，总指数分别为140.55和111.24，较2016年分别提高了33.05和29.37。值得注意的是，虽然广东省各县域单元的数字普惠金融发展水平在五年间均有所提高，但提高幅度普遍较小。具体而言，2016—2021年广东各县域单元的数字普惠金融总指数年均增长量均低于8，在4.10～7.40区间范围内波动。其中，增长最为显著的是揭阳普宁市，总指数从2016年的86.56增长到2021年的123.56，年均增长量为7.40。增长最小的是肇庆市德清县，总指数从2016年的91.46增长到2021年的111.98，年均增长量仅有4.10。

表6-1 2016—2021年广东县域数字普惠金融总指数

城市	县域	2016年	2017年	2018年	2019年	2020年	2021年	年均增长量
广州	荔湾区	101.90	122.29	123.75	131.78	132.78	133.27	6.27
	越秀区	104.04	124.53	126.21	132.39	133.44	135.84	6.36
	海珠区	103.84	123.58	126.62	134.20	134.14	136.00	6.43
	天河区	107.31	128.24	131.72	137.88	138.43	138.75	6.29
	白云区	100.90	120.00	124.66	133.03	133.16	132.99	6.42
	黄埔区	99.48	119.22	123.03	134.07	134.73	135.75	7.25
	番禺区	103.94	122.70	126.36	133.80	134.91	134.43	6.10
	花都区	97.98	114.26	118.61	127.05	128.57	129.79	6.36
	南沙区	99.02	116.45	118.45	126.35	128.12	129.26	6.05
	从化区	98.83	112.59	116.72	120.75	121.09	124.23	5.08
	增城区	99.74	115.32	120.03	127.84	129.39	130.98	6.25
韶关	武江区	98.42	114.43	116.34	123.44	124.69	126.35	5.59
	浈江区	96.22	112.56	114.70	121.04	121.44	123.88	5.53
	曲江区	93.39	108.83	109.38	116.00	117.06	119.88	5.30
	始兴县	90.40	107.73	106.50	112.34	113.94	116.54	5.23
	仁化县	91.99	107.02	107.87	113.66	115.95	117.05	5.01
	翁源县	90.45	105.79	105.44	111.49	113.07	115.18	4.95
	乳源瑶族自治县	92.55	106.23	106.54	111.71	113.93	116.30	4.75
	新丰县	92.33	107.92	110.10	115.50	117.19	120.00	5.53
	乐昌市	90.03	105.34	105.74	111.56	113.05	115.38	5.07
	南雄市	90.28	105.91	106.74	113.80	115.07	117.20	5.38

（续）

城市	县域	2016 年	2017 年	2018 年	2019 年	2020 年	2021 年	年均增长量
深圳	罗湖区	104.84	122.85	127.07	133.93	134.57	136.13	6.26
	福田区	104.74	126.54	130.31	137.50	138.80	140.35	7.12
	南山区	107.50	128.29	131.26	138.00	139.21	140.55	6.61
	宝安区	104.78	124.01	127.84	134.89	135.86	134.81	6.01
	龙岗区	103.24	120.77	127.65	135.54	136.70	136.19	6.59
	盐田区	101.23	117.89	121.47	127.91	129.85	132.21	6.20
珠海	香洲区	106.85	125.23	127.46	133.59	133.76	134.13	5.46
	斗门区	100.29	115.95	118.96	126.00	127.79	128.52	5.65
	金湾区	105.55	121.00	122.99	130.73	131.21	130.71	5.03
汕头	龙湖区	100.70	118.98	124.01	129.94	130.78	131.65	6.19
	金平区	98.62	117.01	121.03	126.38	126.60	128.95	6.07
	濠江区	93.97	110.86	111.65	117.86	118.91	122.44	5.69
	潮阳区	90.94	110.29	114.03	118.77	119.24	122.52	6.32
	潮南区	88.42	106.30	109.11	116.76	118.49	121.87	6.69
	澄海区	93.90	111.31	116.69	123.30	124.42	126.69	6.56
	南澳县	98.93	113.95	114.16	119.80	119.64	123.04	4.82
佛山	禅城区	102.22	119.86	125.12	131.40	132.72	132.25	6.01
	南海区	101.95	118.88	122.21	129.83	131.42	130.03	5.62
	顺德区	101.30	118.22	122.72	130.59	132.23	130.33	5.81
	三水区	99.24	113.95	116.99	124.23	125.85	125.84	5.32
	高明区	95.37	111.71	114.98	122.45	123.60	125.00	5.93
江门	蓬江区	98.81	115.43	118.91	124.96	126.17	128.01	5.84
	江海区	94.83	112.36	119.47	126.32	127.38	128.25	6.68
	新会区	95.56	111.10	114.41	120.99	122.86	124.53	5.79
	台山市	93.58	105.14	111.56	116.03	117.30	120.29	5.34
	开平市	94.50	109.64	112.29	118.22	120.07	122.40	5.58
	鹤山市	92.32	109.16	111.91	118.14	120.72	123.73	6.28
	恩平市	90.49	107.60	110.12	115.91	118.08	120.44	5.99

（续）

城市	县域	2016 年	2017 年	2018 年	2019 年	2020 年	2021 年	年均增长量
湛江	赤坎区	100.69	116.86	118.90	126.25	129.09	130.35	5.93
	霞山区	101.44	115.93	117.66	124.11	126.63	127.77	5.27
	坡头区	88.95	104.63	106.27	112.43	115.43	119.16	6.04
	麻章区	95.66	109.89	110.23	117.89	118.61	120.71	5.01
	遂溪县	87.25	102.46	104.19	109.60	111.79	114.66	5.48
	徐闻县	87.10	103.36	103.47	107.80	109.75	115.15	5.61
	廉江市	86.72	102.78	103.93	110.67	113.03	116.75	6.01
	雷州市	85.23	100.48	100.35	106.20	108.85	113.23	5.60
	吴川市	88.85	104.33	105.23	111.36	114.19	117.16	5.66
茂名	茂南区	94.70	111.96	112.95	119.80	120.94	123.43	5.75
	电白区	88.31	102.65	107.02	111.35	113.39	115.82	5.50
	高州市	87.41	102.69	102.99	109.63	111.95	114.01	5.32
	化州市	86.15	102.37	103.06	109.56	111.71	114.26	5.62
	信宜市	87.41	101.97	102.74	108.85	110.40	113.00	5.12
肇庆	端州区	98.58	114.48	116.60	123.09	124.33	125.74	5.43
	鼎湖区	92.93	111.22	112.48	118.41	120.07	122.27	5.87
	广宁县	88.14	105.59	107.43	112.06	113.02	114.85	5.34
	怀集县	87.38	102.17	102.63	108.58	109.65	112.27	4.98
	封开县	87.37	102.07	102.62	108.70	110.02	112.09	4.94
	德庆县	91.46	103.44	103.68	109.01	110.11	111.98	4.10
	高要区	87.11	103.98	109.52	112.89	114.05	118.08	6.19
	四会市	95.65	112.56	115.27	122.55	123.41	127.04	6.28
惠州	惠城区	101.36	117.07	120.62	127.74	128.99	130.67	5.86
	惠阳区	100.04	117.00	120.69	128.42	130.17	131.25	6.24
	博罗县	93.91	109.39	112.01	120.15	121.53	124.51	6.12
	惠东县	90.87	106.78	111.21	119.61	121.07	123.33	6.49
	龙门县	92.29	109.08	111.39	116.07	117.56	119.70	5.48
梅州	梅江区	97.38	114.13	115.38	121.13	122.78	125.34	5.59
	梅县区	94.80	110.80	114.63	116.65	118.56	122.06	5.45
	大埔县	89.70	106.12	105.98	111.87	113.55	115.70	5.20

（续）

城市	县域	2016 年	2017 年	2018 年	2019 年	2020 年	2021 年	年均增长量
梅州	丰顺县	91.91	108.79	111.05	114.94	115.42	118.62	5.34
	五华县	87.80	103.85	105.30	109.70	112.19	114.48	5.34
	平远县	91.82	107.63	107.99	111.49	113.23	117.98	5.23
	蕉岭县	91.74	108.45	109.07	114.77	116.65	120.35	5.72
	兴宁市	92.10	106.67	106.93	112.95	114.76	117.01	4.98
汕尾	城区	95.91	113.50	115.80	122.26	123.70	127.08	6.23
	海丰县	93.75	110.01	111.88	118.80	120.61	125.02	6.25
	陆河县	89.26	108.22	109.85	115.41	116.57	120.47	6.24
	陆丰市	89.99	108.67	108.94	113.37	114.19	118.59	5.72
河源	源城区	101.89	117.18	119.39	125.36	127.23	127.87	5.20
	紫金县	90.58	103.76	104.73	110.39	111.79	115.90	5.06
	龙川县	89.45	104.40	104.94	110.16	112.14	115.41	5.19
	连平县	93.14	107.08	107.38	112.64	113.81	117.46	4.86
	和平县	89.18	104.24	105.23	110.06	110.92	114.30	5.02
	东源县	88.30	104.25	104.82	111.63	114.71	119.37	6.21
阳江	江城区	94.27	110.34	114.30	121.20	122.43	126.11	6.37
	阳东区	89.54	106.42	111.64	115.53	117.35	122.47	6.59
	阳西县	90.98	105.82	107.48	113.11	114.76	117.55	5.31
	阳春市	87.90	104.16	105.81	111.66	113.43	116.09	5.64
清远	清城区	97.89	113.23	115.62	122.77	124.39	125.30	5.48
	清新区	92.84	105.70	109.73	113.10	114.62	117.94	5.02
	佛冈县	90.30	106.96	109.89	115.46	116.81	119.73	5.89
	阳山县	89.21	103.57	103.63	109.50	110.91	112.50	4.66
	连山壮族瑶族自治县	83.69	103.90	101.29	107.59	110.82	113.57	5.98
	连南瑶族自治县	88.59	102.98	100.67	107.05	110.08	111.24	4.53
	英德市	91.07	106.63	107.86	113.72	115.94	118.45	5.48
	连州市	88.87	104.73	104.89	111.27	112.69	114.36	5.10
潮州	湘桥区	98.95	114.11	118.64	124.11	125.45	127.49	5.71
	潮安区	96.99	109.21	115.04	121.14	122.69	125.44	5.69
	饶平县	90.46	107.81	109.90	114.67	115.58	117.96	5.50

（续）

城市	县域	2016 年	2017 年	2018 年	2019 年	2020 年	2021 年	年均增长量
	榕城区	94.40	112.53	116.87	123.99	125.49	129.25	6.97
	揭东区	92.03	109.81	115.92	118.91	120.87	124.41	6.48
揭阳	揭西县	88.57	106.12	109.69	114.16	115.36	118.50	5.99
	惠来县	88.62	104.99	106.80	111.95	113.37	117.89	5.85
	普宁市	86.56	105.14	110.49	117.73	119.53	123.56	7.40
	云城区	96.49	112.16	113.61	119.82	121.60	122.98	5.30
	云安区	82.35	100.04	103.96	106.62	107.44	111.72	5.87
云浮	新兴县	91.05	107.02	109.31	114.21	117.15	119.74	5.74
	郁南县	88.91	104.48	106.51	110.86	112.56	114.89	5.20
	罗定市	87.25	103.61	104.77	110.53	112.90	114.92	5.53
	平均	94.18	110.60	112.95	119.05	120.55	122.83	5.73

从各县域单元的历年总指数同比增速来看，如表 6-2 所示，广东省大部分县域单元的数字普惠金融呈现出良好发展势头，总指数在五年间实现了连续的正增长。但也有少部分县域单元的数字普惠金融发展水平在五年间波动频繁，甚至出现了负增长现象。而进一步观察总指数同比增速的变化趋势可以发现，广东各县域单元的数字普惠金融发展增速在五年间呈大幅放缓趋势。具体来看，2017 年广东各县域单元的数字普惠金融均迎来了蓬勃发展，总指数提高趋势显著，县域平均同比增速高达 17.43%。其中，韶关乐昌市的数字普惠金融发展增速最快，总指数从 2016 年的 90.03 增长到 2017 年的 105.34，同比增速高达 24.15%。但在 2018 年，广东各县域单元的数字普惠金融总指数同比增速均大幅下降，县域平均同比增速从 2017 年的 17.43% 骤降到 2018 年的 2.12%。其中，阳江江城区、广州越秀区、汕尾陆丰市、清远英德市、韶关乐昌市、河源紫金县的数字普惠金融总指数同比增速不仅大幅下降，甚至出现了不同程度的负增长。到了 2019 年，广东各县域单元的数字普惠金融发展趋势普遍向好，总指数较 2018 年均有所提高，县域平均同比增速从 2018 年的 2.12% 提高到 2019 年的 5.40%。但 2019—2021 年，广东省各县域单元的数字普惠金融总指数同比增速普遍呈下降趋势，县域平均同比增速从 2019 年的 5.40% 下降到 2021 年的 1.89%。值得注意的是，2020 年和 2021 年均有部分县域单元的数字普惠金融总指数出现负增长。此外，在 2020 年新冠疫情冲击

下，大部分县域单元的数字普惠金融指数同比增速达到了五年间的最低值，说明广东省各县域单元在推进数字普惠金融高质量发展过程中，仍需进一步优化外部条件和强化内生动力。

表 6-2　2017—2021 年广东县域数字普惠金融总指数同比增速（％）

城市	县域	2017 年	2018 年	2019 年	2020 年	2021 年
广州	荔湾区	20.01	1.19	6.49	0.76	0.37
	越秀区	19.69	1.35	4.90	0.79	1.80
	海珠区	19.01	2.46	5.99	−0.04	1.39
	天河区	19.50	2.71	4.68	0.40	0.23
	白云区	18.93	3.88	6.71	0.10	−0.13
	黄埔区	19.84	3.20	8.97	0.49	0.76
	番禺区	18.05	2.98	5.89	0.83	−0.36
	花都区	16.62	3.81	7.12	1.20	0.95
	南沙区	17.60	1.72	6.67	1.40	0.89
	从化区	13.92	3.67	3.45	0.28	2.59
	增城区	15.62	4.08	6.51	1.21	1.23
韶关	武江区	16.27	1.67	6.10	1.01	1.33
	浈江区	16.98	1.90	5.53	0.33	2.01
	曲江区	16.53	0.51	6.05	0.91	2.41
	始兴县	19.17	−1.14	5.48	1.42	2.28
	仁化县	16.34	0.79	5.37	2.01	0.95
	翁源县	16.96	−0.33	5.74	1.42	1.87
	乳源瑶族自治县	14.78	0.29	4.85	1.99	2.08
	新丰县	16.89	2.02	4.90	1.46	2.40
	乐昌市	17.01	0.38	5.50	1.34	2.06
	南雄市	17.31	0.78	6.61	1.12	1.85
深圳	罗湖区	17.18	3.44	5.40	0.48	1.16
	福田区	20.81	2.98	5.52	0.95	1.12
	南山区	19.34	2.32	5.13	0.88	0.96
	宝安区	18.35	3.09	5.51	0.72	−0.77
	龙岗区	16.98	5.70	6.18	0.86	−0.37
	盐田区	16.46	3.04	5.30	1.52	1.82

（续）

城市	县域	2017 年	2018 年	2019 年	2020 年	2021 年
珠海	香洲区	17.20	1.78	4.81	0.13	0.28
	斗门区	15.61	2.60	5.92	1.42	0.57
	金湾区	14.64	1.64	6.29	0.37	−0.38
汕头	龙湖区	18.15	4.23	4.78	0.65	0.67
	金平区	18.65	3.44	4.42	0.17	1.86
	濠江区	17.97	0.71	5.56	0.89	2.97
	潮阳区	21.28	3.39	4.16	0.40	2.75
	潮南区	20.22	2.64	7.01	1.48	2.85
	澄海区	18.54	4.83	5.66	0.91	1.82
	南澳县	15.18	0.18	4.94	−0.13	2.84
佛山	禅城区	17.26	4.39	5.02	1.00	−0.35
	南海区	16.61	2.80	6.24	1.22	−1.06
	顺德区	16.70	3.81	6.41	1.26	−1.44
	三水区	14.82	2.67	6.19	1.30	−0.01
	高明区	17.13	2.93	6.50	0.94	1.13
江门	蓬江区	16.82	3.01	5.09	0.97	1.46
	江海区	18.49	6.33	5.73	0.84	0.68
	新会区	16.26	2.98	5.75	1.55	1.36
	台山市	12.35	6.11	4.01	1.09	2.55
	开平市	16.02	2.42	5.28	1.56	1.94
	鹤山市	18.24	2.52	5.57	2.18	2.49
	恩平市	18.91	2.34	5.26	1.87	2.00
湛江	赤坎区	16.06	1.75	6.18	2.25	0.98
	霞山区	14.28	1.49	5.48	2.03	0.90
	坡头区	17.63	1.57	5.80	2.67	3.23
	麻章区	14.88	0.31	6.95	0.61	1.77
	遂溪县	17.43	1.69	5.19	2.00	2.57
	徐闻县	18.67	0.11	4.18	1.81	4.92
	廉江市	18.52	1.12	6.49	2.13	3.29
	雷州市	17.89	−0.13	5.83	2.50	4.02
	吴川市	17.42	0.86	5.83	2.54	2.60

（续）

城市	县域	2017 年	2018 年	2019 年	2020 年	2021 年
茂名	茂南区	18.23	0.88	6.06	0.95	2.06
	电白区	16.24	4.26	4.05	1.83	2.14
	高州市	17.48	0.29	6.45	2.12	1.84
	化州市	18.83	0.67	6.31	1.96	2.28
	信宜市	16.66	0.76	5.95	1.42	2.36
肇庆	端州区	16.13	1.85	5.57	1.01	1.13
	鼎湖区	19.68	1.13	5.27	1.40	1.83
	广宁县	19.80	1.74	4.31	0.86	1.62
	怀集县	16.93	0.45	5.80	0.99	2.39
	封开县	16.82	0.54	5.92	1.21	1.88
	德庆县	13.10	0.23	5.14	1.01	1.70
	高要区	19.37	5.33	3.08	1.03	3.53
	四会市	17.68	2.41	6.32	0.70	2.94
惠州	惠城区	15.50	3.03	5.90	0.98	1.30
	惠阳区	16.95	3.15	6.40	1.36	0.83
	博罗县	16.48	2.40	7.27	1.15	2.45
	惠东县	17.51	4.15	7.55	1.22	1.87
	龙门县	18.19	2.12	4.20	1.28	1.82
梅州	梅江区	17.20	1.10	4.98	1.36	2.09
	梅县区	16.88	3.46	1.76	1.64	2.95
	大埔县	18.31	−0.13	5.56	1.50	1.89
	丰顺县	18.37	2.08	3.50	0.42	2.77
	五华县	18.28	1.40	4.18	2.27	2.04
	平远县	17.22	0.33	3.24	1.56	4.20
	蕉岭县	18.21	0.57	5.23	1.64	3.17
	兴宁市	15.82	0.24	5.63	1.60	1.96
汕尾	城区	18.34	2.03	5.58	1.18	2.73
	海丰县	17.34	1.70	6.19	1.52	3.66
	陆河县	21.24	1.51	5.06	1.01	3.35
	陆丰市	20.76	0.25	4.07	0.72	3.85

（续）

城市	县域	2017 年	2018 年	2019 年	2020 年	2021 年
河源	源城区	15.01	1.89	5.00	1.49	0.50
	紫金县	14.55	0.93	5.40	1.27	3.68
	龙川县	16.71	0.52	4.97	1.80	2.92
	连平县	14.97	0.28	4.90	1.04	3.21
	和平县	16.89	0.95	4.59	0.78	3.05
	东源县	18.06	0.55	6.50	2.76	4.06
阳江	江城区	17.05	3.59	6.04	1.01	3.01
	阳东区	18.85	4.91	3.48	1.58	4.36
	阳西县	16.31	1.57	5.24	1.46	2.43
	阳春市	18.50	1.58	5.53	1.59	2.35
清远	清城区	15.67	2.11	6.18	1.32	0.73
	清新区	13.85	3.81	3.07	1.34	2.90
	佛冈县	18.45	2.74	5.07	1.17	2.50
	阳山县	16.10	0.06	5.66	1.29	1.43
	连山壮族瑶族自治县	24.15	−2.51	6.22	3.00	2.48
	连南瑶族自治县	16.24	−2.24	6.34	2.83	1.05
	英德市	17.09	1.15	5.43	1.95	2.16
	连州市	17.85	0.15	6.08	1.28	1.48
潮州	湘桥区	15.32	3.97	4.61	1.08	1.63
	潮安区	12.60	5.34	5.30	1.28	2.24
	饶平县	19.18	1.94	4.34	0.79	2.06
揭阳	榕城区	19.21	3.86	6.09	1.21	3.00
	揭东区	19.32	5.56	2.58	1.65	2.93
	揭西县	19.81	3.36	4.08	1.05	2.72
	惠来县	18.47	1.72	4.82	1.27	3.99
	普宁市	21.46	5.09	6.55	1.53	3.37
云浮	云城区	16.24	1.29	5.47	1.49	1.13
	云安区	21.48	3.92	2.56	0.77	3.98
	新兴县	17.54	2.14	4.48	2.57	2.21
	郁南县	17.51	1.94	4.08	1.53	2.07
	罗定市	18.75	1.12	5.50	2.14	1.79
	平均	17.43	2.12	5.40	1.26	1.89

6.1.2 覆盖广度发展状况

从覆盖广覆指数历年均值变化趋势来看，如表 6-3 所示，2016—2021年，广东县域数字普惠金融覆盖广度平均发展水平提高幅度较小，覆盖广度指数从 2016 年的 95.95 增长到 2021 年的 97.75，年均增长量仅有 0.36。其中，2016 年数字普惠金融覆盖广度发展水平最高和最低的县域单元分别是深圳市宝安区和云浮市云安区，覆盖广度指数分别为 114.38 和 78.12，县域之间发展差距较大。2021 年覆盖广度发展水平最高和最低的县域分别是深圳市南山区和肇庆市封开县，覆盖广度指数分别为 112.52 和 88.40，县域之间发展差距有所缩小。进一步观察 119 个县域单元的覆盖广度指数变化趋势可以发现，广东各县域单元的数字普惠金融覆盖广度发展水平在五年间可以区分为两类，一类覆盖广度发展水平总体呈提高趋势，而另一类则总体呈下降趋势。具体而言，2016—2021 年，广州荔湾区、天河区、白云区、番禺区和花都区，深圳罗湖区、宝安和龙岗区，珠海香洲区、斗门区和金湾区，汕头龙湖区，佛山禅城区、南海区、顺德区和三水区，湛江赤坎区、霞山区和麻章区，肇庆端州区和德庆县，河源源城区，云浮云城区等 23 个县域单元的覆盖广度指数在五年间总体呈下降趋势，年均下降幅度在 0.04～1.07 区间范围内波动。其中，下降幅度最大的是佛山市南海区，覆盖广度指数从 2016 年的 109.96 缩小到2021 年的 104.63，年均下降幅度为 1.07；下降幅度最小的是肇庆市德庆县，覆盖广度指数从 2016 年的 88.85 缩小到 2021 年的 88.64，年均下降幅度为 0.04。除上述县域以外，其余县域单元的数字普惠金融覆盖广度指数在五年间总体呈提高趋势，年均增长幅度在 0.02～2.42 区间范围内波动。其中，增长幅度最为显著的是云浮市云安区，覆盖广度指数从 2016 年的 78.12 增长到 2021 年的90.21，年均增长幅度为 2.42。增长幅度最小的是潮州市湘桥区，覆盖广度指数从 2016 年的 99.27 增长到 2021 年的 99.37，年均增长幅度为 0.02。

表 6-3　2016—2021 年广东县域数字普惠金融覆盖广度指数

城市	县域	2016 年	2017 年	2018 年	2019 年	2020 年	2021 年	年均增长量
广州	荔湾区	105.12	105.90	105.42	107.49	108.18	104.86	−0.05
	越秀区	105.98	106.28	105.00	106.59	106.82	106.79	0.16
	海珠区	107.09	107.66	106.72	108.54	109.40	107.22	0.03
	天河区	112.17	112.55	111.60	113.45	114.13	110.54	−0.33

（续）

城市	县域	2016 年	2017 年	2018 年	2019 年	2020 年	2021 年	年均增长量
广州	白云区	108.68	109.24	108.06	110.28	111.11	105.98	−0.54
	黄埔区	101.40	106.23	106.68	109.82	111.20	108.15	1.35
	番禺区	109.73	110.35	109.60	111.72	112.77	107.66	−0.41
	花都区	105.80	106.54	105.83	108.37	109.49	104.65	−0.23
	南沙区	102.18	103.31	103.46	106.11	107.86	104.45	0.45
	从化区	98.53	96.70	97.94	101.06	102.77	100.08	0.31
	增城区	102.07	100.05	101.07	105.64	108.01	105.23	0.63
韶关	武江区	99.65	100.44	99.72	101.90	103.59	100.96	0.26
	浈江区	98.07	98.62	97.16	99.16	100.53	99.22	0.23
	曲江区	94.28	95.00	93.96	96.36	97.92	96.54	0.45
	始兴县	90.47	94.67	89.34	91.68	94.10	92.71	0.45
	仁化县	91.18	92.02	91.09	93.23	94.56	93.10	0.38
	翁源县	89.79	91.10	89.74	92.45	94.25	92.17	0.48
	乳源瑶族自治县	90.67	91.72	90.32	92.69	94.41	92.20	0.31
	新丰县	90.63	91.95	92.02	93.88	95.86	94.68	0.81
	乐昌市	89.17	90.09	88.71	91.43	93.20	90.79	0.32
	南雄市	89.76	90.77	89.57	92.39	94.39	91.41	0.33
深圳	罗湖区	109.29	109.60	108.63	110.46	110.99	108.94	−0.07
	福田区	109.81	110.38	110.27	112.18	112.62	111.16	0.27
	南山区	111.22	112.04	111.86	113.95	114.79	112.52	0.26
	宝安区	114.38	115.18	113.90	114.50	115.44	109.86	−0.90
	龙岗区	111.97	112.74	112.42	114.36	115.19	109.43	−0.51
	盐田区	104.39	104.62	104.05	106.37	107.49	107.25	0.57
珠海	香洲区	110.58	111.20	110.67	112.13	112.88	109.18	−0.28
	斗门区	104.25	105.09	105.05	106.97	108.72	103.65	−0.12
	金湾区	112.18	112.87	112.23	114.21	116.05	109.25	−0.59
汕头	龙湖区	104.43	105.70	104.87	106.78	108.17	103.18	−0.25
	金平区	98.81	100.31	99.52	100.50	101.68	100.05	0.25
	濠江区	93.52	94.63	93.44	96.06	98.05	96.96	0.69
	潮阳区	92.54	94.19	93.06	95.12	96.50	94.51	0.39
	潮南区	93.19	94.48	93.48	95.85	97.18	94.88	0.34
	澄海区	97.68	98.75	97.93	99.88	101.32	98.19	0.10
	南澳县	94.34	95.44	95.23	97.26	98.70	96.71	0.47

（续）

城市	县域	2016 年	2017 年	2018 年	2019 年	2020 年	2021 年	年均增长量
佛山	禅城区	108.87	110.24	109.24	111.01	112.30	106.20	−0.53
	南海区	109.96	110.82	110.33	112.26	113.80	104.63	−1.07
	顺德区	108.79	109.42	108.72	110.61	112.01	103.93	−0.97
	三水区	104.10	105.17	105.03	106.93	108.94	102.83	−0.25
	高明区	101.15	102.42	102.03	104.07	105.84	101.32	0.03
江门	蓬江区	102.22	103.02	102.33	104.10	105.55	103.06	0.17
	江海区	102.29	103.18	102.93	105.52	107.40	103.46	0.23
	新会区	97.86	98.61	98.09	100.00	101.59	98.63	0.15
	台山市	93.02	94.44	92.97	95.15	96.39	94.97	0.39
	开平市	95.84	96.66	95.99	97.97	99.26	97.05	0.24
	鹤山市	97.30	98.28	98.12	100.33	102.13	100.56	0.65
	恩平市	92.05	93.45	93.24	95.45	96.83	94.66	0.52
湛江	赤坎区	105.45	106.38	105.93	108.36	109.95	104.85	−0.12
	霞山区	104.37	105.28	104.36	106.51	107.82	103.42	−0.19
	坡头区	89.25	90.65	90.24	93.15	95.60	95.39	1.23
	麻章区	101.11	101.55	100.04	103.00	104.47	99.96	−0.23
	遂溪县	87.44	88.80	87.97	90.91	93.25	91.61	0.83
	徐闻县	86.98	88.96	88.62	90.03	93.19	93.50	1.30
	廉江市	87.91	89.89	88.21	91.74	93.87	92.22	0.86
	雷州市	85.03	86.99	85.17	88.72	91.34	89.92	0.98
	吴川市	89.80	90.76	89.79	92.59	94.77	92.70	0.58
茂名	茂南区	97.16	97.93	96.42	98.99	100.95	97.95	0.16
	电白区	84.30	85.05	85.70	90.85	93.56	92.51	1.64
	高州市	88.70	88.73	86.49	90.07	92.32	89.68	0.20
	化州市	87.93	88.72	86.82	90.49	92.79	89.85	0.38
	信宜市	89.26	89.25	86.80	90.92	92.92	89.42	0.03
肇庆	端州区	102.57	103.01	101.95	103.74	104.81	101.05	−0.30
	鼎湖区	96.88	99.00	98.73	100.67	102.90	99.73	0.57
	广宁县	89.24	90.14	89.24	91.09	92.85	90.42	0.24
	怀集县	86.53	87.82	86.64	89.60	91.55	89.02	0.50

（续）

城市	县域	2016 年	2017 年	2018 年	2019 年	2020 年	2021 年	年均增长量
肇庆	封开县	87.16	87.78	86.55	89.05	90.70	88.40	0.25
	德庆县	88.85	89.23	87.77	90.03	91.73	88.64	−0.04
	高要区	90.49	90.55	91.57	93.82	95.83	94.27	0.76
	四会市	96.91	99.57	99.76	101.72	103.67	103.74	1.37
惠州	惠城区	106.27	107.16	106.45	108.81	110.39	107.13	0.17
	惠阳区	107.60	109.15	109.03	112.07	114.02	109.27	0.33
	博罗县	97.51	98.94	98.71	101.17	103.08	102.09	0.92
	惠东县	97.67	98.87	97.89	100.50	101.96	98.54	0.17
	龙门县	92.82	95.13	95.06	96.06	97.62	95.74	0.58
梅州	梅江区	99.53	100.22	99.19	101.08	102.53	100.33	0.16
	梅县区	91.43	92.92	93.91	95.26	97.58	96.69	1.05
	大埔县	88.94	90.06	88.89	91.37	93.41	91.65	0.54
	丰顺县	90.14	91.92	91.58	93.16	94.74	92.66	0.50
	五华县	86.60	87.43	86.16	89.18	91.44	89.93	0.67
	平远县	90.33	91.36	90.52	91.40	93.71	93.59	0.65
	蕉岭县	91.61	92.79	92.26	93.99	95.94	94.75	0.63
	兴宁市	88.27	89.12	87.88	90.85	92.85	91.89	0.72
汕尾	城区	97.55	98.97	98.32	100.76	102.23	100.90	0.67
	海丰县	93.81	95.50	95.21	97.62	99.60	98.65	0.97
	陆河县	90.80	91.78	91.37	94.04	95.93	95.33	0.91
	陆丰市	88.56	89.87	88.84	91.46	93.50	91.78	0.64
河源	源城区	105.82	106.96	105.86	108.40	109.85	102.53	−0.66
	紫金县	87.89	89.06	88.27	91.99	93.39	92.31	0.88
	龙川县	87.56	88.53	86.98	89.97	91.55	90.68	0.62
	连平县	90.32	90.82	89.52	92.17	93.63	92.99	0.53
	和平县	88.21	89.55	88.41	91.72	92.61	90.46	0.45
	东源县	88.57	90.30	89.68	92.82	94.98	95.31	1.35
阳江	江城区	97.95	98.94	98.74	100.43	101.58	100.88	0.59
	阳东区	91.21	91.62	92.36	94.33	96.42	96.69	1.10
	阳西县	91.33	92.65	91.95	93.81	95.40	93.28	0.39
	阳春市	89.83	90.69	89.85	92.13	93.63	90.91	0.22

（续）

城市	县域	2016 年	2017 年	2018 年	2019 年	2020 年	2021 年	年均增长量
清远	清城区	100.93	102.38	102.04	104.16	106.13	101.75	0.16
	清新区	89.80	90.30	91.44	93.34	95.88	94.98	1.04
	佛冈县	93.48	94.87	94.01	95.62	97.74	95.24	0.35
	阳山县	88.64	89.19	87.82	90.56	92.52	88.96	0.06
	连山壮族瑶族自治县	87.85	88.40	86.13	89.36	91.32	90.66	0.56
	连南瑶族自治县	88.78	88.98	86.77	89.81	92.06	88.96	0.04
	英德市	90.78	92.04	91.08	93.27	95.74	93.81	0.61
	连州市	89.24	89.83	88.52	91.17	92.98	89.59	0.07
潮州	湘桥区	99.27	99.85	99.23	101.23	102.66	99.37	0.02
	潮安区	95.34	93.21	94.29	98.58	100.51	97.79	0.49
	饶平县	89.16	89.67	89.02	91.31	93.22	90.97	0.36
揭阳	榕城区	99.84	100.50	99.66	102.13	103.36	101.91	0.41
	揭东区	90.67	92.04	92.70	94.89	96.91	95.30	0.93
	揭西县	87.60	88.39	87.57	90.22	91.95	91.04	0.69
	惠来县	85.62	88.89	86.01	89.16	91.71	91.61	1.20
	普宁市	92.41	93.58	92.87	95.45	97.09	95.00	0.52
云浮	云城区	99.60	100.58	99.94	101.44	102.64	98.60	−0.20
	云安区	78.12	82.98	84.78	87.63	90.22	90.21	2.42
	新兴县	92.64	93.67	93.02	95.05	96.63	94.83	0.44
	郁南县	88.75	89.35	88.56	90.95	92.44	89.97	0.24
	罗定市	89.25	89.81	88.44	91.63	93.33	90.67	0.28
	平均	95.95	96.97	96.22	98.60	100.28	97.75	0.36

就覆盖广度指数同比增速变化趋势而言，如表 6-4 所示，广东各县域单元的数字普惠金融覆盖广度发展水平波动性较强，在五年间出现了反复的负增长。具体来看，除广州从化区和增城区、茂名信宜市、潮州潮安区以外，其余县域单元的 2017 年数字普惠金融覆盖广度发展水平较 2016 年有所提高，但发展增速普遍较低，县域平均同比增速仅有 1.09%。其中，云浮市云安区的覆盖广度发展增速最快，覆盖广度指数从 2016 年的 78.12 增长到 2017 年的 82.98，同比增速为 6.22%。但在 2018 年，广东各县域单元的覆盖广度发展增速明显放缓，甚至出现了大面积的负增长现象，县域平均发展水平同比下降

了 0.78%。其中，韶关市始兴县的覆盖广度发展水平下滑趋势最为显著，覆盖广度指数从 2017 年的 94.67 缩小到 2018 年的 89.34，同比下降了 5.63%。到了 2019 年，广东各县域单元的覆盖广度发展趋势开始向好，覆盖广度指数较 2018 年均有所提高，县域平均同比增速从 2018 年的 −0.78% 提高到 2.52%。但 2019—2021 年，广东各县域单元的覆盖广度发展增速普遍呈下降趋势，县域平均同比增速从 2019 年的 2.52% 下降到 2021 年的 −2.46%。值得注意的是，在 2020 年新冠疫情冲击下，广东各县域单元的覆盖广度指数同比增速虽然较 2019 年有所下降，但仍保持正增长态势，说明广东县域数字普惠金融覆盖广度具有良好的发展韧性，能够有效抵御外部冲击带来的负面影响。然而，2021 年广东各县域单元的数字普惠金融覆盖广度发展水平较 2020 年均有所下滑，甚至普遍出现了负增长现象，这可能是疫情持续冲击造成的影响。

表 6-4　2017—2021 年广东县域数字普惠金融覆盖广度指数同比增速（%）

城市	县域	2017 年	2018 年	2019 年	2020 年	2021 年
广州	荔湾区	0.74	−0.45	1.96	0.64	−3.07
	越秀区	0.28	−1.20	1.51	0.22	−0.03
	海珠区	0.53	−0.87	1.71	0.79	−1.99
	天河区	0.34	−0.84	1.66	0.60	−3.15
	白云区	0.52	−1.08	2.05	0.75	−4.62
	黄埔区	4.76	0.42	2.94	1.26	−2.74
	番禺区	0.57	−0.68	1.93	0.94	−4.53
	花都区	0.70	−0.67	2.40	1.03	−4.42
	南沙区	1.11	0.15	2.56	1.65	−3.16
	从化区	−1.86	1.28	3.19	1.69	−2.62
	增城区	−1.98	1.02	4.52	2.24	−2.57
韶关	武江区	0.79	−0.72	2.19	1.66	−2.54
	浈江区	0.56	−1.48	2.06	1.38	−1.30
	曲江区	0.76	−1.09	2.55	1.62	−1.41
	始兴县	4.64	−5.63	2.62	2.64	−1.48
	仁化县	0.92	−1.01	2.35	1.43	−1.54
	翁源县	1.46	−1.49	3.02	1.95	−2.21
	乳源瑶族自治县	1.16	−1.53	2.62	1.86	−2.34
	新丰县	1.46	0.08	2.02	2.11	−1.23
	乐昌市	1.03	−1.53	3.07	1.94	−2.59
	南雄市	1.13	−1.32	3.15	2.16	−3.16

（续）

城市	县域	2017 年	2018 年	2019 年	2020 年	2021 年
深圳	罗湖区	0.28	−0.89	1.68	0.48	−1.85
	福田区	0.52	−0.10	1.73	0.39	−1.30
	南山区	0.74	−0.16	1.87	0.74	−1.98
	宝安区	0.70	−1.11	0.53	0.82	−4.83
	龙岗区	0.69	−0.28	1.73	0.73	−5.00
	盐田区	0.22	−0.54	2.23	1.05	−0.22
珠海	香洲区	0.56	−0.48	1.32	0.67	−3.28
	斗门区	0.81	−0.04	1.83	1.64	−4.66
	金湾区	0.62	−0.57	1.76	1.61	−5.86
汕头	龙湖区	1.22	−0.79	1.82	1.30	−4.61
	金平区	1.52	−0.79	0.98	1.17	−1.60
	濠江区	1.19	−1.26	2.80	2.07	−1.11
	潮阳区	1.78	−1.20	2.21	1.45	−2.06
	潮南区	1.38	−1.06	2.54	1.39	−2.37
	澄海区	1.10	−0.83	1.99	1.44	−3.09
	南澳县	1.17	−0.22	2.13	1.48	−2.02
佛山	禅城区	1.26	−0.91	1.62	1.16	−5.43
	南海区	0.78	−0.44	1.75	1.37	−8.06
	顺德区	0.58	−0.64	1.74	1.27	−7.21
	三水区	1.03	−0.13	1.81	1.88	−5.61
	高明区	1.26	−0.38	2.00	1.70	−4.27
江门	蓬江区	0.78	−0.67	1.73	1.39	−2.36
	江海区	0.87	−0.24	2.52	1.78	−3.67
	新会区	0.77	−0.53	1.95	1.59	−2.91
	台山市	1.53	−1.56	2.34	1.30	−1.47
	开平市	0.86	−0.69	2.06	1.32	−2.23
	鹤山市	1.01	−0.16	2.25	1.79	−1.54
	恩平市	1.52	−0.22	2.37	1.45	−2.24
湛江	赤坎区	0.88	−0.42	2.29	1.47	−4.64
	霞山区	0.87	−0.87	2.06	1.23	−4.08
	坡头区	1.57	−0.45	3.22	2.63	−0.22

（续）

城市	县域	2017 年	2018 年	2019 年	2020 年	2021 年
湛江	麻章区	0.44	−1.49	2.96	1.43	−4.32
	遂溪县	1.56	−0.93	3.34	2.57	−1.76
	徐闻县	2.28	−0.38	1.59	3.51	0.33
	廉江市	2.25	−1.87	4.00	2.32	−1.76
	雷州市	2.31	−2.09	4.17	2.95	−1.55
	吴川市	1.07	−1.07	3.12	2.35	−2.18
茂名	茂南区	0.79	−1.54	2.67	1.98	−2.97
	电白区	0.89	0.76	6.01	2.98	−1.12
	高州市	0.03	−2.52	4.14	2.50	−2.86
	化州市	0.90	−2.14	4.23	2.54	−3.17
	信宜市	−0.01	−2.75	4.75	2.20	−3.77
肇庆	端州区	0.43	−1.03	1.76	1.03	−3.59
	鼎湖区	2.19	−0.27	1.96	2.22	−3.08
	广宁县	1.01	−1.00	2.07	1.93	−2.62
	怀集县	1.49	−1.34	3.42	2.18	−2.76
	封开县	0.71	−1.40	2.89	1.85	−2.54
	德庆县	0.43	−1.64	2.57	1.89	−3.37
	高要区	0.07	1.13	2.46	2.14	−1.63
	四会市	2.74	0.19	1.96	1.92	0.07
惠州	惠城区	0.84	−0.66	2.22	1.45	−2.95
	惠阳区	1.44	−0.11	2.79	1.74	−4.17
	博罗县	1.47	−0.23	2.49	1.89	−0.96
	惠东县	1.23	−0.99	2.67	1.45	−3.35
	龙门县	2.49	−0.07	1.05	1.62	−1.93
梅州	梅江区	0.69	−1.03	1.91	1.43	−2.15
	梅县区	1.63	1.07	1.44	2.44	−0.91
	大埔县	1.26	−1.30	2.79	2.23	−1.88
	丰顺县	1.97	−0.37	1.73	1.70	−2.20
	五华县	0.96	−1.45	3.51	2.53	−1.65
	平远县	1.14	−0.92	0.97	2.53	−0.13
	蕉岭县	1.29	−0.57	1.88	2.07	−1.24
	兴宁市	0.96	−1.39	3.38	2.20	−1.03

（续）

城市	县域	2017 年	2018 年	2019 年	2020 年	2021 年
汕尾	城区	1.46	−0.66	2.48	1.46	−1.30
	海丰县	1.80	−0.30	2.53	2.03	−0.95
	陆河县	1.08	−0.45	2.92	2.01	−0.63
	陆丰市	1.48	−1.15	2.95	2.23	−1.84
河源	源城区	1.08	−1.03	2.40	1.34	−6.66
	紫金县	1.33	−0.89	4.21	1.52	−1.16
	龙川县	1.11	−1.75	3.44	1.76	−0.95
	连平县	0.55	−1.43	2.96	1.58	−0.68
	和平县	1.52	−1.27	3.74	0.97	−2.32
	东源县	1.95	−0.69	3.50	2.33	0.35
阳江	江城区	1.01	−0.20	1.71	1.15	−0.69
	阳东区	0.45	0.81	2.13	2.22	0.28
	阳西县	1.45	−0.76	2.02	1.69	−2.22
	阳春市	0.96	−0.93	2.54	1.63	−2.91
清远	清城区	1.44	−0.33	2.08	1.89	−4.13
	清新区	0.56	1.26	2.08	2.72	−0.94
	佛冈县	1.49	−0.91	1.71	2.22	−2.56
	阳山县	0.62	−1.54	3.12	2.16	−3.85
	连山壮族瑶族自治县	0.63	−2.57	3.75	2.19	−0.72
	连南瑶族自治县	0.23	−2.48	3.50	2.51	−3.37
	英德市	1.39	−1.04	2.40	2.65	−2.02
	连州市	0.66	−1.46	2.99	1.99	−3.65
潮州	湘桥区	0.58	−0.62	2.02	1.41	−3.20
	潮安区	−2.23	1.16	4.55	1.96	−2.71
	饶平县	0.57	−0.72	2.57	2.09	−2.41
揭阳	榕城区	0.66	−0.84	2.48	1.20	−1.40
	揭东区	1.51	0.72	2.36	2.13	−1.66
	揭西县	0.90	−0.93	3.03	1.92	−0.99
	惠来县	3.82	−3.24	3.66	2.86	−0.11
	普宁市	1.27	−0.76	2.78	1.72	−2.15

（续）

城市	县域	2017 年	2018 年	2019 年	2020 年	2021 年
	云城区	0.98	−0.64	1.50	1.18	−3.94
	云安区	6.22	2.17	3.36	2.96	−0.01
云浮	新兴县	1.11	−0.69	2.18	1.66	−1.86
	郁南县	0.68	−0.88	2.70	1.64	−2.67
	罗定市	0.63	−1.53	3.61	1.86	−2.85
	平均	1.09	−0.78	2.52	1.74	−2.46

6.1.3　使用深度发展状况

从使用深度指数历年均值变化趋势来看，如表 6－5 所示，2016—2021年，广东县域数字普惠金融使用深度平均发展水平大幅提高，使用深度指数从2016 年的 103.89 增长到 2021 年的 172.11，年均增长幅度为 13.64。其中，2016 年数字普惠金融使用深度发展水平最高和最低的县域单元分别是潮州潮安区和肇庆高要区，使用深度指数分别为 123.49 和 88.25。而 2021 年使用深度发展水平最高和最低的县域单元分别是深圳福田区和云浮云安区，使用深度指数分别为 202.73 和 150.57。进一步观察 119 个县域单元的使用深度指数变化趋势可以发现，广东各县域单元的数字普惠金融使用深度水平在五年间实现了不同程度的发展，使用深度指数均得到了有效提高。具体而言，2016—2021年，广东各县域单元的数字普惠金融使用深度指数年均增长幅度均超过 10，在 10.60～16.41 区间范围内波动。其中，增长幅度最显著的是广州黄埔区，使用深度指数从 2016 年的 110.38 增长到 2021 年的 192.42，年均增长幅度高达 16.41。而增长最小的是肇庆广宁县，使用深度指数从 2016 年的 104.94 增长到 2021 年的 157.94，年均增长幅度为 10.60。

表 6－5　2016—2021 年广东县域数字普惠金融使用深度指数

城市	县域	2016 年	2017 年	2018 年	2019 年	2020 年	2021 年	年均增长量
	荔湾区	116.03	163.93	164.82	181.18	185.99	192.82	15.36
	越秀区	119.05	169.02	168.69	185.26	189.71	195.95	15.38
广州	海珠区	117.73	164.70	167.76	185.83	189.84	199.00	16.25
	天河区	120.32	170.44	176.01	189.27	193.24	200.87	16.11

（续）

城市	县域	2016 年	2017 年	2018 年	2019 年	2020 年	2021 年	年均增长量
广州	白云区	114.84	158.67	164.44	180.76	183.57	193.18	15.67
	黄埔区	110.38	151.89	156.44	174.92	181.85	192.42	16.41
	番禺区	115.50	159.79	162.70	178.62	182.73	190.58	15.02
	花都区	106.98	142.75	148.16	166.67	171.92	182.74	15.15
	南沙区	105.83	145.42	148.61	166.76	171.91	181.02	15.04
	从化区	105.99	144.85	150.11	157.05	159.03	173.87	13.58
	增城区	116.42	153.11	160.27	170.14	173.75	183.96	13.51
韶关	武江区	107.47	144.12	148.72	164.85	168.28	175.80	13.67
	浈江区	106.36	143.62	146.83	161.59	164.42	171.00	12.93
	曲江区	99.28	136.42	135.92	150.61	153.54	163.47	12.84
	始兴县	97.52	139.24	130.66	144.07	149.91	159.97	12.49
	仁化县	101.65	135.49	135.28	150.15	153.40	162.68	12.21
	翁源县	95.93	133.49	131.40	144.43	148.60	158.76	12.57
	乳源瑶族自治县	97.33	133.29	133.23	144.22	150.32	160.10	12.55
	新丰县	104.90	140.42	140.27	152.32	155.95	168.24	12.67
	乐昌市	98.84	135.66	132.56	147.19	151.19	160.82	12.40
	南雄市	95.92	134.63	133.20	149.55	153.70	163.66	13.55
深圳	罗湖区	117.39	165.57	165.78	180.67	185.96	192.97	15.12
	福田区	120.99	171.38	174.14	189.03	195.65	202.73	16.35
	南山区	119.50	169.12	172.12	185.95	192.02	199.10	15.92
	宝安区	111.21	154.82	158.14	176.46	181.19	187.67	15.29
	龙岗区	114.31	155.93	160.52	178.32	183.54	191.74	15.49
	盐田区	110.74	150.85	154.17	170.68	176.49	184.40	14.73
珠海	香洲区	114.00	158.84	163.26	178.98	181.02	187.36	14.67
	斗门区	102.74	140.16	144.86	163.36	168.27	177.93	15.04
	金湾区	103.29	140.97	145.79	163.76	166.66	175.21	14.38
汕头	龙湖区	116.97	155.65	165.30	179.04	182.33	192.28	15.06
	金平区	118.00	156.43	165.40	177.99	180.26	188.87	14.17
	濠江区	105.83	143.14	146.71	159.90	163.76	175.39	13.91
	潮阳区	111.38	151.42	151.68	164.27	168.03	180.29	13.78
	潮南区	107.65	144.44	147.60	162.40	167.97	181.17	14.70
	澄海区	114.51	151.95	159.91	172.55	177.62	189.56	15.01
	南澳县	115.29	152.41	153.67	164.28	165.10	177.88	12.52

（续）

城市	县域	2016 年	2017 年	2018 年	2019 年	2020 年	2021 年	年均增长量
佛山	禅城区	110.96	155.22	157.64	173.12	177.42	185.84	14.98
	南海区	107.77	145.46	149.65	166.61	172.16	182.59	14.96
	顺德区	112.14	146.56	150.87	169.23	174.67	182.70	14.11
	三水区	98.94	136.04	141.29	158.20	162.24	172.22	14.66
	高明区	98.74	134.91	138.43	155.09	160.02	169.74	14.20
江门	蓬江区	106.70	145.02	152.57	165.07	169.22	177.29	14.12
	江海区	103.21	139.23	146.96	164.12	168.01	176.09	14.58
	新会区	105.81	140.31	146.27	160.81	166.17	175.31	13.90
	台山市	102.93	143.78	142.32	153.50	158.26	168.11	13.04
	开平市	104.44	139.67	143.43	156.45	162.38	172.19	13.55
	鹤山市	100.30	133.15	135.55	151.97	158.85	169.39	13.82
	恩平市	104.33	139.40	140.20	151.97	158.27	169.03	12.94
湛江	赤坎区	107.82	144.59	147.49	163.70	170.31	179.50	14.34
	霞山区	106.92	143.28	145.36	160.06	165.82	174.52	13.52
	坡头区	92.88	130.08	132.17	146.88	154.73	164.92	14.41
	麻章区	92.12	125.92	128.44	146.67	150.08	160.65	13.71
	遂溪县	91.69	130.01	126.25	139.62	146.77	157.11	13.08
	徐闻县	94.29	128.69	126.44	136.20	140.75	156.41	12.42
	廉江市	93.58	131.79	129.44	143.78	149.93	162.65	13.81
	雷州市	89.48	126.44	122.79	134.98	143.41	156.18	13.34
	吴川市	93.69	130.39	129.59	143.99	151.21	163.30	13.92
茂名	茂南区	101.13	138.02	141.68	158.09	161.54	172.44	14.26
	电白区	98.82	133.03	141.26	145.80	151.07	159.30	12.10
	高州市	90.78	127.14	127.00	140.69	146.14	156.64	13.17
	化州市	92.18	126.14	125.05	139.52	145.76	158.04	13.17
	信宜市	89.15	124.26	124.43	138.64	143.57	155.52	13.27
肇庆	端州区	102.74	141.00	144.93	160.28	164.63	172.95	14.04
	鼎湖区	93.94	131.83	136.11	152.04	156.34	167.07	14.63
	广宁县	104.94	137.97	135.28	145.14	148.06	157.94	10.60
	怀集县	93.79	127.14	125.47	138.73	141.91	154.08	12.06

（续）

城市	县域	2016 年	2017 年	2018 年	2019 年	2020 年	2021 年	年均增长量
肇庆	封开县	92.95	126.73	126.94	140.69	145.22	155.23	12.46
	德庆县	95.88	128.95	128.87	141.21	145.55	155.36	11.90
	高要区	88.25	131.80	140.55	146.44	150.10	161.86	14.72
	四会市	101.66	140.06	142.94	160.90	165.11	176.18	14.90
惠州	惠城区	109.26	145.95	149.43	164.97	169.05	179.17	13.98
	惠阳区	104.74	140.85	146.49	163.50	168.10	178.49	14.75
	博罗县	102.40	135.28	137.11	154.65	159.59	170.50	13.62
	惠东县	107.59	142.47	147.43	160.02	162.32	175.18	13.52
	龙门县	103.14	138.55	139.00	150.35	155.82	166.05	12.58
梅州	梅江区	106.42	143.84	145.01	159.89	165.43	174.99	13.71
	梅县区	113.12	149.41	154.16	157.29	161.61	170.53	11.48
	大埔县	101.56	138.04	136.32	149.24	153.82	162.98	12.28
	丰顺县	105.32	143.45	143.86	155.94	158.35	170.98	13.13
	五华县	96.55	134.02	132.99	142.80	149.78	159.92	12.67
	平远县	106.53	142.68	140.33	147.16	151.96	164.18	11.53
	蕉岭县	103.42	139.67	138.83	150.83	157.15	167.76	12.87
	兴宁市	105.97	141.47	137.12	150.74	155.70	164.96	11.80
汕尾	城区	109.27	146.87	150.96	165.23	169.36	178.98	13.94
	海丰县	107.11	143.40	145.54	160.76	165.41	177.88	14.15
	陆河县	100.67	139.06	140.16	152.83	155.60	167.86	13.44
	陆丰市	105.85	141.77	142.26	154.16	156.57	171.02	13.03
河源	源城区	106.59	144.54	148.70	161.94	165.47	175.79	13.84
	紫金县	97.89	132.33	131.36	143.12	147.08	159.00	12.22
	龙川县	100.51	134.50	133.85	145.50	150.36	161.33	12.16
	连平县	103.46	139.05	137.88	148.87	153.20	163.09	11.93
	和平县	97.07	136.02	132.54	142.05	146.69	157.29	12.04
	东源县	94.35	130.42	130.78	145.00	149.53	162.23	13.58
阳江	江城区	108.58	142.98	146.77	161.06	165.98	176.83	13.65
	阳东区	96.51	140.99	148.26	154.51	160.52	173.29	15.36
	阳西县	97.20	132.15	133.94	146.17	151.11	162.77	13.11
	阳春市	97.34	132.41	132.96	145.37	151.36	162.77	13.09

（续）

城市	县域	2016 年	2017 年	2018 年	2019 年	2020 年	2021 年	年均增长量
清远	清城区	102.48	139.91	141.97	157.65	162.16	170.97	13.70
	清新区	103.04	136.94	142.39	147.01	150.33	160.60	11.51
	佛冈县	99.04	135.10	135.61	148.25	152.25	163.52	12.90
	阳山县	93.54	128.60	126.18	139.24	143.86	153.85	12.06
	连山壮族瑶族自治县	94.67	130.32	128.09	137.41	143.93	155.47	12.16
	连南瑶族自治县	93.02	128.06	129.64	137.18	142.72	150.96	11.59
	英德市	98.67	135.18	135.07	147.10	151.68	163.33	12.93
	连州市	97.88	134.07	131.54	144.42	149.42	160.02	12.43
潮州	湘桥区	116.32	150.83	155.64	170.84	175.73	186.10	13.96
	潮安区	123.49	153.79	162.98	170.68	175.56	187.15	12.73
	饶平县	108.06	146.72	147.19	158.42	161.81	172.98	12.98
揭阳	榕城区	112.01	150.72	157.02	170.89	175.72	187.64	15.13
	揭东区	117.35	153.67	164.53	168.21	173.18	186.74	13.88
	揭西县	104.17	142.56	143.25	155.50	160.62	172.32	13.63
	惠来县	103.20	145.43	141.11	151.47	155.10	169.12	13.18
	普宁市	105.37	144.36	149.49	163.45	169.76	185.09	15.94
云浮	云城区	101.93	139.19	140.21	155.14	161.16	171.52	13.92
	云安区	93.95	126.51	133.75	135.66	139.38	150.57	11.32
	新兴县	95.28	133.00	136.57	148.99	156.01	166.46	14.24
	郁南县	95.58	130.63	131.64	144.03	147.35	158.38	12.56
	罗定市	92.34	130.16	129.15	142.89	148.46	158.30	13.19
	平均	103.89	141.65	143.75	157.07	161.74	172.11	13.64

从各县域单元的历年使用深度指数同比增速来看，2017—2021 年，广东大部分县域单元的数字普惠金融使用深度呈现良好发展势头，使用深度指数在五年间实现了连续的正增长。但与此同时，也有部分县域单元的数字普惠金融使用深度发展水平在五年间出现了短暂的负增长。而进一步观察使用深度指数同比增速的变化趋势，如表 6-6 所示，可以发现，广东各县域单元的数字普惠金融使用深度发展增速在 2017 年后均呈大幅放缓趋势。具体

来看，2017 年广东各县域单元的数字普惠金融使用深度均实现了蓬勃发展，使用深度指数大幅提高，县域平均同比增速高达 36.44％。其中，肇庆高要区的数字普惠金融使用深度发展水平提高趋势最为显著，使用深度指数从 2016 年的 88.25 增长到 2017 年的 131.80，同比增速高达 49.35％。但在 2018 年，广东各县域单元的数字普惠金融使用深度发展增速均出现大幅下降，县域平均同比增速从 2017 年的 36.44％骤降到 2018 年的 1.42％。其中，广州越秀区、韶关曲江区、湛江遂溪县、茂名高州市等县域单元的数字普惠金融使用深度水平与 2017 年相比明显下滑，出现了不同程度的负增长现象。到了 2019 年，广东各县域单元的数字普惠金融使用深度发展趋势均有所向好，使用深度指数与 2018 年相比均得到了大幅提高，县域平均同比增速从 2018 年的 1.42％提高到 2019 年的 9.31％。2019—2021 年广东各县域单元的数字普惠金融使用深度发展水平实现了连续的正增长，但同比增速普遍呈"V形"变化趋势，县域平均同比增速从 2019 年的 9.31％下降到 2021 年的 6.49％。尤其是在 2020 年新冠疫情冲击下，广东各县域单元的使用深度指数同比增速均显著下降，普遍达到 2019 年以来的最低增速，说明了新冠疫情冲击对广东县域数字普惠金融使用深度发展水平的提高造成了一定的负面影响。

表 6-6　2017—2021 年广东县域数字普惠金融使用深度指数同比增速（％）

城市	县域	2017 年	2018 年	2019 年	2020 年	2021 年
	荔湾区	41.28	0.54	9.93	2.65	3.67
	越秀区	41.97	−0.20	9.82	2.40	3.29
	海珠区	39.90	1.86	10.77	2.16	4.83
	天河区	41.66	3.27	7.53	2.10	3.95
	白云区	38.17	3.64	9.92	1.55	5.24
广州	黄埔区	37.61	3.00	11.81	3.96	5.81
	番禺区	38.35	1.82	9.78	2.30	4.30
	花都区	33.44	3.79	12.49	3.15	6.29
	南沙区	37.41	2.19	12.21	3.09	5.30
	从化区	36.66	3.63	4.62	1.26	9.33
	增城区	31.52	4.68	6.16	2.12	5.88

（续）

城市	县域	2017 年	2018 年	2019 年	2020 年	2021 年
韶关	武江区	34.10	3.19	10.85	2.08	4.47
	浈江区	35.03	2.24	10.05	1.75	4.00
	曲江区	37.41	−0.37	10.81	1.95	6.47
	始兴县	42.78	−6.16	10.26	4.05	6.71
	仁化县	33.29	−0.15	10.99	2.16	6.05
	翁源县	39.15	−1.57	9.92	2.89	6.84
	乳源瑶族自治县	36.95	−0.05	8.25	4.23	6.51
	新丰县	33.86	−0.11	8.59	2.38	7.88
	乐昌市	37.25	−2.29	11.04	2.72	6.37
	南雄市	40.36	−1.06	12.27	2.77	6.48
深圳	罗湖区	41.04	0.13	8.98	2.93	3.77
	福田区	41.65	1.61	8.55	3.50	3.62
	南山区	41.52	1.77	8.04	3.26	3.69
	宝安区	39.21	2.14	11.58	2.68	3.58
	龙岗区	36.41	2.94	11.09	2.93	4.47
	盐田区	36.22	2.20	10.71	3.40	4.48
珠海	香洲区	39.33	2.78	9.63	1.14	3.50
	斗门区	36.42	3.35	12.77	3.01	5.74
	金湾区	36.48	3.42	12.33	1.77	5.13
汕头	龙湖区	33.07	6.20	8.31	1.84	5.46
	金平区	32.57	5.73	7.61	1.28	4.78
	濠江区	35.25	2.49	8.99	2.41	7.10
	潮阳区	35.95	0.17	8.30	2.29	7.30
	潮南区	34.18	2.19	10.03	3.43	7.86
	澄海区	32.70	5.24	7.90	2.94	6.72
	南澳县	32.20	0.83	6.90	0.50	7.74
佛山	禅城区	39.89	1.56	9.82	2.48	4.75
	南海区	34.97	2.88	11.33	3.33	6.06
	顺德区	30.69	2.94	12.17	3.21	4.60
	三水区	37.50	3.86	11.97	2.55	6.15
	高明区	36.63	2.61	12.03	3.18	6.07

（续）

城市	县域	2017 年	2018 年	2019 年	2020 年	2021 年
江门	蓬江区	35.91	5.21	8.19	2.51	4.77
	江海区	34.90	5.55	11.68	2.37	4.81
	新会区	32.61	4.25	9.94	3.33	5.50
	台山市	39.69	−1.02	7.86	3.10	6.22
	开平市	33.73	2.69	9.08	3.79	6.04
	鹤山市	32.75	1.80	12.11	4.53	6.64
	恩平市	33.61	0.57	8.40	4.15	6.80
湛江	赤坎区	34.10	2.01	10.99	4.04	5.40
	霞山区	34.01	1.45	10.11	3.60	5.25
	坡头区	40.05	1.61	11.13	5.34	6.59
	麻章区	36.69	2.00	14.19	2.32	7.04
	遂溪县	41.79	−2.89	10.59	5.12	7.05
	徐闻县	36.48	−1.75	7.72	3.34	11.13
	廉江市	40.83	−1.78	11.08	4.28	8.48
	雷州市	41.31	−2.89	9.93	6.25	8.90
	吴川市	39.17	−0.61	11.11	5.01	8.00
茂名	茂南区	36.48	2.65	11.58	2.18	6.75
	电白区	34.62	6.19	3.21	3.61	5.45
	高州市	40.05	−0.11	10.78	3.87	7.18
	化州市	36.84	−0.86	11.57	4.47	8.42
	信宜市	39.38	0.14	11.42	3.56	8.32
肇庆	端州区	37.24	2.79	10.59	2.71	5.05
	鼎湖区	40.33	3.25	11.70	2.83	6.86
	广宁县	31.48	−1.95	7.29	2.01	6.67
	怀集县	35.56	−1.31	10.57	2.29	8.58
	封开县	36.34	0.17	10.83	3.22	6.89
	德庆县	34.49	−0.06	9.58	3.07	6.74
	高要区	49.35	6.64	4.19	2.50	7.83
	四会市	37.77	2.06	12.56	2.62	6.70

（续）

城市	县域	2017 年	2018 年	2019 年	2020 年	2021 年
惠州	惠城区	33.58	2.38	10.40	2.47	5.99
	惠阳区	34.48	4.00	11.61	2.81	6.18
	博罗县	32.11	1.35	12.79	3.19	6.84
	惠东县	32.42	3.48	8.54	1.44	7.92
	龙门县	34.33	0.32	8.17	3.64	6.57
梅州	梅江区	35.16	0.81	10.26	3.46	5.78
	梅县区	32.08	3.18	2.03	2.75	5.52
	大埔县	35.92	−1.25	9.48	3.07	5.96
	丰顺县	36.20	0.29	8.40	1.55	7.98
	五华县	38.81	−0.77	7.38	4.89	6.77
	平远县	33.93	−1.65	4.87	3.26	8.04
	蕉岭县	35.05	−0.60	8.64	4.19	6.75
	兴宁市	33.50	−3.07	9.93	3.29	5.95
汕尾	城区	34.41	2.78	9.45	2.50	5.68
	海丰县	33.88	1.49	10.46	2.89	7.54
	陆河县	38.13	0.79	9.04	1.81	7.88
	陆丰市	33.93	0.35	8.36	1.56	9.23
河源	源城区	35.60	2.88	8.90	2.18	6.24
	紫金县	35.18	−0.73	8.95	2.77	8.10
	龙川县	33.82	−0.48	8.70	3.34	7.30
	连平县	34.40	−0.84	7.97	2.91	6.46
	和平县	40.13	−2.56	7.18	3.27	7.23
	东源县	38.23	0.28	10.87	3.12	8.49
阳江	江城区	31.68	2.65	9.74	3.05	6.54
	阳东区	46.09	5.16	4.22	3.89	7.96
	阳西县	35.96	1.35	9.13	3.38	7.72
	阳春市	36.03	0.42	9.33	4.12	7.54
清远	清城区	36.52	1.47	11.04	2.86	5.43
	清新区	32.90	3.98	3.24	2.26	6.83
	佛冈县	36.41	0.38	9.32	2.70	7.40

（续）

城市	县域	2017 年	2018 年	2019 年	2020 年	2021 年
清远	阳山县	37.48	−1.88	10.35	3.32	6.94
	连山壮族瑶族自治县	37.66	−1.71	7.28	4.74	8.02
	连南瑶族自治县	37.67	1.23	5.82	4.04	5.77
	英德市	37.00	−0.08	8.91	3.11	7.68
	连州市	36.97	−1.89	9.79	3.46	7.09
潮州	湘桥区	29.67	3.19	9.77	2.86	5.90
	潮安区	24.54	5.98	4.72	2.86	6.60
	饶平县	35.78	0.32	7.63	2.14	6.90
揭阳	榕城区	34.56	4.18	8.83	2.83	6.78
	揭东区	30.95	7.07	2.24	2.95	7.83
	揭西县	36.85	0.48	8.55	3.29	7.28
	惠来县	40.92	−2.97	7.34	2.40	9.04
	普宁市	37.00	3.55	9.34	3.86	9.03
云浮	云城区	36.55	0.73	10.65	3.88	6.43
	云安区	34.66	5.72	1.43	2.74	8.03
	新兴县	39.59	2.68	9.09	4.71	6.70
	郁南县	36.67	0.77	9.41	2.31	7.49
	罗定市	40.96	−0.78	10.64	3.90	6.63
	平均	36.44	1.42	9.31	3.01	6.49

6.1.4 数字化程度发展状况

从数字化程度指数历年均值变化趋势来看，如表 6-7 所示，2016—2021 年，广东县域数字普惠金融数字化程度平均发展水平显著提高，数字化程度指数从 2016 年的 70.69 增长到 2021 年的 116.11，年均增长量为 9.08。其中，2016 年数字化程度发展水平最高和最低的县域单元分别是肇庆德庆县和揭阳普宁市，数字化程度指数分别为 92.05 和 33.09，县域间发展差距较为悬殊。而 2021 年数字化程度发展水平最高和最低的县域单元分别是深圳南山区和汕头潮南区，数字化程度指数分别为 126.73 和 103.23，县域间发展差距大幅缩小。进一步观察 119 个县域单元的数字化程度指数变化趋势可以发现，广东各县域单元的数字普惠金融数字化程度指数在五年间均实现了不同程度的增长，在年均增长幅度上表现出一定差异。具体而言，2016—2021 年，广东各县域单元的数字化程度指数年均增长量差异较大，在 3.63～14.60 区间范围内波动。其中，增长最显著的是揭阳普宁市，数字化程度指数从 2016 年的 33.09 增长到 2021 年的 106.08，年均增长量高达 14.60。增长最小的是肇庆德庆县，数字化程度指数从 2016 年的 92.05 增长到 2021 年的 110.18，年均增长量仅有 3.63。值得一提的是，数字化程度指数年均增长量最大和最小的县域单元与 2016 年数字化程度水平最低和最高的县域单元相一致。其背后隐含的现实问题是：现阶段，广东省数字普惠金融数字化程度发展基础较为薄弱的县域单元正展现出蓬勃发展势头，而部分发展基础较好的县域单元正面临着发展增速放缓问题。

表 6 - 7　2016—2021 年广东县域数字普惠金融数字化程度指数

城市	县域	2016 年	2017 年	2018 年	2019 年	2020 年	2021 年	年均增长量
广州	荔湾区	65.58	100.76	109.65	122.18	117.31	118.87	10.66
	越秀区	70.33	103.95	119.03	121.53	119.08	122.54	10.44
	海珠区	67.88	101.44	117.57	125.09	114.63	116.60	9.74
	天河区	67.62	103.36	117.71	125.15	119.10	119.01	10.28
	白云区	49.88	85.25	107.20	121.41	114.39	112.78	12.58
	黄埔区	73.36	102.74	116.27	139.92	126.79	123.92	10.11
	番禺区	63.84	96.10	115.66	125.26	121.15	120.80	11.39
	花都区	55.79	88.02	107.11	116.73	112.79	116.58	12.16
	南沙区	76.19	107.23	113.14	119.74	115.45	117.12	8.19
	从化区	86.82	106.43	118.06	119.82	112.66	113.77	5.39
	增城区	61.77	97.05	109.54	124.31	119.40	119.74	11.59
韶关	武江区	77.93	106.64	112.36	119.31	115.19	120.34	8.48
	浈江区	71.70	102.18	114.27	119.58	112.42	119.68	9.60
	曲江区	79.72	104.39	112.09	117.98	114.00	117.73	7.60
	始兴县	77.27	93.65	111.29	122.92	114.10	116.31	7.81
	仁化县	77.08	104.82	113.46	114.79	118.51	113.20	7.22
	翁源县	82.67	103.94	110.12	114.53	110.66	111.97	5.86
	乳源瑶族自治县	90.03	104.93	111.57	115.45	112.25	116.26	5.25
	新丰县	75.14	101.60	115.00	119.96	117.21	115.94	8.16
	乐昌市	76.89	100.59	113.25	113.26	109.30	114.02	7.43
	南雄市	81.77	103.71	115.36	119.54	113.14	117.94	7.23

（续）

城市	县域	2016 年	2017 年	2018 年	2019 年	2020 年	2021 年	年均增长量
深圳	罗湖区	67.31	88.97	117.64	126.52	119.07	122.67	11.07
	福田区	58.45	98.41	116.83	127.50	121.97	123.37	12.98
	南山区	73.42	107.75	121.04	130.29	123.93	126.73	10.66
	宝安区	61.42	97.15	118.81	126.65	120.91	121.15	11.95
	龙岗区	54.29	83.43	118.24	127.75	122.62	123.65	13.87
	盐田区	73.54	101.81	119.57	121.34	118.93	119.81	9.25
珠海	香洲区	81.57	110.49	117.85	121.97	116.87	119.78	7.64
	斗门区	82.80	107.82	117.82	120.97	117.21	120.86	7.61
	金湾区	87.78	111.55	117.06	125.27	116.86	120.69	6.58
汕头	龙湖区	58.80	96.18	112.18	117.19	111.77	115.50	11.34
	金平区	62.79	100.52	111.45	118.08	111.37	115.53	10.55
	濠江区	73.88	105.83	108.06	113.43	106.29	110.38	7.30
	潮阳区	48.48	88.74	114.85	114.19	105.65	110.05	12.31
	潮南区	37.74	76.02	90.78	102.91	98.93	103.23	13.10
	澄海区	43.93	78.93	100.11	111.14	104.05	106.57	12.53
	南澳县	84.38	105.20	104.86	113.39	106.17	110.29	5.18
佛山	禅城区	64.38	87.35	118.44	122.92	118.94	120.92	11.31
	南海区	64.92	97.19	111.64	121.01	115.58	118.40	10.70
	顺德区	56.87	95.77	117.79	126.38	121.89	122.39	13.10
	三水区	83.74	102.82	112.33	119.64	115.57	117.50	6.75
	高明区	70.15	100.27	115.12	123.86	116.07	121.91	10.35
江门	蓬江区	73.20	102.67	112.51	120.99	116.01	120.87	9.53
	江海区	54.99	93.85	124.11	126.35	119.53	123.16	13.63
	新会区	69.36	99.26	110.38	117.97	114.39	117.74	9.68
	台山市	78.44	70.26	117.08	116.89	111.91	116.99	7.71
	开平市	72.01	97.91	109.50	115.63	111.89	115.65	8.73
	鹤山市	61.38	101.47	114.48	115.48	112.85	117.27	11.18
	恩平市	60.21	96.56	111.20	117.95	115.25	117.26	11.41

（续）

城市	县域	2016 年	2017 年	2018 年	2019 年	2020 年	2021 年	年均增长量
湛江	赤坎区	72.02	101.06	109.79	117.27	117.38	125.23	10.64
	霞山区	81.82	101.42	111.24	116.93	117.51	123.22	8.28
	坡头区	80.85	104.57	112.17	113.49	109.54	114.54	6.74
	麻章区	84.10	108.30	110.82	114.75	108.12	116.65	6.51
	遂溪县	78.57	97.53	117.65	116.79	109.44	113.60	7.01
	徐闻县	74.41	104.87	110.78	114.86	108.12	111.67	7.45
	廉江市	70.32	92.63	109.48	113.01	109.28	114.33	8.80
	雷州市	78.18	97.82	109.71	111.63	103.86	112.13	6.79
	吴川市	76.93	101.82	111.92	114.05	111.07	114.08	7.43
茂名	茂南区	74.87	110.95	115.36	118.93	113.17	118.50	8.73
	电白区	82.46	105.54	115.22	116.48	110.41	113.78	6.26
	高州市	77.01	104.39	113.84	117.79	114.65	116.89	7.98
	化州市	69.34	104.22	116.75	118.09	112.31	115.32	9.20
	信宜市	78.15	103.49	115.97	113.95	107.82	113.63	7.10
肇庆	端州区	77.89	104.20	113.49	119.43	115.59	121.48	8.72
	鼎湖区	78.08	114.11	114.98	115.89	110.84	115.30	7.44
	广宁县	53.99	97.76	116.93	121.21	115.98	117.24	12.65
	怀集县	78.53	104.18	113.92	116.47	110.80	113.07	6.91
	封开县	77.90	104.49	111.52	115.48	109.84	111.94	6.81
	德庆县	92.05	104.02	110.41	113.17	106.41	110.18	3.63
	高要区	73.87	97.78	112.43	114.93	108.71	117.13	8.65
	四会市	80.55	105.50	116.20	121.62	112.81	114.71	6.83
惠州	惠城区	70.81	97.35	115.02	122.61	117.61	120.28	9.89
	惠阳区	66.52	99.58	112.32	118.67	114.54	118.00	10.30
	博罗县	66.63	96.84	110.35	120.14	113.27	114.95	9.66
	惠东县	38.06	68.07	89.38	109.27	109.21	110.98	14.58
	龙门县	70.82	101.57	115.13	119.85	113.86	114.57	8.75
梅州	梅江区	73.88	106.11	114.99	116.92	112.16	117.69	8.76
	梅县区	72.65	99.70	111.21	113.46	109.64	117.74	9.02
	大埔县	70.68	101.13	107.26	111.68	106.87	109.19	7.70

（续）

城市	县域	2016 年	2017 年	2018 年	2019 年	2020 年	2021 年	年均增长量
梅州	丰顺县	73.39	101.52	115.71	112.37	105.67	109.19	7.16
	五华县	75.88	103.26	118.21	117.32	112.38	112.99	7.42
	平远县	69.99	97.69	106.91	113.05	107.32	114.57	8.92
	蕉岭县	70.97	103.43	110.52	117.86	111.41	118.76	9.56
	兴宁市	79.53	101.38	115.00	117.25	112.73	112.83	6.66
汕尾	城区	66.22	100.86	109.65	115.16	111.65	119.21	10.60
	海丰县	69.27	97.24	105.77	112.48	108.57	116.05	9.36
	陆河县	63.47	106.50	115.84	117.97	113.81	117.39	10.78
	陆丰市	65.91	110.63	114.76	111.58	105.50	111.85	9.19
河源	源城区	80.41	101.26	110.80	114.89	115.14	124.46	8.81
	紫金县	86.17	100.35	110.68	111.66	108.40	115.48	5.86
	龙川县	75.61	102.12	111.68	112.59	110.66	113.67	7.61
	连平县	83.70	102.71	110.92	114.39	108.87	115.38	6.34
	和平县	78.08	94.98	111.17	112.49	106.41	114.94	7.37
	东源县	76.41	102.74	107.66	113.08	116.61	120.93	8.90
阳江	江城区	56.13	88.73	106.68	117.37	112.15	117.28	12.23
	阳东区	71.40	92.49	108.79	114.67	108.03	115.25	8.77
	阳西县	78.52	101.45	110.67	116.76	112.61	115.55	7.41
	阳春市	64.41	97.31	109.19	114.89	109.89	114.40	10.00
清远	清城区	79.48	100.61	112.57	120.84	116.04	120.06	8.12
	清新区	84.34	99.80	110.79	116.76	111.59	116.27	6.39
	佛冈县	63.91	95.75	115.59	121.38	115.41	121.04	11.43
	阳山县	83.19	105.58	114.87	117.97	111.79	115.08	6.38
	连山壮族瑶族自治县	50.04	107.07	102.66	113.62	115.05	113.10	12.61
	连南瑶族自治县	79.94	103.66	93.94	109.25	110.28	112.67	6.55
	英德市	78.21	102.89	113.83	120.63	117.67	118.26	8.01
	连州市	71.28	100.62	110.51	117.41	111.02	113.18	8.38
潮州	湘桥区	66.35	94.49	115.49	114.78	109.30	113.83	9.50
	潮安区	54.29	81.04	96.46	105.60	99.86	104.58	10.06
	饶平县	62.78	97.02	111.07	112.33	105.45	107.13	8.87

（续）

城市	县域	2016 年	2017 年	2018 年	2019 年	2020 年	2021 年	年均增长量
揭阳	榕城区	44.44	82.85	100.76	110.93	107.31	113.45	13.80
	揭东区	50.49	88.78	104.29	108.65	104.92	107.31	11.36
	揭西县	63.44	98.43	121.72	118.08	110.46	111.42	9.60
	惠来县	72.01	84.70	113.08	115.42	109.06	111.57	7.91
	普宁市	33.09	72.03	97.83	108.22	102.35	106.08	14.60
云浮	云城区	76.35	101.31	110.40	116.32	112.33	115.27	7.78
	云安区	75.23	108.28	113.17	116.54	106.27	112.19	7.39
	新兴县	78.14	103.89	113.56	114.28	114.30	117.10	7.79
	郁南县	77.34	106.97	120.11	116.35	115.76	118.20	8.17
	罗定市	71.38	100.94	114.40	114.15	112.94	116.20	8.96
	平均	70.69	99.22	112.21	117.46	112.60	116.11	9.08

就数字化程度指数同比增速变化趋势而言，如表 6-8 所示，广东各县域单元的数字普惠金融数字化程度发展水平在五年间均出现频繁波动，甚至在个别年份出现了短暂的负增长现象。具体来看，除江门台山市以外，其余县域单元的数字化程度发展水平在 2017 年均实现了蓬勃发展，数字化程度指数大幅提高，县域平均同比增速高达 43.17%。其中，揭阳普宁市的数字化程度发展增速最快，数字化程度指数从 2016 年的 33.09 增长到 2017 年的 72.03，一年间便实现了翻番，同比增速高达 117.68%。但在 2017—2019 年，广东各县域单元的数字化程度发展增速普遍呈持续下降趋势，县域平均同比增速从 2017 年的 43.17% 下降到 2019 年的 4.80%。其中，汕头市的南澳县、清远市的连山壮族瑶族自治县和连南瑶族自治县在 2018 年出现了不同程度的负增长现象。汕头潮阳区、江门台山市、湛江遂溪县、茂名信宜市、梅州丰顺县和五华县、汕尾陆丰市、潮州湘桥区、揭阳揭西县、云浮郁南县和罗定市也在 2019 年出现了不同程度的负增长现象。而在 2020 年，除韶关仁化县、湛江赤坎区和霞山区、河源源城区和东源县、清远连山壮族瑶族自治县和连南瑶族自治县、云浮新兴县以外，其余县域单元的数字化程度发展水平均有所下滑，出现了短暂的负增长，县域平均水平同比下降了 4.12%，说明新冠疫情冲击对广东县域数字普惠金融数字化程度发展产生了一定的消极影响。到了 2021 年，除广州天河区、黄埔区和番禺区，韶关仁化县和新丰县，清远连山壮族瑶族自治县的

同比增速为负以外，其余县域单元的数字普惠金融数字化程度发展均恢复到正增长，县域平均同比增速提高至 3.17%，这也说明了新冠疫情对广东县域数字普惠金融数字化程度发展的负面影响正随时间的推移而消减。

表 6-8　2017—2021 年广东县域数字普惠金融数字化程度指数同比增速（%）

城市	县域	2017 年	2018 年	2019 年	2020 年	2021 年
广州	荔湾区	53.64	8.82	11.43	−3.99	1.33
	越秀区	47.80	14.51	2.10	−2.02	2.91
	海珠区	49.44	15.90	6.40	−8.36	1.72
	天河区	52.85	13.88	6.32	−4.83	−0.08
	白云区	70.91	25.75	13.26	−5.78	−1.41
	黄埔区	40.05	13.17	20.34	−9.38	−2.26
	番禺区	50.53	20.35	8.30	−3.28	−0.29
	花都区	57.77	21.69	8.98	−3.38	3.36
	南沙区	40.74	5.51	5.83	−3.58	1.45
	从化区	22.59	10.93	1.49	−5.98	0.99
	增城区	57.12	12.87	13.48	−3.95	0.28
韶关	武江区	36.84	5.36	6.19	−3.45	4.47
	浈江区	42.51	11.83	4.65	−5.99	6.46
	曲江区	30.95	7.38	5.25	−3.37	3.27
	始兴县	21.20	27.36	3.06	−7.18	1.94
	仁化县	35.99	8.24	1.17	3.24	−4.48
	翁源县	25.73	5.95	4.00	−3.38	1.18
	乳源瑶族自治县	16.55	6.33	3.48	−2.77	3.57
	新丰县	35.21	13.19	4.31	−2.29	−1.08
	乐昌市	30.82	12.59	0.01	−3.50	4.32
	南雄市	26.83	11.23	3.62	−5.35	4.24
深圳	罗湖区	32.18	32.22	7.55	−5.89	3.02
	福田区	68.37	18.72	9.13	−4.34	1.15
	南山区	46.76	12.33	7.64	−4.88	2.26
	宝安区	58.17	22.30	6.60	−4.53	0.20
	龙岗区	53.67	41.72	8.04	−4.02	0.84
	盐田区	38.44	17.44	1.48	−1.99	0.74

（续）

城市	县域	2017 年	2018 年	2019 年	2020 年	2021 年
珠海	香洲区	35.45	6.66	3.50	−4.18	2.49
	斗门区	30.22	9.27	2.67	−3.11	3.11
	金湾区	27.08	4.94	7.01	−6.71	3.28
汕头	龙湖区	63.57	16.64	4.47	−4.62	3.34
	金平区	60.09	10.87	5.95	−5.68	3.74
	濠江区	43.25	2.11	4.97	−6.29	3.85
	潮阳区	83.04	29.42	−0.57	−7.48	4.16
	潮南区	101.43	19.42	13.36	−3.87	4.35
	澄海区	79.67	26.83	11.02	−6.38	2.42
	南澳县	24.67	−0.32	8.13	−6.37	3.88
佛山	禅城区	35.68	35.59	3.78	−3.24	1.66
	南海区	49.71	14.87	8.39	−4.49	2.44
	顺德区	68.40	22.99	7.29	−3.55	0.41
	三水区	22.78	9.25	6.51	−3.40	1.67
	高明区	42.94	14.81	7.59	−6.29	5.03
江门	蓬江区	40.26	9.58	7.54	−4.12	4.19
	江海区	70.67	32.24	1.80	−5.40	3.04
	新会区	43.11	11.20	6.88	−3.03	2.93
	台山市	−10.43	66.64	−0.16	−4.26	4.54
	开平市	35.97	11.84	5.60	−3.23	3.36
	鹤山市	65.31	12.82	0.87	−2.28	3.92
	恩平市	60.37	15.16	6.07	−2.29	1.74
湛江	赤坎区	40.32	8.64	6.81	0.09	6.69
	霞山区	23.96	9.68	5.12	0.50	4.86
	坡头区	29.34	7.27	1.18	−3.48	4.56
	麻章区	28.78	2.33	3.55	−5.78	7.89
	遂溪县	24.13	20.63	−0.73	−6.29	3.80
	徐闻县	40.94	5.64	3.68	−5.87	3.28
	廉江市	31.73	18.19	3.22	−3.30	4.62
	雷州市	25.12	12.15	1.75	−6.96	7.96
	吴川市	32.35	9.92	1.90	−2.61	2.71

（续）

城市	县域	2017 年	2018 年	2019 年	2020 年	2021 年
茂名	茂南区	48.19	3.97	3.09	−4.84	4.71
	电白区	27.99	9.17	1.09	−5.21	3.05
	高州市	35.55	9.05	3.47	−2.67	1.95
	化州市	50.30	12.02	1.15	−4.89	2.68
	信宜市	32.42	12.06	−1.74	−5.38	5.39
肇庆	端州区	33.78	8.92	5.23	−3.22	5.10
	鼎湖区	46.14	0.76	0.79	−4.36	4.02
	广宁县	81.07	19.61	3.66	−4.31	1.09
	怀集县	32.66	9.35	2.24	−4.87	2.05
	封开县	34.13	6.73	3.55	−4.88	1.91
	德庆县	13.00	6.14	2.50	−5.97	3.54
	高要区	32.37	14.98	2.22	−5.41	7.75
	四会市	30.97	10.14	4.66	−7.24	1.68
惠州	惠城区	37.48	18.15	6.60	−4.08	2.27
	惠阳区	49.70	12.79	5.65	−3.48	3.02
	博罗县	45.34	13.95	8.87	−5.72	1.48
	惠东县	78.85	31.31	22.25	−0.05	1.62
	龙门县	43.42	13.35	4.10	−5.00	0.62
梅州	梅江区	43.62	8.37	1.68	−4.07	4.93
	梅县区	37.23	11.54	2.02	−3.37	7.39
	大埔县	43.08	6.06	4.12	−4.31	2.17
	丰顺县	38.33	13.98	−2.89	−5.96	3.33
	五华县	36.08	14.48	−0.75	−4.21	0.54
	平远县	39.58	9.44	5.74	−5.07	6.76
	蕉岭县	45.74	6.85	6.64	−5.47	6.60
	兴宁市	27.47	13.43	1.96	−3.86	0.09
汕尾	城区	52.31	8.72	5.03	−3.05	6.77
	海丰县	40.38	8.77	6.34	−3.48	6.89
	陆河县	67.80	8.77	1.84	−3.53	3.15
	陆丰市	67.85	3.73	−2.77	−5.45	6.02

（续）

城市	县域	2017 年	2018 年	2019 年	2020 年	2021 年
河源	源城区	25.93	9.42	3.69	0.22	8.09
	紫金县	16.46	10.29	0.89	−2.92	6.53
	龙川县	35.06	9.36	0.81	−1.71	2.72
	连平县	22.71	7.99	3.13	−4.83	5.98
	和平县	21.64	17.05	1.19	−5.40	8.02
	东源县	34.46	4.79	5.03	3.12	3.70
阳江	江城区	58.08	20.23	10.02	−4.45	4.57
	阳东区	29.54	17.62	5.40	−5.79	6.68
	阳西县	29.20	9.09	5.50	−3.55	2.61
	阳春市	51.08	12.21	5.22	−4.35	4.10
清远	清城区	26.59	11.89	7.35	−3.97	3.46
	清新区	18.33	11.01	5.39	−4.43	4.19
	佛冈县	49.82	20.72	5.01	−4.92	4.88
	阳山县	26.91	8.80	2.70	−5.24	2.94
	连山壮族瑶族自治县	113.97	−4.12	10.68	1.26	−1.69
	连南瑶族自治县	29.67	−9.38	16.30	0.94	2.17
	英德市	31.56	10.63	5.97	−2.45	0.50
	连州市	41.16	9.83	6.24	−5.44	1.95
潮州	湘桥区	42.41	22.22	−0.61	−4.77	4.14
	潮安区	49.27	19.03	9.48	−5.44	4.73
	饶平县	54.54	14.48	1.13	−6.12	1.59
揭阳	榕城区	86.43	21.62	10.09	−3.26	5.72
	揭东区	75.84	17.47	4.18	−3.43	2.28
	揭西县	55.15	23.66	−2.99	−6.45	0.87
	惠来县	17.62	33.51	2.07	−5.51	2.30
	普宁市	117.68	35.82	10.62	−5.42	3.64
云浮	云城区	32.69	8.97	5.36	−3.43	2.62
	云安区	43.93	4.52	2.98	−8.81	5.57
	新兴县	32.95	9.31	0.63	0.02	2.45
	郁南县	38.31	12.28	−3.13	−0.51	2.11
	罗定市	41.41	13.33	−0.22	−1.06	2.89
	平均	43.17	13.74	4.80	−4.12	3.17

6.2 广东县域级数字普惠金融发展的区域差异

总体来看，2016—2021 年，广东各县域单元的数字普惠金融发展水平均得到了不同程度的提高，但发展增速普遍趋于放缓。那么广东县域数字普惠金融发展水平在空间上又呈现怎样的分布特征？县域之间的发展差距是否又有所收敛呢？为厘清上述问题，本节首先基于县域数字普惠金融总指数和分维度指数的历年均值，对广东县域数字普惠金融发展的空间分布特征进行探讨，随后借助经济收敛方法中的 σ 收敛模型，对广东县域数字普惠金融发展差距的敛散性进行深入分析。

6.2.1 广东县域级数字普惠金融发展的空间特征

为明晰广东县域数字普惠金融发展的空间特征，本节按照数字普惠金融总指数和分维度指数的历年均值排名将 119 个县域单元划分为四个发展梯队：第一梯队（第 1—30 名）、第二梯队（第 31—60 名）、第三梯队（第 61—90 名）和第四梯队（第 91—119 名），进而对各县域单元数字普惠金融发展的空间分布特征进行分析。其中，处于第一梯队和第二梯队的县域单元数字普惠金融发展水平高于全省平均线，处于第三梯队和第四梯队的县域单元数字普惠金融发展水平低于全省平均线。

6.2.1.1 整体发展水平的空间特征

从总指数历年均值排名来看，如表 6-9 所示，在第一梯队的县域单元中，位于珠三角核心发展区的有 25 个，占比高达 83.33%；位于沿海经济带的有 4 个，占比为 13.33%；而位于北部生态发展区的仅有 1 个，占比极小。在第二梯队的县域单元中，位于珠三角核心发展区的有 11 个，占比为 33.67%；位于沿海经济带的有 13 个，占比为 43.33%；位于北部生态发展区的有 6 个，占比为 20%。在第三梯队的县域单元中，位于珠三角核心发展区的有 5 个，占比为 16.67%；位于沿海经济带的有 10 个，占比为 33.33%；位于北部生态发展区的有 15 个，占比为 50%。而在第四梯队的县域单元中，位于珠三角核心发展区的有 4 个，占比为 13.79%；位于沿海经济带的有 10 个，占比为 34.48%；位于北部生态发展区的有 15 个，占比为 51.72%。总体来看，在数字普惠金融整体发展水平超过全省平均线的县域单元中，有 60% 的县域单元地处珠三角核心发展区，而地处沿海经济带和北部生态发展区的一共占比 40％。在数字普惠金融整体发展水平低于全省平均线的县域单元中，有 50.85％的县域单元地处北部生态发展区，有 33.90％的县域单元地处沿海经济带，而地处珠三角核心发展区的仅占 15.25％。也就是说，珠三角核心发展区各县域单元的数字普惠金融发展水平相对较高，普遍处于全省平均线以上；而沿海经济带和北部生态发展区虽然有部分县域单元的数字普惠金融发展水平超过了全省平均线，但绝大部分县域单元仍处于全省平均线以下。

表 6-9　广东县域级数字普惠金融总指数梯队分布

级别	区县
第一梯队	南山区、天河区、福田区、宝安区、香洲区、龙岗区、罗湖区、海珠区、越秀区、番禺区、黄埔区、荔湾区、白云区、禅城区、金湾区、龙湖区、顺德区、南海区、盐田区、惠阳区、惠城区、增城区、赤坎区、源城区、金平区、南沙区、斗门区、花都区、霞山区、蓬江区
第二梯队	湘桥区、江海区、三水区、武江区、端州区、榕城区、清城区、城区、四会市、澄海区、梅江区、从化区、高明区、潮安区、浈江区、南澳县、新会区、江城区、云城区、茂南区、揭东区、博罗县、海丰县、梅县区、鼎湖区、开平市、鹤山市、潮阳区、濠江区、麻章区
第三梯队	惠东县、龙门县、曲江区、台山市、新丰县、普宁市、阳东区、恩平市、蕉岭县、潮南区、丰顺县、陆河县、佛冈县、新兴县、饶平县、清新区、陆丰市、英德市、仁化县、揭西县、连平县、兴宁市、平远县、阳西县、南雄市、始兴县、乳源瑶族自治县、坡头区、高要区、惠来县
第四梯队	东源县、大埔县、翁源县、吴川市、广宁县、乐昌市、阳春市、电白区、郁南县、紫金县、连州市、龙川县、罗定市、和平县、廉江市、五华县、遂溪县、德庆县、阳山县、高州市、化州市、徐闻县、信宜市、封开县、怀集县、连山壮族瑶族自治县、连南瑶族自治县、雷州市、云安区

6.2.1.2　覆盖广度发展水平的空间特征

从覆盖广度指数历年均值排名来看，如表 6-10 所示，在第一梯队的县域单元中，位于珠三角核心发展区的有 26 个，占比高达 86.67％；位于沿海经济带的有 3 个，占比为 10％；位于北部生态发展区的有 1 个，占比仅为 3.33％。在第二梯队的县域单元中，位于珠三角核心发展区的有 12 个，占比为 40％；位于沿海经济带的有 12 个，占比为 40％；位于北部生态发展区的有 6 个，占比为 20％。在第三梯队的县域单元中，位于珠三角核心发展区的有 3

个，占比为 10%；位于沿海经济带的有 10 个，占比为 33.33%；位于北部生态发展区的有 17 个，占比高达 56.67%。在第四梯队的县域单元中，位于珠三角核心发展区的有 4 个，占比为 13.79%；位于沿海经济带的有 12 个，占比为 41.38%；位于北部生态发展区的有 13 个，占比为 44.83%。总体来看，在数字普惠金融覆盖广度发展水平超过全省平均线的县域单元中，有 63.33%的县域单元地处珠三角核心发展区，有 25%的县域单元地处沿海经济带，而地处北部生态发展区的县域单元占比仅为 11.67%。在数字普惠金融覆盖广度发展水平低于全省平均线的县域单元中，有 50.85%的县域单元地处北部生态发展区，有 37.29%的县域单元地处沿海经济带，而地处珠三角核心发展区的县域单元仅占 11.86%。由此可见，珠三角核心发展区各县域单元的数字普惠金融覆盖广度发展水平相对较高，普遍处于全省平均线以上；而沿海经济带和北部生态发展区的数字普惠金融覆盖广度发展水平相对较低，虽然有少部分县域超过了全省平均线，但绝大部分仍处于全省平均线以下，其中又以北部生态发展区的县域单元为主。

表 6-10　广东县域级数字普惠金融覆盖广度指数梯队分布

级别	区县
第一梯队	宝安区、金湾区、南山区、龙岗区、天河区、香洲区、福田区、番禺区、南海区、惠阳区、罗湖区、禅城区、顺德区、白云区、海珠区、惠城区、黄埔区、赤坎区、花都区、源城区、越秀区、荔湾区、盐田区、斗门区、龙湖区、三水区、霞山区、南沙区、江海区、增城区
第二梯队	蓬江区、清城区、端州区、高明区、麻章区、榕城区、武江区、四会市、梅江区、云城区、湘桥区、博罗县、金平区、城区、江城区、鼎湖区、从化区、鹤山市、惠东县、新会区、澄海区、浈江区、茂南区、开平市、海丰县、潮安区、南澳县、曲江区、濠江区、龙门县
第三梯队	佛冈县、潮南区、梅县区、台山市、普宁市、潮阳区、新兴县、恩平市、阳东区、揭东区、蕉岭县、陆河县、新丰县、阳西县、英德市、高要区、清新区、仁化县、坡头区、丰顺县、始兴县、乳源瑶族自治县、东源县、平远县、吴川市、翁源县、连平县、南雄市、阳春市、大埔县
第四梯队	陆丰市、廉江市、乐昌市、饶平县、罗定市、广宁县、紫金县、连州市、徐闻县、和平县、兴宁市、郁南县、遂溪县、信宜市、阳山县、揭西县、化州市、德庆县、高州市、连南瑶族自治县、龙川县、惠来县、电白区、连山壮族瑶族自治县、怀集县、五华县、封开县、雷州市、云安区

6.2.1.3　使用深度发展水平的空间特征

从使用深度指数历年均值排名来看，如表6-11所示，处于第一梯队的县域单元集中分布在珠三角核心发展区和沿海经济带两大经济区域。其中，位于珠三角核心发展区的县域单元有20个，占比高达66.67%；位于沿海经济带的县域单元有10个，占比为33.33%。在第二梯队的县域单元中，位于珠三角核心发展区的有12个，占比为40%；位于沿海经济带的有11个，占比为36.67%；位于北部生态发展区的有7个，占比为23.33%。在第三梯队的县域单元中，位于珠三角核心发展区的有9个，占比为30%；位于沿海经济带的有5个，占比为16.67%；位于北部生态发展区的有16个，占比为53.33%。在第四梯队的县域单元中，位于珠三角核心发展区的有4个，占比为13.79%；位于沿海经济带的有11个，占比为37.93%；位于北部生态发展区的有14个，占比为48.28%。总体来看，在数字普惠金融使用深度发展水平超过全省平均线的县域单元中，有53.33%的县域单元地处珠三角核心发展区，有35%的县域单元地处沿海经济带，而地处北部生态发展区的县域单元占比仅有11.67%。在数字普惠金融使用深度发展水平低于全省平均线的县域单元中，有50.85%的县域单元地处北部生态发展区，有27.12%的县域单元地处沿海经济带，有22.03%的县域单元地处珠三角核心发展区。由此可见，珠三角核心发展区各县域单元的数字普惠金融使用深度发展水平相对较高，普遍处于全省平均线以上；而沿海经济带和北部生态发展区各县域单元的数字普惠金融使用深度发展水平相对较低，尽管有少部分县域超过了全省平均线，但绝大部分县域单元仍处于全省平均线以下，其中又以北部生态发展区的县域单元为主。

表6-11　广东县域级数字普惠金融使用深度指数梯队分布

级别	区县
第一梯队	福田区、天河区、南山区、越秀区、海珠区、罗湖区、荔湾区、白云区、龙湖区、番禺区、金平区、龙岗区、香洲区、潮安区、宝安区、黄埔区、澄海区、揭东区、禅城区、增城区、湘桥区、蓉城区、盐田区、顺德区、南澳县、潮阳区、南海区、城区、南沙区、花都区
第二梯队	惠城区、普宁市、蓬江区、赤坎区、潮南区、武江区、梅县区、源城区、江城区、惠阳区、海丰县、江海区、斗门区、霞山区、金湾区、梅江区、饶平县、惠东县、濠江区、新会区、浈江区、从化区、四会区、端州区、开平市、揭西县、丰顺县、清城区、阳东区、茂南区

（续）

级别	区县
第三梯队	陆丰市、云城区、三水区、台山市、惠来县、恩平市、新丰县、博罗县、蕉岭县、高明区、陆河县、兴宁市、龙门县、平远县、鹤山市、连平县、大埔县、清新区、曲江区、仁化县、鼎湖区、新兴县、佛冈县、英德市、南雄市、广宁县、电白区、乐昌市、龙川县、阳西县
第四梯队	阳春市、坡头区、始兴县、高要区、乳源瑶族自治县、连州市、五华县、翁源县、东源县、吴川市、和平县、廉江市、紫金县、郁南县、麻章区、罗定市、德庆县、遂溪县、连山壮族瑶族自治县、高州市、封开县、化州市、阳山县、徐闻县、连南瑶族自治县、怀集县、云安区、信宜市、雷州市

6.2.1.4 数字化程度发展水平的空间特征

从数字化程度指数历年均值排名来看，如表 6-12 所示，在第一梯队的县域单元中，位于珠三角核心发展区的有 18 个，占比为 60%；位于沿海经济带的有 2 个，占比为 6.7%；位于北部生态发展区的有 10 个，占比为 33.33%。在第二梯队的县域单元中，位于珠三角核心发展区的有 10 个，占比为 33.33%；位于沿海经济带的有 9 个，占比为 30%；位于北部生态发展区的有 11 个，占比为 36.67%。在第三梯队的县域单元中，位于珠三角核心发展区的有 12 个，占比为 40%；位于沿海经济带的有 8 个，占比为 26.67%；位于北部生态发展区的有 10 个，占比为 33.33%。在第四梯队的县域单元中，位于珠三角核心发展区的有 5 个，占比为 17.24%；位于沿海经济带的有 18 个，占比为 62.07%；位于北部生态发展区的有 6 个，占比为 20.69%。总体而言，在数字普惠金融数字化程度发展水平超过全省平均线的县域单元中，有 46.67% 的县域单元地处珠三角核心发展区，有 18.33% 的县域单元地处沿海经济带，有 35% 的县域单元地处北部生态发展区。在数字普惠金融数字化程度发展水平低于全省平均线的县域单元中，有 28.81% 的县域单元地处珠三角核心发展区，有 44.07% 的县域单元地处沿海经济带，有 27.12% 的县域单元地处北部生态发展区。由此可见，珠三角核心发展区和北部生态发展区的大部分县域单元的数字化程度发展水平较高，处于全省平均线以上；而沿海经济带的大部分县域单元的数字化程度发展水平相对较低，处于全省平均线以下。

6.2.2 广东县域级数字普惠金融发展差距的收敛趋势

上述分析表明，2016—2021 年广东县域数字普惠金融整体发展水平及分维度发展水平均得到了有效提高，但县域之间也表现出一定的发展差异。那么随着时间的推移，广东县域数字普惠金融发展差距在五年间又呈现怎样的敛散趋势呢？为明晰这一问题，本章借助经济收敛的主要验证方法 σ 收敛模型予以探讨。表 6－13 和图 6－1 具体汇报了 2016 年至 2021 年广东县域数字普惠金融总指数和分维度指数的 σ 收敛系数及其变化趋势。

表 6－12　广东县域级数字普惠金融数字化程度指数梯队分布

级别	区县
第一梯队	南山区、黄埔区、金湾区、香洲区、斗门区、从化区、越秀区、盐田区、郁南县、霞山区、端州区、天河区、茂南区、武江区、三水区、英德市、南雄市、四会区、乳源瑶族自治县、清城区、鼎湖区、南沙区、阳山县、高明区、源城区、福田区、蓬江区、宝安区、曲江区、新丰县
第二梯队	高州市、电白区、惠城区、始兴县、海珠区、番禺区、赤坎区、麻章区、罗湖区、江海区、仁化县、梅江区、新兴县、顺德区、五华县、浈江区、清新区、兴宁市、东源县、怀集县、德清县、化州市、连平县、龙门县、阳西县、坡头区、陆河县、荔湾区、翁源县、遂溪县
第三梯队	佛冈县、信宜市、蕉岭县、禅城区、紫金县、云城区、增城区、云安区、封开县、罗定市、龙岗区、吴川市、惠阳区、新会区、南海区、乐昌市、龙川县、高要区、徐闻县、梅县区、南澳县、连州市、揭西县、广宁县、鹤山市、城区、开平市、博罗县、陆丰市、金平区
第四梯队	恩平市、和平县、濠江区、丰顺县、湘桥区、雷州市、龙湖区、台山市、阳东区、阳春市、连南瑶族自治县、平远县、海丰县、廉江市、大埔县、惠来县、连山壮族瑶族自治县、江城区、花都区、饶平县、白云区、潮阳区、揭东区、榕城区、澄海区、潮安区、惠东县、普宁市、潮南区

表 6－13　2016—2021 年广东县域数字普惠金融总指数及分指数的收敛系数

类别	2016 年	2017 年	2018 年	2019 年	2020 年	2021 年
总指数	0.061 0	0.059 0	0.066 4	0.068 4	0.065 3	0.057 8
覆盖广度指数	0.081 2	0.078 6	0.081 0	0.076 2	0.071 9	0.064 4
使用深度指数	0.077 9	0.072 6	0.083 9	0.083 0	0.079 5	0.070 6
数字化程度指数	0.180 8	0.090 1	0.053 1	0.043 6	0.043 9	0.038 1

从总指数收敛系数变化趋势来看，2016—2021 年广东县域数字普惠金融发展差距总体呈收敛趋势，收敛系数从 2011 年的 0.061 0 缩小到 2021 年

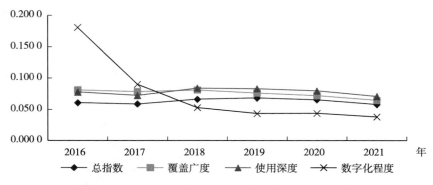

图 6-1 2016—2021 年广东县域数字普惠金融总指数及
分指数的收敛系数变化趋势

的 0.057 8。但进一步观察可以发现，广东县域数字普惠金融发展差距的敛散性在五年间波动较为频繁，既出现了持续扩大，也出现了持续缩小。其中，2016—2017 年广东县域数字普惠金融发展差距迎来了短暂缩小，收敛系数从 2016 年的 0.061 0 缩小到 2017 年的 0.059 0。但 2017—2019 年，广东县域数字普惠金融发展差距持续扩大，收敛系数从 2017 年的 0.059 0 提高到 2019 年的 0.068 4。而 2019—2021 年，广东县域数字普惠金融发展差距又呈现持续缩小势头，收敛系数从 2019 年的 0.684 缩小到 2021 年的 0.057 8。

为进一步揭示广东县域数字普惠金融发展差距敛散性在五年间频繁波动的原因，本节对广东县域数字普惠金融分维度指数的敛散性进行了细致分析。从覆盖广度指数收敛系数变化趋势来看，2016—2021 年广东县域数字普惠金融覆盖广度发展差距总体呈收敛趋势，但在五年间波动频繁。其中，2016—2018 年覆盖广度发展差距呈"V 形"变化趋势，收敛系数从 2016 年的 0.081 2 缩小到 2018 年的 0.081 0；2018—2021 年覆盖广度发展差距持续缩小，收敛系数从 2018 年的 0.081 0 缩小到 2021 年的 0.064 4。就使用深度指数收敛系数变化趋势而言，2016—2021 年广东县域数字普惠金融使用深度发展差距在五年间波动较为频繁。具体来看，2016—2018 年广东县域数字普惠金融使用深度发展差距呈"V 形"变化趋势，收敛系数从 2016 年的 0.077 9 提高到 2018 年的 0.083 9；2018—2021 年广东县域数字普惠金融使用深度发展差距呈持续收敛趋势，收敛系数从 2018 年的 0.083 9 缩小到 2021 年的 0.070 6。值得注意的是，广东县域数字普惠金融数字化程度发展差距的敛散性在五年间相对稳定，除 2020 年出现短暂波动外，其余年份均保持持续收敛势头。其中，2016—2019 年数字化程度发展差距持续缩小，收敛系数从 2016 年的 0.180 8 缩小到 2019 年的 0.043 6；2020 年数字化程度收敛趋势出现了短暂反弹，收敛系数从 2019 年的 0.043 6 提高到 2020 年的 0.043 9；然而到了 2021 年，广东县域数字普惠金融数字化程度发展差距再次呈现缩小势头，收敛系数从 2020 年的 0.043 9 缩小到 2021 年的 0.038 1。

　　总体而言，2016—2021 年，广东县域数字普惠金融整体发展差距和分维度发展差距呈现出不同的变化趋势，而分维度发展差距敛散性的变化趋势也较好地解释了数字普惠金融整体发展差距在五年间出现波动的原因。具体而言，在 2016—2017 年，覆盖广度、使用深度和数字化程度发展差距的缩小是广东县域数字普惠金融整体发展差距缩小的重要原因。2018 年广东县域数字普惠金融整体发展差距的进一步扩大则是覆盖广度和使用深度发展差距扩大的结果。此外，2019—2021 年，广东县域数字普惠金融覆盖广度和使用深度发展差距均呈持续收敛趋势，数字化程度发展差距同样呈波动式收敛，这也使数字普惠金融整体发展差距在该时间段内不断缩小。

6.3　本章小结

　　2016—2021 年，广东县域数字普惠金融发展水平持续提高，数字普惠金融总指数和分维度指数在五年间均实现了不同程度的增长。其中，使用深度及数字化程度增长较为显著，但总指数及覆盖广度指数增长较小，甚至部分县域单元的覆盖广度指数在五年间呈负增长趋势。就总指数和分维度指数同比增速变化趋势而言，各县域单元的数字普惠金融整体发展增速、使用深度发展增速和数字化程度发展增速在经历 2016 年高速发展后均趋于放缓；使用深度发展增速在五年间均保持在较低水平，并且频繁出现负增长现象。值得注意的是，广东县域数字普惠金融发展不仅面临增速放缓问题，还存在县域间发展失衡困境。具体来看，珠三角核心发展区各县域单元的数字普惠金融发展水平相对较高，普遍处于平均线以上；而沿海经济带和北部生态发展区虽然有部分县域单元的数字普惠金融发展水平超过了平均线，但绝大部分县域仍低于平均发展水平。进一步观察分维度发展水平的空间分布特征可以发现，广东县域数字普惠金融覆盖广度和使用深度发展水平的空间分布特征与整体发展水平较为一致，而数字化程度发展水平的空间分布特征则与整体发展水平略有差异。总体而言,珠三角核心发展区各县域单元在数字普惠金融整体发展水平和分维度发展水平上均占据一定优势,而沿海经济带和北部生态发展区各县域单元的数字普惠金融整体发展水平和分维度发展水平则相对较低。但随着时间的推移,广东县域数字普惠金融整体发展差距及分维度发展差距均呈收敛趋势,县域数字普惠金融发展日益均衡。

7 广东数字普惠金融发展差异：特征、成因与对策 ///

第 3 章至第 6 章在对广东省数字普惠金融发展水平进行概述的基础上，进一步从经济区域、地级市和县域单元三个层级深入探讨了广东数字普惠金融整体发展水平及各维度发展水平的时序演变趋势与空间分布特征。然而，对比这些章节的研究结论可以发现，广东省各层级的数字普惠金融虽表现出一定的发展差异，但在发展水平的空间分布、发展差距的敛散趋势以及发展增速的变化情况等方面均呈现出一定的相似特征。因此，本章的核心内容是基于第 3 章至第 6 章的研究内容，总结广东省数字普惠金融发展差异的规律性特征，探究这些特征形成的深层次原因，并进一步提出相应的破解对策。

7.1 广东数字普惠金融发展差异的主要特征

7.1.1 空间分布特征：高水平地区在珠三角核心发展区集聚

广东作为中国改革开放的先行地和试验田，经过几十年的发展已然成为中国经济第一大省和全国科技创新高地。凭借良好的经济发展水平和强大的科技创新能力，广东省数字普惠金融发展水平持续提高，在全国 31 个省、市、自治区中长期位居前列。然而，在广东省数字普惠金融迅速发展的同时，其经济区域之间、地级市之间、县域单元之间的发展失衡问题不断凸显，全省数字普惠金融发展差异在空间上呈现出高水平地区在珠三角核心发展区集聚的分布特征。由表 7-1 可知，2011—2021 年，珠三角核心发展区的数字普惠金融发展水平长期处于领先地位，而沿海经济带和北部生态发展区的发展水平相仿并长期滞后于珠三角核心发展区，全省数字普惠金融发展差异在空间上呈"珠三角核心发展区＞沿海经济带＞北部生态发展区"的分布特征。从表 7-2 所呈现的 2021 年广东省地市级数字普惠金融发展指数分布梯度来看，处于第一梯队的 7 个城市均地处珠三角核心发展区，而处于第二梯队和第三梯队的 14 个城市中有 12 个城市地处沿海经济带和北部生态发展区，并且该分布特征与 2011

年相比并未发生明显变化,这也说明了珠三角核心发展区各城市的数字普惠金融发展水平在全省范围内长期排在前列。从表 7-3 所呈现的 2021 年广东省县域级数字普惠金融发展指数分布梯队来看,处于第一梯队的 30 个县域单元中,位于珠三角核心发展区的有 26 个,占比为 86.67%;处于第一和第二梯队的 60 个县域单元中,位于珠三角核心发展区的有 38 个,占比为 63.33%。总体来看,珠三角核心发展区有 80% 左右的县域单元的数字普惠金融发展水平已经超过全省平均线,而位于全省平均线以下的县域单元更多分布在沿海经济带和北部生态发展区。上述分析表明,无论是从经济区域划分维度,抑或是基于地市级、县域级发展差异视角,广东省数字普惠金融高发展水平地区均集中分布在珠三角核心发展区,而低水平地区则主要分布在其他两大经济区域。

表 7-1 2011—2021 年广东省"一核一带一区"数字普惠金融总指数及排名

年份	珠三角核心发展区		沿海经济带		北部生态发展区	
	指数	排名	指数	排名	指数	排名
2011	75.45	1	52.85	2	52.32	3
2012	118.88	1	93.51	2	89.97	3
2013	158.30	1	130.55	2	125.49	3
2014	169.52	1	138.88	3	140.04	2
2015	199.46	1	169.80	2	166.53	3
2016	219.53	1	191.01	3	191.53	2
2017	250.71	1	219.34	2	218.66	3
2018	265.61	1	233.12	2	230.04	3
2019	279.71	1	246.03	2	240.73	3
2020	290.70	1	257.36	2	252.80	3
2021	317.38	1	288.56	2	283.73	3

表 7-2 2021 年广东省市域数字普惠金融发展指数分布梯队

级别	城市
第一梯队	深圳、广州、珠海、东莞、佛山、中山、惠州
第二梯队	江门、汕头、潮州、揭阳、河源、汕尾、阳江
第三梯队	清远、肇庆、湛江、韶关、梅州、云浮、茂名

表 7-3 2021 年广东省县域数字普惠金融发展指数分布梯队

级别	区县
第一梯队	南山区、福田区、天河区、龙岗区、罗湖区、海珠区、越秀区、黄浦区、宝安区、番禺区、香洲区、荔湾区、白云区、禅城区、盐田区、龙湖区、惠阳区、增城区、金湾区、惠城区、赤坎区、顺德区、南海区、花都区、南沙区、榕城区、金平区、斗门区、江海区、蓬江区
第二梯队	源城区、霞山区、湘桥区、城区、四会区、澄海区、武江区、江城区、三水区、端州区、潮安区、梅江区、清城区、海丰县、高明区、新会区、博罗县、揭东区、从化区、浈江区、鹤山市、普宁市、茂南区、惠东县、南澳县、云城区、潮阳区、阳东区、濠江区、开平市
第三梯队	鼎湖区、梅县区、潮南区、麻章区、陆河县、恩平市、蕉岭县、台山市、新丰县、曲江区、新兴县、佛冈县、龙门县、东源县、坡头区、丰顺县、陆丰市、揭西县、英德市、平原县、饶平县、清新区、惠来县、阳西县、连平县、南雄市、吴川市、仁化县、兴宁市、廉江市
第四梯队	始兴县、乳源瑶族自治县、阳春市、紫金县、电白区、大埔县、龙川县、乐昌市、翁源县、徐闻县、罗定市、郁南县、广宁县、遂溪县、五华县、连州市、和平县、化州市、高州市、连山壮族瑶族自治县、雷州市、信宜市、阳山县、怀集县、封开县、德清县、云安区、连南瑶族自治县

7.1.2 发展差距特征：地区间发展差距有所收敛

数字普惠金融作为数字经济时代的新产物，其自身发展水平的高低受到数字基础设施、金融生态环境、客户认知禀赋等诸多因素影响。然而，由于各地区在发展条件上存在显著差异，导致广东省数字普惠金融长期存在发展失衡问题。但随着普惠金融的持续发展和数字技术的广泛应用，广东省各层级的数字普惠金融发展水平均有所提高，地区间发展差距也趋于收敛。由图 7-1 可知，2011—2019 年，珠三角核心发展区与沿海经济带、珠三角核心发展区与北部生态发展区、沿海经济带与北部生态发展区之间的数字普惠金融发展差距总体呈扩大趋势，总指数差值分别从 2011 年的 22.60、23.13 和 0.53 提高到 2019年的 33.68、38.98 和 5.30，均达到了十年间的最大发展差距。而在 2019—2021 年，经济区域之间的发展差距开始趋于收敛，总指数差值从 2019 年的33.68、38.98 和 5.30 缩小到 2021 年的 28.82、33.65 和 4.83。从图 7-2 所呈现的地市级数字普惠金融发展差距敛散性来看，2011—2021 年，广东省地市级数字普惠金融发展差距呈持续收敛趋势，σ 收敛系数从 2011 年的 0.224 缩小到 2021 年的 0.064。其中，2011—2016 年的收敛速度较快，五年间下降了 0.14；而 2016—2021 年收敛速度开始放缓，五年间仅下降了 0.02。从图 7-2 所呈现的县域级数字普惠金融发展差距来看，2016—2019 年广东省县域级数字普惠金融发展差距有所扩大，σ 收敛系数从 2016 年的 0.061 提高到 2019 年的 0.068。而 2019—2021 年发展差距开始收敛，σ 收敛系数从 0.068 缩小到 0.058。总体而言，2011—2021 年，广东省经济区域之间、地级市之间和县域单元之间的数字普惠金融发展差距敛散性均出现了不同程度的波动，但均在 2019 年后开始趋于收敛。

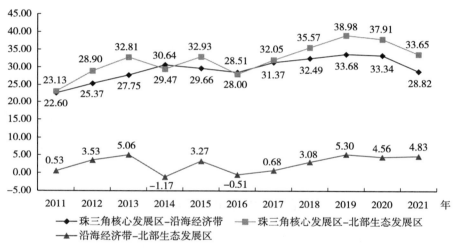

图 7-1　2011—2021 年广东省"一核一带一区"数字普惠金融发展差距

7.1.3　增速变化特征：各层级发展增速趋于放缓

由图 7-3 和图 7-4 可知，2012—2021 年，广东省各层级的数字普惠金融在经历了早期的高速发展阶段后增速均趋于放缓，全省数字普惠金融由高速发展阶段进入到常态化发展阶段。从图 7-3 所呈现的广东省"一核一带一区"数字普惠金融指数同比增速变化趋势来看，2012—2021 年珠三角核心发展区、沿海经济带和北部生态发展区的数字普惠金融发展增速变化趋势较为一致，均是在经历高速发展阶段（2012—2013 年）后开始放缓，并且 2017 年之后的放缓趋势更加显著。值得注意的是，在 2012—2021 年，沿海经济带和北部生态发展区的数字普惠金融发展增速在全省范围内交替领先，而珠三角核心发展区

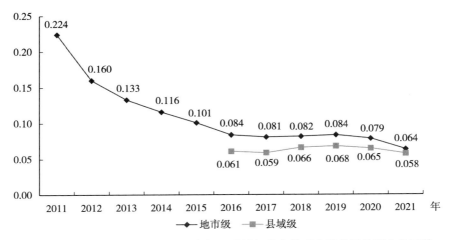

图 7-2　2011—2021 年广东省地市级、县域级数字普惠金融发展差距收敛系数

虽然在数字普惠金融发展水平方面长期领先，但在发展增速上却并未体现出绝对优势，反而长期低于其他两大经济区域，一定程度上说明了珠三角核心发展区的数字普惠金融发展增速放缓趋势更为显著。从图 7-4 所呈现的广东省地市级数字普惠金融指数同比增速变化趋势来看，2012—2021 年广东省地市级数字普惠金融发展增速变化趋势与"一核一带一区"的增速变化趋势较为一致，均是在经历高速发展阶段（2012—2013 年）后开始大幅放缓，并且 2017年之后的放缓趋势更为明显。从图 7-4 所呈现的广东省县域级数字普惠金融

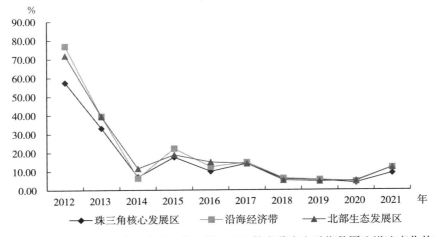

图 7-3　2012—2021 年广东省"一核一带一区"数字普惠金融指数同比增速变化趋势

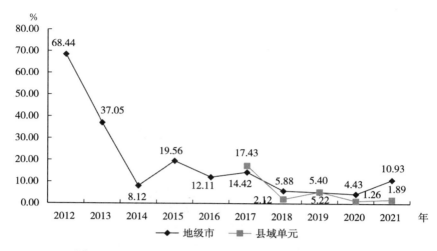

图 7 - 4   2012—2021 年广东省地市级、县域级数字普惠
金融指数平均同比增速变化趋势

指数同比增速变化趋势来看，在 2017—2021 年，广东省县域级数字普惠金融
指数平均同比增速除 2017 年超过 10％以外，其余年份普遍较低，在 1.26％～
5.40％的区间范围内波动。尤其是 2020 年和 2021 年，平均同比增速更是低于
2％。总体而言，广东省经济区域、地级市和县域单元三个层级的数字普惠金
融发展增速变化趋势较为一致，均是在经历高速发展阶段后趋于放缓。

7.2　广东数字普惠金融发展差异的成因剖析

　　章节 7.1 从空间分布、收敛趋势和增速变化三个方面对广东数字普惠金融
发展差异的规律性特征进行了总结。为进一步明晰上述特征的形成原因，章节
7.2 首先从覆盖广度、使用深度和数字化程度三个分维度指数的变化情况出
发，对广东数字普惠金融发展差异特征的成因予以初步解释；其次，结合广东
数字普惠金融发展的内外部条件，从现实影响因素层面对广东数字普惠金融发
展差异形成的深层次原因进行剖析。

7.2.1　空间分布特征成因剖析

7.2.1.1　指数原因：珠三角核心发展区的覆盖广度长期领先

　　从分维度指数变化趋势来看，覆盖广度发展水平的长期领先是广东省数字

普惠金融高发展水平地区在珠三角核心发展区集中分布的主要原因。就经济区域而言，在2011—2021年，珠三角核心发展区的数字普惠金融覆盖广度发展水平在全省范围内占据绝对优势，远超沿海经济带和北部生态发展区。具体到经济区域内各城市来看，2011—2021年地处珠三角核心发展区的9个城市中，除肇庆市以外，其余城市的覆盖广度发展水平在全省21个地级市中长期排名前8。进一步细分到县域单元可以发现，2016—2021年地处珠三角核心发展区的45个县域单元中，有37个县域单元的覆盖广度发展水平超过全省平均线；而在覆盖广度发展水平排名前20的县域单元中，有90%的县域单元地处珠三角核心发展区。在使用深度层面，珠三角核心发展区的使用深度发展水平虽长期领先，但经济区域之间的发展差距较小，且珠三角核心发展区内部各市、县的使用深度发展水平多处于全省中游位置。此外，值得注意的是，理论上数字技术水平更高的珠三角核心发展区在数字普惠金融数字化程度发展水平上却并未体现出绝对优势，反而经历了常年落后（2011—2017年）和逐步领先（2018—2021年）两个阶段，并且领先优势并不明显。由此可见，覆盖广度发展水平的领先是广东省数字普惠金融高发展水平地区在珠三角核心发展区集聚的主要原因。

7.2.1.2 现实原因一：珠三角核心发展区的数字基础设施相对完备

既然数字普惠金融高水平地区在珠三角核心发展区集聚是由覆盖广度形成的，那么珠三角核心发展区覆盖广度的绝对优势是如何建立的呢？从概念上讲，覆盖广度主要是指金融服务及产品的"横向"扩展，包括服务对象、地域等方面的覆盖，是金融服务及产品触达性、普及性的集中体现。就金融服务覆盖广度提升方式而言，传统普惠金融主要通过广泛铺设线下网点和增加服务人员数量来加以实现，即通过"人、财、物"的大量投入将金融服务触及更多群体。而数字普惠金融作为金融数字化转型的产物，主要依托大数据、人工智能等工具使传统普惠金融与数字技术紧密融合，即通过数字技术和互联网平台的应用来克服传统金融服务模式在时间和空间上的局限性，进而将金融服务惠及更多群体。珠三角核心发展区作为中国最具经济活力和创新能力的地区之一，在数字化转型浪潮中早已形成了相对完备的数字基础设施，为数字技术和普惠金融的有机融合提供了良好的技术环境保障，进而使珠三角核心发展区及其内部各市、县的数字普惠金融覆盖广度发展水平能够在全省范围内长期处于领先地位。

7.2.1.3 现实原因二：珠三角核心发展区的金融需求更为旺盛

数字普惠金融作为普惠金融的重要实现模式，其核心目的就是要立足机会平等要求和商业可持续原则，通过数字化转型的方式将金融服务以可负担的成本提供给社会各阶层和群体，而中小微企业是数字普惠金融的重点服务对象。从战略地位上来看，珠三角核心发展区是改革开放以来广东实现经济腾飞的策源地，更是新时代新征程上引领广东实现高质量发展的重要引擎。经过多年的发展，珠三角核心发展区在农业、工业和服务业发展上早已具备一定规模，同时对资金的需求量也日益增长。统计数据显示，2021年广东省共有产业单位数389.45万个，位于珠三角核心发展区的有326.20万个，其中又以中小微企业为主要群体。由此可见，珠三角核心发展区已经成为广东省各类企业发展的集中地。值得说明的是，中小微企业是市场经济中最活跃、最广泛、最贴近民生的群体，其为了扩大生产以占据市场份额，往往会产生较为旺盛的融资需求，而数字普惠金融又具备低成本、广覆盖和便捷性等的服务特性，使金融服务的"有效需求"和"有效供给"形成了完美契合，进而能够为珠三角核心发展区数字普惠金融覆盖广度的提高提供广阔的发挥空间。

7.2.1.4 现实原因三：珠三角核心发展区的金融素养相对更高

事实上，数字普惠金融覆盖广度的提高不仅取决于数字普惠金融发展的完备程度，更依赖于使用群体对其服务和产品的响应程度。值得注意的是，数字普惠金融通过数字化赋能显著提升了金融服务供给的"质"与"量"，但也对需求侧的人力资本水平提出了更高要求。资金需求者不仅需要具备利用金融资源的金融知识，更需要拥有获取数字普惠金融服务的数字技能。也就是说，良好的数字金融素养已经成为有效获取和高效利用数字普惠金融服务的先决条件。珠三角核心发展区不仅是广东的经济中心，更是教育资源的集中地。第七次人口普查数据显示，2020年珠三角核心发展区9市的人均受教育年限均高于10年，广州和深圳达到12年；沿海经济带7市的人均受教育年限均低于10年，汕尾更是只有8年；而北部生态发展区5市中除梅州、韶关和河源的人均受教育年限达到10年以外，其余城市均为9年。通过教育形成的人力资本积累使潜在客户群体具备了良好的认知禀赋，从而使珠三角核心发展区的居民在金融素养提升方面具备一定优势，这也为数字普惠金融覆盖广度的提高创造了良好的需求侧条件。

综上所述，得益于相对完备的数字基础设施、更为旺盛的金融需求和相对更高的金融素养，珠三角核心发展区的数字普惠金融覆盖广度发展水平长期走在全省前列，进而使广东省数字普惠金融在空间分布上呈现"高水平地区在珠三角核心发展区集聚"的特征。

7.2.2 发展差距特征成因剖析

7.2.2.1 指数原因：地区间总体发展差距有所收敛是由各分维度指数交织作用的结果

2019—2021 年，广东省各层级的数字普惠金融分维度发展差距普遍有所缩小，并且在交织作用下使各层级的数字普惠金融整体发展差距开始趋于收敛。观察表 7-4 可以发现，各经济区域之间的数字普惠金融发展差距在 2019 年后趋于收敛的原因不尽相同。其中，珠三角核心发展区与沿海经济带发展差距的缩小是覆盖广度、使用深度和数字化程度发展差距同时缩小带来的结果；珠三角核心区与北部生态发展区发展差距的缩小得益于覆盖广度和数字化程度发展差距的缩小；而沿海经济带和北部生态发展区发展差距的缩小则是覆盖广度发展差距缩小带来的结果。而由表 7-5 可知，广东省地市级和县域级数字普惠金融发展差距能够在 2019 年以后趋于收敛是覆盖广度、使用深度和数字化程度发展差距同时缩小带来的结果。具体来看，2019 年以前，广东省地市级和县域级数字普惠金融分维度发展差距的敛散性均出现了一定的波动，但在

表 7-4　2011—2021 年广东省"一核一带一区"数字普惠金融分维度发展差距[①]

年份	覆盖广度			使用深度			数字化程度		
	珠-沿	珠-北	沿-北	珠-沿	珠-北	沿-北	珠-沿	珠-北	沿-北
2011	43.72	40.33	3.39	3.69	8.01	4.33	12.80	6.23	6.57
2012	48.96	49.00	0.04	2.50	14.00	11.49	11.00	10.39	0.61
2013	47.16	48.81	1.64	9.40	21.85	12.45	3.04	0.15	2.89
2014	45.80	47.01	1.21	14.37	17.68	3.31	10.12	7.00	17.12
2015	49.91	51.01	1.10	10.84	22.63	11.79	3.03	8.06	5.03
2016	52.37	52.71	0.34	5.71	14.96	9.25	8.83	29.89	21.07
2017	51.93	51.50	0.44	11.17	18.73	7.56	0.18	7.94	8.12
2018	50.17	49.30	0.88	11.38	23.14	11.76	12.48	12.86	0.38
2019	50.22	50.65	0.43	11.00	26.42	15.42	20.30	23.27	2.97
2020	48.93	49.39	0.46	12.64	28.86	16.21	19.51	16.43	3.08
2021	44.42	44.26	0.16	8.69	27.76	19.07	13.92	9.31	4.61

---

① 此处对经济区域间发展差距敛散性的分析不考虑哪个区域占据领先优势，仅对经济区域间发展差距的大小进行分析。即表 7-3 的经济区域间分维度指数差值均为绝对值。

表 7 - 5　2011—2021 年广东省地市级、县域级数字普惠金融分维度收敛系数

类别	2011 年	2012 年	2013 年	2014 年	2015 年	2016 年	2017 年	2018 年	2019 年	2020 年	2021 年
地市级											
覆盖广度	0.456	0.286	0.212	0.165	0.158	0.156	0.138	0.123	0.116	0.107	0.086
使用深度	0.114	0.106	0.113	0.104	0.094	0.056	0.057	0.066	0.070	0.072	0.061
数字化程度	0.159	0.078	0.044	0.084	0.029	0.076	0.035	0.031	0.048	0.040	0.030
县域级											
覆盖广度						0.081	0.079	0.081	0.076	0.072	0.064
使用深度						0.078	0.073	0.084	0.083	0.080	0.071
数字化程度						0.181	0.090	0.053	0.044	0.044	0.038

2019 年以后均呈持续收敛势头。其中，地市级数字普惠金融覆盖广度、使用深度和数字化程度发展差距收敛系数从 2019 年的 0.116、0.070 和 0.048 缩小到 2021 年的 0.086、0.061 和 0.030；县域级数字普惠金融覆盖广度、使用深度和数字化程度发展差距收敛系数从 2019 年的 0.076、0.083 和 0.044 缩小到 2021 年的 0.064、0.071 和 0.038，这也导致广东省地市级和县域级数字普惠金融发展差距在 2019 年后开始持续缩小。整体而言，2019—2021 年，广东省地市级和县域级数字普惠金融发展差距在覆盖广度、使用深度和数字化程度发展差距共同缩小作用下日趋收敛；而经济区域之间的数字普惠金融发展差距在分维度发展差距缩小交织作用下也趋于收敛，但使用深度发展差距的进一步扩大也对经济区域之间数字普惠金融发展差距的加速缩小产生了阻碍作用。

7.2.2.2　现实原因一：地区间总体发展差距的收敛主要受益于数字经济的蓬勃发展

在过去的十几年间，中国的数字经济实现了蓬勃发展，数字经济规模从 2011 年的 9.5 万亿元增长到 2021 年的 45.5 万亿元，十年间增加了 3 倍有余，俨然已经成为继农业经济、工业经济之后的新经济形态。广东作为中国数字经济大省，2021 年的数字经济规模已经达到 5.9 万亿元，占 GDP 的比重达到 47.50%，数字经济规模连续 5 年居全国首位。值得一提的是，数字经济具有高创新性、强渗透性以及广覆盖性等特征，能够活跃在经济社会各个领域，并为经济社会发展带来全方位变革。而在数字经济众多发展模式中，电商平台的快速崛起无疑对广东省地区间数字普惠金融发展差距的缩小产生了深远影响。电商平台作为数字经济的典型代表，就是指利用数字技术和信息网络，实现货

物流通、资金流动、信息流转等经济活动。而对于广东省经济落后地区而言，电商平台的高速发展对居民消费行为带来了深刻变革，消费者通过互联网平台便可以实现商品和服务的交易活动，这无疑提高了居民对支付宝、财付通等新型电子结算方式的使用频率，加快了资金流通的速度，促进地区数字普惠金融发展进入快车道，进而不断缩小与经济发达地区之间的数字普惠金融发展差距。

7.2.2.3　现实原因二：地区间总体发展差距有所收敛得益于政府部门的高度重视

数字经济所展现出的强大生命力使各地政府意识到抢抓数字化转型机遇的重要性，广东作为中国经济发展的"领头羊"和创新发展的"排头兵"，也将大量生产要素投入数字化转型浪潮之中。而数字普惠金融作为数字经济在金融领域的集中体现，无疑在区域数字化转型中迎来了新的发展契机。2016年，广东省人民政府办公厅印发的《广东省推进普惠金融发展实施方案（2016—2020年）》中明确提出要"运用新兴信息技术及互联网手段拓展普惠金融服务"，既为广东省普惠金融的可持续发展指明了路径，也提高了各级政府对普惠金融数字化转型的重视程度。对于地处沿海经济带和北部生态发展区的市、县而言，数字化赋能所产生的边际效应较大且红利期较久，地区数字普惠金融发展水平往往能够得到大幅提高。而对于地处珠三角核心发展区的发展基础较好的市、县而言，数字化赋能确实能够带来一定红利，但边际效应相对较小且很快呈递减趋势。也就是说，在边际效应作用规律下，数字普惠金融发展较为滞后的地区往往能够发挥后发优势，不断缩小与领先地区之间的发展差距。

7.2.2.4　现实原因三：地区间总体发展差距的收敛程度受限于区域间的创新能力

值得注意的是，在地区间发展差距普遍趋于收敛的现实情况下，珠三角核心发展区与北部生态发展区、沿海经济带和北部生态发展区之间的数字普惠金融使用深度发展差距反而出现了进一步扩大，这可能是因为区域间创新能力存在差距。实际上，数字普惠金融使用深度的提高不仅需要通过丰富数字普惠金融产品种类来满足用户群体的多样化需求，也要积极探索提高用户群体数字普惠金融响应程度的新路径。但无论是丰富数字普惠金融产品，还是提高数字普惠金融服务响应程度，都需要做好"创新"文章。就广东省各经济区域而言，珠三角核心发展区作为广东经济中心，其科技创新能力无疑在三大经济区域中排在首位。而良好的创新能力为珠三角核心发展区数字普惠金融使用深度的持续发展注入了不竭动力，使其数字普惠金融使用深度发展水平在全省范围内长期处于领先地位。反观经济发展水平较为落后的沿海经济带和北部生态发展区，其创新能力远低于珠三角核心发展区，在金融产品开发、服务模式创新等方面均处于劣势，区域数字普惠金融覆盖广度拓宽速度往往也相对较慢，这就导致与珠三角核心发展区之间的发展差距不断扩大，也阻碍了经济区域间数字普惠金融整体发展水平的持续缩小。

综上所述，随着广东省数字经济的蓬勃发展以及各级政府对发展数字普惠金融的重视程度不断提高，落后地区的数字普惠金融迎来了新的发展契机，并且利用后发优势不断缩小与高水平地区之间的发展差距。但值得注意的是，区域间创新能力的差异对地区间数字普惠金融发展差距的收敛起到了一定的阻碍作用。

7.2.3　增速变化特征成因剖析

7.2.3.1　指数原因：各层级发展增速趋于放缓表现为各分维度指数增速呈下降趋势

观察表 7-6 至表 7-8 可以发现，在 2012—2021 年，广东省各层级数字普惠金融的覆盖广度、使用深度和数字化程度发展增速均呈下降趋势。就覆盖广度指数同比增速变化趋势而言，2012—2021 年广东省"一核一带一区"和地市级的覆盖广度增速变化趋势较为相似，均是在经历高速发展阶段（2012—2013 年）后开始趋于放缓，并且 2014 年以后放缓趋势更为显著。而县域级数字普惠金融覆盖广度发展增速在 2017—2021 年间普遍低于 3%，并且在 2018 年和 2021 年均出现了不同程度的负增长。就使用深度指数同比增速变化趋势而言，2012—2017 年广东省"一核一带一区"的使用深度指数同比增速保持在 10% 以上，但在 2018 年出现负增长后便开始大幅放缓，2019 年和 2020 年的同比增速更是低于 5%。同样，广东省地市级使用深度指数在 2012—2017 年间实现高速增长后也开始趋于放缓，并且在 2018 年出现了负增长。而县域级使用深度指数自 2017 年实现高速发展后增速便开始大幅放缓，同比增速长期低于 10%，甚至有部分县域在 2018 年出现了负增长。就数字化程度指数同比增速变化趋势而言，广东省"一核一带一区"和地市级的数字化程度水平在 2012—2015 年迎来了高速发展，但均在 2014 年出现了负增长现象。2015 年以后，广东省"一核一带一区"和地市级的数字化程度增速均开始趋于放缓。而广东省县域级数字化程度发展增速自 2017 年实现高速增长后便开始大幅放缓，并且在 2020 年出现了负增长，虽 2021 年有所提高，但平均增速仅有 3.17%。

表7-6　2012—2021年广东省"一核一带一区"数字普惠
金融分维度指数同比增速（％）

类别	2012年	2013年	2014年	2015年	2016年	2017年	2018年	2019年	2020年	2021年
珠三角核心发展区										
覆盖广度	55.86	24.18	19.94	11.79	5.23	9.11	7.68	6.65	5.02	12.36
使用深度	51.74	35.97	−8.12	15.69	29.33	26.64	−1.86	3.89	4.40	7.21
数字化程度	78.28	62.77	−6.59	43.26	−0.27	9.53	15.54	3.70	−0.11	2.48
沿海经济带										
覆盖广度	107.81	41.94	29.82	12.70	5.32	12.22	10.73	8.23	6.71	16.75
使用深度	56.10	30.55	−12.09	20.24	34.77	24.73	−2.02	4.21	3.96	8.99
数字化程度	61.98	50.11	−13.94	54.81	2.20	5.43	10.68	1.07	0.16	4.62
数字化程度										
覆盖广度	90.24	39.87	30.69	12.88	5.85	12.70	10.94	7.57	6.71	17.04
使用深度	48.98	33.13	−6.31	13.93	39.48	26.74	−3.77	2.89	3.89	8.45
数字化程度	77.20	48.43	−2.63	42.09	8.84	0.03	7.10	0.15	2.32	5.10

表7-7　2012—2021年广东省地市级数字普惠金融分维度指数同比增速（％）

类别	2012年	2013年	2014年	2015年	2016年	2017年	2018年	2019年	2020年	2021年
覆盖广度	87.04	34.67	26.17	12.41	5.42	11.11	9.53	7.41	6.02	15.01
使用深度	52.92	33.54	−8.87	16.95	33.84	26.04	−2.39	3.75	4.13	8.17
数字化程度	74.69	55.74	−7.76	47.48	2.67	6.11	12.05	1.97	0.58	3.84

表7-8　2017—2021年广东省县域级数字普惠金融分维度指数同比增速（％）

类别	2017年	2018年	2019年	2020年	2021年
覆盖广度	1.09	−0.78	2.52	1.74	−2.46
使用深度	36.44	1.42	9.31	3.01	6.49
数字化程度	43.17	13.74	4.8	−4.12	3.17

7.2.3.2　现实原因一：各层级发展增速趋于放缓是数字普惠金融常态化发展的表现

实际上，增速放缓是世界各国经济社会发展过程中面临的共性难题，并且是一种常态化现象，其往往代表着事物的发展日益成熟。在过去的十几年间，第三次科技革命的兴起使数字经济迎来了蓬勃发展，并渗透进生产、生活各个领域，对经济社会发展带来了全方位冲击，数字化转型俨然已经成为时代趋势。广东作为中国改革开放的先行地和试验田，经过几十年的发展已然成为中国经济第一大省和全国科技创新高地，其在数字化转型征途上也早已迈出坚定步伐。而金融作为现代经济体系的核心和实体经济的血脉，无疑是广东省数字化转型的重点关注领域，各级政府不断出台政策性文件鼓励各类金融机构开展数字金融模式创新、产品创新等系列研究，并取得了丰富的成果。从金融数字化转型的现实成效来看，2011—2021 年，广东省数字普惠金融的覆盖广度、使用深度和数字化程度水平实现了跨越式发展，总指数和分维度指数在十年间均得到了倍增。然而，发展水平的持续提高也意味着发展基数的日益变大，这就导致了近年来广东省数字普惠金融及其分维度发展增速均开始趋于放缓。但发展增速的放缓也在一定程度上说明了广东省数字普惠金融发展正日益走向成熟，该行业正由高速发展阶段向常态化发展阶段过渡。

7.2.3.3 现实原因二：各层级发展增速趋于放缓部分来自场景开发和技术进步的制约

事实上，无论是传统金融机构，还是提供金融服务的新兴机构或企业，纯金融服务发展模式的竞争力已经明显下降，将金融植入到需要金融支持的环境下，以尽可能短的时间、尽可能简洁的流程提供金融服务和非金融服务，是数字经济时代金融服务发展的必然趋势和要求，这也就是所谓的金融场景开发。随着数字普惠金融的持续发展，广东省各类金融机构积极探索开发数字普惠金融服务新场景，取得了诸多显著成效。就现阶段而言，广东省面向居民的场景化数字普惠金融服务发展已较为充分，极大地便捷了居民生活、消费及工作，激发了居民数字金融参与活力，为全省数字普惠金融的持续高速发展注入了动能。但是，广东省面向企业的场景化数字普惠金融服务尚未发展成熟，仍有巨大发展空间。与此同时，广东省数字普惠金融在赋能乡村振兴过程中，存在着应用场景同质化、场景开发动力不足、有效场景实现困难等诸多痛点，这对全省数字普惠金融的持续高速发展带来了巨大的阻碍。此外，技术制约也是广东省数字普惠金融发展增速放缓的重要现实原因。广东作为全国常住人口最多的省份，存在大量老年人群体、低收入群体、低人力资本水平群体，这些群体由于缺乏数字技能和网络知识，依旧游离在数字普惠金融服务范围以外，而现有的金融科技仍未能有效解决这一问题，这也严重阻碍了广东省数字普惠金融的可持续发展。

7.2.3.4 现实原因三：各层级发展增速趋于放缓的部分原因是国内外市场环境的冲击

广东省数字普惠金融及其各维度发展增速的放缓还可能是市场环境冲击导致的结果。数字普惠金融作为普惠金融在数字经济时代的新产业形态，其通过金融科技赋能极大程度地提高了金融服务的触达性和覆盖面，但却并没有脱离金融的本质属性，这就决定了其自身发展仍需坚持以市场为基础和导向。然而，近年来中国金融发展所面对的国内外环境正变得日益严峻和复杂，国际上贸易投资持续疲软、地缘政治风险不断累积、逆全球化思潮暗流涌动，国内经济也面临需求收缩、供给冲击、预期转弱等诸多风险挑战，众多因素叠加新冠疫情冲击，对中国数字普惠金融的持续高速发展造成了一定的负面影响。尽管数字化赋能给予了数字普惠金融旺盛的生命力，一定程度上抵御了外部冲击所带来的负面影响，但在技术边际效应递减规律作用下，也难以阻挡数字普惠金融发展增速放缓的趋势。以2020年新冠疫情为例，这一年新冠疫情的暴发使停产停工成为社会普遍现象，居民居家成为生活常态，这毋庸置疑地导致了金融服务需求量的锐减，进而对数字普惠金融的可持续发展造成一定的负面冲击。2020年广东省"一核一带一区"、地市级和县域级的数字普惠金融覆盖广度、使用深度和数字化程度发展增速与2019年相比普遍出现下滑，这也从侧面验证了市场环境变化对数字普惠金融发展存在着显著影响。因此，在下一发展阶段，广东省仍需进一步强化内生动力、优化外部环境，进而为全省数字普惠金融的持续高速发展注入不竭动力。

综上所述，随着广东省数字普惠金融进入常态化发展阶段，其发展水平越来越受到场景开发和技术进步的制约。同时，国内外市场环境的冲击对广东省数字普惠金融的持续高速发展也造成了一定的负面影响。在上述现实因素叠加作用下，广东省各层级数字普惠金融总体发展及分维度发展增速均呈现出放缓势头。

7.3 广东数字普惠金融发展差异的破解对策

结合广东省数字普惠金融发展特征及其成因可以发现，现阶段广东省数字普惠金融发展仍需着力解决以下三大问题：第一，覆盖广度严重失衡所导致的各层级数字普惠金融发展长期失衡问题；第二，使用深度发展差距扩大对加速缩小经济区域之间数字普惠金融发展差距所带来的阻碍作用；第三，覆盖广度、使用深度和数字化程度发展增速同时下降所引致的全省数字普惠金融发展增速放缓问题。因此在下一发展阶段，广东省应以"求均衡、缩差距、增动能"为主线，着力推动全省数字普惠金融实现高质量发展。

7.3.1 多措并举，加快提高落后地区数字普惠金融覆盖广度

关于金融服务覆盖广度，传统金融机构多是通过增加金融机构网点数以及金融服务人员数，即通过"人、财、物"的大量投入来使金融服务覆盖更多用户群体。而数字普惠金融更加依托数字技术和互联网平台，其服务的覆盖广度更多是通过电子账户数加以体现。由此可见，提高落后地区数字普惠金融覆盖广度的基本任务就是要实现更多群体与"数字化"接轨，并逐步将这些群体纳入到数字普惠金融服务范围之内。鉴于此，为进一步提高广东沿海经济带和北部生态发展区及其内部各地级市、县域单元的数字普惠金融覆盖广度，实现全省数字普惠金融均衡发展，广东仍需从以下方面入手：

第一，夯实数字金融基础设施建设。从供给侧来看，良好的数字金融基础设施是居民了解、接触和使用数字普惠金融服务的重要基础，也是提高数字普惠金融覆盖广度的重要保障。然而，珠三角核心发展区长期存在的"虹吸效应"不仅使沿海经济带和北部生态发展区经济发展长期落后，还使经济区域内部各市、县的数字金融基础设施建设水平远远滞后于珠三角核心发展区。在金融数字化转型时代背景下，沿海经济带和北部生态发展区这些发展较落后的市、县应进一步夯实数字普惠金融基础设施建设，为提高地区数字普惠金融覆盖广度创造良好的条件。具体而言，一是要着力完善互联网、移动支付和通信技术等数字基础设施建设，重点提升城乡互联网普及率，尽快将"数字化边缘"群体纳入到网络覆盖范围之内，即助力更多群体与"数智时代"接轨，为其获得和使用数字普惠金融服务创造良好的外部条件。二是要强化移动互联网、物联网等数字技术的应用，加快建设数字普惠金融服务平台，构建起线上线下相结合的数字普惠金融服务体系，通过扩展多元化的金融服务触达渠道来提升数字普惠金融服务覆盖率。

第二，加强居民数字素养与技能培训。事实上，数字普惠金融覆盖广度的提高不仅取决于金融机构服务水平的提升，还依赖于金融使用群体的响应行为，即需要数字普惠金融供给侧和需求侧形成良好的契合效应。值得注意的是，数字普惠金融这一新金融发展模式与传统金融最大的区别就是其更加依赖数字技术和互联网平台，这既对传统金融机构的数字化转型提出了新要求，也

对金融服务使用主体的数字素养与技能提出了新考验。然而，在各种内外部因素交织作用下，沿海经济带和北部生态发展区这些落后地区的市、县在数字普惠金融发展过程中普遍面临严峻的"数字鸿沟"问题，部分群体因难以适应数字时代的发展而逐渐与时代脱节，成了智能时代的"数字遗民"，这类群体也因缺乏一定的数字素养与技能而难以获得数字普惠金融服务。因此，广东沿海经济带和北部生态发展区各市、县在提高数字普惠金融覆盖广度过程中应高度重视居民数字素养与技能培训，进一步从需求端保障居民具备接触和使用数字普惠金融服务的基本数字技能。具体而言，广东沿海经济带和北部生态发展区各市、县应加快全民数字素养与技能学习平台建设。在数字技术迅猛发展时代背景下，抖音、快手等短视频平台的内容正逐步向科普知识、职业技能、专业学习等诸多领域拓展，其构建的数字社区俨然已经成为网络科普的重要阵地和提升全民数字素养与技能的重要学习平台。鉴于此，广东省各级人民政府应协同信息化部门、相关金融机构，邀请权威科普机构、科普达人等进行短视频创作和科普专题直播，以大众喜闻乐见的形式助力全民数字素养提升。

第三，充分发挥政府部门的牵头作用。从提高数字普惠金融覆盖广度的基本路径来看，无论是数字普惠金融供给侧的基础设施建设和服务平台建设，还是需求侧的数字素养与技能学习平台建设，均是一个长期、艰巨且建立在大量资金需求基础之上的系统性工程。因此，广东省各级政府应充分发挥牵头作用，通过制定差异化的发展战略并实施强有力的财政支持政策，加速解决全省数字普惠金融覆盖广度严重失衡问题。一方面，广东省各级政府应"强规划、重引领"，通过协同信息化部门、相关金融机构，加快厘清各地区在数字普惠金融覆盖广度方面存在的优势与不足，并因地制宜地制定出台《广东省数字普惠金融基础设施规划（2023—2028 年）》《广东省全民数字素养与技能提升规划（2023—2028 年)》等系列政策性文件，按照"做强优势、补齐短板"的原则对全省尤其是沿海经济带和北部生态发展区市、县的数字普惠金融覆盖广度提升路径进行宏观性、战略性、基础性指导。另一方面，广东省各级人民政府要实施强有力的财政支持政策，有计划、有针对性地将财政资金向沿海经济带和北部生态发展区的数字普惠金融基础设施建设重点领域倾斜；同时通过实施财政贴息、税收优惠等多项政策，鼓励各类市场主体积极参与到数字普惠金融服务平台、数字素养与技能学习平台建设浪潮中，加快提高广东沿海经济带和北部生态发展区市域、县域数字普惠金融服务能力和居民数字素养，进而提高落后地区数字普惠金融覆盖广度。

7.3.2 创新引领，着力缩小地区间数字普惠金融使用深度发展差距

从指数编制方式来看，数字普惠金融使用深度的考量主要包括服务类型和具体使用情况两个方面。其中，数字普惠金融服务类型就是数字普惠金融的产品种类，具体包括支付服务、货币基金服务、信贷服务、保险服务、投资服务和信用服务等；而数字普惠金融使用情况则可以进一步细分为数字普惠金融服务使用总量和使用活跃度两个维度。按照这一逻辑思路，拓宽数字普惠金融使用深度的基本路径应包括丰富数字普惠金融供给端的服务类型以及提高需求端的响应程度两个方面。也就是说，广东省在缩小地区间数字普惠金融使用深度发展差距过程中，既要通过丰富数字普惠金融产品种类来满足落后地区用户群体的多样化需求，也要积极探索提高这些地区用户群体数字普惠金融服务使用活跃度的新路径。值得注意的是，无论是丰富数字普惠金融产品，还是提高数字普惠金融服务使用活跃度，都需要做好数字金融服务的"创新"文章。具体而言，广东省在缩小地区间数字普惠金融使用深度发展差距过程中应在以下方面务实创新求突破。

第一，以需求为导向进行产品创新。金融是现代经济体系的核心，经济发展不同阶段对金融服务的需求往往也不同。具体到数字普惠金融领域，珠三角核心发展区各市、县在经济发展水平上长期领先，创新能力较强，这些地区对数字普惠金融产品的需求往往具有"新颖""高端"等特征；而沿海经济带和北部生态发展区的经济发展较为落后的市、县的数字普惠金融产品需求往往更加多样化、差异化和细碎化，如果照搬其他地区金融产品类型往往难以适配本地区用户群体的实际需求。因此，广东省在缩小地区间数字普惠金融使用深度发展差距过程中要以实际需求为导向，通过产品的开发设计来满足更多用户群体的金融服务需求。具体而言，广东省各级政府应通过财政补贴等方式鼓励各类金融机构将产品创新权限下沉，支持市域、县域甚至是村域数字金融机构以区域产业特征和客户实际需求为导向，开发设计与产业发展相符、与客户需求相匹配的数字普惠金融产品，通过丰富数字普惠金融产品种类来满足落后地区数字金融用户群体的多样化需求，进而从服务类型方面提高这些地区数字普惠金融使用深度。

第二，以降低成本为目标进行技术创新。成本是影响用户进行服务选择的最主要因素之一。同样，数字普惠金融服务的成本大小也将对用户使用行为产生直接影响。理论上讲，数字普惠金融以数字技术为依托，以互联网平台为媒

介，能够极大程度上降低金融服务的交易成本。但实际上各地区在数字技术水平、互联网发展水平、用户信用体系建设等方面均存在显著差异，落后地区无论是数字普惠金融服务的提供还是数字普惠金融服务的获取都需要支付较高成本，这在一定程度上阻碍了数字普惠金融服务使用总量和使用活跃度的提高。因此，广东省在缩小地区间数字普惠金融使用深度发展差距过程中应通过数字技术的创新与应用，不断降低金融服务成本。一是要通过大数据技术的应用对客户实际需求进行精准识别，在有效降低金融机构获客成本的同时大幅降低用户群体的搜寻与匹配成本。二是要充分利用好大数据的信息优势，对用户群体进行精准画像并加快构建符合地区特色的数字化信用风控体系，进而通过风险控制来降低数字金融机构成本。三是要持续进行数字技术创新与应用，不断降低数字金融机构提供金融服务的边际成本，进而减少用户群体使用数字金融服务的成本。

7.3.3 政企协作，共同增强数字普惠金融发展动力

现阶段，广东省各层级的数字普惠金融发展增速均趋于放缓，如何注入新发展动能显得尤为重要。在数字经济迅猛发展和金融需求日益旺盛的时代背景下，广东省应进一步优化外部环境，增强内生动力，推动全省数字普惠金融实现高质量发展。其中，优化外部环境就是要打造良好的数字普惠金融发展环境，这就需要发挥政府部门的作用，而增强内生动力则是要在企业层面做好数字金融机构转型升级这篇文章。也就是说，广东省数字普惠金融持续高效发展需要政府和企业双方形成合力。具体而言，广东省应从以下方面入手，进一步增强数字普惠金融发展动力。

第一，强化政府部门的领导作用。数字普惠金融的持续高效发展既需要宏观层面的科学规划，也需要微观层面的精准滴灌，而政府部门无疑在此过程中扮演着重要角色。广东省各级政府在增强数字普惠金融发展动力这一问题上理应在以下方面发挥其领导作用：一是要实施强有力的财政支持政策。广东省各级政府应加快整合相关资金，加大发展数字普惠金融的财政补贴、资金奖励、税收优惠力度，并通过优化营商环境、放宽市场准入条件、完善风险防控机制等举措为数字普惠金融发展提供一个良好的外部环境，进而充分激发数字普惠金融发展的市场活力。二是要积极构建区域联动发展机制，以集聚效应与网络效应推动全省数字普惠金融持续高效发展。一方面，广东省各级人民政府要加强顶层设计，明确省域、经济区域、地市级甚至是县域级的发展极、中心轴和

基本面，形成错位发展的有序格局。另一方面，广东省各级人民政府应鼓励各地区积极探索并构建数字普惠金融典型发展模式，在支付、基金、信贷、保险和投资等方面打造具有区域特色的品牌。此外，基于广东省数字普惠金融地区间发展失衡这一现实背景，广东省各级政府应着力加强地区间金融资本、信息要素、人才要素等的流通互动，实现资源合理配置，提高数字普惠金融发展效率。

第二，发挥金融机构的主力军作用。我国早期的普惠金融发展以"政府引导为主、市场参与为辅"为主要特征，虽然数字普惠金融延续了传统金融"政府引导、市场参与"这一"双轮驱动"发展模式，但在发展过程中却更加强调市场的主体作用。因此，在推动广东省数字普惠金融可持续发展这一问题上，各类金融机构理应发挥主力军作用。具体而言，各类金融机构应高度重视金融科技的赋能作用。一是要鼓励金融机构通过金融科技应用来加快自身数字化转型。以数字技术为核心的金融科技是激活金融业发展的新动能，各类金融机构应结合自身特点，利用好金融科技这一有效工具，重塑数字化时代下的底层逻辑，将数字技术与自身业务充分融合，优化金融业务的经营模式、管理方式，提升金融核心竞争力。二是要鼓励金融机构将金融科技贯穿于金融服务的全流程，通过金融科技创新和金融场景创新，拓宽金融业行业边界，创造多元化的金融服务内容，挖掘用户更多潜在需求，提升用户粘性和服务体验，保障数字普惠金融发展的"生命力"。三是要鼓励金融机构瞄准金融服务的薄弱环节，通过金融科技赋能突破传统金融服务的供给瓶颈。要以金融科技赋能为突破口，借助科技手段、数字技术，创新金融产品和服务模式，促进金融、科技与产业三位一体、深度融合，让数字普惠金融在服务实体经济的实践中迸发出强大活力。

7.4 本章小结

在过去的十几年间，广东省各层级的数字普惠金融发展水平均得到了有效提高，但也表现出一定的发展差异，并且各层级的发展差异呈现出相似特征，这也使广东省数字普惠金融在发展差异方面形成了一些规律性特征。具体来看，这些特征在空间分布上表现为"高水平地区在珠三角核心发展区集聚"，在发展差距上表现为"地区间发展差距有所收敛"，在增速变化上表现为"各层级发展增速均趋于放缓"。究其原因，珠三角核心发展区拥有相对完备的数字基础设施、更为旺盛的金融需求和相对更高的金融素养，使得该区域的覆盖广度发展水平长期位居全省前列，进而导致数字普惠金融高水平地区在珠三角核心发展区集聚。随着广东省数字经济的蓬勃发展和各级政府对发展数字普惠金融重视程度的不断提高，落后地区的数字普惠金融迎来了加速发展，并且利用后发优势不断缩小与高水平地区之间的发展差距。但值得注意的是，区域间创新能力的差异也对地区间总体发展差距的收敛起到了限制作用。与此同时，随着广东省数字普惠金融进入常态化发展阶段，其发展水平越来越受到场景开发和技术进步的制约，并且叠加国内外市场冲击，广东省各层级的数字普惠金融发展增速均趋于放缓。因此在下一发展阶段，广东省一是要多措并举，加快提高落后地区数字普惠金融覆盖广度；二是要坚持创新引领，着力缩小地区间数字普惠金融使用深度发展差距；三是要加强政企协作，共同增强数字普惠金融发展动力。

下　　篇

8 数字普惠金融对广东居民金融素养的影响及作用机制 /////////////////////////////////

数字普惠金融提供了丰富多样的金融服务，具有交易成本低、覆盖范围广、时空穿透性强等特征，提升了金融体系的运行效率，增强了居民金融福祉，为国民金融素养提升带来新的契机。本章主要从居民人力资本视角出发，探讨数字普惠金融发展对广东居民金融素养的影响及作用机制，以期为制定数字普惠金融发展的相关政策提供经验证据。

8.1 引言及文献述评

金融体系作为社会经济中重要的组成部分，在经历改革开放 40 多年来的市场化进程之后，成为我国经济实现高质量发展的重要引擎，普惠金融更是服务与支持民生发展的重要支柱。2022 年中央全面深化改革委员会审议通过的《推进普惠金融高质量发展的实施意见》强调，"要优化金融机构体系、市场体系、产品体系，有效发挥商业性、开发性、政策性、合作性金融作用，增强保险和资本市场服务保障功能，拓宽直接融资渠道，有序推进数字普惠金融发展"，其中的核心要旨便是要求以数字技术赋能普惠金融，推动广大群众共享经济发展成果。然而，随着科技与金融的快速融合，其对居民的金融素养提出了更高要求。

金融素养作为个体居民金融知识与金融技能掌握程度的体现，是其做出合理金融决策、实现家庭财富积累的必要前提（Behrman et al.，2012；单德朋，2019）。金融素养的提升有助于提高居民主动参与金融市场的意愿（Rooij et al.，2011；尹志超等，2014）。尤其我国居民金融素养的提升是消除普惠金融发展需求端障碍的关键。目前，我国居民家庭仍以低风险、低收益的储蓄为主要投资手段，居民金融市场参与率低，究其根源是受居民金融素养水平低下所限（甘犁等，2019）。因此，提升居民金融素养对于引导居民大众多元化配置资产、增进家庭金融福址，进而促进普惠金融发展乃至实现乡村的全面振兴具有重要的战略和现实意义。

随着互联网的逐渐普及，数字金融作为一种新兴的金融服务模式在服务农村居民和小微企业等弱势群体上的优越性逐渐凸显（郭峰等，2020）。数字金融应用新兴的互联网信息技术突破了传统金融交易对物理网点的依赖，为居民提供了便捷、低廉、安全的金融产品与服务，有助于个体家庭克服金融排斥和摆脱有限参与机会的约束，激发了居民投资理财的需求（周广肃等，2018；傅秋子等，2018）。进而言之，数字金融发展在激发民众金融需求的同时，极有可能也在居民参与金融活动的过程中对其金融素养产生潜在影响，并刺激其加强金融知识学习，提升自身的金融素养。由此引发的学术问题是，数字金融发展是否会对居民金融素养产生影响？其中的作用机制是什么？

目前，未有研究直接回答上述问题。自2016年G20杭州峰会进一步提出"数字普惠金融"这一概念，国内学术界掀起了数字金融的研究热潮。迄今，关于数字金融的相关文献成果颇丰，并主要对数字金融的经济效应进行了著述。首先，从宏观视角出发，学者们从产业结构（杜金岷等，2020）、经济增长（钱海章等，2020）、收入分配（周利等，2020）等多个视角探讨了数字金融的宏观经济效应，发现数字金融对我国经济增长、产业结构优化以及缩小城乡收入差距具有显著的促进作用。其次，也有学者从微观视角切入，探讨了数字金融的微观经济效应，得出数字金融发展在促进个体创新创业（谢绚丽等，2018；何婧等，2019）、收入增长（杨少雄等，2021）、消费升级（易行健等，2018；张勋等，2020）、贫困减缓（何宗樾等，2020）等方面具有不容忽视的作用。显然，现有研究更多关注数字金融发展的经济效应，鲜有研究从内生人力资本的视角出发，深入考察数字金融发展对居民金融素养的影响。

进而言之，在影响居民金融素养的因素方面，现有文献主要从微观人口统计学因素和宏观社会背景因素两个方面切入进行研究。在人口统计学因素对居民金融素养的影响方面，研究主要集中于性别（Lusardi et al.，2014；廖理等，2019）、年龄（Lusardi et al.，2011；Finke et al.，2017；艾云等，2021）、认知能力（吴锟等，2022）、收入和财富（Lusardi et al.，2015）等。在宏观社会背景对居民金融素养的影响方面，研究主要包括邻里因素（Lachance，2014）、金融教育因素（Lusardi et al.，2019）、社交媒体因素（张正平，2019）、民族文化因素（Beckker et al.，2020）等。同时，与本章研究主题联系最为密切的是张海洋等（2022）将金融素养视为数字金融联接其他核心变量的重要桥梁，认为数字金融通过促进金融素养提升，进而缓解了居民消费不平等。显然，上述研究主要从微观个体特征与宏观社会背景两方面探讨了居民金融素养水平的差异，当然也有部分研究涉及到数字金融对居民金融素养的潜在影响。这些虽然为本研究提供了良好的学术积淀，然而其中的研究对象主要为城镇居民与青年学生，未将农户纳入研究范畴，并缺乏对数字普惠金融影响居民金融素养作用机制的深入探讨。

鉴于上述，本章在数字技术赋能普惠金融发展的背景下，基于数字普惠金融蓬勃发展和国民金融素养水平亟待提升的客观现实，利用北京大学数字金融研究中心编制的数字普惠金融发展指数与中国家庭金融调查（CHFS）中的广东省样本进行匹配形成合并数据集，从内生人力资本的视角出发，深入探讨了数字普惠金融发展对广东省居民金融素养的影响效应与作用机制，其边际贡献主要表现为：一方面，将数字普惠金融发展与居民金融素养纳入同一分析框架，研究了数字普惠金融对居民金融素养的影响，并从金融可得性以及金融信息搜寻的视角出发，揭示数字普惠金融发展影响居民金融素养的潜在机制，拓宽了金融素养影响因素的研究范畴，为促进数字普惠金融发展、增进民生福祉提供理论参考和经验证据；另一方面，从居民自身特征切入，考察数字普惠金融发展对居民金融素养的异质性影响，阐释了数字普惠金融发展促进居民金融素养提升的内涵。

8.2 理论分析与研究假说

理论上，金融要素资源实现有效配置既需要金融供给方发力，也需要提升居民金融需求的有效性。而金融素养作为居民利用金融知识与技能改善自身金融福祉的能力，更是引导居民参与金融市场，扩大金融市场需求的重要因素。事实上，随着数字技术与普惠金融的深度融合，数字普惠金融以迅猛之势快速发展，对广大民众的生产生活产生了全方位的深远影响。概而论之，无论是理论逻辑还是客观现实都说明数字普惠金融发展对居民的金融素养产生了重要作用。因此，我们将基于中国的现实情境，给出数字普惠金融发展影响居民金融素养的理论诠释。

根据中国家庭的实际情况，中国居民金融素养的形成倾向于"干中学"（learning by doing）[①] 的过程（单德朋，2019）。基于 Arrow（1971）提出的

---

① "干中学"是人类社会生产的常用劳动技能和学习方法，即指一边干一边学，劳动者从工作和生产的实践中获取生产经验，转化为劳动技术投入生产中的循环过程。

"干中学"理论，劳动者会在生产与实践中通过模仿和学习积累劳动经验、提升自身的人力资本存量。依据上述观点，本章将居民金融素养视作一种特殊的人力资本，并借鉴 Lusardi 等（2017）的居民金融素养分析框架，对居民金融素养水平做如下假定。首先，居民金融素养具备初始存量 fl_0。其次，假定金融素养的积累是一个不进则退的过程，金融素养的平均折旧率为 ∂。折旧的存在是因为居民金融素养可能随着年龄的增长、认知能力的减弱而衰退，也可能会随着新型金融产品与服务的开发而不再适用。最后，金融素养随着居民参与金融市场，进行金融资产配置而改善。根据以上假定，则可构建居民金融素养变动的行为方程，如公式（8-1）所示：

$$fl = fl_0(1-\partial) + \theta y \qquad\qquad (8-1)$$

其中，$\theta \geqslant 0$ 指居民在"干中学"的过程中金融素养的转化系数，y 是居民金融行为，从侧面反映了其"干中学"过程。显然，行为方程式（8-1）为分析数字普惠金融发展影响居民金融素养形成提供了理论基础。由公式（8-1）可知，居民金融素养的积累主要取决于金融素养折旧率 ∂、金融素养转化系数 θ 与居民的金融行为。一般而言，由于金融教育尚未在我国普及，居民金融素养的初始存量 fl_0 往往不足[①]。因此，数字普惠金融主要通过促进居民金融参与，发挥"干中学"效应来影响个体居民金融素养水平。进而言之，根据金融中介理论，降低交易成本和信息不对称是金融中介存在和发展的基础（王海军等，2015）。而数字普惠金融作为一种新兴金融中介，根据其异于传统金融中介的特质，本章认为数字普惠金融主要通过提升金融服务可得性与促进金融信息搜寻两方面提升"干中学"频率，最终促进居民金融素养提升，具体论述如下。

首先，数字普惠金融通过提升金融可得性来促进居民金融素养的提升。Heeks 等（2009）研究指出以互联网为代表的数字技术的使用能够有效缓解偏远地区居民受到的金融排斥。相较于传统金融依赖于设置高成本的线下网点为大众提供金融服务，数字普惠金融以新兴数字技术为依托，突破了传统金融受到的时间与空间限制，使金融资源下沉到农村地区与难以触达的末端群体，有效缓解了居民受到的金融排斥（孙玉环等，2021；徐莹等，2022）。具体来说，数字普惠金融弱化了金融业的技术分工和金融的专业化，金融业务流程得到简

---

① 2021 年中国人民银行针对消费者金融素养情况进行了第四次全国性的消费者金融素养抽样调查。调查结果显示，全国消费者金融素养指数仅为 66.81（百分制）。

化，具有鲜明的高触达性和低门槛性的特点。这种标准化的操作流程能够降低居民金融参与成本，提高其参与金融活动的积极性（任碧云等，2019）。这种积极性的提高促使居民在金融活动的实践中积累了更多的知识和经验，从而使居民金融素养得到提升。

其次，数字普惠金融通过促进金融信息搜寻进而正向影响居民金融素养。一方面，数字普惠金融已经渗透到居民生活的方方面面，第三方支付平台、商业银行 APP 等各类数字金融应用层出不穷，数字化的普惠金融应用信息技术具有规模收益和边际成本递减的特征（斯丽娟和汤晓晓，2022），促使金融服务供给方使用数字技术拓展宣传金融信息的渠道。例如，各大金融机构通过移动端 APP 向顾客推送机构的金融产品与服务相关信息。因此，居民在享受数字普惠金融服务带来的便捷度的同时，可以通过以大数据等为底层技术的数字平台，接受和传递与其生产生活息息相关的，且有着更高准确度和透明度的经济金融信息（何婧和李庆海，2019）。另一方面，基于移动终端的应用软件在发挥数字金融功能的同时也伴有信息互动效应，因此居民家庭在享受数字普惠金融发展带来的便利的同时，也提升了家庭的社会互动水平，增强了熟人之间的金融信息交流。同时，基于互联网技术的数字金融平台打破了传统社会互动的范围限制，拓宽了居民社会网络的空间范围。个体居民在与线上同伴交流类似经济金融话题的过程中产生的内生互动机制促进了相互间的交流学习（郭士祺等，2014）。综上所述，数字普惠金融促进了居民金融信息搜寻，使其能够从更多的渠道（熟人之间、数字金融平台等）获得经济、金融信息，潜移默化地提升了居民金融素养。

综上所述，本章提出总体分析框架（图 8 - 1）以及两个有待检验的研究假说。

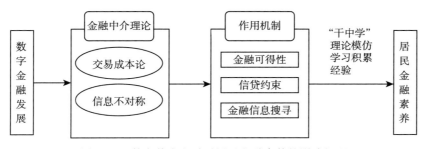

图 8 - 1　数字普惠金融对居民金融素养的影响机理

H1：数字普惠金融促进了居民金融素养水平的提升。

H2：数字普惠金融对居民金融素养的影响表现为两条作用路径，即数字普惠金融主要通过提升金融可得性、促进金融信息搜寻来提升居民的金融素养水平。

8.3　数据来源与研究设计

8.3.1　数据来源

本章选取了西南财经大学中国家庭金融调查与研究中心发布的 2021 年中国家庭金融调查数据（CHFS）[①] 中的广东省样本集合，与北京大学数字金融研究中心公布的数字普惠金融发展指数合并作为合并数据集。CHFS 调查范围涵盖了全国 29 个省、自治区和直辖市，并采用了分层、三阶段与规模度量成比例（PPS）的抽样设计方法，保证了调查数据的科学性与代表性。调查的内容主要包括家庭资产与负债、收入及消费、社会保障与保险、人口特征和劳动就业等。其中，2021 年的广东省调查样本规模为 1 542 个样本。在数据处理方面，为了避免异常值的干扰，参照以往相关文献的处理办法，将控制变量中部分缺失样本值与异常值进行了剔除，最终得到 1 536 个有效样本。

8.3.2　变量设置

8.3.2.1　被解释变量：居民金融素养

理论上，金融素养可分为主观金融素养和客观金融素养。将这两种金融素养的测度方式进行比较，客观金融素养的测度方式因受主观意识影响较小，比主观金融素养更为可靠（Xia，2014）。因此，借鉴 Lusardi 等（2010）的研究，拟用利率、风险、通货膨胀三类问题作为客观金融素养基本测度框架，并使用因子分析法构建金融素养指标。根据 2021 年中国家庭金融调查问卷中金融素养问题的设置情况，选取 3 个题项，构造 6 个指标来衡量居民金融素养。具体指标的构建步骤如下：第一步，先进行 KMO 和 Bartlett 的检验，检验结果如表 8 - 2 所示。KMO 的值为 0.603 1，Bartlett 球形度检验的显著性为 0.000，说明 6 个变量之间有相关关系，适合进行因子分析。第二步，提取特

[①]　本章所使用的数据库为华南农业大学和西南财经大学共同开发的"普惠金融与三农研究"调研数据以及西南财经大学搜集的中国家庭金融调查数据（CHFS-SCAU）。

征值大于1的因子1，其累计方差贡献率达到70.25%，说明因子1对变量组合方差具有一定解释力。因此，选用因子1构造金融素养指标。金融素养测度指标体系以及因子分析结果如表8-1与表8-2所示。

表8-1　金融素养测量指标

一级指标	二级指标	测量题项
客观金融素养	利率计算	利率计算（不知道/算不出来），1＝知道但算不出来
		利率计算（计算正确），1＝计算正确
	通胀计算	通货膨胀计算（不知道/算不出来），1＝知道但算不出来
		通货膨胀计算是否计算正确（计算正确/计算错误），1＝计算正确
	风险认知	金融产品与服务的风险辨别（不知道/不了解），1＝不知道/不了解
		金融产品与服务的风险是否正确辨别（正确辨别/错误辨别），1＝正确辨别

表8-2　金融素养因子分析结果及因子载荷

列1	特征值	贡献率（方差）	累计贡献率（累计方差）	Bartlett球形度检验	因子1荷载
Factor1	1.348 6	0.718 0	0.718 0		0.863 1
Factor2	0.777 4	0.129 6	0.847 6		−0.855 1
Factor3	0.569 8	0.055 0	0.902 6		0.844 8
Factor4	0.273 8	0.040 6	0.943 2	P值＝0.000	0.816 2
Factor5	0.070 7	0.032 5	0.975 7		0.269 7
Factor6	0.021 1	0.024 3	1.000 0		−0.175 7
总体KMO	0.603 1				

8.3.2.2　核心解释变量：数字普惠金融

采用北京大学发布的数字普惠金融指数来表征居民所在地区的数字普惠金融发展程度。该指数的编制基于支付宝、蚂蚁金服的用户交易数据，具有较高的可信性与准确性，既反映了地区数字普惠金融发展现状和变化趋势，也体现了数字金融的普惠性特征。为了缓解内生性，本章选用滞后一期（2020年）的广东省各县数字普惠金融指数与CHFS数据进行匹配（吴雨等，2021），如图8-2如示。由图8-2知，一个地区的数字普惠金融发展与当地居民金融素养水平呈正向变动关系。

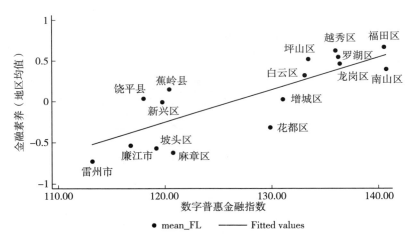

图 8-2　2021 年数字普惠金融指数与广东省居民金融素养

8.3.2.3　其他控制变量

由于考察的是微观个体居民家庭的相关情况，因此我们分别从个人和家庭层面选取了受访者的个人特征变量和家庭特征变量予以控制。此外，在回归中均控制了地区虚拟变量，以此降低由区域文化传统、风俗习惯不同等因素所带来的遗漏变量问题。表 8-3 详细给出了主要变量的描述性统计。由表 8-3 可知：第一，广东省居民样本的金融素养均值为 0.040 6，且最值之间差距较大，表明广东省居民金融素养呈现出总体水平偏低和方差较大的现状特征。第二，数字普惠金融发展水平在各县之间存在较大差异。第三，在户主人口统计学特征方面，户主平均年龄为 53.6 岁，其中以男性、已婚的受访者为主，且整体受教育水平偏低，健康状况一般，并多数被纳入社会保障体系。第四，在家庭经济特征方面，农村家庭收入与财富水平存在较大差异，这说明广东省居民内部经济不平等的现象尤为突出。

表 8-3　变量的描述性统计

变量名	变量说明	观测值	均值	标准差	最小值	最大值
总指数	数字普惠金融总指数	1 536	126.359	8.884	113.227	140.554
覆盖广度	数字普惠金融覆盖广度	1 536	313.701	36.687	270.469	361.651
使用深度	数字普惠金融使用深度	1 536	305.719	25.122	273.853	332.493
数字化程度	数字普惠金融数字化程度	1 536	309.123	11.973	293.937	324.56

（续）

变量名	变量说明	观测值	均值	标准差	最小值	最大值
金融素养	金融素养指数	1 536	0.040 6	0.993 5	−1.304 6	1.222 9
年龄	年龄	1 536	53.608	13.927	18	80
性别	性别，1＝男	1 536	0.709	0.454	0	1
受教育年限	受教育年限	1 536	9.96	3.971	0	22
政治面貌	是否为党员，1＝党员	1 536	0.147	0.354	0	1
婚姻状况	婚姻状况，1＝已婚	1 536	0.497	0.5	0	1
健康状况	自评健康程度，1＝健康	1 536	0.857	0.351	0	1
养老保险	是否拥有社会养老保险，1＝拥有	1 536	0.745	0.436	0	1
医疗保险	是否拥有社会医疗保险，1＝拥有	1 536	0.907	0.29	0	1
家庭规模	家庭总人数	1 536	3.575	1.792	1	16
家庭收入	家庭总收入（取对数）	1 536	1.849	1.138	0	6.594
家庭财富	家庭资产-家庭负债（取对数）	1 536	3.721	1.902	0	9.789

8.3.3 模型设计

8.3.3.1 基准模型

首先为厘清数字普惠金融对广东省居民金融素养的影响，本章运用经典的最小二乘法构建计量模型，因变量为受访居民金融素养水平，自变量为居民所在地区数字普惠金融指数，控制变量包括户主特征、家庭特征以及地区特征变量。模型如公式（8-2）所示，其中，fl_i 代表受访居民的金融素养水平，$index_i$ 代表居民所在地区数字普惠金融发展指数，X_i 代表一系列的控制变量，α_0 与 ε_i 分别代表常数项和残差项，$\varepsilon_i \sim N(0, \sigma^2)$。

$$fl_i = \alpha_0 + \alpha_1 index_i + \alpha_2 X_i + \varepsilon_i \qquad (8-2)$$

8.3.3.2 内生性讨论

模型估计结果的准确性往往因为内生性问题而受到影响，因此对模型的内生性讨论至关重要。本章使用的数据集为宏观数据与微观数据的结合，大大降低了反向因果性，但是遗漏解释变量的问题可能依旧存在，所以模型设定仍可能存在内生性问题。本章运用工具变量法来解决可能存在的内生性问题。基于数据的可得性，参考李春涛等（2020）的研究，我们手工整理了广东省所有地级市的接壤城市，使用 2020 年居民所在地级市所有接壤城市数字普惠金融发展水平的均值作为工具变量。该工具变量符合相关性和外生性两个约束条件：一方面，任意城市和其相邻城市地域相连，且经济、社会交流十分密切，因而居民所在地级市的数字普惠金融发展水平易受接壤城市数字普惠金融发展水平的影响，满足工具变量的相关性要求；另一方面，接壤城市数字普惠金融均值与当地居民金融素养水平并无直接关联，工具变量的排他性要求近似满足。综上所述，受访居民所在地级市的接壤城市数字普惠金融发展均值是一个设置合理的工具变量，在后文也将进一步通过相关计量检验证明工具变量的有效性。

8.4　实证结果与分析

8.4.1　基准回归分析

　　使用普通最小二乘法（OLS）模型和两阶段最小二乘法（IV-2SLS）模型检验数字普惠金融发展对居民金融素养的影响，结果如表 8-4 所示。首先，表 8-4 中的第（1）列显示了数字普惠金融发展对居民金融素养的总体影响是正向且显著的；第（2）、（3）列分别加入了户主特征、家庭特征及地区特征的控制变量，表明了数字普惠金融发展正向影响居民金融素养结果的稳健性。此外，IV-2SLS 模型在克服了内生性之后，相对于基准回归的结果，数字普惠金融发展指数的系数也是显著为正的，并略高于基准模型的系数，上述结果表明在克服内生性后，数字金融发展对居民金融素养的促进效应虽有增大但仍旧十分显著。其次，除数字金融发展对居民金融素养有显著的正向影响外，本章选取的控制变量多数都对居民金融素养产生了显著影响，这与 Lusardi 等（2017）的研究结论基本一致。最后，实证结果也验证了工具变量法的有效性和必要性。在 IV-2SLS 模型中，Cragg-Donald Wald F 统计量与第一阶段 T 统计量都非常大，这说明"接壤城市数字普惠金融均值"作为"数字普惠金融指数"的工具变量是合适的，工具变量具有较强的解释力，不存在弱工具变量问题。加之，IV-2SLS 的结果显示通过了 DWH 外生性检验，在 1% 的显著性水平下拒绝了解释变量外生的原假设，代表有理由采用工具变量法克服内生问题。综上，表 8-4 的实证结果显示，数字普惠金融发展对居民金融素养的影响均显著为正，说明数字普惠金融发展可以促进居民金融素养提升，从而验证了 H1。

表 8 - 4　数字普惠金融发展影响居民金融素养的估计结果

	OLS（1）金融素养	OLS（2）金融素养	OLS（3）金融素养	IV-2SLS（4）金融素养
总指数	0.040 1 *** （0.002 5）	0.021 2 *** （0.003 1）	0.012 3 *** （0.003 4）	0.004 4 *** （0.001 1）
年龄		−0.005 7 *** （0.002 0）	−0.007 4 *** （0.002 0）	−0.007 1 *** （0.002 0）
性别		−0.029 6 （0.052 0）	−0.013 0 （0.050 9）	−0.008 0 （0.050 8）
受教育年限		0.062 4 *** （0.007 4）	0.042 4 *** （0.007 8）	0.042 7 *** （0.007 7）
政治面貌		−0.083 2 （0.065 3）	−0.107 0 （0.065 3）	−0.107 4 * （0.065 0）
健康状况		0.105 8 ** （0.050 6）	0.068 8 （0.049 9）	0.062 9 （0.050 1）
婚姻状况		−0.119 7 * （0.062 0）	−0.153 8 ** （0.066 5）	−0.153 9 ** （0.066 6）
养老保险		0.085 0 （0.057 7）	0.038 6 （0.057 4）	0.041 4 （0.057 5）
医疗保险		0.097 7 （0.082 6）	0.054 7 （0.081 5）	0.060 0 （0.081 8）
家庭规模			−0.033 0 ** （0.014 5）	−0.031 7 ** （0.014 6）
家庭收入			0.036 4 （0.025 4）	0.035 9 （0.025 4）
家庭财富			0.105 0 *** （0.015 5）	0.103 2 *** （0.015 5）
地区虚拟变量	未控制	未控制	未控制	控制
常数项	−5.058 4 *** （0.321 5）	−3.058 8 *** （0.420 1）	−1.871 2 *** （0.462 5）	−1.718 6 *** （0.387 7）
Cragg - Donald Wald F 值				606.228
工具变量 T 统计量				123.78

（续）

	OLS（1）金融素养	OLS（2）金融素养	OLS（3）金融素养	IV-2SLS（4）金融素养
DWH 检验/P 值				36.321 7 (0.000 0)
N	1 536	1 536	1 536	1 536
R^2	0.127	0.205	0.235	0.227

注：括号外为边际效应，括号内是德尔塔方法（Delta-Method）计算出的标准差，***、**、* 分别表示在 1%、5% 和 10% 的显著性水平下显著。

8.4.2 数字普惠金融发展的不同维度对居民金融素养的影响

考虑到数字普惠金融发展是一个多维度的复合概念，因此有必要进一步分析各个维度对居民金融素养的影响。鉴于北京大学数字金融研究中心编制的数字普惠金融指数包括覆盖广度、使用深度和数字化程度三个维度，选取以上三个维度作为主要解释变量，运用两阶段最小二乘法进行回归，考察数字普惠金融的不同维度对居民金融素养的影响。

表 8-5 的第（1）～（3）列分别汇报了数字普惠金融覆盖广度、使用深度和数字化程度对居民金融素养影响的估计结果。（1）～（3）列的回归结果均在 1% 的水平下显著为正，其中，覆盖广度在促进居民金融素养提升的过程中的作用最大，数字化程度次之，使用深度的作用最小。造成上述结果的可能原因是覆盖广度作为国家推进普惠金融发展战略的前提条件，以广覆盖为核心目标，能够使更多长尾人群享受到数字金融发展带来的便捷，相应地会对居民金融素养产生更为明显的促进效果；数字化程度作为数字金融发展的主要驱动因素，使金融服务趋向于低成本与便利化，让个体居民能够充分享受到数字普惠金融服务，最终使其在频繁的"干中学"中提升自身的金融素养；使用深度代表了金融服务的实际使用情况，这一指数的统计口径在不断调整，且增速最慢（郭峰等，2020）。

表 8-5　数字普惠金融发展不同维度影响居民金融素养的估计结果

	IV-2SLS（1）金融素养	IV-2SLS（2）金融素养	IV-2SLS（3）金融素养
覆盖广度	0.010 3** (0.004 2)		

（续）

	IV-2SLS（1） 金融素养	IV-2SLS（2） 金融素养	IV-2SLS（3） 金融素养
使用深度		0.002 1***	
		(0.002 8)	
数字化程度			0.007 5***
			(0.002 6)
年龄	−0.007 6***	−0.005 8***	−0.007 5***
	(0.002 0)	(0.002 0)	(0.002 0)
性别	−0.020 9	0.039 1	−0.020 1
	(0.051 0)	(0.051 1)	(0.051 0)
受教育年限	0.044 6***	0.031 2***	0.044 3***
	(0.007 8)	(0.008 0)	(0.007 8)
政治面貌	−0.111 0*	−0.084 3	−0.110 5*
	(0.065 2)	(0.065 4)	(0.065 4)
健康状况	0.071 2	0.047 6	0.068 6
	(0.049 9)	(0.050 4)	(0.050 1)
婚姻状况	−0.155 5**	−0.142 0**	−0.155 4**
	(0.066 6)	(0.066 1)	(0.067 0)
养老保险	0.043 5	0.010 6	0.044 8
	(0.057 4)	(0.057 7)	(0.057 6)
医疗保险	0.047 4	0.103 0	0.050 1
	(0.081 6)	(0.081 8)	(0.081 8)
家庭规模	−0.037 0**	−0.011 0	−0.036 2**
	(0.014 5)	(0.015 0)	(0.014 5)
家庭收入	0.042 4*	0.002 2	0.040 9
	(0.025 4)	(0.026 4)	(0.025 4)
家庭财富	0.109 5***	0.080 1***	0.108 1***
	(0.015 4)	(0.015 8)	(0.015 4)
地区虚拟变量	控制	控制	控制
常数项	−1.364 7***	−4.021 3***	−2.659 5***
	(0.465 8)	(0.518 6)	(0.820 6)

（续）

	IV-2SLS（1） 金融素养	IV-2SLS（2） 金融素养	IV-2SLS（3） 金融素养
Cragg-Donald Wald F 值	573.627	1 666.75	1 110.57
工具变量 T 统计量	95.67	44.56	32.55
DWH 检验/P 值	2.919 8 (0.087 5)	33.944 1 (0.000 0)	36.321 7 (0.000 0)
N	1 536	1 536	1 536
R^2	0.229	0.227	0.223

注：括号外为边际效应，括号内是德尔塔方法（Delta-Method）计算出的标准差，***、**、*
分别表示在1%、5%和10%的显著性水平下显著。

8.4.3 作用机制分析

前文已经分析数字普惠金融对居民金融素养有何影响，在此基础上需要对
数字普惠金融对居民金融素养的影响机制做具体分析。目前经济学文献主流的
机制分析方法主要为传统中介效应模型，但应用中介效应模型进行机制分析无
法保证机制变量和被解释变量之间的严格外生从而容易导致估计偏误（江艇，
2022）。借鉴张勋等（2020）的机制分析思路，我们采取以下两个步骤验证理
论分析中提到的两个作用机制：第一步，直接使用解释变量对机制变量进行回
归；第二步，寻找核心解释变量通过机制变量来影响结果变量的证据，即检验
机制变量对被解释变量的影响效应，结果如表8-6所示。

首先，借鉴王修华等（2022）的做法，本章选用金融资产是否可得来衡量
居民的金融可得性，即用 CHFS2021 问卷中"家庭当期是否持有活期存款、
定期存款、股票、基金、金融理财产品、债券、衍生品、非人民币资产、贵金
属和其他金融资产中的任意一种"进行衡量，若持有则赋值为1，反之为0。
表8-6的第（1）列为数字普惠金融发展对居民金融可得性影响的回归结果。
结果显示数字普惠金融发展能够显著提升居民金融可得性，反映了随着数字普
惠金融的发展，居民的金融可得性大大提高。进一步地，使用 OLS 模型检验
金融可得性与居民金融素养的关系。第（3）列的回归结果显示，金融可得性
能够显著促进居民金融素养的提升。鉴于上述，数字普惠金融发展通过增加金
融可得性对居民金融素养产生了积极作用。

其次，沿袭吴雨等（2021）的变量构建思路，我们选取 CHFS2021 问卷

中询问受访者对经济、金融信息的关注情况的相关问题来构建金融信息获取变量。若受访者对"平时对经济、金融信息关注度如何"这一问题的回答为关注，则金融信息获取变量取值为1，反之则为0。表8-6的第（2）列为数字普惠金融发展对居民金融信息获取影响的 IV-2SLS 回归结果。结果显示，数字普惠金融发展显著提升了居民对经济、金融信息的关注度，进而促进了的金融信息获取。此外，我们进一步运用 OLS 模型考察金融信息获取对居民金融素养的影响，由表8-6的第（4）列的回归结果可知，金融信息获取对居民金融素养的影响是正向且显著的。综上可知，促进金融信息获取是数字普惠金融影响居民金融素养的重要机制。

表 8-6　数字普惠金融发展对居民金融素养影响机制的检验结果

	IV-2SLS（1）	IV-2SLS（2）	OLS（3）	OLS（4）
	金融可得性	金融信息获取	金融素养	金融素养
总指数	0.006 1**	0.008 4**		
	(0.002 4)	(0.004 2)		
金融可得性			0.060 6**	
			(0.029 6)	
金融信息获取				0.198 1***
				(0.023 1)
年龄	−0.012 4***	−0.001 2	−0.007 6***	−0.008 0***
	(0.002 0)	(0.002 3)	(0.002 0)	(0.001 9)
性别	0.049 6	−0.006 5	−0.047 1	−0.039 5
	(0.046 9)	(0.058 6)	(0.050 4)	(0.049 2)
受教育年限	0.030 6***	0.062 3***	0.046 0***	0.035 0***
	(0.006 8)	(0.009 0)	(0.007 8)	(0.007 8)
政治面貌	−0.024 5	−0.009 4	−0.123 1*	−0.120 8*
	(0.053 3)	(0.074 6)	(0.065 0)	(0.062 4)
健康状况	0.011 9	0.083 1	0.081 0	0.063 9
	(0.044 4)	(0.054 4)	(0.049 9)	(0.048 9)
婚姻状况	−0.537 8***	−0.128 7*	−0.128 9*	−0.135 1**
	(0.089 0)	(0.076 5)	(0.070 2)	(0.065 9)
养老保险	0.073 7*	0.109 1*	0.048 5	0.029 8
	(0.038 1)	(0.061 1)	(0.057 6)	(0.056 0)

（续）

	IV-2SLS（1）金融可得性	IV-2SLS（2）金融信息获取	OLS（3）金融素养	OLS（4）金融素养
医疗保险	0.140 1*** (0.048 9)	0.041 8 (0.088 9)	0.020 3 (0.081 4)	0.023 4 (0.077 5)
家庭规模	−0.174 7*** (0.013 0)	−0.029 2 (0.019 0)	−0.032 8** (0.015 4)	−0.036 5** (0.014 4)
家庭收入	0.047 9** (0.023 9)	0.084 1*** (0.028 9)	0.052 5** (0.025 0)	0.036 7 (0.024 5)
家庭财富	0.039 9*** (0.013 1)	0.075 8*** (0.018 1)	0.115 6*** (0.015 1)	0.101 6*** (0.015 0)
地区虚拟变量	控制	控制	控制	控制
常数项	0.941 2*** (0.309 5)	−0.052 3 (0.557 1)	−0.435 1** (0.186 6)	−0.529 2*** (0.177 1)
Cragg−Donald Wald F 值	606.23	606.23		
工具变量 T 统计量	123.78	123.78		
DWH 检验/P 值	0.985 4 (0.320 9)	10.983 0 (0.000 0)		
N	1 536	1 536	1 536	1 536
R^2	0.342	0.199	0.230	0.266

注：括号外为边际效应，括号内是德尔塔方法（Delta-Method）计算出的标准差，***、**、* 分别表示在1%、5%和10%的显著性水平下显著。

8.5 稳健性检验与拓展性分析

8.5.1 稳健性检验

前文的表8-4与表8-5的实证结果表明了不管是数字普惠金融总指标还是二级指标都对居民金融素养有显著的正向影响，为了验证上述结果的稳健性，本节将采用多种方式进行检验。

8.5.1.1 对于反向因果和遗漏变量导致的内生性问题的进一步讨论

尽管前文借鉴经典文献的做法，采用了工具变量法来缓解基准模型中由于反向因果和遗漏变量而导致的内生性问题，但依然无法完全排除工具变量会通过其他渠道影响居民的金融素养水平。鉴于上述，参考 Conley 等（2012）提出的近似零方法（LTZ），基于工具变量是近似外生的假定，通过放松工具变量的排他性约束条件，检验工具变量估计结果的稳健性。表8-7的第（1）列汇报了LTZ方法的估计结果，结果表明，在近似外生的情形下，数字普惠金融依然对居民金融素养有显著的正向影响。因此，在放松对工具变量的排他性约束条件后，本章的研究结论依然保持稳健。

进一步地，本章拟用更换工具变量的方式来验证前文结果的稳健性。其一，借鉴张勋等（2020）的工具变量构建思路，选用居民所在地级市到省会的球面距离与全广东省（除本市）地级市数字普惠金融发展水平均值的交乘项作为数字普惠金融的工具变量。显然，此工具变量与受访居民所在地区的数字普惠金融发展程度具备相关性。首先，省会城市作为一个区域的经济、金融及科技中心，其数字普惠金融发展处于领先位置，可以预期，在地理上距离省会城市越近，数字普惠金融的发展程度应越好。其次，受访户所在地级市与省会城市的距离与其金融素养水平并无直接关联，工具变量的排他性要求近似满足。进一步地，我们也控制了受访居民所在地区的哑变量，尽可能地减少遗漏变量，使地理距离变量更加外生。表8-7的第（2）列使用了上述工具变量进行回归，结果显示，数字普惠金融发展对居民金融素养的影响依然显著为正，进一步证明了本章研究结论的稳健性。

表8-7　稳健性检验：近似零方法（LTZ）与更换工具变量

	LTZ（1）金融素养	IV（2）金融素养
总指数	0.004 1***(0.001 0)	0.035 9***(0.005 6)
年龄	-0.007 0***(0.002 2)	0.001 3(0.003 1)
性别	0.009 2(0.005 1)	0.253 7***(0.080 8)
受教育年限	0.043 5**(0.008 3)	0.004 6(0.012 3)
政治面貌	-0.107 2(0.065 2)	0.017 6(0.089 5)
健康状况	0.064 2(0.005 3)	-0.073 3(0.072 1)

（续）

	LTZ（1）金融素养	IV（2）金融素养
婚姻状况	−0.154 (0.067 1)	−0.099 2 (0.088 9)
养老保险	0.041 0 (0.057 2)	−0.043 2 (0.078 5)
医疗保险	0.060 1 (0.082 2)	0.286 2** (0.117 4)
家庭规模	−0.007 0*** (0.002 2)	0.053 3** (0.024 2)
家庭规模	−0.032 2** (0.015 1)	−0.106 3** (0.043 7)
家庭收入	0.036 4 (0.025 1)	0.192 3 (0.055 6)
家庭财富	0.103*** (0.015 4)	−0.004 4 (0.028 0)
地区虚拟变量	控制	控制
常数项		−11.517 7*** (1.737 9)
Cragg‐Donald Wald F 值		3 129.52
工具变量 T 统计量		−67.67
DWH 检验/P 值		7.577 1 (0.005 9)
N	1 536	1 536
R^2		0.211 6

注：括号外为边际效应，括号内是德尔塔方法（Delta-Method）计算出的标准差，***、**、* 分别表示在1%、5%和10%的显著性水平下显著。

8.5.1.2 对于自选择导致的内生性问题的讨论

前文已运用多种方法验证了基准回归结果的稳健性，但这并未规避样本自选择问题带来的估计偏误，即数字普惠金融与受访居民样本并非是随机选择的。因此，为克服可能存在的样本选择偏误，本章进一步采用双稳健估计的IPWRA（Inverse Probability Weighting estimator with Regression-adjustment）模型考察数字普惠金融对居民金融素养的影响效应，以验证研究结论是否稳健。IPWRA 模型作为 IPW 模型与 RA 模型的结合，只需要两者之一被正确设定即能获得待估计参数的一致估计，并能够通过逆概率赋权的方法消减自选择偏差带来的估计偏误（柳松等，2020）。此外，为了进行对比分析，我们也使用了 IPW 模型和 RA 模型进行估计。由表 8-8 可知，在三种不同的估计方法下，数字普惠金融对居民金融素养水平提升依然有显著的促进作用。由此可知，在克服样本自选择问题后，本章的基准研究结论依旧稳健。

表 8-8　稳健性检验：对于自选择导致的内生性问题的讨论（IPWRA 模型）

| | IPW（1） | RA（2） | IPWRA（3） |
	金融素养	金融素养	金融素养
总指数（高于均值 VS 低于均值）	0.486 4*	0.314 3***	0.314 3***
	(0.283 1)	(0.116 6)	(0.116 6)
控制变量	控制	控制	控制
N	1 536	1 536	1 536

注：括号外为 ATT 的估计值，括号内为稳健标准误；＊＊＊、＊＊、＊分别表示在 1%、5% 和 10% 的显著性水平下显著。

8.5.1.3　替换核心变量

前文实证分析的核心解释变量是基于宏观视角选取的数字普惠金融指数作为数字普惠金融的代理变量进行分析，但宏观的数字普惠金融指标难以刻画居民的数字金融使用行为。为检验结论的稳健性，本章进一步将核心解释变量替换为微观层面的数字金融指标。参考刘涛和伍骏骞（2023）的做法，从数字支付、数字理财、数字借贷三个角度切入，在 CHFS2021 问卷中选取相关问题构造数字金融使用指标。第一，数字支付使用。若受访居民使用了支付宝、微信支付、京东网银钱包、百度钱包等第三方支付账户，则被认为使用了数字支付服务。第二，数字理财使用。若受访居民通过 APP、网页、第三方平台等数字平台购买理财产品，则被判定为存在数字理财行为。第三，数字借贷使用。若受访居民在借贷的相关问题中回答存在网络借款或借出款，即被视为使用了数字借贷活动。在以上问题中，若受访居民使用了数字支付、数字理财及数字借贷中的任意一项，则认为该居民使用了数字金融，则数字金融使用变量赋值为 1，否则为 0。考虑到模型可能存在的内生性问题，本章参考张勋和万广华（2016）的工具变量构建思路，以同一社区内除自身以外其他居民的数字金融使用的平均概率作为工具变量。理论上，个体的行为决策会受到"同群效应"的影响，因此，二者是相关的。另一方面，同一社区除自身以外的其他居民的平均数字金融使用水平并不会直接影响到自身的金融素养水平，从而满足了工具变量的外生性要求，因此，该工具变量理论上可行。综上所述，选取同一社区内除自身以外其他居民的数字金融使用的平均概率作为数字金融的工具变量是合理的，在后文也将进一步通过相关计量检验证明工具变量的有效性。此外，考虑到可能由于金融素养测度方式不同导致回归结果的差异，采用更换金融素养的测度方式来验证基准回归结果的稳健性。参考吴卫星等（2021）的研究，使用累加法重新计算金融素养（FL）变量，并运用 OLS 模型与工具变量法对前文结论进行再次验证。上述两种稳健性检验的回归结果如表 8-9 所示，由此也证明了前文回归结果是稳健的。

表 8-9　稳健性检验：替换核心变量

	OLS（1）金融素养	IV-2SLS（2）金融素养	OLS（3）金融素养	IV-2SLS（4）金融素养
总指数	0.006 0*** (0.001 7)	0.007 2*** (0.001 9)		
数字金融使用			0.310 5*** (0.070 8)	0.703 1*** (0.208 5)
年龄	−0.004 8*** (0.001 0)	−0.004 7*** (0.001 0)	−0.005 6*** (0.002 1)	0.002 7 (0.002 6)
性别	−0.007 7 (0.025 2)	−0.004 7 (0.025 1)	0.160 6*** (0.051 6)	−0.004 9 (0.027 4)
受教育年限	0.018 8*** (0.004 0)	0.018 3*** (0.004 0)	0.014 5* (0.007 5)	0.010 5** (0.005 3)
政治面貌	−0.008 2 (0.033 6)	−0.006 5 (0.033 5)	−0.164 0** (0.064 6)	−0.019 3 (0.034 7)
健康状况	0.039 3 (0.024 6)	0.038 1 (0.024 6)	0.029 8 (0.048 8)	0.004 9 (0.029 2)
婚姻状况	−0.094 0*** (0.031 2)	−0.093 2*** (0.031 1)	−0.086 0 (0.070 4)	−0.120 0*** (0.035 3)
养老保险	0.009 3 (0.028 6)	0.007 9 (0.028 5)	0.035 0 (0.056 8)	−0.000 3 (0.030 5)

（续）

	OLS（1）	IV-2SLS（2）	OLS（3）	IV-2SLS（4）
	金融素养	金融素养	金融素养	金融素养
医疗保险	0.012 7	0.015 2	0.028 1	0.021 7
	(0.039 7)	(0.039 6)	(0.083 0)	(0.041 0)
家庭规模	−0.010 9	−0.009 9	−0.009 6	−0.043 4***
	(0.006 9)	(0.006 9)	(0.014 9)	(0.011 3)
家庭收入	0.027 6**	0.025 7**	0.000 8	0.026 1*
	(0.012 8)	(0.012 8)	(0.026 2)	(0.013 7)
家庭财富	0.052 0***	0.050 7***	0.064 2***	0.036 0***
	(0.007 6)	(0.007 6)	(0.015 2)	(0.010 3)
地区虚拟变量	控制	控制	控制	控制
常数项	−0.361 5	−0.505 9**	1.291 7***	−0.240 5
	(0.233 4)	(0.247 0)	(0.185 5)	(0.202 9)
Cragg - Donald Wald F 值		51.19		606.23
工具变量 T 统计量		6.63		123.78
DWH 检验/P 值		10.040 3		33.875 9
		(0.001 5)		(0.000 0)
N	1 536	1 536	1 536	1 536
R^2	0.250	0.250	0.109	0.120

注：括号外为边际效应，括号内是德尔塔方法（Delta-Method）计算出的标准差，***、**、*分别表示在1%、5%和10%的显著性水平下显著。

8.5.2　拓展性分析

上文对数字普惠金融和居民金融素养关系的讨论主要是基于总体与平均意义上的，有必要进一步探究数字普惠金融对不同居民群体金融素养的作用差异。因此，本章进一步考察了数字普惠金融对异质性居民金融素养的影响效应。

8.5.2.1　区域异质性

改革开放以来，广东经济发展迅速，以珠三角为经济增长龙头带动广东经济腾飞，使广东成为中国区域经济增长最快、经济发展水平最高的省区之一，但其区域内部的发展差距也不容忽视。由此引发的学术问题是，数字普惠金融发展对居民金融素养的提升效应是否同样具有地区差异呢？为此，本章分别从城乡差异和区位差异对总样本进行分组回归。表 8－10 的结果表明，与经济欠发达地区（农村地区、非珠三角地区）的居民相比，数字普惠金融的发展对经济发达地区（城镇地区、珠三角地区）居民金融素养的提升效果更强，且均通过了数字普惠金融指数系数的差异性 Fisher 检验，说明了尽管数字普惠金融发展对居民金融素养水平具有显著促进效应，但提升效应在区域间仍存有较大差距。造成上述现象的原因可能是区域间个体居民的物质资本以及人力资本禀赋并不均衡，经济发达地区（城镇地区、珠三角地区）的个体居民拥有的物质资本与人力资本的程度更高，居民有更好的条件享受数字普惠金融服务，从而数字普惠金融促进居民金融素养提升的边际效应更强。相反，经济不发达地区（农村地区、非珠三角地区）的个体居民由于较低物质资本而形成的"财富门槛"以及低人力资本累积造成的"知识鸿沟"使其难以享受数字普惠金融带来的数字红利（王修华等，2020），不利于数字普惠金融作用的发挥。

表 8－10　数字普惠金融与居民金融素养：不同地区的异质性

	IV-2SLS（1） 城镇	IV-2SLS（2） 农村	IV-2SLS（3） 珠三角地区	IV-2SLS（4） 非珠三角地区
总指数	0.021 8** (0.009 2)	0.012 2*** (0.004 2)	0.377 1*** (0.056 7)	0.029 8** (0.012 3)
年龄	−0.006 9** (0.003 3)	−0.007 5*** (0.002 5)	−0.002 4 (0.003 8)	−0.007 1** (0.002 8)
性别	0.102 7 (0.099 8)	−0.041 1 (0.059 7)	0.118 1 (0.105 9)	0.007 5 (0.065 0)
受教育年限	0.036 5*** (0.013 6)	0.042 1*** (0.009 7)	0.018 2 (0.015 3)	0.046 8*** (0.011 8)
政治面貌	0.041 5 (0.122 7)	−0.183 5** (0.076 5)	0.097 9 (0.136 3)	−0.090 4 (0.085 7)
健康状况	0.042 9 (0.083 7)	0.071 5 (0.062 4)	0.091 8 (0.092 4)	0.031 3 (0.069 3)
婚姻状况	−0.231 7** (0.113 7)	−0.080 0 (0.080 9)	−0.039 9 (0.121 7)	−0.142 0 (0.096 5)
养老保险	−0.082 6 (0.082 2)	0.140 0* (0.079 0)	−0.123 1 (0.095 9)	0.007 1 (0.098 4)

（续）

	IV-2SLS（1）城镇	IV-2SLS（2）农村	IV-2SLS（3）珠三角地区	IV-2SLS（4）非珠三角地区
医疗保险	0.203 7* (0.116 7)	−0.091 1 (0.113 0)	0.169 1 (0.136 5)	0.015 4 (0.123 9)
家庭规模	−0.011 7 (0.022 8)	−0.046 0** (0.019 1)	−0.002 6 (0.025 5)	−0.064 8** (0.025 7)
家庭收入	0.031 0 (0.049 5)	0.034 2 (0.029 7)	−0.040 9 (0.054 0)	0.057 9* (0.031 8)
家庭财富	0.102 7*** (0.028 7)	0.101 6*** (0.018 6)	0.147 9*** (0.030 5)	0.072 6*** (0.021 3)
常数项	−3.151 3*** (1.176 8)	−1.751 9*** (0.581 3)	−5.515 6*** (6.779 0)	−4.065 2** (1.639 8)
Fisher's test（p 值）	0.00		0.07	
Cragg-Donald Wald F 值	394.00	168.01	299.43	78.82
工具变量 T 统计量	81.70	49.88	30.85	9.12
DWH 检验/P 值	0.148 1 (0.700 3)	5.139 0 (0.023 4)	0.023 2 (0.878 9)	46.351 8 (0.000 0)
N	586	950	810	726
R^2	0.136	0.242	0.192 3	0.206

注：括号外为边际效应，括号内是德尔塔方法（Delta-Method）计算出的标准差，***、**、* 分别表示在 1%、5% 和 10% 的显著性水平下显著。

8.5.2.2　数字普惠金融促进居民金融素养提升的前置条件

基于上文分析，数字普惠金融对居民金融素养的促进作用的发挥可能受到"财富门槛""知识鸿沟"的限制。因此，下文拟从上述两个视角出发，识别实现数字普惠金融发展促进居民金融素养提升效果的前置条件，从而为国民金融教育的推进与居民金融素养的普及提供可能的启示。

①物质资本。家庭财富是影响家庭投资行为的最主要因素，也是制约家庭是否参与金融市场的重要门槛（路晓蒙等，2019）。为探究数字普惠金融促进居民金融素养提升的"财富门槛"是否存在，本章以样本居民财富水平的中位数为界，将总样本分为高财富水平居民与低财富水平居民两个子样本进行分组回归。表 8-11 的第（1）列与第（2）列的结果表明，与低财富水平的家庭户

主相比，数字普惠金融对于财富水平更高的家庭户主的金融素养提升效应更大，且在1％的显著性水平下通过了数字金融发展指数系数的差异性Fisher检验，这说明了数字普惠金融促进居民金融素养提升存在"财富门槛"。其可能的解释是金融市场上出现的许多数字普惠金融产品都有投资门槛限制，而与低财富居民相比，高财富居民不会受限于投资门槛，进而其参与数字金融活动的频率更高，金融知识与投资经验累积得更快。

②人力资本。人力资本作为新的生产要素在数字经济时代的作用愈显重要，为验证人力资本差异是否会影响数字普惠金融对居民金融素养的促进效果，本章以样本居民的受教育程度中位数为划分标准，将总样本分为高受教育程度居民与低受教育程度居民两个子样本进行分组回归。表8-11的第（3）列与第（4）列的结果表明，相较于低受教育程度居民，数字普惠金融对高受教育程度居民的金融素养提升效果更强，且在10％的显著性水平下通过了数字普惠金融指数系数的差异性Fisher检验，这说明了数字普惠金融促进居民金融素养提升存在"知识鸿沟"。造成以上现象的可能原因是居民受教育水平越高，人力资本积累程度越高，对数字普惠金融服务和产品的接受能力越强（斯丽娟，2019），因而相较于低受教育程度的居民，高受教育程度的居民在数字金融参与过程中金融素养提升速率更快。

表8-11　数字普惠金融促进居民金融素养提升的前置条件：物质资本与人力资本

	IV-2SLS（1）高物质资本	IV-2SLS（2）低物质资本	IV-2SLS（3）高人力资本	IV-2SLS（4）低人力资本
总指数	0.024 2***	0.009 3	0.016 8***	0.014 4***
	(0.005 4)	(0.005 3)	(0.005 5)	(0.005 1)
年龄	−0.005 1*	−0.007 9***	−0.006 3**	−0.007 5***
	(0.002 7)	(0.003 0)	(0.002 9)	(0.002 7)
性别	0.050 3	−0.069 0	−0.029 8	0.001 3
	(0.077 8)	(0.064 4)	(0.066 6)	(0.073 8)
受教育年限	0.034 5***	0.052 3***	0.007 9	0.039 6***
	(0.010 6)	(0.011 6)	(0.019 4)	(0.013 5)
政治面貌	−0.022 8	−0.154 2**	−0.063 0	−0.143 8
	(0.114 5)	(0.076 9)	(0.079 1)	(0.119 1)
健康状况	0.026 2	0.087 8	0.113 0	0.035 3
	(0.074 1)	(0.067 5)	(0.071 3)	(0.068 4)

（续）

	IV-2SLS（1） 高物质资本	IV-2SLS（2） 低物质资本	IV-2SLS（3） 高人力资本	IV-2SLS（4） 低人力资本
婚姻状况	−0.208 0**	−0.081 0	−0.187 9**	−0.155 1
	(0.091 7)	(0.093 6)	(0.094 2)	(0.095 0)
养老保险	−0.005 2	0.061 4	0.108 0	0.008 8
	(0.073 8)	(0.090 7)	(0.105 5)	(0.068 4)
医疗保险	0.064 9	0.086 6	−0.026 6	0.112 0
	(0.100 9)	(0.137 6)	(0.140 9)	(0.100 1)
家庭规模	−0.031 5	−0.036 3*	−0.040 6*	−0.027 1
	(0.020 8)	(0.020 6)	(0.024 6)	(0.018 8)
家庭收入	0.047 6	0.036 4	0.043 2	0.033 6
	(0.047 8)	(0.030 5)	(0.032 2)	(0.040 3)
家庭财富	0.169 0***	0.031 9	0.080 2***	0.118 8***
	(0.031 7)	(0.031 8)	(0.023 9)	(0.020 4)
常数项	−3.549 2***	−1.236 3*	−1.866 0**	−2.198 3***
	(0.720 7)	(0.690 9)	(0.766 4)	(0.676 5)
Fisher's test（p 值）	0.00		0.06	
Cragg‐Donald Wald F 统计量	291.05	241.13	223.77	320.48
工具变量 T 统计量	68.60	67.38	60.05	77.75
DWH 检验/P 值	0.196 8	7.728 0	0.288 2	3.670 1
	(0.657 2)	(0.005 4)	(0.591 3)	(0.005 5)
N	768	768	627	909
R^2	0.157	0.170	0.178	0.120

注：括号外为边际效应，括号内是德尔塔方法（Delta-Method）计算出的标准差，***、**、*分别表示在1%、5%和10%的显著性水平下显著。

8.6 研究结论与政策蕴涵

在居民金融素养亟需提升的背景下，针对现有研究缺乏从数字普惠金融视角探讨居民金融素养提升路径的事实，本章基于中国家庭金融调查（CHFS）的广东省调研数据，从理论和实证两方面综合分析了数字普惠金融对居民金融素养的影响效应与作用机制。同时，运用工具变量法较好地克服了研究中存在的内生性问题，并使用倾向得分匹配法、替换核心变量和细分数字普惠金融指标等方法进行了稳健性检验。进一步地，基于居民自身的特征，通过分组回归探讨了数字普惠金融促进居民金融素养提升的前置条件。研究发现：第一，数字普惠金融对居民金融素养具有显著的正向影响；第二，数字普惠金融主要通过提高金融可得性以及促进金融信息获取来促进居民金融素养水平的提升；第三，在考察数字普惠金融对提升居民金融素养发挥效用的前置条件时，发现数字普惠金融对于跨越"财富门槛"、消弭"知识鸿沟"的居民的金融素养提升促进效果更强。

显然，本章的主要结论具有多重政策含义。首先，应当充分意识到发展数字金融并利用其普惠性金融禀赋是提升居民金融素养水平的有效渠道，对于引导广大民众理性投资、提升居民金融福祉具有重要推动作用。因此，各级政府部门应采取有效措施，大力推动数字普惠金融发展。一方面，应积极完善数字基础设施建设，进而让更多居民享受到数字普惠金融发展带来的红利；另一方面，应制定有针对性的政策，鼓励金融机构向农村长尾人群提供数字金融产品与服务。

其次，考虑到在经济发达地区（城镇地区、珠三角地区），在物质资本更多、受教育程度更高的居民群体中，数字普惠金融对其金融素养的提升作用更大，就提升居民金融素养和实现乡村全面振兴的长远目标而言，政府应该引导各地金融机构针对该地区个体居民的特征，开发具有针对性的数字普惠金融产品和服务，做到产品服务与居民偏好的匹配，进而更大程度地释放数字普惠金融发展带来的作用效应。尤其应侧重推动数字普惠金融在弱势人群中的普及与运用，让其既能享受数字普惠金融服务带来的便利，又能潜移默化地提升金融素养水平。

最后，鉴于数字普惠金融对金融素养水平的提高除直接作用效应外，还存在着显著的间接作用效应，其作用机制主要表现为提高金融可得性及促进金融信息获取。因此，政府应在继续扩展数字普惠金融覆盖广度的基础上，进一步提高数字普惠金融的使用深度，弥合数字普惠金融的"使用鸿沟"，提高居民的金融可得性。同时，政府还应注重丰富居民获取信息的途径和提升居民的信息搜索能力，激发民众学习金融的兴趣与动力。显然，这些对于培育新时代公民乃至最终实现中国式现代化都具有重要的政策意义。

9 数字普惠金融对广东居民家庭金融资产配置的影响及作用机制 ///////////////

随着家庭财富的日益积累，金融行业日新月异，家庭资产配置行为尤其是家庭金融资产选择受到学术界的广泛关注。而匮乏的金融资产投资知识和单一化的资产配置选择使居民家庭金融资产配置难成为新时期制约居民财富积聚的重要因素。数字普惠金融的兴起为居民大众参与金融市场提供了一条便捷的途径。因此，本章将基于 2021 年中国家庭金融调查（CHFS）的广东省调研数据，从居民金融市场参与意愿、金融资产占比等两个层面入手，采用二元 Probit 模型、Tobit 方法以及工具变量法考察数字普惠金融对居民家庭金融资产配置的影响及作用机制，并按地区、物质资本、人力资本分组进行检验，以期能够从微观数据中洞察数字普惠金融促进居民家庭金融资产配置优化的内涵。

9.1 引言及文献述评

后脱贫时代下，提升居民收入和增加家庭财富成为我国扎实推进共同富裕的必然选择。党的二十大提出"探索多种渠道增加中低收入群众要素收入，多渠道增加城乡居民财产性收入"，而金融资产作为家庭财富中最有活力的一部分，优化家庭金融资产结构，提高金融投资效率，正是提高居民财产性收入，实现家庭财富积聚的重要途径。金融市场体系作为社会经济中重要的组成部分，在经过改革开放 40 多年的市场化发展之后，金融产品日新月异，金融服务质量不断提升。与此同时，我国居民的私人财富也在不断地积累，据相关统计资料，2018 年我国私人财富总额达 23.6 万亿美元，全球排名第二[①]。尽管我国居民收入持续增长、财富水平不断积累，但大部分家庭仍以低风险、低收益的储蓄为主要投资手段，居民金融市场参与率低下。甘犁等（2019）运用

---

① 《2019 年全球财富迁移评估报告》，由亚非银行（AfrAsia Bank）和 New World Wealth 共同发布。

CHFS 数据进行分析，发现中国家庭的股票市场参与率仅为 9.4%，与西方发达国家相比，中国家庭金融市场有限参与的现象尤为突出。而未参与金融市场的居民家庭易错过享受资本红利的机会，不利于其增收致富。因此，深入研究我国居民金融市场"有限参与"之谜，探寻如何破解居民大众参与金融市场的限制与瓶颈，对激发金融市场活力，促进普惠金融健康发展，进而推进全体人民共同富裕具有重要的战略和现实意义。

信息不对称问题难以解决是制约我国普惠金融发展的主要原因之一（汪昌云等，2014），究其本质是技术创新不足导致的金融市场供需不匹配（董晓林和朱敏杰，2016）。得益于近年来新兴科技的快速发展，数字信息技术与金融业态深度融合，数字普惠金融应运而生，为破除上述普惠金融发展的桎梏提供了新的可行思路（傅秋子和黄益平，2018）。数字普惠金融的快速兴起与迅速发展极大地补充了我国传统金融制度尚未完善之处，依赖于大数据、云计算、区块链的数字普惠金融在服务农村居民和小微企业等弱势群体上具有天然的优势，进一步拓展了普惠金融服务的渗透深度和覆盖范围，是我国普惠金融发展的重要驱动力（郭峰等，2020）。进而言之，聚焦于微观居民层面，数字普惠金融突破了传统金融交易对线下网点的依赖，为居民提供了便捷、低廉、安全的金融产品与服务，极有可能对其金融行为产生潜在影响，由此引发的学术问题是，数字普惠金融会对居民家庭金融资产配置产生何种影响？是否存在异质性特征？其中的作用机制是什么？

通过对相关文献的梳理，发现与本章主题紧密相关的文献主要涉及两个方面：数字普惠金融发展的经济效应和居民家庭金融资产配置的影响因素。就数字普惠金融发展的经济效应而言，已有文献从宏观与微观两个层面进行了大量探讨。首先，从宏观视角出发，学者们发现数字普惠金融发展对经济增长（张勋等，2019）、产业结构优化（李海奇和张晶，2022）、地区全要素生产率提升（唐松等，2019）、缩小城乡收入差距（周利等，2020）以及实体经济高质量发展（薛莹和胡坚，2020）具有显著的促进作用。其次，也有研究从微观视角切入，探讨了数字普惠金融发展的微观经济效应，得出数字普惠金融在缓解企业融资约束（任晓怡，2020）、助力企业创新（万佳彧等，2020）、赋能消费升级（易行健和周利，2018；张勋等，2020）等方面具有不容忽视的作用。

关于家庭金融资产配置的影响因素，现有文献既有从家庭房产（Munk，2020）、背景风险（何兴强等，2009）、社会互动（Guo et al.，2015）、受教育程度（吴卫星和齐天翔，2007）、金融知识（尹志超等，2014）、健康状况

（Cardak and Wilkins，2009）、生命周期（吴卫星和吕学梁，2013）、心理偏好（SHUM and FAIG，2006）、性别（Zaccaria and Guiso，2023）、婚姻状况（Agnew et al.，2003）及外出务工行为（葛永波和陈虹宇，2022）等微观投资者角度出发进行探究，也有从金融市场的摩擦成本（Vissing，2002；Brown and Smith，2011）等宏观市场环境的视角切入进行研究。最后，与本章关系最为密切的一类文献主要讨论了数字普惠金融与家庭金融资产配置的关系，其研究发现，数字普惠金融能够显著促进居民参与金融市场，并增加风险金融资产持有比例（周雨晴和何广文，2020；张浩等，2022）。

概而论之，已有的相关研究为本章提供了良好的学术积淀，但仍存在一些不足。第一，现有研究更多关注数字普惠金融发展的经济效应，鲜有研究从金融行为的视角出发，深入探究数字普惠金融发展对居民家庭金融资产配置的影响及作用机制。在有所涉及的文献中，大多采用实证分析的方法，未能严谨地厘清数字普惠金融发展影响居民家庭金融资产配置行为的理论机制。第二，以往探讨数字普惠金融发展与居民家庭金融资产配置关系的实证文献未能解决数字普惠金融发展的内生性问题，或仅把内生性处理作为稳健性检验，实证结论的信效度存疑。第三，虽已有研究数字普惠金融与居民金融资产配置的文献，但尚未就数字普惠金融对居民家庭金融资产配置的异质性影响效应进行深入探讨。

鉴于上述，本章针对数字普惠金融蓬勃发展和居民家庭金融资产配置亟待优化的客观现实，利用北京大学数字金融研究中心编制的数字普惠金融指数与中国家庭金融调查（CHFS）的广东省样本集进行匹配，深入探讨了数字普惠金融对居民家庭金融资产配置的影响效应与作用机制，其可能的边际贡献主要表现为：首先，本章构建了一个数字普惠金融发展与居民家庭金融资产配置关系的跨期决策模型，这是本章的理论贡献。其次，本章在研究数字普惠金融与居民家庭金融资产配置的关系时，将内生性问题的处理贯穿整项研究，重点克服了数字普惠金融发展可能存在的内生性问题，以保证实证结果的可信性，这是本章实证方面的贡献。最后，本章从区域、家户特征切入，考察数字普惠金融发展对居民家庭金融资产配置的异质性影响，阐释了数字普惠金融发展促进居民家庭金融资产配置优化的内涵。

本章其余部分结构安排如下：第二部分为理论模型与研究假说；第三部分是数据来源与研究设计，其中包括数据、变量与方法说明；第四部分为实证结果与分析；第五部分为稳健性检验与拓展性分析；第六部分为研究结论与政策蕴涵。

9.2　理论分析与研究假说

本研究基于 Campbell 和 Viceira（2002）的模型构建思路，建立一个简单的居民家庭跨期金融投资决策模型，进而推导出金融科技发展对居民家庭金融资产配置的影响效应。

在跨期模型中个体居民家庭仅存续两期，假设该家庭在第 T 期进行金融资产配置，其中包括无风险金融资产与风险金融资产，且主观贴现因子为 1。在下一期其将所有投资所获的财富用于消费，假设个体居民家庭财富满足对数正态分布，并且效用函数满足 CRRA 的形式，则该居民投资的最优化问题为：

$$\max \frac{E_T(W_{T+1}^{1-\gamma})}{1-\gamma} \tag{9-1}$$

其中，W_{T+1} 为个体居民家庭第 $T+1$ 期的总财富，γ 是相对风险回避系数。

效用函数满足跨期预算约束：

$$\text{s.t. } W_{T+1}=(1+R_{P,T+1})(W_T-F_T) \tag{9-2}$$

其中，W_{T+1} 是个体居民家庭在 $T+1$ 期获得的总财富；W_T 为其在第 T 期进行金融资产配置的投资总额；F_T 是当个体家庭选择进入金融市场进行金融资产配置时所要克服的交易成本；$R_{P,T+1}$ 是该家庭持有的投资组合的收益率。

且在幂效用函数和收益率对数正态分布的假设下，预算约束条件可改为对数形式：

$$W_{T+1}=r_{p,T+1}+\log(W_T-F_T) \tag{9-3}$$

在这里投资组合的对数收益率 $r_{p,T+1}=\log(1+R_{P,T+1})$。

由于对数正态随机变量 X 的预期值满足以下条件：

$$\log E_T X_{T+1}=E_T \log X_{T+1}+\frac{1}{2}Var_T \log X_{T+1}=E_T X_{T+1}+\frac{1}{2}\sigma_{x,T}^2 \tag{9-4}$$

因此，我们可将公式（9-1）改写为：

$$\max\{\log[E_T(W_{T+1}^{1-\gamma})]\}=\max\left[(1-\gamma)E_T(W_{T+1})+\frac{1}{2}(1-\gamma)^2\sigma_{w,T}^2\right] \tag{9-5}$$

其中，$\sigma_{w,T}^2$ 是财富对数的方差，另将公式（9-5）除以（$1-\gamma$）并代入公式（9-3），则最优化问题被重新表述为：

$$\max\left[E_T(r_{p,T+1})+\frac{1}{2}(1-\gamma)\sigma_{p,T}^2\right] \qquad (9-6)$$

其中，$\sigma_{p,T}^2$ 是投资组合对数收益率的方差。

在完成最优化问题的效用函数变换以后，发现要求得该模型最优解的关键在于 $r_{p,T+1}$。对于投资者来说，可在第 T 期进行自由组合投资，包括无风险性金融资产投资和风险性金融资产投资。假设个体家庭投资于风险资产的比例为 η_T，则其投资于无风险资产的比例为（$1-\eta_T$），即其将总财富的一部分 $\eta_T(W_T-F_T)$ 投资于风险金融资产，另将其他部分（$1-\eta_T$）（W_T-F_T）投资于无风险金融资产，其中无风险资产在第 T 期—第 $T+1$ 期具有期望收益率（单利）$1+R_{f,T+1}$，对数收益率为 $r_{f,T+1}$；风险资产的期望收益率为 $1+R_{T+1}$，对数收益率为 r_{T+1}，方差为 σ_T^2。根据上述条件，居民家庭金融资产配置投资组合对数收益率 $r_{P,T+1}$ 满足：

$$r_{p,T+1}=\eta_T r_{T+1}+(1-\eta_T)r_{f,T+1}=r_{f,T+1}+\eta_T(r_{T+1}-r_{f,T+1})$$
$$(9-7)$$

在公式（9-7）的基础上求解公式（9-6）可采用非线性函数的泰勒近似方法，Campbell 等（2001）对这种方法给出了详细的阐述，根据二阶泰勒展开，其结果表达式为：

$$r_{p,T+1}-r_{f,T+1}=\log\{1+\eta_T[\exp(r_{T+1}-r_{f,T+1})]-1\}$$
$$\approx\eta_T(r_{T+1}-r_{f,T+1})+\frac{1}{2}\eta_T(1-\eta_T)\sigma_{p,T}^2 \qquad (9-8)$$

由于投资组合收益率的不确定性只来源于风险资产，即有 $\sigma_{p,T}^2=\eta_T^2\sigma_T^2$，可以得到：

$$r_{p,T+1}-r_{f,T+1}\approx\eta_T(r_{T+1}-r_{f,T+1})+\frac{1}{2}\eta_T(1-\eta_T)\eta_T^2\sigma_T^2 \quad (9-9)$$

将公式（9-9）简单变形后代入公式（9-6）后可以得到：

$$\max\left[\eta_T[E_T(r_{T+1})-r_{f,T+1}]+\frac{1}{2}\eta_T(1-\eta_T)\sigma_T^2+\frac{1}{2}(1-\gamma)\eta_T^2\sigma_T^2\right]$$
$$(9-10)$$

根据效用最大化的一阶条件，则可求得：

$$\eta_T=\frac{E_T(r_{T+1})-r_{f,T+1}+\frac{1}{2}\eta_T^2}{\gamma\sigma_T^2}\simeq\frac{E_T(R_{T+1})-R_{f,T+1}}{\gamma\sigma_T^2} \quad (9-11)$$

家庭如何进行金融资产配置（是否参与金融市场和如何选择风险资产）是家庭金融研究的核心问题之一，其体现为风险金融资产占比 α。根据公式（9－11）可以求得：

$$\alpha = \frac{\eta_T(W_T - F_T)}{W_T} = \frac{\dfrac{E_T(R_{T+1}) - R_{f,T+1}}{\gamma\sigma_T^2}(W_T - F_T)}{W_T} \qquad (9-12)$$

现将数字普惠金融这一概念引入，由于数字普惠金融通过大数据、云计算等新兴技术改变了传统线下交易的金融投资方式，降低了投资者参与金融投资的交易成本，因此本章引入新的参数，则公式（9－12）变为：

$$\alpha = \frac{\dfrac{E_T(R_{T+1}) - R_{f,T+1}}{\gamma\sigma_T^2}[W_T - (F_T - \rho_{i,T}\lambda_i FT_{i,T})]}{W_T} \qquad (9-13)$$

其中，$\rho_{i,T}$ 是各地区数字普惠金融降低个体居民家庭金融市场参与成本的变换系数，λ_i 表示居民的异质性特征（财富、收入、人力资本等），$FT_{i,T}$ 代表第 T 期各居民所在地区的数字普惠金融发展水平。为求证数字普惠金融发展对居民家庭风险金融资产配置比例 α 的影响，对公式（9－13）求导可得：

$$\frac{\mathrm{d}\alpha}{\mathrm{d}FT_{i,T}} = \frac{\dfrac{E_T(R_{T+1}) - R_{f,T+1}}{\gamma\sigma_T^2}\lambda_i\rho_{i,T}}{W_T} \geq 0 \qquad (9-14)$$

求导结果大于等于 0，说明数字普惠金融发展对居民家庭金融资产配置行为有正向影响，即随着数字普惠金融发展，个体家庭将更倾向于进入金融市场并配置更多风险金融资产。

上文通过模型推演的方式分析了数字普惠金融发展对居民家庭金融资产配置的直接影响效应，但未细致刻画其中的传导机制，仍需在理论层面进一步分析数字普惠金融发展对居民家庭金融资产配置的影响机理。经典家庭金融理论认为，个体家庭由于面临多重约束而无法达到理论上的最优风险资产配置比例，这些约束很难被理论刻画、被数据捕捉（Campbell，2006）。因此，本章认为数字普惠金融缓解了部分居民家庭面临的约束，从而对其金融资产配置行为产生潜在影响。由上述理论模型可知，数字普惠金融水平的进步降低了交易成本，进而促进了居民家庭金融市场参与和风险金融资产配置比例的提升。进而言之，根据金融中介理论，降低交易成本和信息不对称是金融中介存在和发展的基础（王海军和冯乾，2015）。随着数字信息技术与金融业态深度融合，一系列新型的数字化金融业务模式、服务流程、技术应用以及产品层出不穷。根据数字普惠金融异于传统金融中介的特质，从缓解门槛约束与信息约束的视角出发，本章认为数字普惠金融主要通过增加投资便利性和提升金融素养影响居民家庭金融市场参与和风险金融资产配置。具体论述如下。

第一，数字普惠金融通过增加投资便利性来正向影响居民家庭金融资产配置。数字普惠金融作为一种前沿科技引领的金融创新，其快速发展推进了金融机构的数字化建设，推动了金融供给及金融普惠模式创新（张龙耀和邢朝辉，2021），简化了金融业务流程，增加了居民投资的时间和空间便利性。具体而言，在金融科技的加持下，各金融机构利用以数字技术为基底的移动应用软件作为业务开展的媒介，基于此，个体居民家庭从开户到挑选金融产品与金融服务，再到结果的实时更新都可便捷地完成。例如，在生物特征识别技术的支持下，居民能够在线上快速进行个人身份的识别和验证，大大提高了金融交易的效率。进一步地，数字普惠金融也可通过优化金融市场供给结构、提升供需匹配度等增加居民家庭的投资便利性。首先，从供给端角度切入，金融服务供给方可以利用大数据、云计算等金融科技手段深入挖掘和分析居民网络行为背后的软信息，对其资质进行精准"画像"，进而通过移动终端向家庭户主推送匹配的金融理财产品。其次，从需求端的角度出发，数字普惠金融发展衍生出的众多新型金融产品和服务补充了传统银行主导的正规金融服务，满足了不同类型居民的差异化金融需求，进而提升了其金融市场参与意愿。例如，个体居民可以便捷地在支付宝、微信、手机银行等软件上选取适合自身风险特征的金融产品。最后，家庭投资者还可以通过数字金融平台及时了解所投风险性资产的盈利亏损情况，便于调整资金的配置。综上可知，数字普惠金融通过增加投资便利性正向影响居民家庭金融资产配置。

第二，数字普惠金融通过提升金融素养正向影响居民家庭金融资产配置。一方面，数字普惠金融的应用场景不断扩大，已经渗透到居民生活的方方面面，第三方支付平台、商业银行APP等各类应用层出不穷。数字信息技术具有规模收益和边际成本递减的特征，促使金融服务供给方使用数字技术拓展宣传金融信息的渠道，如各大金融机构通过移动端APP向顾客推送机构的金融产品与服务的相关信息。因此，个体投资者在享受数字普惠金融发展带来便捷的同时，也在通过数字普惠金融平台接受和传递与其生产生活息息相关的，且有着更高准确度和透明度的经济金融信息（何婧和李庆海，2019）。另一方面，数字普惠金融产品在各类服务场景中也伴有信息互动效应，提升了居民的社会互动水平，增强了熟人之间的金融信息交流。与此同时，新兴金融平台打破了传统社会互动的范围限制，拓宽了居民的社会网络空间范围。简而言之，数字普惠金融发展使个体居民能够从更多的渠道（熟人间、金融平台等）获得经济、金融信息，提高了其金融学习的积极性，潜移默化地提升了居民金融素养。进一步地，金融素养作为家庭决策者拥有的就财务规划、财富积累、负债及养老等事项做出明智决策的能力，对家庭金融行为具有重要影响（Lusardi and Mitchell，2014）。已有研究表明，金融素养的提升有利于家庭金融决策的优化与金融资产配置能力的提升（尹志超等，2014；Gaudecker，2015）。具体表现为，金融素养越高，家庭参与金融市场投资的比例越高，投资组合越趋于多样化。鉴于上述，提升金融素养是数字普惠金融正向影响居民家庭金融资产配置的一个可行渠道。

综上所述，本章提出如下总体分析框架（图 9-1）以及两个有待检验的研究假说。

H3：数字普惠金融对居民家庭金融资产配置有正向影响。

H4：数字普惠金融对居民家庭金融资产配置的影响表现为两条作用路径，即数字普惠金融发展主要通过增加投资便利性、促进金融素养提升来正向影响居民家庭金融资产配置。

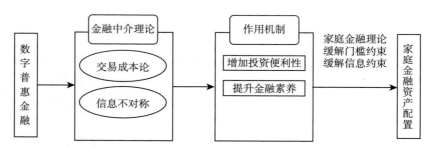

图 9-1　数字普惠金融对居民家庭金融资产配置的影响机理

9.3　数据来源与研究设计

9.3.1　数据来源

本章选取西南财经大学中国家庭金融调查与研究中心发布的 2021 年中国家庭金融调查（CHFS）[①] 的广东省调研数据，与北京大学数字金融研究中心编制的数字普惠金融指数合并作为合并数据集。其中，CHFS 调查范围涵盖了

[①]　本章所使用的数据库为华南农业大学和西南财经大学共同开发的"普惠金融与三农研究"调研数据以及西南财经大学搜集的中国家庭金融调查数据（CHFS-SCAU）。

全国 29 个省、自治区和直辖市，并采用了分层、三阶段与规模度量成比例（PPS）的抽样设计方法，保证了调查数据的科学性与代表性。2021 年的调查涵盖了广东省 1 544 户居民家庭的人口统计学特征、资产、负债等方面的详细信息，为本研究提供了良好的数据支持。在数据处理方面，为了避免异常值的干扰，参照以往相关文献的处理办法，将控制变量中部分缺失样本值与异常值进行了剔除，最终得到 1 536 个家户样本。

9.3.2 变量设置

9.3.2.1 被解释变量：居民家庭金融资产配置

本章拟从金融市场参与意愿与金融资产配置深度两个视角切入，综合考量居民家庭金融资产配置行为。借鉴尹志超等（2015）的研究，居民家庭金融市场参与意愿以"是否参与风险金融市场"作为替代指标，若居民家庭选择参与风险金融市场，取值为 1，反之则为 0；金融资产配置深度则通过风险金融资产占全部金融资产的比例作为代理指标进行衡量。本章将金融资产定义为包括现金、存款、理财产品、股票、基金、债券、衍生品、人民币资产、黄金在内的全部金融资产；将风险金融资产定义为除无风险资产（现金、股票账户现金、政府债券、活期存款、定期存款）以外所有的金融资产。

9.3.2.2 解释变量：数字普惠金融指数

关键解释变量数字普惠金融的相关数据来自由北京大学数字金融研究中心和蚂蚁金融服务集团自 2011 年以来实施的跟踪调查的数据。此项调查旨在通过收集、调查各地级市、区（县）的金融发展各项指标，建立数字金融指标体系及填报制度，以期全面反映我国金融市场和经济发展的程度及变迁。其调查范围覆盖了 31 个省（自治区、直辖市）338 个市，每年跟踪数据样本保持不变。为了缓解内生性，本章选用滞后一期（2020 年）的广东省各县的数字普惠金融指数与 CHFS 数据进行匹配，进而考察数字普惠金融发展对居民家庭金融资产配置的影响。

9.3.2.3 其他控制变量

由于考察的是微观居民的相关情况，因此我们分别从个人和家庭层面选取了受访者的个人特征变量和家庭特征变量予以控制。此外，在回归中均控制了居民家庭所在地区的虚拟变量，以此降低由区域差异带来的遗漏变量问题。表9-1 详细给出了主要变量的描述性统计。由表 9-1 可知，第一，样本居民金融市场参与率和风险资产配置比例仅为 12.2%、0.9%，表明我国居民家庭金融资产配置行为呈现出严重的"有限参与"的现状特征。第二，数字普惠金融发展水平在各区县之间存在较大差异。第三，在户主人口统计学特征方面，户主平均年龄为53岁，以男性、已婚的受访者为主，且整体受教育水平偏低，健康状况一般。第四，在家庭经济特征方面，居民收入与财富水平存在较大差异，这说明广东省居民内部经济不平等的现象尤为突出。

表 9 - 1　描述性统计

变量名	变量说明	观测值	均值	标准差	最小值	最大值
是否参与	是否参与金融市场，1＝参与	1 501	0.122	0.327	0	1
风险资产占比	风险资产/金融资产	1 501	0.020	0.161	0	1
总指数	数字普惠金融总指数	1 501	126.359	8.884	113.227	140.554
覆盖广度	数字普惠金融覆盖广度	1 501	100.723	7.567	89.921	112.523
使用深度	数字普惠金融使用深度	1 501	177.696	14.714	156.183	202.729
数字化程度	数字普惠金融数字化程度	1 501	117.73	4.973	107.129	126.731
年龄	年龄	1 501	53.812	13.927	18	98
性别	性别，1＝男	1 501	0.709	0.454	0	1
受教育年限	受教育年限	1 501	9.96	3.971	0	22
政治面貌	是否为党员，1＝党员	1 501	0.147	0.354	0	1
婚姻状况	婚姻状况，1＝已婚	1 501	0.497	0.5	0	1
健康状况	自评健康程度，1＝健康	1 501	0.857	0.351	0	1
养老保险	是否拥有社会养老保险，1＝拥有	1 501	0.745	0.436	0	1
医疗保险	是否拥有社会医疗保险，1＝拥有	1 501	0.907	0.29	0	1
家庭规模	家庭总人数	1 501	3.575	1.792	1	16
家庭收入	家庭总收入（取对数）	1 501	1.849	1.138	0	6.394
家庭财富	家庭资产-家庭负债（取对数）	1 501	3.721	1.902	0	9.589

9.3.3　模型设计

9.3.3.1　基准模型

为厘清金融科技发展对居民家庭金融资产配置的影响，首先选择离散选择模型中的 Probit 模型来分析金融科技发展对居民家庭金融参与意愿的影响。在 Probit 回归中，因变量 $if\_Fina_{i,c}$（"参与意愿"）为哑变量，$if\_Fina_{i,c}＝1$ 表示居民家庭参与金融市场，反之则表示未参与金融市场，其取值情况由数字

普惠金融指数 $Digital_{i,c}$、控制变量 $X_{i,c}$ 和随机误差项 $\mu_{i,c}$ 及常数项 α_0 决定，下标 i、c 分别表示居民家庭、居民家庭所在地区。回归方程的设定形式如下：

$$\text{pro}(if\_Fina_{i,c}=1)=\phi\,(\alpha_0+\alpha_1 Digital_{i,c}+\alpha_2 X_{i,c}+\mu_{i,c})$$

$$(9-15)$$

其次，由于被解释变量"配置深度"为受限因变量，因此选择构建截尾回归模型（tobit 模型）分析数字普惠金融发展对居民家庭风险金融资产配置比例的影响。模型的形式如下：

$$Y^*_{i,c}=\beta_0+\beta_1 Digital_{i,c}+\beta_2 X_{i,c}+\varepsilon_{i,c} \qquad (9-16)$$

$$Risk\_ratio_{i,c}=\max\{0,\,Y^*_{i,c}\} \qquad (9-17)$$

在公式（9-16）与公式（9-17）中，$Risk\_ratio_{i,c}$ 代表"居民家庭风险金融资产持有比例"，$Y^*_{i,c}$ 表示风险金融资产持有比例大于 0 的部分，$Digtial_{i,c}$ 和 $X_{i,c}$ 的含义与公式（9-15）相同，β_0 为常数项，$\varepsilon_{i,c}$ 为随机扰动项。

9.3.3.2　内生性讨论

模型估计结果的准确性往往因为内生性问题而受到影响，因此对模型的内生性讨论至关重要。本章使用的数据集为宏观数据与微观数据的结合，大大降低了反向因果性，但是遗漏解释变量的问题可能依旧存在，所以模型设定仍可能存在内生性问题。本章运用工具变量法来解决可能存在的内生性问题。基于数据的可得性，参考李春涛等（2020）的研究，我们手工整理了广东省所有地级市的接壤城市，使用 2020 年居民所在地级市所有接壤城市数字普惠金融发展水平的均值作为工具变量。该工具变量符合相关性和外生性两个约束条件：一方面，任意城市和其相邻城市地域相连，且经济、社会交流十分密切，因而居民所在地级市的数字普惠金融发展水平易受接壤城市数字普惠金融发展水平的影响，满足工具变量的相关性要求；另一方面，接壤城市数字普惠金融均值与当地居民金融资产配置行为并无直接关联，工具变量的排他性要求近似满足。综上所述，受访居民所在地级市的接壤城市数字普惠金融发展均值是一个设置合理的工具变量，在后文也将进一步通过相关计量检验证明工具变量的有效性。

9.4　实证结果与分析

9.4.1　基准回归分析

首先，使用离散选择模型检验数字普惠金融发展对居民家庭金融市场参与意愿的影响，结果如表9-2第（1）～（3）列所示。表9-2中的第（1）列显示了控制户主特征变量后的回归结果；第（2）、（3）列汇报了依次加入家庭层面和地区层面的特征变量后的回归结果。以上实证结果表明，数字普惠金融对居民家庭金融参与意愿的影响是正向且显著的。其次，使用截尾回归模型考察数字普惠金融发展对居民家庭金融资产配置深度的影响。由表9-2的后三列可知，在逐步加入户主特征、家庭特征及地区特征后，数字普惠金融对居民家庭金融资产配置深度有显著的正向影响。最后，除数字普惠金融对居民家庭金融市场参与意愿和金融资产配置深度有显著的正向影响外，本章选取的控制变量也多数都对居民家庭金融资产配置行为产生了显著影响。其中，收入越高的家庭，金融市场参与程度更高；受教育年限越长、健康状况越好的户主越倾向于进入金融市场并配置更多风险金融资产。

表9-2　数字普惠金融影响居民家庭金融资产配置的估计结果

	Probit（1）是否参与	Probit（2）是否参与	Probit（3）是否参与	Tobit（4）配置比例	Tobit（5）配置比例	Tobit（6）配置比例
总指数	0.082 2*** (0.006 8)	0.054 7*** (0.007 4)	0.077 9*** (0.025 9)	0.008 4*** (0.000 8)	0.006 8*** (0.000 9)	0.009 9*** (0.001 1)
年龄		0.006 8 (0.004 3)	0.000 0 (0.004 6)		−0.001 5** (0.000 6)	−0.000 6 (0.000 6)
性别		−0.050 2 (0.110 2)	−0.008 9 (0.117 8)		−0.013 5 (0.016 1)	−0.018 4 (0.014 2)
受教育年限		0.139 9*** (0.018 9)	0.094 0*** (0.020 1)		−0.000 2 (0.002 4)	0.009 8*** (0.002 2)
政治面貌		−0.137 8 (0.134 0)	−0.208 7 (0.140 0)		−0.022 9 (0.019 5)	−0.015 5 (0.017 2)
健康状况		0.299 2*** (0.112 5)	0.256 7** (0.114 6)		0.023 7* (0.014 2)	0.048 0*** (0.012 6)
婚姻状况		0.113 2 (0.143 3)	0.019 6 (0.155 8)		−0.048 2** (0.022 2)	0.001 1 (0.020 2)
养老保险		0.334 8* (0.174 2)	0.229 3 (0.175 4)		0.048 0*** (0.015 5)	0.055 4*** (0.014 6)

（续）

	Probit（1）是否参与	Probit（2）是否参与	Probit（3）是否参与	Tobit（4）配置比例	Tobit（5）配置比例	Tobit（6）配置比例
医疗保险		0.245 4 (0.227 4)	0.105 8 (0.215 6)		−0.007 1 (0.025 9)	0.020 6 (0.024 4)
家庭规模			−0.088 4** (0.040 5)			−0.006 5* (0.003 6)
家庭收入			0.197 6*** (0.057 8)			0.039 2*** (0.006 6)
家庭财富			0.160 8*** (0.037 2)			−0.077 9*** (0.004 7)
地区虚拟变量	未控制	未控制	控制	未控制	未控制	控制
常数项	−11.862 6*** (0.900 6)	−10.991 6*** (1.042 3)	−13.698 0*** (3.384 9)	−0.868 6*** (0.097 5)	−0.575 0*** (0.128 2)	−0.939 6*** (0.158 1)
N	1 501	1 501	1 501	1 501	1 501	1 501
pseudo R^2	0.102 2	0.110 1	0.143 3	0.082 5	0.105 6	0.123 3

注：括号外为平均边际效应，括号内为稳健标准差（Delta-Method 计算出的标准差），***、**、* 分别表示在 1%、5% 和 10% 的显著性水平下显著。

9.4.2 内生性讨论

上述基准回归结果揭示了数字普惠金融对居民家庭金融资产配置提升有显著的促进作用，但其可能存在的内生性问题不容忽视。本章采用工具变量法进行内生性检验，结果如表 9-3 所示。IV-Probit 模型和 IV-Tobit 模型在克服了内生性之后，相较于基准回归的结果，数字普惠金融指数的系数也是显著为正的，并略高于基准模型的系数。上述结果表明在克服内生性后，数字普惠金融对居民家庭金融资产配置提升的促进效应虽有增大但仍十分显著。其次，实证结果也验证了工具变量法的有效性和必要性。在工具变量回归模型中，第一阶段 F 统计量与工具变量 T 值都非常大，这说明"居民所在地级市所有接壤城市数字普惠金融发展水平的均值"作为"数字普惠金融指数"的工具变量是合适的，工具变量具有较强的解释力，不存在弱工具变量问题。综上，表 9-2 与表 9-3 的实证结果显示，在使用逐步回归法和进行工具变量估计后，数字普惠金融对居民家庭金融市场参与意愿和风险金融资产配置比例的影响均显著为正，从而验证了假说 H3。

表 9-3　数字普惠金融影响居民家庭金融资产配置的工具变量模型估计结果

	IV-Probit（1） 是否参与	IV-Tobit（2） 配置比例
总指数	0.029 4***	0.009 6***
	(0.010 1)	(0.001 3)
年龄	0.000 7	−0.000 6
	(0.004 5)	(0.000 6)
性别	−0.036 1	−0.018 6
	(0.118 3)	(0.014 2)
受教育年限	0.095 9***	0.009 9***
	(0.019 8)	(0.002 2)
政治面貌	−0.205 5	−0.015 9
	(0.141 3)	(0.017 1)
健康状况	0.257 2**	0.048 1***
	(0.115 8)	(0.012 6)
婚姻状况	0.014 4	0.000 9
	(0.155 5)	(0.020 2)
养老保险	0.271 2	0.055 9***
	(0.170 8)	(0.014 7)
医疗保险	0.090 4	0.020 1
	(0.215 6)	(0.024 4)
家庭规模	−0.090 6**	−0.006 7*
	(0.039 6)	(0.003 6)
家庭收入	0.206 1***	0.039 5***
	(0.057 8)	(0.006 7)
家庭财富	0.160 4***	−0.077 7***
	(0.036 8)	(0.004 7)
地区虚拟变量	控制	控制
常数项	−7.462 9***	−0.898 6***
	(1.420 3)	(0.176 0)

（续）

	IV-Probit（1）	IV-Tobit（2）
	是否参与	配置比例
外生 Wald Test		0.92
工具变量 T 值		97.12
第一阶段 F 值		162.47
N	1 501	1 501

注：括号外为平均边际效应，括号内为稳健标准差（Delta-Method 计算出的标准差），＊＊＊、＊＊、＊分别表示在1%、5%和10%的显著性水平下显著。

9.4.3 数字普惠金融发展的不同维度对居民家庭金融资产配置的影响

鉴于北京大学数字金融研究中心编制的数字普惠金融指数包括覆盖广度、使用深度和数字化程度三个维度，选取以上三个维度作为主要解释变量加入工具变量回归模型（IV-Probit、IV-Tobit）进行回归，表9-4汇报了估计结果。

如表9-4所示，数字普惠金融的各类分项指标均对居民家庭金融资产有显著正向影响，这也充分说明了无论从数字普惠金融发展的总指标还是分指标来看，数字普惠金融都有效缓解了我国居民家庭金融市场的有限参与。就各类分项指标的影响效应而言，覆盖广度在促进个体居民参与金融市场以及配置风险资产的过程中作用最大，使用深度次之，数字化程度的作用最小。造成上述结果的可能原因是覆盖广度是数字普惠金融发展的前提条件，以覆盖范围和涉及群体为核心，更加符合数字普惠的概念，相应地也会对居民家庭的金融决策产生深远的影响；使用深度则代表居民可获取的金融服务种类，其有助于家庭提高金融市场的参与度，能够显著影响风险性金融资产持有比重；数字化程度方面，数字普惠金融拥有低门槛和低成本的先天优势，提高了弱势群体的金融服务可得性，从而促进家庭投资于更加多样的金融资产。因此，更具有普适性、惠民性的数字金融服务发展对家庭金融资产配置产生的影响相对更大，但是数字普惠业务的深入发展和多元化拓展同样具有显著意义。总的来说，在将总指标替换为分指标之后，回归结果依旧十分显著，数字普惠金融发展对家庭金融资产配置具有明显的积极作用。

表9-4　数字普惠金融发展不同维度影响居民家庭金融资产配置的估计结果

	IV-Probit（1）	IV-Probit（2）	IV-Probit（3）	IV-Tobit（4）	IV-Tobit（5）	IV-Tobit（6）
	参与意愿	参与意愿	参与意愿	配置比例	配置比例	配置比例
覆盖广度	0.048 2** (0.024 2)			0.010 1*** (0.001 6)		
使用深度		0.043 5*** (0.011 4)			0.004 5*** (0.000 8)	
数字化程度			0.105 8** (0.053 2)			0.001 0*** (0.001 6)
年龄	−0.001 0 (0.004 6)	−0.000 2 (0.004 6)	−0.001 0 (0.004 6)	−0.000 6 (0.000 6)	−0.000 7 (0.000 6)	−0.001 0* (0.000 6)
性别	−0.010 7 (0.120 2)	−0.007 7 (0.119 7)	−0.010 7 (0.120 2)	−0.017 6 (0.014 3)	−0.018 7 (0.014 2)	−0.018 8 (0.014 3)
受教育年限	0.092 5*** (0.020 1)	0.092 6*** (0.020 2)	0.092 5*** (0.020 1)	0.010 6*** (0.002 2)	0.010 0*** (0.002 2)	0.010 7*** (0.002 2)
政治面貌	−0.209 4 (0.140 4)	−0.210 0 (0.140 5)	−0.209 4 (0.140 4)	−0.015 8 (0.017 2)	−0.020 0 (0.017 3)	−0.017 3 (0.017 2)
健康状况	0.258 0** (0.116 9)	0.260 0** (0.115 6)	0.258 0** (0.116 9)	0.046 7*** (0.012 6)	0.048 0*** (0.012 7)	0.049 9*** (0.012 6)
婚姻状况	0.027 6 (0.158 7)	0.023 1 (0.158 3)	0.027 6 (0.158 7)	0.001 1 (0.020 4)	−0.000 2 (0.020 3)	−0.001 7 (0.020 3)
养老保险	0.259 7 (0.172 7)	0.233 3 (0.174 3)	0.259 7 (0.172 7)	0.056 7*** (0.014 5)	0.055 6*** (0.014 7)	0.059 0*** (0.014 5)
医疗保险	0.089 7 (0.219 1)	0.109 5 (0.216 9)	0.089 7 (0.219 1)	0.020 0 (0.024 4)	0.019 7 (0.024 4)	0.015 6 (0.024 2)
家庭规模	−0.073 8* (0.041 1)	−0.081 4** (0.040 6)	−0.073 8* (0.041 1)	−0.007 9** (0.003 6)	−0.006 8* (0.003 7)	−0.008 9** (0.003 6)
家庭规模	0.196 4*** (0.057 7)	0.195 2*** (0.057 8)	0.196 4*** (0.057 7)	0.040 6*** (0.006 7)	0.041 1*** (0.006 7)	0.042 0*** (0.006 6)
家庭收入	0.027 7*** (0.007 8)	0.026 5*** (0.007 7)	0.028 2*** (0.007 5)	0.027 2*** (0.008 0)	0.030 8*** (0.005 3)	0.027 2*** (0.008 0)

（续）

	IV-Probit（1）	IV-Probit（2）	IV-Probit（3）	IV-Tobit（4）	IV-Tobit（5）	IV-Tobit（6）
	参与意愿	参与意愿	参与意愿	配置比例	配置比例	配置比例
家庭财富	0.152 5***	0.157 2***	0.152 5***	−0.076 4***	−0.076 9***	−0.075 8***
	(0.038 2)	(0.037 0)	(0.038 2)	(0.004 6)	(0.004 7)	(0.004 6)
地区虚拟变量	控制	控制	控制	控制	控制	控制
常数项	−8.116 6***	−11.604 5***	−15.941 5**	−0.697 3***	−0.456 4***	−0.775 8***
	(2.495 5)	(2.155 1)	(6.401 9)	(0.182 2)	(0.149 4)	(0.190 5)
外生 Wald Test	0.56	2.82	3.75	1.68	5.30	40.22
工具变量 T 值	96.07	40.83	92.56	90.62	40.74	33.34
第一阶段 F 值	1 158.17	313.72	1 262.92	1 148.80	313.31	162.47
N	1 501	1 501	1 501	1 501	1 501	1 501

　　注：括号外为平均边际效应，括号内为稳健标准差（Delta-Method 计算出的标准差），***、**、* 分别表示在 1%、5% 和 10% 的显著性水平下显著。

9.4.4　作用机制分析

9.4.4.1　作用机制一：投资便利性

　　由理论分析部分可知，数字普惠金融可通过增加投资便利性来正向影响居民家庭金融资产配置。为了检验这个假设，我们在基准回归的基础上，利用中国数字普惠金融发展的三级指标来进行机制检验。具体而言，由于数字金融发展突破了家庭投资对传统物理金融网点的依赖，增加了投资者在时间和空间的便利性，家庭可以随时随地通过支付宝等平台进行投资，因而本章认为，使用深度一级指数中的投资指数可以较好地反映该受访居民家庭所在地区的投资便利性。鉴于此，我们使用投资指数作为回归中的被解释变量，表 9-5 汇报了模型的估计结果。其中，第（1）、（2）列分别分析了投资指数对居民家庭是否参与金融市场以及对风险金融资产配置比例的影响。从估计结果可以看出，投资指数对居民家庭金融资产配置（是否参与、配置比例）的影响显著为正。进一步地，为克服可能存在的内生性偏误，本章延续前文的解决思路，使用受访居民所在地级市接壤城市的投资指数均值作为投资指数的工具变量，分别使用 IV-Probit、IV-Tobit 方法进行估计。表 9-5 的第（3）、（4）列表明，在缓解可能存在的内生性问题后，投资指数依旧对居民家庭金融资产配置（是否参与、配置比例）有显著的正向影响。鉴于上述，投资便利性是数字普惠金融促进居民家庭金融配置优化的作用机制。

表 9 - 5　数字普惠金融对居民家庭金融资产配置影响

机制的检验：投资便利性渠道

	Probit（1） 是否参与	Tobit（2） 配置比例	IV-Probit（3） 是否参与	IV-Tobit（4） 配置比例
投资指数	0.007 0***	0.007 1***	0.001 6***	0.002 1***
	(0.002 7)	(0.002 7)	(0.000 3)	(0.000 3)
年龄	0.001 2	0.001 5	−0.000 8	−0.000 7
	(0.004 6)	(0.004 5)	(0.000 6)	(0.000 6)
性别	−0.053 1	−0.055 7	−0.023 8*	−0.022 8
	(0.119 0)	(0.118 5)	(0.014 4)	(0.014 4)
受教育年限	0.101 2***	0.100 8***	0.011 7***	0.011 3***
	(0.019 6)	(0.019 6)	(0.002 2)	(0.002 2)
政治面貌	−0.198 4	−0.194 5	−0.023 6	−0.022 1
	(0.136 9)	(0.136 9)	(0.017 4)	(0.017 5)
健康状况	0.237 9**	0.239 4**	0.047 9***	0.046 7***
	(0.115 8)	(0.115 3)	(0.012 9)	(0.012 9)
婚姻状况	0.007 9	0.009 0	−0.001 5	−0.000 7
	(0.153 8)	(0.154 0)	(0.020 5)	(0.020 5)
养老保险	0.238 1	0.232 9	0.060 5***	0.057 4***
	(0.170 3)	(0.168 7)	(0.014 9)	(0.015 0)
医疗保险	0.128 8	0.134 0	0.015 4	0.018 6
	(0.217 1)	(0.217 1)	(0.024 3)	(0.024 5)
家庭规模	−0.097 4**	−0.096 7**	−0.009 1**	−0.007 8**
	(0.038 6)	(0.038 6)	(0.003 7)	(0.003 7)
家庭收入	0.212 7***	0.211 1***	0.045 3***	0.043 6***
	(0.057 9)	(0.057 8)	(0.006 7)	(0.006 7)
家庭财富	0.176 6***	0.174 3***	−0.074 4***	−0.075 7***
	(0.037 4)	(0.037 5)	(0.004 6)	(0.004 7)
地区虚拟变量	控制	控制	控制	控制
常数项	−6.371 7***	−6.405 3***	−0.254 6**	−0.466 3***
	(1.170 4)	(1.169 0)	(0.115 6)	(0.129 8)

（续）

	Probit（1）	Tobit（2）	IV-Probit（3）	IV-Tobit（4）
	是否参与	配置比例	是否参与	配置比例
外生 Wald Test		0.13		2.45
工具变量 T 值		43.97		43.98
第一阶段 F 值		342.20		341.59
N	1 501	1 501	1 501	1 501
pseudo R^2	0.325		0.298	

注：括号外为平均边际效应，括号内为稳健标准差（Delta-Method 计算出的标准差），***、**、*分别表示在1%、5%和10%的显著性水平下显著。

9.4.4.2　作用机制二：金融素养

金融素养对于优化家庭金融资产配置发挥着至关重要的作用。数字金融的迅猛发展破除了信息壁垒，拓宽了金融信息的获取渠道，提高了大众开展金融学习的积极性，其金融素养在潜移默化中得到了提升，进而对家庭金融资产配置产生了正向影响。借鉴张勋等（2020）的机制分析思路，本章采取以下两个步骤验证理论分析中提到的两个作用机制：第一步，直接使用解释变量对机制变量进行回归；第二步，寻找核心解释变量通过机制变量来影响结果变量的证据，即检验机制变量对被解释变量的影响效应。具体步骤如下。

首先，借鉴 Lusardi 等（2010）的研究，根据 2021 年中国家庭金融调查问卷中金融素养问题的设置情况，从利率、风险、通货膨胀三个视角出发，选取 3 个题项，构造 6 个指标，使用因子分析法构建金融素养指标来衡量居民金融素养水平。因子分析的前置检验结果显示，KMO 的值为 0.603 1，Bartlett 球形度检验的显著性为 0.000，说明 6 个变量之间有相关关系，适合进行因子分析。由表 9-6 第（1）列的 OLS 回归的估计结果可知，数字普惠金融能够显著提升居民的金融素养水平。为缓解可能存在的内生性问题导致的估计偏误，采用工具变量"受访居民所在地级市接壤城市的投资指数均值"进行两阶段最小二乘回归（IV-2SLS）。第（2）列的回归结果显示，数字普惠金融对居民金融素养的影响效应仍是正向显著的，验证了第（1）列结果的稳健性。进一步地，使用 Probit 模型检验金融素养对居民家庭金融市场参与意愿的影响，运用 Tobit 模型考察金融素养与居民家庭金融资产配置深度的关系。第（3）列与第（4）的结果表明，金融素养对居民家庭金融资产配置的影响是正向且显著的。综上可知，提升金融素养是数字普惠金融发展影响居民家庭金融资产配置的重要机制，假说 H4 成立。

表 9 - 6　数字普惠金融对居民家庭金融资产配置影响
机制的检验：金融素养渠道

	OLS（1）金融素养	IV-2SLS（2）金融素养	Probit（3）是否参与	Tobit（4）配置比例
总指数	0.020 1 **	0.032 9 ***		
	(0.010 1)	(0.004 6)		
金融素养			0.156 5 **	0.039 9 ***
			(0.066 0)	(0.006 9)
年龄	−0.006 6 ***	−0.006 8 ***	0.002 5	−0.000 8
	(0.002 0)	(0.002 0)	(0.004 6)	(0.000 6)
性别	−0.034 2	−0.046 7	−0.031 5	−0.024 4 *
	(0.049 6)	(0.049 9)	(0.117 7)	(0.014 5)
受教育年限	0.039 0 ***	0.039 0 ***	0.095 8 ***	0.011 2 ***
	(0.007 5)	(0.007 7)	(0.020 6)	(0.002 2)
政治面貌	−0.090 3	−0.085 4	−0.158 3	−0.023 8
	(0.064 1)	(0.065 0)	(0.138 9)	(0.017 4)
健康状况	0.085 7 *	0.082 0 *	0.239 1 **	0.048 5 ***
	(0.048 7)	(0.048 8)	(0.114 9)	(0.013 0)
婚姻状况	−0.152 6 **	−0.143 4 **	0.032 7	0.001 5
	(0.063 5)	(0.064 3)	(0.155 3)	(0.020 8)
养老保险	0.016 5	0.005 1	0.214 5	0.067 4 ***
	(0.056 1)	(0.056 5)	(0.175 6)	(0.014 8)
医疗保险	0.055 5	0.058 5	0.134 5	0.005 2
	(0.079 2)	(0.079 5)	(0.219 2)	(0.024 0)
家庭规模	−0.024 3 *	−0.027 1 *	−0.089 6 **	−0.010 9 ***
	(0.014 2)	(0.014 4)	(0.039 3)	(0.003 6)
家庭收入	0.037 4	0.026 0	0.203 6 ***	0.048 0 ***
	(0.025 1)	(0.025 3)	(0.058 7)	(0.006 8)
家庭财富	0.103 0 ***	0.103 1 ***	0.165 4 ***	−0.075 8 ***
	(0.015 1)	(0.015 1)	(0.038 5)	(0.004 6)
地区虚拟变量	控制	控制	控制	控制

（续）

	OLS（1）	IV-2SLS（2）	Probit（3）	Tobit（4）
	金融素养	金融素养	是否参与	配置比例
常数项	−2.994 2**	−4.886 5***	−3.636 5***	0.400 6***
	（1.317 0）	（0.638 5）	（0.429 2）	（0.056 0）
Cragg - Donald Wald F 值		566.53		
工具变量 T 统计量		100.86		
DWH 检验/P 值		3.704 5		
		（0.054 3）		
N	1 501	1 501	1 501	1 501
R^2	0.278	0.262		
pseudo R^2			0.124	0.115

注：（1）（2）列括号外为边际效应；（3）（4）列括号外为平均边际效应；括号内是德尔塔方法
（Delta-Method）计算出的标准差，***、**、*分别表示在1％、5％和10％的显著性水平下显著。

9.5 稳健性检验与拓展性分析

9.5.1 稳健性检验

9.5.1.1 替换核心解释变量

前文实证分析的核心解释变量是基于宏观视角选用数字普惠金融指数作
为地区数字普惠金融发展水平的代理变量进行分析，但宏观的金融科技指标
难以刻画微观居民层面的数字金融使用行为。为检验结论的稳健性，参考刘
涛和伍骏骞（2023）的做法，从数字支付、数字理财、数字借贷三个角度切
入，在 CHFS2021 问卷中选取相关问题构造数字金融使用指标。第一，数字
支付使用。若受访居民使用了支付宝、微信支付、京东网银钱包、百度钱包
等第三方支付账户，则被认为使用了数字支付服务。第二，数字理财使用。
若受访居民通过 APP、网页、第三方平台等数字平台购买理财产品，则被判
定为存在数字理财行为。第三，数字借贷使用。若受访居民在借贷的相关问题
中回答存在网络借款或借出款，即被视为使用了数字借贷活动。在以上问题
中，若受访居民使用了数字支付、数字理财及数字借贷中的任意一项，则认为
该居民使用了数字金融，则数字金融使用变量赋值为 1，否则为 0。考虑到模
型可能存在的内生性问题，本章参考张勋和万广华（2016）的工具变量构建思

路，我们以同一社区内除自身以外其他居民的数字金融使用的平均概率作为工具变量。理论上，个体的行为决策会受到"同群效应"的影响，因此，二者是相关的。但另一方面，同一社区除自身以外的其他居民的平均数字金融使用水平并不会直接影响到自身的金融资产配置水平，从而满足了工具变量的外生性要求，因此，该工具变量理论上可行。综上所述，选取同一社区内除自身以外其他居民的数字金融使用的平均概率作为数字普惠金融的工具变量是合理的，在后文也将进一步通过相关计量检验证明工具变量的有效性。表 9-7 的第（1）～（4）列汇报了数字金融使用对居民家庭金融资产配置的影响，表明数字普惠金融对居民家庭金融资产配置有显著的促进作用，侧面证明了结论的稳健性。

表 9-7　稳健性检验：替换核心解释变量

	Probit（1）是否参与	Tobit（2）配置比例	IV-Probit（3）是否参与	IV-Tobit（4）配置比例
数字金融使用	0.083 64*** (0.304 5)	0.092 6*** (0.294 9)	0.123 0*** (0.017 5)	0.827 5*** (0.156 2)
年龄	0.005 2 (0.004 8)	0.029 2*** (0.004 8)	0.000 2 (0.000 6)	0.008 2*** (0.001 9)
性别	-0.027 3 (0.118 2)	0.016 2 (0.085 2)	-0.025 1* (0.014 5)	-0.010 9 (0.019 9)
受教育年限	0.094 8*** (0.020 3)	0.023 7 (0.023 9)	0.011 3*** (0.002 2)	0.000 5 (0.003 9)
政治面貌	-0.172 4 (0.138 5)	-0.133 5 (0.104 4)	-0.028 7* (0.017 4)	-0.028 9 (0.024 2)
健康状况	0.213 9* (0.114 3)	0.003 4 (0.098 6)	0.045 2*** (0.012 9)	0.006 9 (0.020 6)
婚姻状况	-0.003 2 (0.157 9)	-0.085 3 (0.121 4)	-0.009 4 (0.020 6)	-0.033 2 (0.029 8)
养老保险	0.232 4 (0.176 9)	0.096 7 (0.130 2)	0.067 0*** (0.014 8)	0.051 7** (0.021 8)
医疗保险	0.119 1 (0.225 2)	0.153 1 (0.161 7)	0.009 3 (0.023 7)	0.026 2 (0.030 1)

（续）

	Probit（1） 是否参与	Tobit（2） 配置比例	IV-Probit（3） 是否参与	IV-Tobit（4） 配置比例
家庭规模	−0.114 0*** (0.039 9)	−0.170 4*** (0.029 5)	−0.017 7*** (0.003 7)	−0.045 6*** (0.008 5)
家庭收入	0.211 5*** (0.058 4)	0.109 2** (0.054 9)	0.048 7*** (0.006 8)	0.039 2*** (0.009 1)
家庭财富	0.166 9*** (0.038 7)	0.036 6 (0.046 6)	−0.074 1*** (0.004 5)	−0.095 7*** (0.008 2)
地区虚拟变量	控制	控制	控制	控制
常数项	−4.372 6*** (0.547 4)	−4.948 2*** (0.512 5)	0.266 9*** (0.057 6)	−0.388 7** (0.159 5)
外生 Wald Test		15.13		76.36
工具变量 T 值		7.15		7.18
第一阶段 F 值		79.54		77.86
N	1 501	1 501	1 501	1 501
pseudo R^2	0.224	0.195		

注：括号外为平均边际效应，括号内为稳健标准差（Delta-Method 计算出的标准差），***、**、
* 分别表示在 1%、5% 和 10% 的显著性水平下显著。

9.5.1.2　更换工具变量

此外，本章拟用更换工具变量的方式验证前文结果的稳健性。借鉴张勋等
（2020）的工具变量构建思路，选用居民所在地级市到省会的球面距离与全广
东省（除本市）地级市数字普惠金融发展水平均值的交乘项作为数字普惠金融
的工具变量。显然，此工具变量与受访居民所在本地区的数字普惠金融发展程
度具备相关性。首先，省会城市作为一个区域的经济、金融及科技中心，其数
字普惠金融发展处于领先位置，可以预期，在地理上距离省会城市越近，数字
普惠金融的发展程度应越好。其次，受访户所在地级市与省会城市的距离与其
金融资产配置行为并无直接关联，工具变量的排他性要求近似满足。进一步
地，我们也控制了受访居民所在地区的哑变量，尽可能地减少遗漏变量，地理
距离变量更加外生。表 9 - 8 的第（1）、（2）列使用了上述工具变量进行回归，
结果显示，数字普惠金融发展对居民家庭金融资产配置的影响依然显著为正，

进一步证明了本章研究结论的稳健性。

表 9-8 稳健性检验：更换工具变量

	IV-Probit（1） 是否参与	IV-Tobit（2） 配置比例
总指数	0.029 4*** (0.010 1)	0.009 6*** (0.001 3)
年龄	0.000 7 (0.004 5)	−0.000 6 (0.000 6)
性别	−0.036 1 (0.118 3)	−0.018 6 (0.014 2)
受教育年限	0.095 9*** (0.019 8)	0.009 9*** (0.002 2)
政治面貌	−0.205 5 (0.141 3)	−0.015 9 (0.017 1)
健康状况	0.257 2** (0.115 8)	0.048 1*** (0.012 6)
婚姻状况	0.014 4 (0.155 5)	0.000 9 (0.020 2)
养老保险	0.271 2 (0.170 8)	0.055 9*** (0.014 7)
医疗保险	0.090 4 (0.215 6)	0.020 1 (0.024 4)
家庭规模	−0.090 6** (0.039 6)	−0.006 7* (0.003 6)
家庭收入	0.206 1*** (0.057 8)	0.039 5*** (0.006 7)
家庭财富	0.160 4*** (0.036 8)	−0.077 7*** (0.004 7)
地区虚拟变量	控制	控制
常数项	−7.462 9*** (1.420 3)	−0.898 6*** (0.176 0)
外生 Wald Test	0.19	1.08

（续）

	IV-Probit（1）	IV-Tobit（2）
	是否参与	配置比例
工具变量 T 值	60.24	60.19
第一阶段 F 值	588.25	535.80
N	1 501	1 501

注：括号外为平均边际效应，括号内为稳健标准差（Delta-Method 计算出的标准差），***、**、* 分别表示在 1%、5% 和 10% 的显著性水平下显著。

9.5.1.3 对于自选择导致的内生性问题的讨论

前文已运用多种方法验证了基准回归结果的稳健性，但这并未规避样本自选择问题带来的估计偏误，即数字普惠金融与受访居民样本并非是随机选择的。因此，为克服可能存在的样本选择偏误，本章进一步采用双稳健估计的 IPWRA 模型考察数字普惠金融对居民金融资产配置的影响效应，以验证研究结论是否稳健。IPWRA 模型作为 IPW 模型与 RA 模型的结合，只需要两者之一被正确设定即能获得待估计参数的一致估计，并能够通过逆概率赋权的方法消减自选择偏差带来的估计偏误（柳松等，2020）。此外，为了进行对比分析，我们也使用了 IPW 模型和 RA 模型进行估计。由表 9 - 9 可知，在三种不同的估计方法下，数字普惠金融对居民家庭金融资产配置依然有显著的促进作用。由此可知，在克服样本自选择问题后，本章的基准研究结论依旧稳健。

表 9 - 9 稳健性检验：对于自选择导致的内生性问题的讨论（IPWRA 模型）

	IPW（1）	RA（2）	IPWRA（3）	IPW（4）	RA（2）	IPWRA（3）
	是否参与	是否参与	是否参与	配置比例	配置比例	配置比例
总指数（高于均值 VS 低于均值）	0.156 5***	0.143 5***	0.143 5***	0.181 9***	0.128 1***	0.128 1***
	(0.010 9)	(0.015 6)	(0.015 6)	(0.012 4)	(0.022 1)	(0.022 1)
N	1 501	1 501	1 501	1 501	1 501	1 501

注：括号外为 ATT 的估计值，括号内为稳健标准误；***、**、* 分别表示在 1%、5% 和 10% 的显著性水平下显著。

9.5.2 拓展性分析

上文对数字普惠金融和广东居民金融资产配置关系的讨论主要是基于总体

与平均意义上的，有必要进一步探究数字普惠金融对不同居民群体金融行为的作用差异。因此，本章进一步考察了数字普惠金融对异质性居民金融资产配置的影响效应。

9.5.2.1 区域异质性

广东作为中国区域经济增长最快、经济发展水平最高的省区之一，其区域内部发展差异亦不容忽视。由此引发的学术问题是，数字普惠金融发展对居民家庭金融资产配置的提升效应是否同样具有地区差异呢？为此，本章分别从城乡差异和区位差异对总样本进行分组回归。表 9-10、表 9-11 的结果表明，与经济欠发达地区（农村地区、非珠三角地区）的居民相比，数字普惠金融的发展对经济发达地区（城镇地区、珠三角地区）居民家庭金融资产配置（是否参与、配置比例）的提升效果更强，且均在 10% 的显著性水平下通过了数字普惠金融指数系数的差异性 Fisher 检验，说明了尽管数字普惠金融发展对居民家庭金融资产配置水平具有显著促进效应，但提升效应在广东省各区域间仍存有较大差距。造成上述现象的原因可能是区域间个体居民的物质资本以及人力资本禀赋并不均衡，经济发达地区（城镇地区、珠三角地区）的个体居民拥有的物质资本与人力资本的程度更高，居民有更好的条件享受数字普惠金融服务，从而数字普惠金融促进居民金融资产配置提升的边际效应更强。相反，经济不发达地区（农村地区、非珠三角地区）的个体居民由于较低物质资本而形成的"财富门槛"以及低人力资本累积而造成的"知识鸿沟"，其难以享受数字普惠金融带来的数字红利（王修华等，2020），不利于数字普惠金融作用的发挥。

表 9-10 数字普惠金融与居民金融资产配置：城乡差异

	是否参与		配置比例	
	IV-Probit（1）	IV-Probit（2）	IV-Tobit（3）	IV-Tobit（4）
	城市	农村	城市	农村
总指数	0.023 2**	0.075 2	0.011 1***	0.004 7*
	(0.010 9)	(0.061 2)	(0.001 5)	(0.002 7)
年龄	0.001 6	−0.004 2	0.000 1	−0.000 9
	(0.004 9)	(0.013 6)	(0.000 7)	(0.000 8)
性别	−0.026 5	0.140 1	−0.015 4	−0.005 7
	(0.125 2)	(0.344 6)	(0.017 0)	(0.024 0)

（续）

	是否参与		配置比例	
	IV-Probit（1）	IV-Probit（2）	IV-Tobit（3）	IV-Tobit（4）
	城市	农村	城市	农村
受教育年限	0.089 6***	0.142 3***	0.013 1***	0.006 0*
	(0.021 0)	(0.053 2)	(0.002 9)	(0.003 3)
政治面貌	−0.234 5	−0.008 7	−0.041 9**	0.022 3
	(0.149 0)	(0.360 0)	(0.020 3)	(0.031 0)
健康状况	0.227 9*	0.309 8	0.035 5**	0.061 3***
	(0.124 9)	(0.311 3)	(0.016 2)	(0.018 7)
婚姻状况	−0.031 6	0.428 9	0.020 7	−0.024 7
	(0.170 0)	(0.426 5)	(0.026 8)	(0.028 3)
养老保险	0.290 1	0.116 8	0.064 7***	0.049 2***
	(0.192 8)	(0.437 9)	(0.021 0)	(0.019 0)
医疗保险	0.020 5	0.378 3	0.027 5	0.005 6
	(0.248 7)	(0.524 5)	(0.033 7)	(0.033 4)
家庭规模	−0.087 4**	−0.125 2	−0.007 5	−0.010 3**
	(0.043 8)	(0.084 4)	(0.005 1)	(0.004 6)
家庭收入	0.210 0***	0.214 0	0.036 3***	0.042 7***
	(0.060 8)	(0.175 8)	(0.008 1)	(0.011 0)
家庭财富	0.156 6***	0.208 8**	−0.098 6***	−0.043 4***
	(0.040 5)	(0.093 2)	(0.006 2)	(0.007 1)
地区虚拟变量	控制	控制	控制	控制
常数项	−6.457 9***	−14.876 1*	−1.106 8***	−0.324 3
	(1.578 6)	(8.858 9)	(0.218 1)	(0.351 8)
Fisher's test（p 值）	0.03		0.08	
外生 Wald Test	4.68	0.85	5.66	0.26
工具变量 T 值	81.28	42.73	81.23	42.55
第一阶段 F 值	891.19	220.14	886.50	217.33
N	950	551	950	551

注：括号外为平均边际效应，括号内是德尔塔方法（Delta-Method）计算出的标准差，***、**、* 分别表示在 1%、5% 和 10% 的显著性水平下显著。

表 9-11　数字普惠金融与居民金融资产配置：区域差异

	是否参与		配置比例	
	IV-Probit（1）	IV-Probit（2）	IV-Tobit（3）	IV-Tobit（4）
	珠三角地区	非珠三角地区	珠三角地区	非珠三角地区
总指数	0.061 0***	0.008 5	0.014 2***	0.004 2
	(0.237 4)	(0.022 7)	(0.003 7)	(0.010 3)
年龄	0.013 4	−0.001 6	0.000 1	−0.001 0
	(0.011 4)	(0.004 9)	(0.000 9)	(0.000 7)
性别	−0.411 3	0.070 7	−0.011 0	−0.038 8**
	(0.376 1)	(0.125 1)	(0.019 5)	(0.019 7)
受教育年限	0.091 2**	0.099 4***	0.012 3***	0.008 6***
	(0.046 1)	(0.023 2)	(0.003 6)	(0.002 7)
政治面貌	−0.588 4	−0.088 1	−0.053 4**	0.017 4
	(0.431 3)	(0.157 8)	(0.024 5)	(0.025 6)
健康状况	0.289 5	0.198 7	0.050 8***	0.028 1*
	(0.250 5)	(0.132 0)	(0.019 5)	(0.015 5)
婚姻状况	0.091 3	0.118 1	0.020 9	−0.007 3
	(0.338 6)	(0.181 2)	(0.031 9)	(0.024 7)
养老保险	−0.135 2	0.542 0**	0.125 5***	0.029 4
	(0.269 4)	(0.217 3)	(0.027 1)	(0.018 1)
医疗保险	0.031 0	−0.025 3	0.029 4	−0.008 8
	(0.407 8)	(0.249 2)	(0.038 3)	(0.029 6)
家庭规模	0.047 8	−0.159 0***	−0.011 2	−0.006 1*
	(0.047 8)	(0.052 3)	(0.007 4)	(0.003 7)
家庭收入	0.129 9	0.218 0***	0.046 3***	0.031 8***
	(0.140 2)	(0.062 0)	(0.009 2)	(0.009 5)
家庭财富	0.293 0***	0.153 2***	−0.108 8***	−0.042 9***
	(0.079 4)	(0.041 6)	(0.007 0)	(0.005 8)
地区虚拟变量	控制	控制	控制	控制
常数项	−12.797 9	−4.569 6	−1.531 8***	0.733 0
	(26.990 2)	(3.040 2)	(0.488 6)	(1.226 0)
Fisher's test（p 值）	0.00		0.00	

（续）

	是否参与		配置比例	
	IV-Probit（1）	IV-Probit（2）	IV-Tobit（3）	IV-Tobit（4）
	珠三角地区	非珠三角地区	珠三角地区	非珠三角地区
外生 Wald Test	6.28	1.17	1.77	1.49
工具变量 T 值	31.72	8.62	31.68	8.54
第一阶段 F 值	122.99	19.98	122.85	19.90
N	780	721	780	721

注：括号外为平均边际效应，括号内是德尔塔方法（Delta-Method）计算出的标准差，***、**、* 分别表示在 1%、5% 和 10% 的显著性水平下显著。

9.5.2.2　数字普惠金融促进居民家庭金融素养提升的前置条件

基于上文分析，数字普惠金融对居民金融资产配置的促进作用的发挥可能受到"财富门槛""知识鸿沟"的限制。因此，下文拟从上述两个视角出发，识别实现数字普惠金融发展促进居民金融资产配置提升效果的前置条件。

①物质资本。家庭财富是影响家庭投资行为的最主要因素，也是制约家庭是否参与金融市场的重要门槛（路晓蒙等，2019）。为探究数字普惠金融促进居民家庭资产配置优化的"财富门槛"是否存在，本章以样本居民财富水平的中位数为界，将总样本分为高财富水平居民与低财富水平居民两个子样本进行分组回归。表 9-12 的第（1）～（4）列的结果表明，相较于低物质资本居民家庭，数字普惠金融对高物质资本居民家庭金融资产配置（是否参与、配置比例）的提升效果更强，且通过了数字普惠金融指数系数的差异性 Fisher 检验，这说明了数字普惠金融促进居民家庭金融资产配置提升存在"财富门槛"，数字普惠金融能显著促进高财富水平居民家庭的金融资产配置水平的提升。而对于低财富水平的居民，数字普惠金融对居民家庭金融资产配置的正向影响并不显著，且在 5% 的显著性水平下通过了数字金融发展指数系数的差异性 Fisher 检验，这说明了数字普惠金融促进居民家庭金融资产配置优化存在"财富门槛"。其可能的解释是金融市场上出现的许多数字普惠金融产品都有投资门槛限制，而与低财富居民相比，高财富居民不会受限于这些数字普惠金融产品的投资门槛，进而导致数字普惠金融对物质资本积累更丰富的居民家庭的金融资产配置提升有更强的促进效果。

②人力资本。人力资本作为新的生产要素在数字经济时代的作用愈显重要，为验证人力资本差异是否会影响数字普惠金融对居民家庭金融资产配置的

表 9 - 12　数字普惠金融与居民金融资产配置：物质资本差异

	是否参与		配置比例	
	IV-Probit（1）	IV-Probit（2）	IV-Tobit（3）	IV-Tobit（4）
	高物质资本	低物质资本	高物质资本	低物质资本
总指数	0.060 6***	0.020 4*	0.014 0***	0.007 9***
	(0.021 1)	(0.012 0)	(0.002 2)	(0.001 5)
年龄	−0.003 5	0.004 1	0.000 0	−0.000 3
	(0.007 6)	(0.005 4)	(0.000 9)	(0.000 6)
性别	−0.054 3	−0.047 2	−0.036 1	−0.010 6
	(0.287 5)	(0.129 2)	(0.024 6)	(0.015 0)
受教育年限	0.120 3**	0.096 9***	0.013 2***	0.009 2***
	(0.047 0)	(0.022 7)	(0.003 7)	(0.002 1)
政治面貌	−0.213 1	−0.203 3	−0.014 2	−0.015 3
	(0.381 3)	(0.155 4)	(0.035 8)	(0.016 9)
健康状况	0.492 0*	0.193 5	0.078 3***	0.012 5
	(0.251 2)	(0.133 3)	(0.021 3)	(0.013 2)
婚姻状况	−0.141 6	0.085 3	0.001 1	−0.017 6
	(0.285 8)	(0.190 8)	(0.028 8)	(0.027 4)
养老保险	0.329 9	0.231 5	0.064 2***	0.033 9**
	(0.297 7)	(0.198 9)	(0.022 2)	(0.015 8)
医疗保险	0.000 0	−0.125 2	0.055 2	−0.029 7
	(0.000 0)	(0.244 3)	(0.034 3)	(0.031 8)
家庭规模	0.023 8	−0.106 0**	−0.010 9*	−0.004 7
	(0.082 3)	(0.045 3)	(0.005 7)	(0.004 6)
家庭收入	−0.065 6	0.256 8***	0.039 0***	0.049 5***
	(0.147 2)	(0.063 1)	(0.013 9)	(0.007 2)
家庭财富	0.096 5	0.155 8**	−0.043 5***	−0.097 9***
	(0.132 6)	(0.061 5)	(0.010 7)	(0.009 4)
地区虚拟变量	控制	控制	控制	控制
常数项	−11.368 0***	−6.223 3***	−1.602 9***	−0.531 2***
	(2.824 3)	(1.654 6)	(0.293 4)	(0.193 8)
Fisher's test（p 值）	0.00		0.02	

（续）

	是否参与		配置比例	
	IV-Probit（1）	IV-Probit（2）	IV-Tobit（3）	IV-Tobit（4）
	高物质资本	低物质资本	高物质资本	低物质资本
外生 Wald Test	4.72	0.41	0.81	0.56
工具变量 T 值	68.81	60.43	68.87	65.04
第一阶段 F 值	741.35	478.94	739.65	513.21
N	673	828	759	742

注：括号外为平均边际效应，括号内是德尔塔方法（Delta-Method）计算出的标准差，***、**、* 分别表示在 1%、5%和 10%的显著性水平下显著。

促进效果，本章按样本居民的受教育程度中位数为划分标准，将总样本分为高受教育程度居民与低受教育程度居民两个子样本进行分组回归。表 9 - 13 的第（1）～（4）列的结果表明，相较于低受教育程度居民，数字普惠金融对高受教育程度居民家庭资产配置（是否参与、配置比例）的提升效果更强，且在 5%的显著性水平下通过了数字普惠金融指数系数的差异性 Fisher 检验，这说明了数字普惠金融促进居民家庭金融资产配置优化存在"知识鸿沟"。造成以上现象的可能原因是居民受教育水平越高，人力资本积累程度越高，对数字普惠金融服务和产品的接受能力越强（斯丽娟，2019），因而相较于低受教育程度的居民，高受教育程度的居民更容易接受并参与金融市场。

表 9 - 13　数字普惠金融与居民金融资产配置：人力资本差异

	是否参与		配置比例	
	IV-Probit（1）	IV-Probit（2）	IV-Tobit（3）	IV-Tobit（4）
	高人力资本	低人力资本	高人力资本	低人力资本
总指数	0.029 9**	0.028 7	0.010 4***	0.009 4***
	(0.012 5)	(0.019 0)	(0.001 8)	(0.001 9)
年龄	−0.000 2	0.005 5	−0.000 5	−0.000 1
	(0.005 7)	(0.007 9)	(0.000 7)	(0.001 0)
性别	−0.008 6	−0.183 9	−0.037 1*	−0.000 6
	(0.136 5)	(0.223 9)	(0.019 2)	(0.020 7)
受教育年限	0.096 5**	0.026 5	0.009 5**	0.008 3
	(0.039 3)	(0.052 2)	(0.004 2)	(0.005 9)

（续）

	是否参与		配置比例	
	IV-Probit（1）	IV-Probit（2）	IV-Tobit（3）	IV-Tobit（4）
	高人力资本	低人力资本	高人力资本	低人力资本
政治面貌	−0.240 6	−0.070 6	0.020 5	−0.038 1*
	(0.155 1)	(0.335 1)	(0.031 8)	(0.020 5)
健康状况	0.159 3	0.512 5**	0.056 1***	0.037 8**
	(0.138 2)	(0.212 7)	(0.016 5)	(0.019 1)
婚姻状况	0.019 6	0.338 2	0.010 8	−0.018 3
	(0.192 7)	(0.382 6)	(0.025 6)	(0.034 9)
养老保险	0.280 9	0.266 8	0.045 2***	0.076 0***
	(0.231 5)	(0.267 7)	(0.017 4)	(0.026 6)
医疗保险	−0.025 1	0.568 0	0.002 2	0.066 9*
	(0.276 0)	(0.394 9)	(0.031 6)	(0.036 1)
家庭规模	−0.092 9*	−0.073 1	−0.006 9*	−0.007 7
	(0.050 5)	(0.059 3)	(0.004 1)	(0.006 9)
家庭收入	0.228 3***	0.151 8	0.038 0***	0.048 7***
	(0.068 7)	(0.104 2)	(0.009 8)	(0.008 8)
家庭财富	0.119 2***	0.277 2***	−0.060 4***	−0.103 0***
	(0.044 1)	(0.070 3)	(0.006 0)	(0.007 7)
地区虚拟变量	控制	控制	控制	控制
常数项	−7.052 1***	−8.564 1***	−1.059 1***	−0.794 4***
	(1.813 9)	(2.550 0)	(0.234 5)	(0.272 7)
Fisher's test（p值）	0.00		0.04	
外生 Wald Test	3.27	1.40	0.81	0.48
工具变量 T 值	60.00	75.50	60.00	75.44
第一阶段 F 值	521.65	647.50	521.85	643.88
N	627	874	625	876

注：括号外为平均边际效应，括号内是德尔塔方法（Delta-Method）计算出的标准差，***、**、* 分别表示在1%、5%和10%的显著性水平下显著。

9.6　研究结论与政策蕴涵

在国民金融资产配置亟需优化的背景下，针对现有研究缺乏从数字普惠金融发展角度探讨居民家庭金融资产配置提升路径的事实，本章基于中国家庭金融调查（CHFS）的广东省调研数据，从理论和实证两方面综合分析了数字普惠金融对居民家庭金融资产配置的影响效应与作用机制。同时，运用工具变量法较好地克服了研究中存在的内生性问题，并使用替换核心变量、更换工具变量以及双稳健的 IPWRA 估计等方法进行了稳健性检验。最后从区域、家户两个层面出发，探讨了数字普惠金融对异质性居民家庭金融资产配置的影响效应，以此深入分析数字普惠金融发展促进居民金融资产配置提升的前置条件。研究发现：第一，数字普惠金融对居民家庭金融参与意愿与风险金融资产配置比例具有显著的正向影响；第二，数字普惠金融主要通过增加投资便利性、提升金融素养来促进居民家庭金融资产配置提升；第三，在考察数字普惠金融对异质性居民家庭金融资产配置的影响效应时，发现数字普惠金融发展对于跨越"财富门槛"以及消弭"知识鸿沟"的居民家庭金融资产配置提升有更强的促进效果。

显然，本章的主要结论具有多重政策含义。首先，应当充分意识到发展数字普惠金融可以作为优化居民家庭金融资产配置的有效渠道，对于引导居民大众理性投资、提升居民家庭的金融福祉具有重要推动作用。因此，各级政府部门应采取有效措施，制定有针对性的政策，大力推动数字普惠金融的发展，切实提升我国居民家庭的金融福利水平。

其次，考虑到在经济发达地区、财富积聚更多、受教育年限较长的居民家庭中，数字普惠金融对其家庭金融资产配置的提升作用更大。因此，就优化居民家庭金融资产配置的目标而言，政府应该引导各地金融机构加强数字普惠金融的场景落地，鼓励其运用前沿的金融科技精准挖掘当地的居民家庭特征，开发具有针对性的金融产品和服务，做到产品服务与居民投资偏好的匹配，进而更大程度地释放数字普惠金融发展带来的作用效应。同时，应高度重视农村等传统金融落后地区的数字基础设施建设，拉近落后地区个体居民家庭与金融服务的距离。

最后，鉴于数字普惠金融对提升居民家庭金融资产配置水平除直接作用效应外，还存在着显著的间接作用效应，其中的作用机制主要表现为增加投资便利性和提升金融素养。因此，政府应进一步推进经济型智能设备的普及，提高个体居民参与投资理财的便利程度，进而让更多居民家庭享受到数字普惠金融发展带来的红利。此外，政府部门还应大力开展普惠性金融教育，并丰富民众获取经济信息的途径，激发大众学习金融的兴趣与动力，进而提升居民金融素养。

10 数字普惠金融对广东居民家庭财务
脆弱性的影响及作用机制 ///////////////////

近年来，我国经济快速发展，居民可支配收入持续增加，家庭负债规模也在不断扩大，而债务水平的持续升高不仅会影响居民福祉，更有可能使居民家庭陷入财务困境，因此居民家庭财务脆弱性问题值得关注。在数字经济时代的大背景下，数字普惠金融具有"速度快、覆盖广、成本低"等优势，极大地降低了金融服务的交易成本和时间成本，对缓解居民家庭金融脆弱性可能发挥着积极的正向作用。因此，本章将基于2021中国家庭金融调查（CHFS）的广东省调研数据，从家庭财务脆弱性的视角入手，采用二元Probit模型、工具变量法考察数字普惠金融对居民家庭财务脆弱性的影响及作用机制，并按地区、物质资本、人力资本分组进行检验，以期能够从中挖掘数字普惠金融缓解居民家庭财务脆弱性的深刻内涵。

10.1 引言及文献述评

作为金融系统的微观主体，家庭财务风险与宏观金融系统的稳定性息息相关。具体而言，其可能通过负债等金融行为影响宏观金融稳定。近年来，随着改革开放的进程逐渐深入，我国居民人均财富有了显著提高，但债务规模也在不断扩张，家庭财务脆弱性凸显。国家统计局数据表明，2017—2022年，我国家庭人均可支配收入由2.60万元增长至3.69万元，但家庭债务占GDP比重由不足45％迅速跃升至60％以上，表明中国居民家庭债务呈现不断扩张趋势。此外，若考虑民间借款部分，中国居民家庭的债务问题可能更加突出。尽管家庭债务在一定程度上可以缓解流动性约束，拉动消费需求，促进经济增长，但过度授信及多头共债现象的存在，容易导致居民家庭债务负担过重，最终陷入经济困境而出现财务脆弱性问题。在当前国内经济下行压力加大，严防系统性金融风险发生的背景下，探寻债务风险引致的居民财务脆弱性的缓解路径，对于防范重大风险与实现国民经济高质量发展具有重大意义。

金融体系作为社会经济中重要的组成部分，在经过改革开放 40 多年的市场化进程之后，成为我国经济增长的重要引擎，普惠金融更是服务与支持民生发展的重要支柱。普惠金融强调享受金融服务的"平等机会"，其目标是使那些被排斥在金融体系之外的经济主体能够以可负担的成本享受金融服务。有研究表明，普惠金融在支持就业、帮助脱贫等方面起到了重要作用（尹志超和张栋浩，2020）。2013 年《中共中央关于全面深化改革若干重大问题的决定》明确提出"发展普惠金融"，普惠金融正式上升为国家战略。普惠金融与脱贫攻坚、乡村振兴、共同富裕等国家重大战略紧密联系，具有重要的政治、经济、社会意义。但是长期以来，由于我国的金融市场并不完善，传统普惠金融服务模式的普惠效应在一定程度上受到了限制（罗剑朝等，2019）。具体而言，传统金融服务模式受到时空的限制，金融资源难以下沉到"老少边穷"地区深处，弱势群体仍然受到严重的金融排斥，难以充分地享受到金融服务，因而无法利用金融工具来摆脱家庭面临的财务危机，这就需要技术创新来摆脱上述困境。从理论上讲，依赖于数字与信息技术、大数据及云计算的数字普惠金融在服务农村居民和小微企业等弱势群体上具有天然的优越性，进一步拓展了普惠金融服务的渗透深度和覆盖范围，是我国普惠金融发展的重要驱动力（郭峰等，2020）。进而言之，聚焦于微观居民层面，数字普惠金融突破了传统金融交易对线下网点的依赖，为居民利用金融工具摆脱财务困境提供了可能，由此引发的学术问题是，数字普惠金融会对居民家庭财务脆弱性产生何种影响？是否存在异质性特征？其中的作用机制是什么？

迄今，未有研究直接回答上述问题。通过梳理已有文献发现，影响居民家庭财务脆弱性的因素包含微观因素和宏观因素两方面。就影响居民家庭财务脆弱性的微观因素而言，负担与收入不相匹配的债务（Vandone，2009）及承受高压力（Haushofer and Fehr，2014）、自控能力较低（Wilcox et al.，2011）、财务过度自信（Perry，2008）和认知能力较低（Soll et al.，2013）等因素被认为导致了财务脆弱性，医疗保险转移健康风险（岳崴等，2021）、维持较低的家庭债务杠杆（李波和朱太辉，2022）可以降低家庭的财务脆弱性。在人口社会学特征上，婚姻状况、受教育程度、年龄、性别、收入与财富、家庭规模及子女数量被证明对财务脆弱性具有显著影响（Anderloni et al.，2012；Brunetti et al.，2016；Daud et al.，2019；Lusardi et al.，2011），具体而言，离婚、生育往往导致家庭的财务脆弱性，而家庭收入及财富的增加、财务决策者受教育程度的提高则有利于家庭的财务稳定，家庭决策者为女性、年轻人往往与较高的财务脆弱性相关。在宏观层面，金融体系、政策方向等都会对家庭财务脆弱性产生影响（Lusardi and Tufano，2015），即金融危机显著加剧了家庭的脆弱性，而持有一定的金融资产能够提高家庭应对冲击的能力。此外，金融体系较发达的国家的居民应对风险冲击的能力会更强，因而财务脆弱性也会较低。最后，也有部分研究考察了数字普惠金融对居民财务脆弱性的影响。王安邦和胡振（2022）基于城镇家庭调查微观数据和数字普惠金融指数，实证检验了数字普惠金融与城镇居民家庭财务脆弱性的关系。其研究表明，数字普惠金融与城镇居民家庭财务脆弱性有显著的负向关系。

显然，已有研究就居民家庭财务脆弱性开展了大量研究，但仍存在一些不足：第一，上述研究主要从宏观政策及市场因素与微观个体特征两大方面探讨了居民家庭财务脆弱性的影响因素，少有研究从数字普惠金融的视角切入去深入去探究数字普惠金融对居民家庭财务脆弱性的影响。在有所涉及的文献中，研究对象多聚焦于城镇居民，未将农户纳入研究范畴。第二，以往探讨数字普惠金融与居民家庭财务脆弱性关系的实证文献，仅把内生性处理作为稳健性检验，实证结论的信效度存疑。第三，已有研究数字普惠金融与居民家庭财务脆弱性的文献，缺乏有关数字普惠金融对居民家庭财务脆弱性的异质性影响的细致探讨。第四，虽然学者们从金融素养等视角切入，对数字普惠金融影响居民家庭财务脆弱性的传导机理进行了验证，但对其中可能存在的其他影响路径仍探讨不足。

鉴于上述，本章针对数字普惠金融蓬勃发展和居民家庭财务脆弱性亟待缓解的客观现实，利用北京大学数字金融研究中心编制的数字普惠金融指数与中国家庭金融调查（CHFS）的广东省样本集进行匹配，深入探讨了数字普惠金融对居民家庭财务脆弱性的影响效应与作用机制，其可能的边际贡献主要表现为：首先，就样本选择而言，区别于已有文献，本章将农户纳入了研究范围，并从居民收入、金融素养与流动性约束的视角出发，深入挖掘了数字普惠金融影响居民家庭财务脆弱性的作用机理，拓宽了居民家庭财务脆弱性影响因素的研究范畴。其次，本章在研究数字普惠金融与居民家庭财务脆弱性的关系时将内生性问题的处理贯穿全文，重点克服了数字普惠金融发展所可能存在的内生性问题，以保证实证结果的可信性，这是本章实证方面的贡献。最后，本章从区域、家户特征切入，考察数字普惠金融发展对居民家庭财务脆弱性的异质性影响，阐释了数字普惠金融发展缓解居民家庭财务脆弱性的深刻内涵。

10.2　理论分析与研究假说

"脆弱性"自20世纪被引入家庭部门分析框架后，学者们便开始从脆弱性的视角出发，找寻家庭债务违约根源，家庭部门的财务风险研究逐渐深化。家庭财务脆弱性反映了个体居民家庭未来陷入财务困境的概率（O'Connor et al.，2019），是衡量居民家庭风险承担水平的重要研究视角。已有研究表明，家庭财务脆弱性的影响因素是多样的，金融体系是其中一项关键因素（Lusardi and Tufano，2015）。然而，传统金融体系在发展过程中存在的金融排斥效应制约了其化解家庭财务风险效应的发挥。一方面，传统金融的"精英俘获"效应使金融资源优先流向富裕的"重点人群"，导致大量的弱势居民被排斥在传统的金融服务体系之外；另一方面，传统金融依赖于线下网点的布设，金融供给成本较高，服务范围难以触达身处"老少边穷"地区的居民，进一步加剧了传统金融体系的金融排斥。尽管普惠金融战略的实施在一定程度上缓解了弱势群体受到的金融排斥，但取得的效果仍不理想（黄益平和黄卓，2018）。进一步地，受到金融排斥的居民可能因无法享受金融服务而缺乏足够的流动性资金应对外部风险，家庭陷入财务困境的概率激增。随着2016年G20杭州峰会正式提出了数字普惠金融概念，数字普惠金融逐渐进入大众视野，为摆脱上述困境提供了一个新思路。根据金融中介理论，降低交易成本和信息不对称是金融中介存在和发展的基础。数字普惠金融作为一种新兴金融中介，在数字技术的加持下，为金融实现更强的普惠效果提供了可能。根据其异于传统金融中介的特质，本章认为数字普惠金融主要通过增加居民收入、提升金融素养以及缓解流动性约束等渠道降低居民家庭财务脆弱性，具体论述如下。

首先，数字普惠金融通过增加居民收入来缓解家庭财务脆弱性。相较于传统金融依赖于设置高成本的线下网点来为大众提供金融服务，数字普惠金融以新兴数字技术为依托，突破了传统金融受到的时间与空间限制，使金融服务的覆盖面更宽、触达范围更加广（孙玉环等，2021），为民众实现增收致富创造了条件。具体而言，首先，数字金融弱化了金融业的技术分工和金融的专业化，金融业务流程得到简化，具有鲜明的高触达性和低门槛性的特点。这种标准化的操作流程，以较低的成本满足了各类居民差异化的金融需求，居民可根据偏好选择与自身特征相符合的金融理财产品，进而提高了居民财产性收入；其次，随着数字科技与金融业态的深度融合，线上金融平台可通过大数据、云计算等手段深入地挖掘和分析居民网络行为背后的软信息，对申请贷款的居民信用资质进行精准判断，并提供与之匹配的贷款服务，破除了居民开展创业活动的资金约束，进而促进了居民的经营性收入增长。最后，数字普惠金融也有效缓解了中小企业融资难问题，为中小企业扩大经营规模，创造更多的就业岗位提供了资金支持（万佳或等，2020），带动了工资性收入水平的提升。概而论之，数字普惠金融能够促进居民增收。进一步地，数字普惠金融发展伴随的增收效应提高了居民家庭应对不确定性冲击的能力，降低了其陷入财务困境的概率。鉴于上述，数字普惠金融通过促进居民增收降低了家庭财务脆弱性。

其次，数字普惠金融通过提升金融素养进而抑制家庭财务脆弱性的加剧。依托于互联网技术的数字普惠金融为居民大众提供了一条及时、准确、全面获取金融信息的渠道，增加了信息透明度，通过降低投资决策的信息搜寻成本，缓解了机构和个体间的信息不对称，可有效提升居民金融素养。具体而言，一方面，随着数字普惠金融的应用场景不断扩大，其已经渗透到大众生活的方方面面，第三方支付平台、商业银行 APP 等各类应用层出不穷。居民在享受数字普惠金融带来的便捷的同时，可以通过以金融科技为底层技术的数字平台接受和传递与其生产生活息息相关的，且有着更高准确度和透明度的经济金融信息（何婧和李庆海，2019）。另一方面，数字普惠金融在各类应用场景中也伴有信息互动效应，提升了居民的社会互动水平，增强了熟人之间的金融信息交流。简而言之，数字普惠金融的发展使居民能够从更多的渠道（熟人间、金融平台等）获得经济、金融信息，提高了其金融学习地积极性，潜移默化地提升了居民金融素养。进一步地，金融素养作为家庭决策者拥有的就财务规划、财富积累、负债及养老等事项做出明智决策的能力，对家庭金融行为具有重要影响（Lusardi and Mitchell，2014）。金融素养作为现代经济社会中一项重要的人力资本，是个体家庭进行合理财务规划、风险管理的能力。已有研究表明，与金融素养水平低的家庭相比，金融素养水平高的家庭更易避免使用高成本借贷方式，从而优化家庭居民负债结构，过度负债的可能性也会大大降低（吴卫星等，2018）。此外，低金融素养水平的家庭户主更倾向于做出非理性的金融决策，导致其家庭陷入财务困境的概率增加（尹志超和李青蔚，2023）。鉴于上述，提升金融素养是数字普惠金融缓解家庭财务脆弱性的一个可行渠道。

最后，数字普惠金融通过缓解流动性约束进而降低家庭财务脆弱性。已有研究表明，保持资金流动性是预防家庭陷入财务困境的一种有效途径（Lusardi et al.，2011)，而数字普惠金融的普惠效应在缓解家庭资金流动性约束方面拥有得天独厚的优势。一方面，数字普惠金融提升了投资便利性，拓展了家庭投资理财渠道。不同于传统金融，数字普惠金融拥有地理穿透力和低成本优势，降低了居民获取金融服务成本，提升了居民投资便利性，有效整合了家庭"碎片化资金"，投资效率得到提高。此外，金融机构可依托信息技术优势，通过移动终端向投资者推送理财产品，提升了金融供需双方的匹配度。例如，随着数字普惠金融产品与服务的普及，居民可以使用手机银行、支付宝等应用程序选取与自身特征匹配的金融产品进行投资理财，获得更多的资金收益。另一方面，随着大数据的发展和应用，数字普惠金融可迅速获取金融交易信息，一定程度上降低了金融机构对投资者的调查成本，形成快速批量自动化授信的金融创新模式，为居民提供更多的普惠金融服务，从而帮助传统银行服务不足的家庭提高家庭金融包容性，进而缓解了其受到的流动性约束。进而言之，流动性约束的缓释有助于降低个体家庭债务杠杆升高造成的流动性资金压力，降低了个体家庭未来陷入财务困境的概率。

综上所述，本章提出两个有待检验的研究假说：

H5：数字普惠金融能够缓解家庭财务脆弱性。

H6：数字普惠金融影响家庭财务脆弱性表现为三条作用路径，即数字普惠金融发展主要通过增加收入、提升金融素养以及缓解流动性约束来降低家庭财务脆弱性。

10.3 数据来源与研究设计

10.3.1 数据来源

本章选取了西南财经大学中国家庭金融调查与研究中心发布的 2021 年中国家庭金融调查（CHFS）的广东省调研数据，与北京大学数字金融研究中心编制的数字普惠金融指数合并作为合并数据集。CHFS 调查范围涵盖了全国29 个省、自治区和直辖市，并采用了分层、三阶段与规模度量成比例（PPS）的抽样设计方法，保证了调查数据的科学性与代表性。其中，2021 年的调查涵盖了广东省 1 544 户居民家庭的人口统计学特征、资产、负债等方面的详细信息，为本研究提供了良好的数据支持。在数据处理方面，为了避免异常值的干扰，参照以往相关文献的处理办法，将控制变量中部分缺失样本值与异常值进行了剔除，最终得到 1 445 个家户样本。

10.3.2 变量设置

10.3.2.1 被解释变量：家庭财务脆弱性

参考 Brunetti 等（2016）与岳崴等（2021）的研究，从两个维度考察家庭是否处于财务脆弱状态：①家庭的总收入能否支撑家庭的预期支出；②家庭的流动性资产能否应对家庭的非预期支出。将收入虽能够支持其预期内的支出，但流动性资产无法应对非预期支出的家庭定义为财务脆弱家庭。家庭收入包括工资性收入、经营性收入、财产性收入、转移性收入和其他收入，预期支出为家庭的消费性支出，包括家庭日常的食品、衣着、交通通信、文教娱乐等支出，不包括耐用品的消费支出。流动性资产包括家庭的现金和存款总额。非预期支出包括医疗支出和重大事件支出。根据以上两个二分类变量对家庭进行分组，存在四类家庭：财务自由（收入≥预期支出，流动性资产≥非预期支出），财务脆弱（收入≥预期支出，流动性资产<非预期支出），过度消费但具备流动性（收入<预期支出，流动性资产≥非预期支出），财务约束（收入<预期支出，流动性资产<非预期支出）。在实证分析中，我们使用 0～1 变量 FF 表示家庭是否处于财务脆弱状态，1 表示处于财务脆弱状态，0 代表非财务脆弱状态，包括财务自由、过度消费但具备流动性和财务约束，根据分类可以得知，财务脆弱衡量家庭应对冲击的能力，财务脆弱的家庭不一定贫穷，但他们应对风险的能力较差。

10.3.2.2 解释变量：数字普惠金融指数

关键解释变量数字普惠金融的相关数据则来自由北京大学数字金融研究中心和蚂蚁金融服务集团自 2011 年以来实施的跟踪调查并发布的数据。此项调查旨在通过收集、调查各地级市、区（县）的金融发展各项指标，建立数字金融指标体系及填报制度，以期全面反映我国金融市场和经济发展的程度及变迁。其调查范围覆盖了 31 个省（自治区、直辖市）338 个市，每年跟踪数据样本保持不变。为了缓解内生性，本章选用滞后一期（2020 年）的广东省各县的数字普惠金融指数与 CHFS 数据进行匹配（吴雨等，2021），进而考察数字普惠金融发展对居民家庭财务脆弱性的影响。

10.3.2.3 其他控制变量

由于考察的是微观居民的相关情况，因此我们分别从个人和家庭层面选取了受访者的个人特征变量和家庭特征变量予以控制。此外，在回归中均控制了居民家庭所在地区的虚拟变量，以此降低由区域差异带来的遗漏变量问题。

表 10-1 给出了主要变量的描述性统计。由表 10-1 可知：第一，样本居民家庭财务脆弱性为 44.1%，表明有近半数的广东省居民家庭处于财务脆弱状态。第二，数字普惠金融发展水平在各区县之间存在较大差异。第三，在户主人口统计学特征方面，户主平均年龄为 53 岁，其中以男性、已婚的受访者为主，且整体受教育水平偏低，健康状况一般。第四，在家庭经济特征方面，居民家庭资产负债比存在较大差异。

表 10-1　描述性统计

变量名	变量说明	观测值	均值	标准差	最小值	最大值
总指数	数字普惠金融总指数	1 445	126.646	8.893	113.227	140.554
覆盖广度	数字普惠金融覆盖广度	1 445	100.945	7.584	89.921	112.523
使用深度	数字普惠金融使用深度	1 445	178.201	14.685	156.183	202.729
数字化程度	数字普惠金融数字化程度	1 445	117.833	5.003	107.129	126.731
财务脆弱性	根据受访家庭财务状态界定	1 445	0.441	0.496	0	1
年龄	年龄	1 445	53.039	13.79	18	80
性别	性别，1＝男	1 445	0.714	0.452	0	1
受教育年限	受教育年限	1 445	10.116	3.92	0	22
政治面貌	是否为党员，1＝党员	1 445	0.152	0.359	0	1
健康状况	婚姻状况，1＝已婚	1 445	0.513	0.5	0	1
婚姻状况	自评健康程度，1＝健康	1 445	0.861	0.346	0	1
就业状况	是否拥有稳定工作，1＝拥有	1 445	0.648	0.478	0	1
养老保险	是否拥有社会养老保险，1＝拥有	1 440	0.749	0.434	0	1
医疗保险	是否拥有社会医疗保险，1＝拥有	1 442	0.908	0.288	0	1
家庭规模	家庭总人数	1 445	3.589	1.789	1	16
资产负债比	家庭负债/家庭净资产	1 445	0.117	0.366	0	4

10.3.3　模型设计

10.3.3.1　基准模型

为厘清数字普惠金融对居民家庭财务脆弱性的影响，选择离散选择模型中的 Probit 模型来分析数字普惠金融对居民家庭财务脆弱性的影响。在 Probit 回归中，因变量 $FM_{i,c}$（"家庭财务脆弱性"）为哑变量，$FM_{i,c}=1$ 表示家庭 i 处于财务脆弱状态，反之则代表非财务脆弱状态，其取值情况由数字普惠金融

指数 $Digital_{i,c}$、控制变量 $X_{i,c}$ 和随机误差项 $\mu_{i,c}$ 及常数项 α_0 决定，下标 i、c 分别表示居民家庭、居民家庭所在区县。回归方程的设定形式如下：

$$\mathrm{pro}(FM_{i,c}=1)=\phi(\alpha_0+\alpha_1 Digital_{i,c}+\alpha_2 X_{i,c}+\mu_{i,c}) \quad (10-1)$$

10.3.3.2 内生性讨论

模型估计结果的准确性往往因为内生性问题而受到影响，因此对模型的内生性讨论至关重要。本章使用的数据集为宏观数据与微观数据的结合，大大降低了反向因果性，但是遗漏解释变量的问题可能依旧存在，所以模型设定仍可能存在内生性问题。本章运用工具变量法来解决可能存在的内生性问题。基于数据的可得性，参考李春涛等（2020）的研究，我们手工整理了广东省所有地级市的接壤城市，使用 2020 年居民所在地级市的所有接壤城市数字普惠金融发展水平的均值作为工具变量。该工具变量符合相关性和外生性两个约束条件：一方面，任意城市和其相邻城市地域相连，且经济、社会交流十分密切，因而居民所在地级市的数字普惠金融发展水平易受接壤城市数字普惠金融发展水平的影响，满足工具变量的相关性要求；另一方面，接壤城市数字普惠金融发展均值与当地居民家庭财务脆弱性并无直接关联，工具变量的排他性要求近似满足。综上所述，受访居民所在地级市的接壤城市数字普惠金融发展均值是一个设置合理的工具变量，在后文也将进一步通过相关计量检验证明工具变量的有效性。

10.4 实证结果与分析

10.4.1 基准回归分析

使用 Probit 模型和工具变量法（IV-Probit）检验数字普惠金融发展对家庭财务脆弱性的影响，结果如表 10-2 所示。首先，表 10-2 中的第（1）列显示了数字普惠金融显著抑制了家庭财务脆弱性；第（2）、（3）列分别加入了户主特征、家庭特征及地区特征的控制变量，表明了数字普惠金融发展抑制家庭财务脆弱性结果的稳健性。此外，IV-Probit 模型在克服了内生性之后，相对于基准回归的结果，数字普惠金融发展指数的系数也是显著为正的，并略高于基准模型的系数，上述结果表明在克服内生性后，数字金融发展对家庭财务脆弱性的缓解效应虽有增大但仍旧十分显著。其次，除数字普惠金融发展对家庭财务脆弱性有显著的负向影响外，本章选取的控制变量多数都对家庭脆弱性产生了显著影响，这与岳巍等（2021）的研究结论基本一致。最后，实证结果也验证了工具变量法的有效性和必要性。在 IV-Probit 模型中，第一阶段 F 统计量与工具变量 T 值都非常大，这说明"居民所在地级市所有接壤城市数字普惠金融发展水平的均值"作为"数字普惠金融指数"的工具变量是合适的，工具变量具有较强的解释力，不存在弱工具变量问题。综上，表 10 - 2 的实证结果显示，在使用逐步回归法和进行工具变量估计后，数字普惠金融对家庭财务脆弱性的影响均显著为负，从而验证了假说 H5。

表 10 - 2　数字普惠金融影响家庭财务脆弱性的估计结果

	Probit（1） 财务脆弱性	Probit（2） 财务脆弱性	Probit（3） 财务脆弱性	IV-Probit（4） 财务脆弱性
总指数	−0.026 6*** （0.003 7）	−0.016 9*** （0.004 4）	−0.041 7*** （0.015 8）	−0.159 1** （0.016 2）
年龄		−0.008 9*** （0.003 2）	−0.006 7** （0.003 3）	−0.009 5*** （0.003 3）
性别		0.093 7 （0.077 9）	0.079 3 （0.079 9）	0.115 6 （0.078 3）
受教育年限		−0.032 4*** （0.011 1）	−0.012 3 （0.011 8）	−0.036 5*** （0.011 2）
政治面貌		0.030 0 （0.098 3）	0.059 6 （0.100 1）	0.037 9 （0.099 3）
健康状况		−0.141 6** （0.071 5）	−0.103 6 （0.072 5）	−0.148 4** （0.071 5）
婚姻状况		−0.102 5 （0.095 8）	0.002 7 （0.102 6）	−0.056 4 （0.101 4）
就业状况		−0.250 7*** （0.081 0）	−0.215 7*** （0.083 1）	−0.250 4*** （0.081 1）
养老保险		−0.369 8*** （0.079 5）	−0.313 1*** （0.080 8）	−0.385 6*** （0.080 0）
医疗保险		−0.170 9 （0.116 0）	−0.114 7 （0.117 6）	−0.156 6 （0.115 9）
家庭规模			−0.009 8 （0.020 7）	−0.027 0 （0.020 3）

（续）

	Probit（1）	Probit（2）	Probit（3）	IV-Probit（4）
	财务脆弱性	财务脆弱性	财务脆弱性	财务脆弱性
资产负债比			0.002 9***	0.000 9
			(0.001 2)	(0.000 6)
地区虚拟变量	未控制	未控制	控制	控制
常数项	3.246 0***	3.498 7***	6.740 8***	3.524 6***
	(0.463 4)	(0.617 5)	(2.085 2)	(0.893 9)
外生 Wald Test				4.89
工具变量 T 值				50.00
第一阶段 F 值				1 496.75
N	1 445	1 445	1 445	1 445
pseudo R^2	0.126	0.152	0.198	

注：括号外为平均边际效应，括号内为稳健标准差（Delta-Method 计算出的标准差），***、**、* 分别表示在 1%、5% 和 10% 的显著性水平下显著。

10.4.2 数字普惠金融发展的不同维度对家庭财务脆弱性的影响

考虑到数字普惠金融发展是一个多维度的复合概念，因此有必要进一步分析其各个维度对家庭财务脆弱性的影响。鉴于北京大学数字金融研究中心编制的数字普惠金融指数包括覆盖广度、使用深度和数字化程度三个维度，选取以上三个维度作为主要解释变量，运用两阶段最小二乘法进行回归，考察数字普惠金融的不同维度对家庭财务脆弱性的影响。

表 10-3 的第（1）～（3）列分别汇报了数字普惠金融各维度（覆盖广度、使用深度和数字化程度）对家庭财务脆弱性的影响的估计结果。其中，覆盖广度与使用深度对家庭财务脆弱性有显著的抑制作用，但数字化程度的影响并不显著。就影响效应的大小而言，覆盖广度对家庭财务脆弱性的缓解效应最大，使用深度次之，数字化程度的作用最小。造成上述结果的可能原因是覆盖广度作为国家推进普惠金融发展战略的前提条件，以广覆盖为核心目标能够使更多的长尾人群享受到数字金融发展带来的便捷，相应地会对个体家庭财务脆弱性产生更为明显的促进效果；使用深度代表了金融服务的实际使用情况，随着数字设备在大众生活中的普及，居民逐渐在参与线上金融活动的过程中享受到数字普惠金融发展带来的红利，进而提升了其家庭的风险承担能力。

表 10 - 3　数字普惠金融不同维度影响家庭财务脆弱性的估计结果

	IV-Probit（1） 财务脆弱性	IV-Probit（2） 财务脆弱性	IV-Probit（3） 财务脆弱性
覆盖广度	−0.016 4*** (0.002 0)		
使用深度		−0.005 1*** (0.004 0)	
数字化程度			−0.004 1 (0.003 9)
年龄	−0.009 7*** (0.003 3)	−0.009 1*** (0.003 3)	−0.001 0 (0.004 6)
性别	0.112 8 (0.078 3)	0.124 4 (0.078 2)	−0.010 7 (0.120 2)
受教育年限	−0.036 7*** (0.011 1)	−0.040 0*** (0.011 4)	0.092 5*** (0.020 1)
政治面貌	0.031 9 (0.099 3)	0.049 0 (0.098 7)	−0.209 4 (0.140 4)
健康状况	−0.145 9** (0.071 6)	−0.153 1** (0.071 5)	0.258 0** (0.116 9)
婚姻状况	−0.059 1 (0.101 3)	−0.056 5 (0.101 4)	0.027 6 (0.158 7)
就业状况	−0.250 2*** (0.081 1)	−0.249 9*** (0.081 1)	−02 718*** (0.084 3)
养老保险	−0.383 5*** (0.080 2)	−0.397 5*** (0.079 9)	0.259 7 (0.172 7)
医疗保险	−0.159 3 (0.116 1)	−0.150 2 (0.116 3)	0.089 7 (0.219 1)
家庭规模	−0.026 4 (0.020 4)	−0.024 8 (0.020 3)	−0.073 8* (0.041 1)
资产负债比	0.067 4* (0.094 6)	0.064 5* (0.034 5)	0.065 7* (0.034 8)

（续）

	IV-Probit（1）财务脆弱性	IV-Probit（2）财务脆弱性	IV-Probit（3）财务脆弱性
地区虚拟变量	控制	控制	控制
常数项	3.770 1*** (0.918 9)	2.417 8*** (0.801 0)	−8.116 6*** (2.495 5)
外生 Wald Test	3.34	2.06	2.67
工具变量 T 值	45.15	61.74	36.30
第一阶段 F 值	1 122.27	284.68	162.33
N	1 445	1 445	1 445

注：括号外为平均边际效应，括号内为稳健标准差（Delta-Method 计算出的标准差），***、**、* 分别表示在 1%、5% 和 10% 的显著性水平下显著。

10.4.3 作用机制分析

前文已经分析数字普惠金融对家庭财务脆弱性有何影响，在此基础上需要对数字普惠金融对家庭财务脆弱性的影响机制做具体分析。目前经济学文献主流的机制分析方法主要为传统中介效应模型，但应用中介效应模型进行机制分析无法保证机制变量和被解释变量之间的严格外生而易导致估计偏误（江艇，2022）。借鉴张勋等（2020）的机制分析思路，我们采取以下两个步骤验证理论分析中提到的两个作用机制：第一步，直接使用解释变量对机制变量进行回归；第二步，寻找核心解释变量通过机制变量来影响结果变量的证据，即检验机制变量对被解释变量的影响效应。结果如表 10-4 所示。

首先，本章选用受访家庭人均收入来衡量居民收入，表 10-4 的第（1）列为数字普惠金融发展对居民收入影响的回归结果。结果显示数字普惠金融发展能够显著提升居民收入，反映了数字普惠金融有显著的增收效应。进一步地，使用 Probit 模型检验居民收入与家庭财务脆弱性的关系。第（4）列的回归结果显示，受访居民收入增长显著降低了家庭财务脆弱性。综上可知，数字普惠金融发展通过增加居民收入对家庭财务脆弱性产生了显著的抑制效应。

其次，借鉴 Lusardi 等（2010）的研究，拟用利率、风险、通货膨胀三类问题作为客观金融素养基本测度框架，并使用因子分析法构建金融素养指标。根据 2021 年中国家庭金融调查问卷中金融素养问题的设置情况，选取

3 个题项，构造 6 个指标来衡量居民金融素养。表 10 - 4 的第（2）列为数字普惠金融发展对居民金融素养影响的 IV-2SLS 回归结果。结果显示，随着数字普惠金融发展，居民金融素养得到了显著提升。此外，我们进一步运用 Probit 模型考察居民金融素养对家庭财务脆弱性的影响，由表 10 - 4 的第（5）列的回归结果可知，金融素养对家庭财务脆弱性的影响是负向且显著的。综上可知，促进居民金融素养提升是数字普惠金融缓解家庭财务脆弱性的重要机制。

最后，本章参考 Zeldes（1989）以"家庭金融资产总值小于两个月永久性收入"作为家庭面临流动性约束的代理变量的做法，当家庭金融资产总值小于家庭两个月永久性收入时，流动性约束变量赋值为 1，否则为 0。表 10 - 4 的第（3）列为数字普惠金融发展对流动性约束影响的 IV-2SLS 回归结果。结果显示，数字普惠金融有效缓解了居民受到的流动性约束。此外，我们进一步运用 Probit 模型考察流动性约束对家庭财务脆弱性的影响，由表 10 - 4 的第（6）列的回归结果可知，流动性约束显著促进了家庭财务脆弱性的加剧。综上可知，缓释流动性约束是数字普惠金融缓解家庭财务脆弱性的重要机制。

表 10 - 4　数字普惠金融发展对家庭财务脆弱性影响机制的检验结果

	IV-2SLS（1） 人均收入	IV-2SLS（2） 金融素养	IV-2SLS（3） 流动性约束	Probit（4） 财务脆弱性	Probit（5） 财务脆弱性	Probit（6） 财务脆弱性
总指数	0.228 3*** (0.406 6)	0.059 2*** (0.009 2)	-0.083 2*** (0.001 4)			
人均收入				-0.082 8** (0.037 9)		
金融素养					-0.082 8** (0.037 9)	
流动性约束						0.470 2*** (0.120 6)
年龄	-0.023 0 (0.021 7)	0.008 0 (0.004 9)	0.000 9 (0.002 2)	0.006 7 (0.004 8)	-0.009 9*** (0.003 3)	-0.008 8*** (0.003 3)
性别	-0.174 1 (0.708 9)	-0.071 3 (0.118 2)	-0.054 6 (0.051 8)	-0.072 4 (0.118 1)	0.113 3 (0.078 6)	0.108 4 (0.078 7)

（续）

	IV-2SLS（1）	IV-2SLS（2）	IV-2SLS（3）	Probit（4）	Probit（5）	Probit（6）
	人均收入	金融素养	流动性约束	财务脆弱性	财务脆弱性	财务脆弱性
受教育年限	0.368 5***	0.138 3***	−0.057 2***	0.141 4***	−0.032 7***	−0.028 2**
	(0.089 3)	(0.018 9)	(0.007 4)	(0.019 0)	(0.011 3)	(0.011 4)
政治面貌	0.950 3	−0.133 1	−0.054 7	−0.161 6	0.028 6	0.027 2
	(0.817 0)	(0.135 3)	(0.064 9)	(0.136 6)	(0.099 1)	(0.099 3)
健康状况	0.117 2	0.292 4**	−0.123 2**	0.297 5***	−0.136 0*	−0.130 1*
	(0.537 9)	(0.114 5)	(0.049 7)	(0.114 4)	(0.072 1)	(0.071 9)
婚姻状况	0.259 6	0.158 9	−0.086 1	0.165 9	−0.071 9	−0.066 0
	(0.680 9)	(0.153 7)	(0.065 1)	(0.154 1)	(0.101 8)	(0.101 8)
就业状况	0.303 2**	0.101 9	0.040 4	0.106 4	−0.247 6***	−0.234 8***
	(0.668 3)	(0.140 7)	(0.056 9)	(0.140 2)	(0.082 2)	(0.082 3)
养老保险	1.051 9***	0.321 9*	0.037 9	0.354 0**	−0.367 7***	−0.355 2***
	(0.312 1)	(0.172 7)	(0.056 6)	(0.172 9)	(0.080 1)	(0.080 2)
医疗保险	1.316 8***	0.238 6	0.106 4	0.205 6	−0.154 2	−0.146 4
	(0.378 4)	(0.227 5)	(0.080 6)	(0.224 8)	(0.116 8)	(0.116 6)
家庭规模	−0.392 1	−0.031 0	−0.010 8	−0.031 1	−0.027 0	−0.028 5
	(0.093 6)	(0.034 2)	(0.014 2)	(0.034 3)	(0.020 4)	(0.020 4)
资产负债比	−0.261 8	−0.026 2	0.001 2***	−0.032 6	−0.001 1*	−0.001 0*
	(0.093 6)	(0.048 2)	(0.000 2)	(0.053 3)	(0.000 6)	(0.000 6)
地区哑变量	控制	控制	控制	控制	控制	控制
常数项	−28.326 4***	−11.687 0***	−5.907 7***	−10.644 1***	1.315 9***	1.244 8***
	(4.583 1)	(1.351 9)	(0.609 0)	(1.355 6)	(0.298 8)	(0.300 0)
Cragg-Donald Wald F 值	1 273.41	1 273.41	1 273.41			
工具变量 T 统计量	108.21	108.21	108.21			
DWH 检验	0.02	4.41	1.86			
N	1 445	1 445	1 445	1 445	1 445	1 445
pseudo R^2				0.125	0.160	0.175
R^2	0.304	0.304	0.304			

注：括号外为平均边际效应，括号内为稳健标准差（Delta-Method 计算出的标准差），***、**、*分别表示在1%、5%和10%的显著性水平下显著。

10.5 稳健性检验与拓展性分析

10.5.1 稳健性检验

前文的表 10-2 与表 10-3 的实证结果表明了不管从数字普惠金融总指标还是二级指标都对家庭财务脆弱性有显著的负向影响，为了验证上述结果的稳健性，本节将采用多种方式进行检验。

10.5.1.1 对于反向因果和遗漏变量导致的内生性问题的进一步讨论

首先，本章拟用更换工具变量的方式来验证前文结果的稳健性。其一，借鉴张勋等（2020）的工具变量构建思路，选用居民所在地级市到省会的球面距离与全广东省（除本市）地级市数字普惠金融发展水平均值的交乘项作为数字普惠金融的工具变量。显然，此工具变量与受访居民所在地区的数字普惠金融发展程度具备相关性。首先，省会城市作为一个区域的经济、金融及科技中心，其数字普惠金融发展处于领先位置，可以预期，在地理上距离省会城市越近，数字普惠金融的发展程度应越好。其次，受访户所在地级市与省会城市的距离与其家庭财务脆弱性却并无直接关联，工具变量的排他性要求近似满足。进一步地，我们也控制了受访居民所在地区的哑变量，尽可能地减少遗漏变量，地理距离变量更加外生。表 10-5 的第（1）列使用了上述工具变量进行回归，结果显示，数字普惠金融发展对家庭财务脆弱性的影响依然显著为负，进一步证明了本章研究结论的稳健性。

其次，尽管前文借鉴经典文献的做法，采用了工具变量法来缓解基准模型中由于反向因果和遗漏变量而导致的内生性问题，但依然无法完全排除工具变量会通过其他渠道影响居民家庭财务脆弱性。鉴于上述，参考 Conley 等（2012）提出的近似零方法（LTZ），基于工具变量是近似外生的假定，通过放松工具变量的排他性约束条件，检验工具变量估计结果的稳健性。表 10-5 的第（2）列汇报了 LTZ 方法的估计结果，结果表明，在近似外生的情形下，数字普惠金融依然对居民家庭财务脆弱性有显著的缓解效应。因此，在放松对工具变量的排他性约束条件后，本章的研究结论依然保持稳健。

表 10-5　稳健性检验：近似零方法（LTZ）与更换工具变量

	IV（1）	LTZ（2）
总指数	−0.027 2***	−0.005 8***
	（0.007 0）	（0.002 4）

（续）

	IV（1）	LTZ（2）
年龄	−0.010 1*** （0.003 3）	−0.003 6*** （0.001 3）
性别	0.099 3 （0.078 6）	0.023 5 （0.078 6）
受教育年限	−0.029 5*** （0.011 4）	−0.014 8*** （0.004 3）
政治面貌	0.026 2 （0.099 0）	0.039 3 （0.036 7）
健康状况	−0.138 7* （0.071 7）	−0.053 3* （0.027 7）
婚姻状况	−0.057 9 （0.101 7）	−0.013 1 （0.039 8）
就业状况	−0.243 7*** （0.081 2）	−0.092 3*** （0.031 4）
养老保险	−0.360 7*** （0.080 6）	−0.143 6*** （0.031 6）
医疗保险	−0.169 6 （0.116 1）	−0.061 4 （0.045 9）
家庭规模	−0.032 1 （0.020 4）	−0.087 （0.007 9）
资产负债比	−0.001 0* （0.000 6）	−0.068 9* （0.000 6）
地区虚拟变量	控制	控制
常数项	5.043 2*** （0.979 3）	5.043 2*** （0.979 3）
外生 Wald Test	2.41	
工具变量 T 值	63.24	
第一阶段 F 值	540.21	
N	1 445	1 445

注：括号外为平均边际效应，括号内为稳健标准差（Delta-Method 计算出的标准差），***、**、* 分别表示在 1%、5% 和 10% 的显著性水平下显著。

10.5.1.2 对于自选择导致的内生性问题的讨论

前文已运用多种方法验证了基准回归结果的稳健性，但这并未规避样本自选择问题带来的估计偏误，即数字普惠金融与受访居民样本并非是随机选择的。因此，为克服可能存在的样本选择偏误，本章进一步采用双稳健估计的 IPWRA 模型考察数字普惠金融对居民家庭财务脆弱性的影响效应，以验证研究结论是否稳健。IPWRA 模型作为 IPW 模型与 RA 模型的结合，只需要两者之一被正确设定即能获得待估计参数的一致估计，并能够通过逆概率赋权的方法消减自选择偏差带来的估计偏误（柳松等，2020）。此外，为了进行对比分析，我们也使用了 IPW 模型和 RA 模型进行估计。由表 10 - 6 可知，在三种不同的估计方法下，数字普惠金融对居民家庭财务脆弱性依然有显著的抑制作用。由此可知，在克服样本自选择问题后，本章的基准研究结论依旧稳健。

表 10 - 6 稳健性检验：对于自选择导致的内生性问题的讨论（IPWRA 模型）

	IPW（1）财务脆弱性	RA（2）财务脆弱性	IPWRA（3）财务脆弱性
总指数（高于指数均值 VS 低于指数均值）	−0.090 4** (0.040 6)	−0.094 3*** (0.033 7)	−0.094 3*** (0.033 7)
N	1 445	1 445	1 445

注：括号外为 ATT 的估计值，括号内为稳健标准误；***、**、* 分别表示在 1%、5% 和 10% 的显著性水平下显著。

10.5.1.3 替换核心变量

由于可能存在家庭财务脆弱性的测度方式不同导致模型的估计差异，我们采用更换家庭财务脆弱性的测度方式来验证基准回归结果的稳健性。首先，借鉴 Loken（2017）的研究，使用"应急储蓄"指标作为家庭财务脆弱性的替代指标，本章定义储蓄不足以支撑 3 个月日常支出的家庭为财务脆弱家庭。其次，我们也从过度负债的视角切入，重新构造了家庭财务脆弱性指标。本章参照 Michelangeli 和 Pietrunti（2014）的做法，定义家庭债务收入比高于 30% 的家庭为财务脆弱家庭。进一步地，运用 Probit 模型与工具变量法（IV-Probit）对前文结论进行再次验证。上述两种稳健性检验的回归结果如表 10 - 7 的第（1）~（4）列所示。回归结果表明，前文回归的结果是稳健的。

表 10 - 7　稳健性检验：替换核心变量

	Probit（1）财务脆弱性	IV-Probit（2）财务脆弱性	Probit（3）财务脆弱性	IV-Probit（4）财务脆弱性
总指数	−0.067 6***	−0.018 2***	−0.015 2**	−0.014 2**
	(0.016 4)	(0.006 5)	(0.006 3)	(0.006 9)
年龄	−0.002 4	−0.003 5	−0.017 9***	−0.017 9***
	(0.003 5)	(0.003 4)	(0.003 5)	(0.003 5)
性别	−0.109 8	−0.083 6	−0.122 0	−0.120 9
	(0.082 8)	(0.082 2)	(0.080 6)	(0.080 6)
受教育年限	−0.061 6***	−0.065 1***	0.002 5	0.002 1
	(0.012 0)	(0.011 9)	(0.012 2)	(0.012 3)
政治面貌	0.053 8	0.049 3	0.041 1	0.042 4
	(0.100 1)	(0.099 9)	(0.100 1)	(0.100 1)
健康状况	−0.163 3**	−0.166 3**	−0.097 1	−0.097 8
	(0.075 0)	(0.074 8)	(0.075 7)	(0.075 6)
婚姻状况	−0.018 0	−0.010 5	−0.064 7	−0.064 3
	(0.109 9)	(0.109 4)	(0.108 8)	(0.108 7)
就业状况	0.021 7	0.003 8	−0.186 5**	−0.186 8**
	(0.087 2)	(0.085 6)	(0.084 1)	(0.084 1)
养老保险	−0.260 1***	−0.299 4***	−0.032 7	−0.034 6
	(0.086 5)	(0.085 8)	(0.084 7)	(0.084 9)
医疗保险	−0.403 4***	−0.395 1***	0.181 2	0.182 6
	(0.132 2)	(0.130 2)	(0.130 0)	(0.130 2)
家庭规模	0.059 8***	0.058 9***	−0.035 2*	−0.034 6
	(0.021 4)	(0.021 2)	(0.021 0)	(0.021 0)
资产负债比	0.511 1***	0.508 3***	0.042 1	0.045 2
	(0.140 7)	(0.139 5)	(0.030 6)	(0.031 9)
地区虚拟变量	控制	控制	控制	控制
常数项	10.188 4***	3.882 2***	1.968 2**	1.832 1*
	(2.168 1)	(0.933 1)	(0.892 1)	(0.970 0)

（续）

	Probit（1）	IV-Probit（2）	Probit（3）	IV-Probit（4）
	财务脆弱性	财务脆弱性	财务脆弱性	财务脆弱性
外生 Wald Test		10.82		7.34
工具变量 T 值		104.72		104.72
第一阶段 F 值		1 386.41		1 386.41
N	1 445	1 445	1 445	1 445
pseudo R^2	0.131		0.047	

注：括号外为平均边际效应，括号内为稳健标准差（Delta-Method 计算出的标准差），***、**、* 分别表示在 1%、5% 和 10% 的显著性水平下显著。

10.5.2 拓展性分析

上文对数字普惠金融和家庭财务脆弱性关系的讨论主要是基于总体与平均意义上的，有必要进一步探究数字普惠金融对不同类型家庭财务脆弱性的作用差异。因此，本章进一步考察了数字普惠金融对异质个体家庭财务脆弱性的影响效应，以期深刻挖掘数字普惠金融赋能居民金融福祉的深刻内涵。

10.5.2.1 区域异质性

首先，为探究数字普惠金融发展对家庭财务脆弱性的缓解效应是否同样具有地区差异，本章分别从城乡差异和区位差异角度对总样本进行分组回归。表 10-8 的结果表明，与经济欠发达地区（农村地区、非珠三角地区）的居民相比，数字普惠金融的发展对经济发达地区（城镇地区、珠三角地区）家庭财务脆弱性的抑制效果更强，且均通过了数字普惠金融指数系数的差异性 Fisher 检验，说明了尽管数字普惠金融发展对家庭财务脆弱性具有显著抑制效应，但抑制效应在区域间仍存有较大差距。造成上述现象的原因可能是区域间个体居民的物质资本以及人力资本禀赋并不均衡，经济发达地区（城镇地区、珠三角地区）的个体居民拥有的物质资本与人力资本的程度更高，居民有更好的条件享受数字普惠金融服务，从而数字普惠金融抑制家庭财务脆弱性加剧的边际效应更强。相反，经济不发达地区（农村地区、非珠三角地区）的个体居民由于较低的物质资本而形成的"财富门槛"以及低人力资本累积而造成的"知识鸿沟"使其难以享受数字普惠金融带来的数字红利，不利于数字普惠金融作用的发挥。

表 10-8　数字普惠金融与家庭财务脆弱性：不同区域的异质性

| | IV-Probit（1） | IV-Probit（2） | IV-Probit（3） | IV-Probit（4） |
	城市	农村	珠三角	非珠三角
总指数	−0.037 2*	−0.003 3	−0.152 6**	−0.000 7
	(0.021 3)	(0.016 6)	(0.059 8)	(0.017 6)
年龄	−0.011 2***	−0.011 7**	−0.009 2*	−0.009 1*
	(0.004 2)	(0.005 4)	(0.004 7)	(0.004 7)
性别	0.019 9	0.390 2**	0.230 1*	−0.059 1
	(0.096 8)	(0.151 7)	(0.123 5)	(0.106 2)
受教育年限	−0.030 8**	−0.068 3***	−0.049 3***	−0.028 6*
	(0.013 7)	(0.020 4)	(0.016 2)	(0.017 1)
政治面貌	−0.027 9	0.239 5	0.074 6	−0.053 2
	(0.126 0)	(0.170 2)	(0.146 1)	(0.143 6)
健康状况	−0.119 8	−0.138 8	−0.078 5	−0.193 6*
	(0.090 5)	(0.118 5)	(0.100 2)	(0.104 3)
婚姻状况	−0.145 1	0.055 1	−0.035 9	−0.139 5
	(0.128 9)	(0.169 4)	(0.143 0)	(0.148 5)
就业状况	−0.231 5**	−0.291 6**	−0.268 8**	−0.096 8
	(0.112 0)	(0.126 8)	(0.116 6)	(0.128 5)
养老保险	−0.289 0***	−0.498 3***	−0.289 7***	−0.440 8***
	(0.109 2)	(0.119 5)	(0.109 5)	(0.139 1)
医疗保险	−0.062 7	−0.297 2*	−0.262 7	−0.060 0
	(0.162 5)	(0.175 6)	(0.162 7)	(0.176 1)
家庭规模	0.023 0	−0.087 8***	−0.039 9	0.021 7
	(0.026 6)	(0.032 3)	(0.025 8)	(0.035 4)
资产负债比	−0.002 0	0.015 2	−0.000 6	−0.013 0
	(0.001 2)	(0.022 2)	(0.000 6)	(0.042 8)
地区虚拟变量	控制	控制	控制	控制
常数项	−3.772 1	2.330 8	19.624 7***	1.229 9
	(2.776 3)	(2.174 9)	(6.999 4)	(2.364 6)
Fisher's test（p 值）	0.07		0.00	

（续）

	IV-Probit（1）	IV-Probit（2）	IV-Probit（3）	IV-Probit（4）
	城市	农村	珠三角	非珠三角
外生 Wald Test	1.23	8.32	1.16	7.96
工具变量 T 值	55.23	50.45	34.70	16.98
第一阶段 F 值	867.21	620.34	452.19	77.65
N	893	552	683	762

注：括号外为平均边际效应，括号内为稳健标准差（Delta-Method 计算出的标准差），***、**、* 分别表示在 1%、5% 和 10% 的显著性水平下显著。

10.5.2.2 家户异质性

基于上文分析，数字普惠金融对家庭财务脆弱性的缓解作用的发挥可能受到家户特征（"财富门槛""知识鸿沟"）的影响。因此，下文拟从上述两个视角出发，采用分组回归的方法进行实证检验，进而识别实现数字普惠金融发展缓解家庭财务脆弱性加剧的前置条件。

首先，为探究数字普惠金融缓解家庭财务脆弱性的"财富门槛"是否存在，本章以样本居民财富水平的中位数为界，将总样本分为高财富水平居民与低财富水平居民两个子样本进行分组回归。表 10-9 的第（1）列与第（2）列的结果表明，与低财富水平的家庭户主相比，数字普惠金融对于财富水平更高的家庭财务脆弱性的缓解效应更大，且在 5% 的显著性水平下通过了数字金融发展指数系数的差异性 Fisher 检验，这说明了数字普惠金融抑制家庭财务脆弱性的恶化存在"财富门槛"。其可能的解释是金融市场上出现的许多数字普惠金融产品都有门槛限制，而与低财富居民相比，高财富居民不会受限于这些数字普惠金融产品的投资门槛，进而能够利用金融工具平滑债务风险，提升风险承担能力，最终降低家庭财务脆弱性。

人力资本作为新的生产要素在数字经济时代的作用愈显重要，为验证人力资本差异是否会影响数字普惠金融对家庭财务脆弱性的抑制效果，本章按样本居民的受教育程度中位数为划分标准，将总样本分为高受教育程度居民与低受教育程度居民两个子样本进行分组回归。表 10-9 的第（3）列与第（4）列的结果表明，相较于低受教育程度居民，数字普惠金融对高受教育程度居民家庭财务脆弱性的抑制效果更强，且在 1% 的显著性水平下通过了数字普惠金融指数系数的差异性 Fisher 检验，这说明了数字普惠金融抑制家庭财务脆弱性存在

"知识鸿沟"。造成以上现象的可能原因是居民受教育水平越高，人力资本积累程度越高，对数字普惠金融服务和产品的接受能力越强，因而相较于低受教育程度的居民，高受教育程度的居民在数字金融参与过程能够更好地制定合理的金融决策，避免了过度负债的行为发生，进而降低了其未来陷入财务困境的概率。

表 10 - 9　数字普惠金融与家庭财务脆弱性：不同家户的异质性

	IV-Probit（1） 高财富	IV-Probit（2） 低财富	IV-Probit（3） 高教育	IV-Probit（4） 低教育
总指数	−0.050 4** (0.023 0)	−0.003 0 (0.015 2)	−0.012 0*** (0.025 2)	−0.000 9 (0.014 0)
年龄	−0.007 6 (0.005 1)	−0.008 8** (0.004 4)	−0.002 6 (0.005 5)	−0.012 8*** (0.004 4)
性别	0.007 0 (0.112 1)	0.227 2** (0.113 9)	0.056 4 (0.127 8)	0.124 5 (0.104 4)
受教育年限	−0.037 2** (0.016 7)	−0.020 9 (0.016 1)	−0.069 8** (0.034 9)	−0.020 3 (0.020 4)
政治面貌	−0.044 2 (0.133 1)	0.138 1 (0.159 1)	0.022 9 (0.130 6)	0.139 9 (0.163 1)
健康状况	−0.009 1 (0.102 7)	−0.191 6* (0.102 1)	−0.058 1 (0.114 2)	−0.188 6** (0.092 7)
婚姻状况	0.093 2 (0.171 0)	−0.115 5 (0.135 1)	−0.275 9 (0.174 4)	−0.021 9 (0.133 2)
就业状况	−0.190 8 (0.127 3)	−0.231 6** (0.109 9)	−0.137 5 (0.139 6)	−0.268 2*** (0.104 0)
养老保险	−0.217 2* (0.129 9)	−0.418 6*** (0.104 0)	−0.126 5 (0.153 9)	−0.473 2*** (0.095 9)
医疗保险	−0.302 1 (0.188 2)	−0.047 7 (0.147 2)	−0.377 6* (0.203 7)	−0.098 2 (0.143 0)
家庭规模	0.006 9 (0.030 8)	−0.031 1 (0.027 8)	−0.009 8 (0.036 7)	−0.033 0 (0.025 4)

（续）

	IV-Probit（1）	IV-Probit（2）	IV-Probit（3）	IV-Probit（4）
	高财富	低财富	高教育	低教育
资产负债比	−0.002 2***	0.002 5	−0.001 6***	0.003 3
	(0.000 5)	(0.003 7)	(0.000 4)	(0.004 8)
地区虚拟变量	控制	控制	控制	控制
常数项	−5.797 8*	1.610 2	−0.137 5	1.550 6
	(3.021 2)	(1.977 6)	(3.238 0)	(1.838 8)
Fisher's test（p 值）	0.00		0.00	
外生 Wald Test	0.89	4.53	1.01	5.96
工具变量 T 值	60.23	55.72	25.32	9.78
第一阶段 F 值	692.47	439.23	227.21	80.39
N	723	722	590	855

注：括号外为平均边际效应，括号内为稳健标准差（Delta-Method 计算出的标准差），***、**、* 分别表示在 1%、5% 和 10% 的显著性水平下显著。

10.6 研究结论与政策蕴涵

在我国居民家庭财务脆弱性亟待缓解的背景下，针对现有研究缺乏从数字普惠金融发展角度探讨化解居民家庭财务风险的事实，本章基于中国家庭金融调查（CHFS）的广东省调研数据，从理论和实证两方面综合分析了数字普惠金融对居民家庭财务脆弱性的影响效应与作用机制。同时，运用工具变量法较好地克服了研究中存在的内生性问题，并使用替换核心变量、更换工具变量以及双稳健的 IPWRA 估计等方法进行了稳健性检验。最后从区域、家户两个层面出发，探讨了数字普惠金融对异质性居民家庭财务脆弱性的影响，以此深入刻画数字普惠金融发展抑制居民家庭财务脆弱性加剧的深刻内涵。研究发现：第一，数字普惠金融对居民家庭财务脆弱性具有显著的抑制作用；第二，数字普惠金融主要通过增加居民收入、提升金融素养以及缓解流动性约束来缓解居民家庭财务脆弱性；第三，在考察数字普惠金融对异质性居民家庭财务脆弱性的影响效应时，发现数字普惠金融发展对于跨越"财富门槛"以及消弭"知识鸿沟"的居民家庭财务脆弱性有更强的抑制效果。

显然，本章的主要结论具有多重政策含义。首先，应当充分意识到发展数字普惠金融可以作为防范家庭财务风险，防止居民陷入财务困境的有效渠道，对于引导居民大众合理负债、提升居民家庭风险承担能力具有重要推动作用。因此，各级政府部门应采取有效措施，制定有针对性的政策，大力推动数字普惠金融的发展，切实提升我国居民家庭的金融福利水平。

其次，考虑到在经济发达地区、财富积聚更多、受教育年限较长的居民家庭中，数字普惠金融对其家庭财务脆弱性的抑制作用更大。因此，就防范家庭财务风险的目标而言，政府应该引导各地金融机构加强数字普惠金融的场景落地，鼓励其运用前沿的金融科技精准挖掘当地的居民家庭的特征，开发具有针对性的金融产品和服务，做到产品服务与居民自身特征（经济水平、风险偏好等）的匹配，进而更大程度地释放数字普惠金融发展带来的作用效应。同时，应高度重视农村等传统金融落后地区的数字基础设施建设，拉近落后地区个体居民家庭与金融服务的距离。

最后，鉴于数字普惠金融对居民家庭财务脆弱性的抑制除直接作用效应外，还存在着显著的间接作用效应，其中的作用机制主要表现为增加居民收入、提升金融素养及缓解流动性约束。因此，政府应进一步推进经济型智能设备的普及，提高个体居民参与数字普惠金融的便利程度，进而让更多居民家庭享受到数字普惠金融发展带来的红利，实现增收致富。此外，政府部门还应大力开展普惠性金融教育，并丰富民众获取经济信息的途径，激发大众学习金融的兴趣与动力，进而提升居民金融素养。需要引导居民合理借助数字普惠金融从根本上缓释家庭流动性约束，降低家庭陷入财务困境的概率。

11 数字普惠金融赋能广东共同富裕的影响效应及作用机制 //////////////////////////

基于 2011—2020 年广东 20 个地级市（除深圳外）的面板数据，借助北京大学数字普惠金融指数，深入探究了数字普惠金融发展对广东共同富裕的影响、作用机制以及门槛效应。结果表明：第一，数字普惠金融发展提升了广东省共同富裕水平，数字普惠金融覆盖广度对广东省共同富裕的推动效应最大，使用深度次之，数字化程度最小。第二，数字普惠金融通过缓解融资约束提升广东省共同富裕水平。第三，数字普惠金融对广东省共同富裕的影响具有门槛效应，随着数字普惠金融的深化，其对共同富裕的"边际贡献"具有递增趋势。第四，数字普惠金融对共同富裕的推动效应存在区域的差异性，仅对珠三角地区的影响效应显著。因此，有效发展数字普惠金融，是促进广东省共同富裕的重要途径，相关部门应完善数字普惠金融体系，因地制宜推进各区域数字普惠金融发展，着力提升金融可及性，从而事半功倍地推动共同富裕伟大事业稳步前行。

11.1 引言与文献述评

共同富裕一直是中国人民的美好夙愿，是中华民族的千年梦想，是中国共产党始终如一的奋斗目标。党的二十大报告指出，我国发展的总体目标之一是到二○三五年"人民生活更加幸福美好，居民人均可支配收入再上新台阶，中等收入群体比重明显提高，基本公共服务实现均等化，农村具备现代生活条件，社会保持长期稳定，人的全面发展、全体人民共同富裕取得更为明显的实质性进展。"如何行之有效地推动共同富裕取得实质性的进展成为亟须解决的重大议题。作为中国经济发达省份，习近平总书记对广东省寄予"努力在全面建设社会主义现代化国家的新征程中走在全国前列、创造新的辉煌"这一厚望。当前，广东省共同富裕程度在中国属于中等偏上水平，但仍存在省域内部差距较大和中等收入群体占比不高等现实问题（王军等，2023）。广东省探索实现共同富裕的道路于中国而言具有良好的示范与借鉴意义。

金融作为经济的命脉，是推动共同富裕的重要力量。但是金融业有逐利的本能，容易集中表现为一种纯商业精神的富人游戏规则，容易缺乏人文关怀和社会包容，忽视了金融公平。在传统金融发展方式下，金融排斥问题广泛存在，成了经济发展和社会前进的桎梏（何德旭和苗文龙，2015）。显然，如果沿袭传统金融的发展理念，金融难以成为推动共同富裕的有力抓手。随着金融发展理念深化，金融公平问题在全球日益受到越来越多的关注和重视。2005年联合国提出了普惠金融体系概念，其理念是满足所有有效的金融需求，为人们提供享有金融服务与资源的公平机会，是对现有金融体系的反思与扬弃，应是促进共同富裕的利器。但受制于金融基础设施等自然条件限制，传统普惠金融在发展的过程中依旧面临着金融服务覆盖不均匀等问题。

近年来，随着大数据、互联网、区块链等技术与金融行业的密切融合，数字技术为普惠金融发展面临的问题提供了新的突破口。根据中国互联网信息中心（CNNIC）第 49 次《中国互联网络发展状况统计报告》，截至 2022 年 12月，中国网民规模为 10.67 亿，互联网普及率达 75.6%。其中，农村地区互联网普及率达 61.9%。报告还指出，支付机构通过线上金融的方式为 630 万户小微企业、个体工商户及 2 060 万户有经营行为的个人减免支付手续费超 36亿元。数字基础设施的不断完善给普惠金融发展提供了良好契机。数字普惠金融的出现，解决了金融服务"最后一公里"问题，有效增加了金融的可得性、便利性和包容性。

已有研究普遍认为，数字普惠金融具有良好的减贫效应并有利于缩小城乡收入差距、促进包容性增长。从这些角度来看，数字普惠金融具有推动公平发展的能力，与共同富裕的内涵具有很强的契合性。刘心怡等（2022）和韩亮亮等（2022）通过分析中国省级数据，发现数字普惠金融能够提升共同富裕水平。牛丽娟（2023）发现数字普惠金融能够通过提升技术创新水平来促进共同富裕，而且数字普惠金融对共同富裕的影响存在边际效应非线性递增的特点。已有文献大多就数字普惠金融能否促进中国省级共同富裕进行分析，而对数字普惠金融对广东省共同富裕影响这一问题缺乏深入分析与研究。

因此，本章利用 2011—2020 年广东省 20 个地级市面板数据，研究了数字普惠金融与广东省共同富裕的关系。本章的边际贡献主要体现在：第一，本章从数字普惠金融的角度拓展了广东省共同富裕的实证研究；第二，从缓解融资约束角度，分析了数字普惠金融与广东省共同富裕的关系；第三，从非线性角度，分析了数字普惠金融与广东省共同富裕的门槛效应。

11.2 理论分析与研究假设

《中共中央国务院关于支持浙江高质量发展建设共同富裕示范区的意见》对共同富裕概念做出阐述："共同富裕具有鲜明的时代特征和中国特色，是全体人民通过辛勤劳动和相互帮助，普遍达到生活富裕富足、精神自信自强、环境宜居宜业、社会和谐和睦、公共服务普及普惠，实现人的全面发展和社会全面进步，共享改革发展成果和幸福美好生活。"共同富裕应该表现出发展性、共享性和可持续性三方面的特征（陈丽君等，2021）。第一，发展性衡量的是社会总体财富和人民收入水平的情况。收入水平不断提升是共同富裕的前提，社会总体财富水平持续扩张是维系社会公平的物质基础。第二，共享性衡量的是经济发展成果惠及全体人民的情况，重点落脚在公共资源分配的合理性，应该有效确保全体人民都有公共服务均等化。第三，可持续性衡量的是社会协调、长远发展的能力。作为长期追求的理想目标，共同富裕是动态的、进步的社会发展过程，必须要求其具有与环境、资源等协调发展的能力。

共同富裕作为社会主义的本质要求，是一个长期的历史过程，要充分发挥金融的作用（杨玉文等，2023）。随着互联网、云计算等数字信息技术蓬勃发展，数字技术与金融交互融合，数字普惠金融应时而生，增强了金融的可触及性，降低了金融的交易成本及门槛，拓宽了金融的广度和深度，为推进共同富裕赋予了新动力，在实现共同富裕的道路上大有可为。在新时代背景下，与传统金融相比，数字普惠金融的要义与共同富裕的本质不谋而合，内在联系更加密切，作用效果更加精准。

数字普惠金融通过赋能共同富裕的发展性进而提升共同富裕水平。第一，数字普惠金融有助于实现经济增长。数字普惠金融本身既是一种资源，又是配置其他资源的方式和手段。一方面，提高了各部门金融可得性。相较于传统金融，数字普惠金融充分利用数字技术，通过降低交易成本、减少信息不对称程度与缓解流动性约束，进而增加了金融服务的质量和资金配置的效率，充分发挥长尾经济的能力，促进经济增长（钱海章等，2020）。另一方面，提高了资源配置的效率。数字普惠金融通过降低因不完全契约等因素引起的金融摩擦，使资本和劳动跨主体、跨空间流动，降低资源错配程度，促使经济发展（宇超逸等，2020）。第二，数字普惠金融能够缩小收入差距、减少贫困，实现包容性增长。"普惠性"的本质特征使数字普惠金融的目标在于为需要金融服务的所有人提供金融服务，尤其是因缺乏有效担保、信用记录和社会关系而被金融排斥的小微企业和低收入人群。穷人之所以为穷人，是因其缺乏有效的金融支持。数字普惠金融的发展为弱势群体面临的"融资难，融资贵"问题提供行之有效的破除方法。实践证明，数字普惠金融通过缓解弱势人群的金融排斥，增加其人力资本、提升其创业概率，进而有效缓解贫困，降低收入差距，实现包容性增长（张勋等，2019；刘魏等，2021；Yang et al.，2022）。

数字普惠金融通过赋能共同富裕的共享性进而提升共同富裕水平。第一，数字普惠金融有助于实现公共服务均等化。一方面，数字普惠金融的发展提高了居民部门对公共服务共享的认知和参与。随着金融服务范围的扩大，互联网金融平台包含了代查、代缴医疗费用、社保等公共管理的信息，降低了居民获取公共服务的成本。同时，互联网金融平台与政府信息结合，加强了数字政府的建设。政府数字化治理意味着多数人群享受公共服务机会的均等，提升了居民对公共服务的认知度和参与感，从而改善社会总福利（Zhou et al.，2021）。另一方面，数字普惠金融提升了政府部门运行效率和风险管理，提升了公共服务数量和质量。公共服务以政府、事业单位和国企为主要供给方，存在供给不足的问题和现状，影响经济持续健康发展（魏福成，2020）。数字普惠金融平台通过收集使用者的数据，为公共服务供给者提供风险管理等详细信息，提高了机构运行效率，提升了公共服务的质量和数量。尤其对于社会保障服务，数字普惠金融在社保机构广泛运用，推动缴纳方式创新，提高居民投保参保的可能性，提高了中国社会保障的总体水平（汪亚楠等，2020）。第二，数字普惠金融有助于增加居民幸福感。精神富裕是共同富裕的重要部分。长期以来，金融资源分配的不公平影响了其他社会资源的分配（王成利，2018）。数字普惠金融通过增加居民收入、提高就业水平来缓解经济压力，通过社会资源再分配，缓解制度排斥压力，进而提升居民主观幸福感（钱雪松等，2022）。

数字普惠金融通过赋能共同富裕的可持续性进而提升共同富裕水平。第一，数字普惠金融有助于环境污染治理。一方面，数字普惠金融具有环境友好的服务形态。其使资金需求方和供给方能在线上实现融资、投资和支付，减少了因线下交易带来的碳排放足迹，有助于改善碳排放绩效。另一方面，数字普惠金融推动了绿色金融发展。其具备靶向性特征，通过促进碳金融产品流通、绿色信贷精准识别，改善环境污染。第二，数字普惠金融有助于推动经济高质量发展和创新发展。一方面，数字金融通过"增加金融增量"，即广泛吸纳市场上闲置的金融资源转化为资金有效供给；另一方面，数字金融通过"提高金融存量"，即提高传统金融机构的服务质效，为创新和产业发展提供金融供给与支持，有效增加了企业创新能力（唐松等，2020）和产业结构升级（唐文进等，2019；Chen et al.，2021），促进经济高质量发展（滕磊等，2019）。

基于上述分析，数字普惠金融从发展性、共享性和可持续性三方面助力共同富裕，那么数字普惠金融通过什么路径赋能共同富裕呢？

数字普惠金融通过缓解融资约束，助力广东省共同富裕。数字普惠金融自普惠金融演化而言，数字是技术，普惠金融是本质。一方面，随着数字化的推进，数字普惠金融借助数字技术对不同经济部门和个体进行精准画像，有效降低了资金供需双方的信息不对称程度。另一方面，数字普惠金融通过降低物理网点限制，促进网络信息流通，有效降低了信息搜寻、议价、合同、监督等交易成本。数字普惠金融有效缓解了弱势群体面临的金融排斥状况（杨波等，2020；周利等，2021），打破传统金融"二八定律"服务困境，更能发挥长尾人群的优势，开拓长尾市场的经济效益，推动广东省共同富裕水平提升。

与此同时，数字普惠金融对广东省共同富裕的影响可能是非线性的（范方志和彭田田，2023）。一方面，数字普惠金融本身的发展过程并非线性。最初，由于大数据、云计算等数字技术不成熟，研发和知识获取成本较高，数字普惠金融的发展进程较缓慢，使其难以凭借低成本、广覆盖的优势为目标群体提供金融服务。随着数字技术与金融行业的融合不断深入，资金、人才、技术的聚集加速了数字普惠金融深化，金融行业不断推出新型且具有普惠性的金融产品，推动了数字普惠金融高速发展。相对于最初不成熟的数字普惠金融体系而言，如今的数字普惠金融产品能够跨越时间和地区的制约，有效提高金融产品在各区域的覆盖率，尤其是偏远地区的覆盖率得到有效提升。另一方面，数字普惠金融对共同富裕的影响存在边际效应。当数字普惠金融发展水平较低时，其促进共同富裕的效果较小，但当数字普惠金融发展水平较高时其对共同富裕的促进作用可能具有"边际递增"的特征。

基于以上分析，本章提出如下研究假说：

H7：数字普惠金融促进广东省共同富裕。

H8：数字普惠金融通过缓解融资约束，促进广东共同富裕。

H9：数字普惠金融对广东共同富裕产生边际效应递增的非线性影响。

11.3 模型设定与数据说明

11.3.1 模型设定

为初步探究数字普惠金融对共同富裕的作用，本章构建如下基本模型：

$$CP_{it} = \beta_0 + \beta_1 DFI_{it} + \gamma CON_{it} + \mu_i + \delta_t + \varepsilon_{it} \qquad (11-1)$$

其中，i 表示广东省地级市，t 表示年份，CP_{it} 表示共同富裕指数，DFI_{it} 表示数字普惠金融指数，β_1 表示数字普惠金融对共同富裕的影响系数，CON_{it} 表示其他影响共同富裕的控制变量，μ_i 表示不可观测的固定效应，δ_t 表示时间效应，ε_{it} 为随机干扰项。

为了验证数字普惠金融能否缓解融资约束进而提高广东省共同富裕水平的作用机制，本章采用中介效应模型，模型设定如公式（11-2）和公式（11-3）所示：

$$DFI_{it} = \beta_0 + \beta_1 Restriction_{it} + \gamma CON_{it} + \mu_i + \delta_t + \varepsilon_{it} \qquad (11-2)$$

$$CP_{it} = \beta_0 + \beta_1 DFI_{it} + \beta_2 Restriction_{it} + \gamma CON_{it} + \mu_i + \delta_t + \varepsilon_{it}$$
$$(11-3)$$

其中，$Restriction_{it}$ 表示融资约束程度，其他变量设置同公式（11-1）。

具体的检验步骤包括：第一，数字普惠金融 DFI_{it} 对共同富裕 CP_{it} 进行回归，如公式（11-1）；第二，数字普惠金融 DFI_{it} 对中介变量融资约束 $Restriction_{it}$ 进行回归，如公式（11-2）；第三，数字普惠金融 DFI_{it} 及中介变量 $Restriction_{it}$ 对共同富裕 CP_{it} 进行回归，如公式（11-3）。

为了进一步检验数字普惠金融对于共同富裕水平的门槛作用，本章借鉴Hansen（1999），其双重门槛模型，如公式（11-4）所示：

$$CP_{it} = \alpha_0 + \alpha_1 DFI_{it} \times I(q \leqslant \gamma_1) + \alpha_2 DFI_{it} \times I(\gamma_1 < q \leqslant \gamma_2) + \alpha_3 DFI_{it} \times I(\gamma_2 \leqslant q)$$
$$+ \gamma CON_{it} + \mu_i + \delta_t + \varepsilon_{it} \qquad (11-4)$$

其中，$I(\cdot)$ 为指示函数，如果数字普惠金融满足括号内的门槛条件，则赋值为 1，否则为 0。

11.3.2 变量说明

11.3.2.1 被解释变量

共同富裕指数。考虑到共同富裕具有多维特征，本章借鉴陈丽君等（2021）与李金昌和余卫（2022）等的文献构建的共同富裕评价体系，以共同富裕内涵为基础，综合考虑指标数据可得性及代表性，构建了如表 11-1 所示的共同富裕指标评价体系。共同富裕指标共分为三个维度，一是发展性指标，用于衡量总体收入、财富和物质的增长以及不同地区和人群之间的贫富差距情况，指标包含富裕度和共同度两个方面；二是共享性指标，衡量居民实际享受的公共服务水平的高低，反映人民对美好生活的期待和现实的差距，具体包含教育、医疗、社会保障、交通和精神文化五项二级指标；三是可持续性指标，衡量经济发展和生态环境协同发展能力，反映共同富裕的后续能力。

表 11-1 共同富裕指标体系

一级指标	二级指标	三级指标	指标解释	方向
发展性	富裕度	城镇居民人均可支配收入	元/人	＋
		农村居民人均可支配收入	元/人	＋
		城镇居民人均消费支出	元/人	＋
		农村居民人均消费支出	元/人	＋
	共同度	泰尔指数	收入泰尔指数	－
共享性	教育	教育支出强度	教育支出/GDP	＋
	医疗	人均医师数	执业（助理）医师数/常住千人口数	＋
	社会保障	社会保障强度	社会保障和就业支出/GDP	＋
	交通	人均公共交通车辆	公共交通车辆数/每万人口数	＋
	精神文化	人均图书量	公共图书馆藏量/人口数	＋
可持续性	绿色生态	耗能强度	综合耗能/GDP	－
	经济发展	人均 GDP	元/人	＋
	科技发展	科技经费强度	科技经费支出/GDP	＋

在指标赋权方面，考虑到数据为面板结构，参考赵会杰和于法稳（2019）以及韩亮亮等（2022）的做法，本章采用熵值法确定各指标的权重，测度广东 2011—2020 年 20 个地级市的共同富裕水平。测算结果如下表 11-2 所示。

表 11-2 2011—2020 年广东省共同富裕水平

城市	2011 年	2012 年	2013 年	2014 年	2015 年	2016 年	2017 年	2018 年	2019 年	2020 年	均值
广州	0.467	0.529	0.528	0.539	0.583	0.607	0.639	0.628	0.664	0.694	0.588
珠海	0.272	0.302	0.315	0.326	0.347	0.371	0.401	0.426	0.482	0.519	0.376
佛山	0.224	0.240	0.251	0.255	0.411	0.301	0.319	0.341	0.383	0.423	0.315

（续）

城市	2011 年	2012 年	2013 年	2014 年	2015 年	2016 年	2017 年	2018 年	2019 年	2020 年	均值
东莞	0.197	0.218	0.225	0.209	0.277	0.276	0.297	0.324	0.371	0.405	0.280
中山	0.196	0.211	0.224	0.226	0.241	0.264	0.283	0.301	0.327	0.336	0.261
惠州	0.139	0.156	0.176	0.169	0.187	0.217	0.234	0.249	0.246	0.264	0.204
韶关	0.114	0.133	0.141	0.126	0.138	0.163	0.176	0.189	0.200	0.288	0.167
江门	0.119	0.135	0.146	0.130	0.151	0.165	0.186	0.196	0.214	0.219	0.166
汕头	0.112	0.126	0.133	0.129	0.144	0.160	0.165	0.197	0.230	0.260	0.165
湛江	0.109	0.101	0.118	0.119	0.127	0.146	0.170	0.179	0.196	0.287	0.155
梅州	0.077	0.092	0.105	0.108	0.140	0.179	0.200	0.209	0.220	0.214	0.154
肇庆	0.072	0.085	0.101	0.093	0.106	0.131	0.139	0.173	0.174	0.182	0.126
阳江	0.062	0.078	0.092	0.097	0.111	0.125	0.138	0.149	0.159	0.201	0.121
汕尾	0.058	0.075	0.089	0.088	0.102	0.124	0.138	0.150	0.160	0.172	0.116
清远	0.057	0.073	0.089	0.092	0.104	0.120	0.129	0.143	0.159	0.167	0.113
河源	0.062	0.071	0.079	0.082	0.099	0.144	0.131	0.141	0.157	0.158	0.112
潮州	0.063	0.074	0.083	0.086	0.096	0.112	0.118	0.130	0.166	0.182	0.111
茂名	0.049	0.062	0.073	0.081	0.094	0.106	0.128	0.132	0.142	0.152	0.102
揭阳	0.053	0.065	0.075	0.078	0.095	0.108	0.117	0.120	0.125	0.131	0.097
云浮	0.047	0.060	0.078	0.058	0.080	0.091	0.100	0.109	0.123	0.133	0.088

注：表格数据为自行计算并整理。下表同。

通过表 11-2 的数据可知，2011—2020 年共同富裕水平均值排名前五的地级市依次为：广州市（0.588）、珠海市（0.376）、佛山市（0.315）、东莞市（0.280）、中山市（0.261），均为珠三角城市；均值排名后五位的地级市依次为：河源市（0.112）、潮州市（0.111）、茂名市（0.102）、揭阳市（0.097）、云浮市（0.088），均为非珠三角地区。总体看来，地处珠三角地区的地级市共同富裕水平整体较高，而地处粤东、粤西和山区的地级市共同富裕水平较低。

11.3.2.2 解释变量

数字普惠金融指数。本章采用北京大学数字普惠金融研究中心发布的中国数字普惠金融发展指数作为度量数字普惠金融发展水平的变量，该指数的编制方法详见郭峰等（2020）的研究。

11.3.2.3 控制变量

参照已有关于共同富裕的文献，本章选取财政支持程度、贸易开放程度、产业合理化指数、城镇化率作为控制变量。其中，财政支持程度采用地区政府财政支出占 GDP 的比重衡量；贸易开放程度采用地区进出口贸易总额占 GDP 的比重表示；产业合理化指数借鉴干春晖等（2011）的测度方法，采用第三产业增加值与第二产业增加值的比值表示；城镇化率为城镇人口占常住人口的比例。

11.3.2.4 机制变量

融资约束。参照聂秀华等（2021）的做法，选取金融机构年末贷款余额与年末存款余额的和占地区生产总值的比例作为衡量融资约束的变量，其数值越高代表融资约束越小。

11.3.2.5 数据来源

数字普惠金融变量来自《北京大学数字普惠金融指数》，其他变量数据来自《广东统计年鉴》、各地级市统计年鉴及公报、CSMAR 数据库、EPS 数据库。对于样本数据处理，首先，鉴于深圳市农村部分数据缺失，将其从研究样本中剔除。同时，对缺失值进行外推和插补。最终，本章将数字普惠金融省级数据与 2011—2020 年广东 20 个地级市相匹配，得到 200 个样本作为观测值。表 11-3 报告了主要变量的描述性统计结果。

表 11-3 描述性统计

变量	观测值	均值	标准差	最小值	最大值
共同富裕	200	0.190 8	0.129 0	0.047 1	0.694 4
数字普惠金融	200	183.384 4	68.323 5	41.630 0	310.338 6
覆盖广度	200	173.526 8	68.228 5	22.510 0	305.980 0
使用深度	200	185.999 0	71.264 7	56.110 0	316.956 4
数字化程度	200	211.190 6	75.880 2	44.630 0	320.629 5
产业高级化	200	1.088 6	0.375 8	0.475 6	2.752 6
财政支出程度	200	1 648.444 8	719.258 9	623.744 3	3 988.785 3
贸易开放度	200	0.446 8	0.441 4	0.034 0	2.283 9
城镇化率	200	60.688 9	18.570 5	35.350 0	95.200 0
融资约束	200	2.252 4	0.751 0	0.937 9	4.863 1

11.4　实证结果分析

11.4.1　数字普惠金融对广东省共同富裕的影响

　　本章采用固定效应模型来测度数字普惠金融对共同富裕的影响。表 11 - 4 显示了数字普惠金融对共同富裕指数的回归结果。其中，第（1）列测度的是数字普惠金融对共同富裕的单独影响。结果显示，数字普惠金融的系数在 1% 的显著性水平下为 0.002 1；第（2）列为纳入相关控制变量的回归结果，数字普惠金融的系数也在 1% 的显著性水平下为 0.001 5，表明广东省数字普惠金融提高 1 个单位，能促进共同富裕水平增加 0.001 5 个单位，表明数字普惠金融的发展有效促进了广东省共同富裕。

表 11 - 4　数字普惠金融对共同富裕水平的影响

变量	(1) 共同富裕	(2) 共同富裕
数字普惠金融	0.002 1***	0.001 5***
	(0.000 4)	(0.000 4)
产业高级化程度		−0.025 2**
		(0.012 0)
财政支出程度		0.000 0
		(0.000 0)
贸易开放度		−0.027 8**
		(0.012 9)
城镇化率		−0.003 3**
		(0.001 4)
常数项	−0.001 7	0.268 0***
	(0.025 3)	(0.090 4)
地区固定效应	是	是
年份固定效应	是	是
调整 R^2	0.847	0.860
观测数	200	200

　　注：***、**、* 分别表示在 1%、5%、10% 的显著性水平下显著；（ ）内为标准误。

　　就控制变量而言，贸易开放程度的数值显著为负数，与韩亮亮等（2022）

估计系数方向一致，可能的原因在于对外贸易倾向于集中在省内发达地区，拉大了地区之间的不平衡，不利于共同富裕的推进。

11.4.2 稳健性检验

11.4.2.1 滞后一期数字普惠金融指数

为了降低反向因果的影响，本章将滞后一期的数字普惠金融指数作为解释变量，即数字普惠金融指数覆盖时间为 2011—2019 年，其余变量的覆盖时间为 2012—2020 年，有效样本为 180。结果如表 11 - 5 列（1）所示，数字普惠金融的系数显著为正，在 1% 的显著性水平下为 0.001 3，表明数字普惠金融有助于推进共同富裕。

11.4.2.2 主成分分析法

考虑到共同富裕指数的计算方法也显著影响着回归结果，为减少赋权方法导致的偏误，本章参考张金林等（2022）的做法，采用主成分分析法重新对共同富裕进行测算。KMO 检验数值为 0.767，且巴特利特球形检验通过显著性检验，表明样本适合做因子分析。结果如表 11 - 5 列（2）所示，数字普惠金融的系数在 1% 的显著性水平下为 0.009 7。结果表明，在替换了共同富裕指数的计算方法后，本章结论依然稳健。

表 11 - 5　稳健性检验

	（1）滞后一期数字普惠金融指数	（2）主成分分析法
数字普惠金融	0.001 3*** (0.000 5)	0.009 7*** (0.003 5)
产业高级化程度	−0.036 3*** (0.013 5)	−0.134 0 (0.094 1)
财政支出程度	0.000 0 (0.000 0)	0.000 1 (0.000 1)
贸易开放度	−0.023 4 (0.015 8)	−0.058 3 (0.101 3)
城镇化率	−0.003 5** (0.001 4)	−0.023 8** (0.010 7)
常数项	0.312 0*** (0.095 6)	1.3598* (0.711 4)

（续）

	(1) 滞后一期数字普惠金融指数	(2) 主成分分析法
KMO 检验	—	0.767
巴特利特球形检验		3 388.319 [0.000 0]
调整 R^2	0.839	0.859
观测数	180	200

注：***、**、* 分别表示在 1%、5%、10% 的显著性水平下显著；（ ）内为标准误；巴特利特球形检验汇报的是卡方值。

11.4.3 作用机制分析

融资约束在数字普惠金融与共同富裕之间的中介效应检验结果见表 11 - 6。在表 11 - 6 列（1）可以看到，数字普惠金融对共同富裕具有显著的正向效应。在此基础上，列（2）表示数字普惠金融对融资约束也具有显著的正向效应，说明数字普惠金融能够缓解融资约束。列（3）展示的是，将融资约束作为中介变量后，融资约束对共同富裕的影响是在 1% 的显著性水平下为正，同时数字普惠金融的系数相较于列（1）的系数下降了 0.000 3，且其比融资约束的系数要小，这说明数字普惠金融可以通过缓解融资约束进而间接促进广东省共同富裕的提升，H8 得到证实。其中，在保持其他因素不变的情况下，数字普惠金融指数每提升 1 个单位，广东共同富裕指数直接提升 0.001 2 个单位，同时也会使融资约束提高 0.009 5 个单位，进一步会导致广东省共同富裕间接提升 0.000 2 个单位，总效应提高 0.001 5 个单位，融资约束带来的间接效应在总效用中占比约为 13%。

表 11 - 6　数字普惠金融影响共同富裕作用机制的检验结果

	(1) 共同富裕	(2) 融资约束	(3) 共同富裕
数字普惠金融	0.001 5*** (0.000 4)	0.009 5*** (0.003 6)	0.001 2*** (0.000 4)
融资约束			0.025 4*** (0.009 4)

（续）

	（1）	（2）	（3）
	共同富裕	融资约束	共同富裕
产业高级化程度	−0.025 2**	0.218 3**	−0.030 7**
	（0.012 0）	（0.096 7）	（0.011 9）
财政支出程度	0.000 0	0.000 1**	−0.000 0
	（0.000 0）	（0.000 1）	（0.000 0）
贸易开放度	−0.027 8**	−0.570 9***	−0.013 4
	（0.012 9）	（0.104 1）	（0.013 7）
城镇化率	−0.003 3**	0.017 3	−0.003 8***
	（0.001 4）	（0.011 0）	（0.001 3）
常数项	0.268 0***	0.235 4	0.262 0***
	（0.090 4）	（0.731 0）	（0.088 8）
调整 R^2	0.860	0.768	0.865
观测数	200	200	200

注：***、**、*分别表示在1%、5%、10%的显著性水平下显著；（　）内为标准误。

11.4.4 非线性效应分析

本章采用门槛模型来分析数字普惠金融对广东共同富裕的非线性影响。一般来说，进行门槛回归首先要检验两个基本假设。一是门槛值的存在性检验，即检验门槛效果是否显著。本章采用 Bootstrap 自抽样法进行面板门槛的存在性检验，原假设为"H_0：不存在门槛值"，本章反复抽样 1 000 次后得到表 11-7 所展示的门槛效应检验结果。二是门槛值与潜在门槛值的置信检验，即检验门槛估计值是否等于其真实值。本章采用似然比统计量（LR）检验门槛估计值的真实性，原假设为"H_0：估计值与真实值相等"，当似然比统计量小于或等于 5% 显著性水平下的似然比统计量的临界值时，不能拒绝原假设。结果如图 11-1 所示。

如表 11-7 所示，双重门槛检验的 P 值为 0.04，小于 0.05，这说明数字普惠金融通过了双重门槛检验，但是其并没有通过三重门槛检验，所对应的 P 值为 0.56。观察图 11-1 所展示的门槛估计值，第一门槛实线最低点位于 250 附近，第二门槛实线最低点靠近 300，这结果与表 11-7 的结果相符，说明通过了真实性检验，由此确定数字普惠金融的第一门槛值为 250.992 6，第二门槛值为 283.788 1。

表 11 - 7　数字普惠金融对广东共同富裕的门槛效应检验

	F 统计量	P 值
单一门槛	57.44	0.003 0
双重门槛	39.28	0.040 0
门槛数		双重门槛
门槛值　Q1		250.992 6
Q2		283.788 1

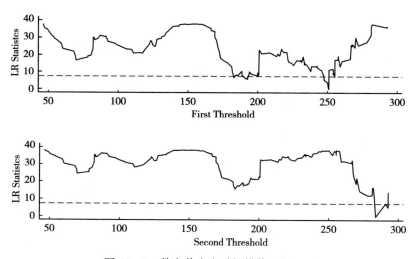

图 11 - 1　数字普惠金融门槛值 LR 图形

数字普惠金融的门槛检验通过之后，进一步进行门槛回归。结果如表 11 - 8 所示。可以看到，在双重门槛模型下，数字普惠金融指数在三个区间的系数均在 1% 显著水平下为正，且逐渐增大。当数字普惠金融指数值低于 250.992 6 时，数字普惠金融估计系数为 0.000 5，当数字普惠金融指数值在 [250.992 6，283.788 1] 之间时，数字普惠金融估计系数提升了 0.000 1，为 0.000 6，当数字普惠金融指数超过 283.788 1 时，数字普惠金融估计系数为 0.000 7。这表明数字普惠金融对广东共同富裕产生边际效应递增的非线性影响，H9 得以验证。

表 11 - 8　数字普惠金融对广东共同富裕门槛效应回归结果

变量	共同富裕
数字普惠金融 （数字普惠金融≤250.992 6）	0.000 5*** (0.000 0)
数字普惠金融 （250.992 6＜数字普惠金融≤283.788 1）	0.000 6*** (0.000 0)
数字普惠金融 （283.788 16＜数字普惠金融）	0.000 7*** (0.000 0)
控制变量	是
常数项	−0.057 1 (0.057 0)
调整 R^2	0.869
观测数	200

注：＊＊＊、＊＊、＊分别表示在1%、5%、10%的显著性水平下显著；（　）内为标准误。

11.4.5　进一步研究：异质性分析

11.4.5.1　维度异质性

我国数字普惠金融的发展是多维度的，根据北京大学数字普惠金融指数报告，数字普惠金融指数可分为覆盖广度、使用深度和数字化程度三个维度。其中，覆盖广度主要体现在金融账户覆盖率，侧重于金融服务和产品的"横向"延伸，使用深度主要体现在金融业务类型的多样性，衡量的是用户对数字普惠金融业务及产品的使用量、使用程度、频率与活跃度；数字化程度主要体现数字普惠金融服务的拓展性与多元性，提升金融服务的可触达性、便利性和低成本。因此，我们进一步考察数字普惠金融指数的三个子维度对广东共同富裕的促进作用。为探究上述三个维度对广东共同富裕的发展水平是否具有异质性影响，采用与数字普惠金融总指数相同的模型进行回归，结果如表11-9所示。

表11-9列（1）、（2）和（3）分别是数字普惠金融覆盖广度、使用深度和数字化程度对广东省共同富裕影响的实证结果。结果显示，数字普惠金融的覆盖广度、使用深度和数字化程度的回归系数均显著为正，表明数字普惠金融指数的三个子维度都对广东省共同富裕起到促进作用，其中覆盖广度促进作用最强，使用深度次之，数字化程度促进共同富裕作用最弱。究其原因，可能是

因为广东省数字普惠金融发展程度仍然属于初级推广阶段。而只有随着数字普惠金融覆盖程度的不断提高，数字普惠金融产品和服务才能更加深入广东省不同区域和人群，能够更好地满足民众对金融的需求，从而进一步促进广东共同富裕。

表 11-9　数字普惠金融赋能广东共同富裕三个子维度回归

	（1） 共同富裕	（2） 共同富裕	（3） 共同富裕
覆盖广度	0.000 8* (0.000 4)		
使用深度		0.000 5* (0.000 3)	
数字化程度			0.000 3** (0.000 1)
产业高级化程度	−0.021 1* (0.012 1)	−0.024 6* (0.012 5)	−0.019 2 (0.012 0)
财政支出程度	0.000 0 (0.000 0)	0.000 0 (0.000 0)	−0.000 0 (0.000 0)
贸易开放度	−0.037 0*** (0.012 8)	−0.037 9*** (0.012 8)	−0.041 4*** (0.012 0)
城镇化率	−0.004 9*** (0.001 4)	−0.003 3** (0.001 5)	−0.003 4** (0.001 4)
常数项	0.408 9*** (0.079 2)	0.333 4*** (0.095 6)	0.349 1*** (0.084 0)
调整 R^2	0.854	0.853	0.856
观测数	200	200	200

注：***、**、*分别表示在1%、5%、10%的显著性水平下显著；（　）内为标准误。

11.4.5.2　区域异质性

虽然数字普惠金融的发展能够在很大的程度上提升金融服务的触达性和便利性，但是由于地区之间经济发展水平与金融发展水平并不相同，数字普惠金融对不同地区的共同富裕的作用效果可能存在差异。"中国最富的地方在广东，最穷的地方也在广东"这是广东区域发展失衡的真实写照。广东珠三角地区与非珠三角地区的金融发展水平、资源禀赋和发展阶段存在着较大的差异，这使广东省不同区域的数字普惠金融发展水平和共同富裕水平都存在着明显的区域异质性。因此，数字普惠金融对广东共同富裕的影响也可能存在区域异质性。将广东珠三角地区和非珠三角地区进行回归估计，结果如表 11－10 所示。

表 11－10　数字普惠金融影响共同富裕的区域异质性分析

	(1)	(2)
	珠三角	非珠三角
数字普惠金融	0.001 9*	0.000 4
	(0.001 0)	(0.000 4)
产业高级化程度	−0.010 8	−0.054 3***
	(0.022 7)	(0.012 7)
财政支出程度	0.000 0	0.000 0***
	(0.000 0)	(0.000 0)
贸易开放度	−0.026 6	0.092 0**
	(0.019 5)	(0.044 2)
城镇化率	−0.006 8***	0.000 1
	(0.002 2)	(0.001 8)
常数项	0.616 1***	0.035 8
	(0.217 6)	(0.086 3)
调整 R^2	0.865	0.895
观测数	80	120

注：***、**、*分别表示在1％、5％、10％的显著性水平下显著；（　）内为标准误。

表 11－10 列（1）和列（2）分别表示珠三角地区和非珠三角地区的实证结果。结果显示，珠三角地区数字普惠金融的回归系数显著为正，这表明数字普惠金融的发展对珠三角地区的共同富裕的发展有显著的推动作用，这种推动作用在非珠三角地区却不显著。因此可以得出，数字普惠金融的发展对广东省共同富裕的推动具有区域异质性，珠三角地区的数字普惠金融对共同富裕的促进作用更强。造成这种区域差异性的原因可能是广东数字普惠金融的发展存在着明显的空间差异，珠三角地区的数字普惠金融水平远高于非珠三角地区，相比于非珠三角地区，珠三角地区的数字普惠金融对共同富裕有着更为明显的驱动效应。

11.5 结论与政策建议

金融科技改变了金融发展的方式，数字普惠金融作为新时代金融的代表，应该承担赋能共同富裕，夯实共同富裕物质基础的使命担当。本章利用2011—2020年广东省20个地级市的面板数据，在构建共同富裕指数的基础上，实证检验了数字普惠金融与广东省共同富裕的关系及其作用机制，并进一步分析其中的非线性门槛效应。结果显示：第一，数字普惠金融发展提升了广东省共同富裕水平，经过系列稳健性检验，该结论依然成立。第二，就作用机制而言，数字普惠金融通过缓解融资约束提升广东省共同富裕水平。第三，就非线性效应而言，数字普惠金融对广东省共同富裕的影响具有门槛效应，随着数字普惠金融的深化，其对共同富裕的"边际贡献"具有递增趋势。第四，就维度异质性而言，数字普惠金融覆盖广度对广东省共同富裕的推动效应最大，使用深度次之，数字化程度最小。第五，就区域异质性而言，数字普惠金融对共同富裕的推动效应存在区域的差异性，仅对珠三角地区的影响效应显著。

根据上述研究结果，本章提出以下政策建议。

第一，完善数字普惠金融体系。一方面，加快数字基础设施建设步伐，发展大数据基础设施，扩大5G网络、分布式计算等信息技术，特别是加强针对非珠三角地区的数字基础设施建设，扩大数字普惠金融覆盖广度。另一方面，要加快数字普惠金融知识的普及，尽快提升当地居民数字普惠金融素养。

第二，因地制宜推进各区域数字普惠金融发展。要注重数字普惠金融发展与共同富裕的门槛特性，依据当地经济发展阶段来优化配置相应的金融资源，更合理地助力本地区共同富裕。对于较为发达的珠三角地区而言，应当着力在渠道上、数字化、便利性上进行互补，加大金融产品创新力度，使数字普惠金融的边际效益发挥到最大。对于发展程度较差的东西两翼地区以及北部山区，应该着重于拓展普惠金融发展的广度和深度，有针对性地加大对新型农业经营主体、新市民、银发群体等微弱经济体的服务力度，积极推进金融产品创新、增加触达渠道和改善服务流程。

第三，着力提升金融可及性。数字普惠金融以数字科技赋能传统金融，有效服务长尾群体，创新融资方式，在信贷全流程释放能量，改善中小企业以及农户融资难、融资贵问题，提高金融资源配置效率。一方面，政府支持是缓解融资约束的重要手段。政府需完善社会征信体系，尤其是数字征信体系，加强对高风险领域的监管，淘汰不合格金融机构与降低违约风险。另一方面，金融行业应借助数字技术打造更多元且着眼于弱势群体诉求的产品和服务，提高金融资源的配置效率，缓解城乡居民的融资约束。

参 考 文 献

白钦先，谭庆华，2006. 论金融功能演进与金融发展 [J]. 金融研究 (7)：41-52.

北京大学数字金融研究中心课题组，2017. 数字普惠金融的中国实践 [M]. 北京：中国人民大学出版社.

贝多广，张锐，2017. 包容性增长背景下的普惠金融发展战略 [J]. 经济理论与经济管理 (2)：5-12.

贝多广，李焰，2017. 数字普惠金融新时代 [M]. 北京：中信出版社.

曾康霖，2019. 再论经济与金融的关系及其制度安排 [J]. 征信，37 (7)：1-5.

曾燕，黄晓迪，杨波，2019. 中国数字普惠金融热点问题评述 [M]. 北京：中国社会科学出版社.

曾之明，余长龙，张琦，等，2018. 数字普惠金融支持农民工创业机制的实证研究 [J]. 云南财经大学学报，34 (12)：58-65.

陈丽君，郁建兴，徐铱娜，2021. 共同富裕指数模型的构建 [J]. 治理研究，37 (4)：5-16，2.

陈银娥，孙琼，徐文赟，2015. 中国普惠金融发展的分布动态与空间趋同研究 [J]. 金融经济学研究，30 (6)：72-81.

成学真，张佳欣，2015. 互联网金融与传统金融的比较研究——基于金融功能视角 [J]. 甘肃金融 (4)：19-21.

丁杰，袁也，符号亮，2022. 金融减贫：数字金融与传统金融的互动关系及相对重要性分析 [J]. 国际金融研究 (9)：14-24.

丁嫚琪，张立，2019. 金融素养对我国家庭金融资产配置的影响研究 [J]. 上海金融 (3)：81-87.

丁日佳，刘瑞凝，张倩倩，2019. 数字普惠金融对服务业发展的影响及机制研究——基于省际面板数据的实证分析 [J]. 金融与经济 (7)：4-10.

董晓林，张晔，2021. 自然资源依赖、政府干预与数字普惠金融发展——基于中国 273 个地市级面板数据的实证分析 [J]. 农业技术经济 (1)：117-128.

董晓林，朱敏杰，2016. 农村金融供给侧改革与普惠金融体系建设 [J]. 南京农业大学学报（社会科学版），16 (6)：14-18，152.

董玉峰，赵晓明，2018. 负责任的数字普惠金融：缘起、内涵与构建 [J]. 南方金融 (1)：

50-56.

杜金岷，韦施威，吴文洋，2020. 数字普惠金融促进了产业结构优化吗？［J］. 经济社会体制比较（6）：38-49.

杜晓山，2009. 建立普惠金融体系［J］. 中国金融家（1）：140-142.

杜晓山，2006. 小额信贷的发展与普惠性金融体系框架［J］. 中国农村经济（8）：70-73，78.

段永琴，何伦志，2021. 数字金融与银行贷款利率定价市场化［J］. 金融经济学研究，36（2）：18-33.

范方志，彭田田，2023. 数字普惠金融对中国农村居民消费的影响研究［J］. 社会科学战线（1）：82-91.

傅利福，厉佳妮，方霞，等，2021. 数字普惠金融促进包容性增长的机理及有效性检验［J］. 统计研究，38（10）：62-75.

傅秋子，黄益平，2018. 数字金融对农村金融需求的异质性影响——来自中国家庭金融调查与北京大学数字普惠金融指数的证据［J］. 金融研究（11）：68-84.

甘犁，吴雨，何青，等，2019，中国家庭金融研究（2016）［M］. 成都：西南财经大学出版社.

干春晖，郑若谷，余典范，2011. 中国产业结构变迁对经济增长和波动的影响［J］. 经济研究，46（5）：4-16，31.

葛和平，朱卉雯，2018. 中国数字普惠金融的省域差异及影响因素研究［J］. 新金融（2）：47-53.

龚沁宜，成学真，2018. 数字普惠金融、农村贫困与经济增长［J］. 甘肃社会科学（6）：139-145.

顾庆康，池建华，2020. 乡村治理、信息技术如何促进农户金融契约信用发育？——以浙江桐乡"三治信农贷"为例［J］. 农村经济（12）：94-103.

郭峰，王靖一，王芳，等，2020. 测度中国数字普惠金融发展：指数编制与空间特征［J］. 经济学（季刊），19（4）：1401-1418.

郭峰，王瑶佩，2020. 传统金融基础、知识门槛与数字金融下乡［J］. 财经研究，46（1）：19-33.

郭丽虹，朱柯达，2021. 金融科技、银行风险与经营业绩——基于普惠金融的视角［J］. 国际金融研究（7）：56-65.

郭沛瑶，尹志超，2022. 小微企业自主创新驱动力——基于数字普惠金融视角的证据［J］. 经济学动态（2）：85-104.

郭士祺，梁平汉，2014. 社会互动、信息渠道与家庭股市参与——基于2011年中国家庭金融调查的实证研究［J］. 经济研究，49（S1）：116-131.

郭守亭，金志博，2022. 数字普惠金融对区域产业结构升级的空间溢出效应研究［J］. 经济经纬，39（6）：77－87.

郭妍，张立光，王馨，2020. 农村数字普惠金融的经济效应与影响因素研究——基于县域调查数据的实证分析 [J]. 山东大学学报（哲学社会科学版）（6）：122－132.

韩谷源，朱辰，2019. 数字普惠金融对金融稳定的影响——基于贫富差距的中介效应分析 [J]. 武汉金融（11）：29－36.

韩亮亮，彭伊，孟庆娜，2023. 数字普惠金融、创业活跃度与共同富裕——基于我国省际面板数据的经验研究 [J]. 软科学，37（3）：18－24.

郝云平，雷汉云，2018. 数字普惠金融推动经济增长了吗？——基于空间面板的实证 [J]. 当代金融研究（3）：90－101.

何德旭，苗文龙，2015. 金融排斥、金融包容与中国普惠金融制度的构建 [J]. 财贸经济（3）：5－16.

何宏庆，2019. 数字金融的发展困境与创新进路 [J]. 甘肃社会科学（1）：166－171.

何婧，李庆海，2019. 数字金融使用与农户创业行为 [J]. 中国农村经济（1）：112－126.

何兴强，史卫，周开国，2009. 背景风险与居民风险金融资产投资 [J]. 经济研究，44（12）：119－130.

何宗樾，宋旭光，2020. 数字金融发展如何影响居民消费 [J]. 财贸经济，41（8）：65－79.

侯宝锋，苏治，史建平，2022. 融资难、融资贵与小微经营者信心——基于全国工商联和蚂蚁金服小微企业联合问卷调查的分析 [J]. 中央财经大学学报（7）：25－36.

胡联，姚绍群，杨成喻，等，2021. 数字普惠金融有利于缓解相对贫困吗？ [J]. 财经研究，47（12）：93－107.

胡善成，张彦彦，张云矿，2022. 数字普惠金融、资本错配与地区间收入差距 [J]. 财经科学（5）：1－14.

黄倩，李政，熊德平，2019. 数字普惠金融的减贫效应及其传导机制 [J]. 改革（11）：90－101.

黄锐，赖晓冰，唐松，2020. 金融科技如何影响企业融资约束？——动态效应、异质性特征与宏微观机制检验 [J]. 国际金融研究（6）：25－33.

黄益平，黄卓，2018. 中国的数字金融发展：现在与未来 [J]. 经济学（季刊），17（4）：1489－1502.

黄益平，陶坤玉，2019. 中国的数字金融革命：发展、影响与监管启示 [J]. 国际经济评论（6）：24－35，5.

黄枬森，2011. 马克思主义哲学体系的当代构建（上册）[M]. 北京：人民出版社.

江红莉，蒋鹏程，2020. 数字普惠金融的居民消费水平提升和结构优化效应研究 [J]. 现代财经（天津财经大学学报），40（10）：18－32.

江艇，2022. 因果推断经验研究中的中介效应与调节效应 [J]. 中国工业经济（5）：100－

120.

蒋庆正，李红，刘香甜，2019. 农村数字普惠金融发展水平测度及影响因素研究 ［J］. 金融经济学研究，34（4）：123-133.

蒋长流，江成涛，2020. 数字普惠金融能否促进地区经济高质量发展？——基于 258 个城市的经验证据 ［J］. 湖南科技大学学报（社会科学版），23（3）：75-84.

焦瑾璞，黄亭亭，汪天都，等，2015. 中国普惠金融发展进程及实证研究 ［J］. 上海金融（4）：12-22.

金洪飞，李弘基，刘音露，2020. 金融科技、银行风险与市场挤出效应 ［J］. 财经研究，46（5）：52-65.

雷晓燕，沈艳，杨玲，2022. 数字时代中国老年人被诈骗研究——互联网与数字普惠金融的作用 ［J］. 金融研究（8）：113-131.

李波，朱太辉，2022. 债务杠杆、财务脆弱性与家庭异质性消费行为 ［J］. 金融研究（3）：20-40.

李春涛，闫续文，宋敏，2020. 金融科技与企业创新——新三板上市公司的证据 ［J］. 中国工业经济（1）：81-98.

李海奇，张晶，2022. 金融科技对我国产业结构优化与产业升级的影响 ［J］. 统计研究，39（10）：102-118.

李继尊，2015. 关于互联网金融的思考 ［J］. 管理世界（7）：1-7，16.

李建军，韩珣，2019. 普惠金融、收入分配和贫困减缓——推进效率和公平的政策框架选择 ［J］. 金融研究（3）：129-148.

李金昌，余卫，2022. 共同富裕统计监测评价探讨 ［J］. 统计研究，39（2）：3-17.

李明贤，何友，2019. 农村普惠金融目标下金融科技的工具价值及实现困境 ［J］. 华南师范大学学报（社会科学版）（1）：59-65，190.

李明贤，郑洲舟，陈铙，2021. 县域数字普惠金融发展的空间格局演化与影响因素分析——以湖南省为例 ［J］. 经济地理，41（8）：136-143.

李晓，吴雨，李洁，2021. 数字金融发展与家庭商业保险参与 ［J］. 统计研究，38（5）：29-41.

李优树，张敏，2020. 数字普惠金融发展对系统性金融风险的影响研究 ［J］. 中国特色社会主义研究（Z1）：26-34.

李振新，陈享光，2023. 数字金融能降低地方商业银行风险吗？——基于中国数字普惠金融和地方商业银行的证据 ［J］. 兰州大学学报（社会科学版），51（3）：62-76.

梁榜，张建华，2019. 数字普惠金融发展能激励创新吗？——来自中国城市和中小企业的证据 ［J］. 当代经济科学，41（5）：74-86.

梁双陆，刘培培，2019. 数字普惠金融与城乡收入差距 ［J］. 首都经济贸易大学学报，21（1）：33-41.

刘成杰，冯婷，李勇，2022. 网络基础设施建设、数字普惠金融与数字鸿沟——基于"宽带中国"示范城市创建的政策效应分析 [J]. 财经科学 (12)：103-116.

刘丹，方锐，汤颖梅，2019. 数字普惠金融发展对农民非农收入的空间溢出效应 [J]. 金融经济学研究，34 (3)：57-66.

刘涛，伍骏骞，2023. 数字金融与农户消费——基于中国家庭金融调查数据的经验分析 [J]. 农业技术经济 (2)：111-128.

刘魏，张应良，王燕，2021. 数字普惠金融发展缓解了相对贫困吗？[J]. 经济管理，43 (7)：44-60.

刘心怡，黄颖，黄思睿，等，2022. 数字普惠金融与共同富裕：理论机制与经验事实 [J]. 金融经济学研究，37 (1)：135-149.

刘原宏，杨治辉，2023. 数字普惠金融省域发展特征及影响因素研究 [J]. 统计与决策，39 (11)：139-144.

柳翠，任哲，2015. 互联网金融促进欠发达地区普惠金融发展交流会综述 [J]. 金融与经济 (11)：4-7.

柳松，魏滨辉，苏柯雨，2020. 互联网使用能否提升农户信贷获得水平——基于 CFPS 面板数据的经验研究 [J]. 经济理论与经济管理 (7)：58-72.

柳松，姜美善，2018. 普惠金融视阈下新型农村金融组织的使命漂移与政策优化研究 [M]. 北京：经济管理出版社.

罗剑朝，曹瓅，罗博文，2019. 西部地区农村普惠金融发展困境、障碍与建议 [J]. 农业经济问题 (8)：94-107.

马九杰，吴本健，2013. 农村信用社改革的成效与反思 [J]. 中国金融 (15)：59-61.

牟晓伟，盛志君，赵天唯，2022. 我国数字金融发展对产业结构优化升级的影响 [J]. 经济问题 (5)：10-20.

聂秀华，江萍，郑晓佳，等，2021. 数字金融与区域技术创新水平研究 [J]. 金融研究 (3)：132-150.

欧阳资生，路敏，熊家毅，2021. 数字普惠金融发展对中国区域性金融风险的影响研究 [J]. 西安财经大学学报，34 (5)：5-16.

普惠金融全球合作伙伴 (GPFI)，等，2018. 数字普惠金融的原则、方法与政策指引 [M]. 中国人民银行金融消费权益保护局，译. 大连：东北财经大学出版社.

钱海章，陶云清，曹松威，等，2020. 中国数字金融发展与经济增长的理论与实证 [J]. 数量经济技术经济研究，37 (6)：26-46.

钱鹏岁，孙姝，2019. 数字普惠金融发展与贫困减缓——基于空间杜宾模型的实证研究 [J]. 武汉金融 (6)：39-46.

钱雪松，袁峥嵘，2022. 数字普惠金融、居民生活压力与幸福感 [J]. 经济经纬，39 (1)：138-150.

邱晗，黄益平，纪洋，2018. 金融科技对传统银行行为的影响——基于互联网理财的视角
　　[J]. 金融研究（11）：17-29.

任碧云，李柳颖，2019. 数字普惠金融是否促进农村包容性增长——基于京津冀2114位农
　　村居民调查数据的研究 [J]. 现代财经（天津财经大学学报），39（4）：3-14.

任晓怡，2020. 数字普惠金融发展能否缓解企业融资约束 [J]. 现代经济探讨（10）：65-
　　75.

沈悦，郭品，2015. 互联网金融、技术溢出与商业银行全要素生产率 [J]. 金融研究（3）：
　　160-175.

生蕾，路子强，李校红，2018. 互联网金融研究综述与发展建议 [J]. 征信，36（12）：84-
　　88.

盛天翔，范从来，2020. 金融科技、最优银行业市场结构与小微企业信贷供给 [J]. 金融
　　研究（6）：114-132.

斯丽娟，2019. 家庭教育支出降低了农户的贫困脆弱性吗？——基于CFPS微观数据的实
　　证分析 [J]. 财经研究，45（11）：32-44.

宋科，刘家琳，李宙甲，2022. 数字普惠金融能缩小县域城乡收入差距吗？——兼论数字
　　普惠金融与传统金融的协同效应 [J]. 中国软科学（6）：133-145.

宋晓玲，2017. 数字普惠金融缩小城乡收入差距的实证检验 [J]. 财经科学（6）：14-25.

粟芳，邹奕格，韩冬梅，2020. 政府精准致力农村互联网金融普惠的路径分析——基于上
　　海财经大学2017年"千村调查"[J]. 财经研究，46（1）：4-18.

孙玉环，张汀昱，王雪妮，2021. 中国数字普惠金融发展的现状、问题及前景 [J]. 数量
　　经济技术经济研究，38（2）：43-59.

唐松，赖晓冰，黄锐，2019. 金融科技创新如何影响全要素生产率：促进还是抑制？——
　　理论分析框架与区域实践 [J]. 中国软科学（7）：134-144.

唐松，伍旭川，祝佳，2020. 数字金融与企业技术创新——结构特征、机制识别与金融监
　　管下的效应差异 [J]. 管理世界，36（5）：52-66，9.

唐文进，李爽，陶云清，2019. 数字普惠金融发展与产业结构升级——来自283个城市的
　　经验证据 [J]. 广东财经大学学报，34（6）：35-49.

滕磊，马德功，2020. 数字金融能够促进高质量发展吗？[J]. 统计研究，37（11）：80-
　　92.

田霖，2008. 基于统筹联通的农村金融体系重构 [J]. 财经研究（5）：29-39.

田瑶，郭立宏，2022. 数字普惠金融缩小收入差距了吗？——来自中国家庭追踪调查的经
　　验证据 [J]. 当代经济科学，44（6）：57-70.

万佳彧，周勤，肖义，2020. 数字金融、融资约束与企业创新 [J]. 经济评论（1）：71-
　　83.

汪昌云，钟腾，郑华懋，2014. 金融市场化提高了农户信贷获得吗？——基于农户调查的

实证研究 [J]. 经济研究，49（10）：33-45，178.

汪亚楠，谭卓鸿，郑乐凯，2020. 数字普惠金融对社会保障的影响研究 [J]. 数量经济技术经济研究，37（7）：92-112.

王安邦，胡振，2022. 数字普惠金融背景下金融素养对中国城镇家庭财务脆弱性的影响 [J]. 武汉金融（8）：65-74.

王定祥，胡小英，2023. 数字金融研究进展：源起、影响、挑战与展望 [J]. 西南大学学报（社会科学版），49（1）：101-110.

王海军，冯乾，2015. 互联网金融的演进轨迹：学术论争与当下实践 [J]. 改革（9）：142-150.

王婧，胡国晖，2013. 中国普惠金融的发展评价及影响因素分析 [J]. 金融论坛，18（6）：31-36.

王军，朱杰，罗茜，2023. 中国共同富裕发展水平测度及时空演变特征研究 [J]. 当代经济管理，45（6）：51-60.

王曙光，杨北京，2017. 农村金融与互联网金融的"联姻"：影响、创新、挑战与趋势 [J]. 农村金融研究（8）：19-24.

王修华，赵亚雄，2020. 数字金融发展是否存在马太效应？——贫困户与非贫困户的经验比较 [J]. 金融研究（7）：114-133.

王瑶佩，郭峰，2019. 区域数字金融发展与农户数字金融参与：渠道机制与异质性 [J]. 金融经济学研究，34（2）：84-95.

王永仓，温涛，王小华，2021. 数字金融与农户家庭增收：影响效应与传导机制——基于中国家庭金融调查数据的实证研究 [J]. 财经论丛（9）：37-48.

温涛，刘达，王小华，2017. "双重底线"视角下微型金融机构经营效率的国际比较研究 [J]. 中国软科学（4）：25-40.

吴海涛，秦小迪，2022. 数字金融、家庭创业与城乡财富不平等 [J]. 武汉大学学报（哲学社会科学版），75（6）：121-132.

吴金旺，顾洲一，2019. 长三角地区数字普惠金融一体化实证分析——基于函数型主成分分析方法 [J]. 武汉金融（11）：23-28，44.

吴金旺，郭福春，顾洲一，2018. 数字普惠金融发展影响因素的实证分析——基于空间面板模型的检验 [J]. 浙江学刊（3）：136-146.

吴金旺，郭福春，顾洲一，2019. 数字普惠金融能否显著减缓贫困？——来自浙江嘉兴调研的行为数据 [J]. 浙江学刊（4）：140-151.

吴卫星，吕学梁，2013. 中国城镇家庭资产配置及国际比较——基于微观数据的分析 [J]. 国际金融研究（10）：45-57.

吴卫星，齐天翔，2007. 流动性、生命周期与投资组合相异性——中国投资者行为调查实证分析 [J]. 经济研究（2）：97-110.

吴卫星，吴锟，王琎，2018. 金融素养与家庭负债——基于中国居民家庭微观调查数据的分析 [J]. 经济研究，53（1）：97-109.

吴晓求，2015. 互联网金融：成长的逻辑 [J]. 财贸经济（2）：5-15.

吴晓求，2014. 中国金融的深度变革与互联网金融 [J]. 财贸经济（1）：14-23.

吴雨，李晓，李洁，等，2021. 数字金融发展与家庭金融资产组合有效性 [J]. 管理世界，37（7）：92-104，7.

肖威，2021. 数字普惠金融能否改善不平衡不充分的发展局面？ [J]. 经济评论（5）：50-64.

谢家智，吴静茹，2020. 数字金融、信贷约束与家庭消费 [J]. 中南大学学报（社会科学版），26（2）：9-20.

谢平，邹传伟，刘海二，2014. 互联网金融监管的必要性与核心原则 [J]. 国际金融研究（8）：3-9.

谢平，邹传伟，2012. 互联网金融模式研究 [J]. 金融研究（12）：11-22.

谢绚丽，沈艳，张皓星，等，2018. 数字金融能促进创业吗？——来自中国的证据 [J]. 经济学（季刊），17（4）：1557-1580.

星焱，2016. 普惠金融：一个基本理论框架 [J]. 国际金融研究（9）：21-37.

徐伟呈，范爱军，2022. 数字金融、产业结构调整与经济高质量发展——基于南北差距视角的研究 [J]. 财经科学（11）：27-42.

薛莹，胡坚，2020. 金融科技助推经济高质量发展：理论逻辑、实践基础与路径选择 [J]. 改革（3）：53-62.

杨波，王向楠，邓伟华，2020. 数字普惠金融如何影响家庭正规信贷获得？——来自CHFS的证据 [J]. 当代经济科学，42（6）：74-87.

杨明婉，张乐柱，颜梁柱，2019. 普惠金融发展的测度体系与影响因素研究——以广东省为例 [J]. 金融监管研究（1）：69-80.

杨怡，陶文清，王亚飞，2022. 数字普惠金融对城乡居民收入差距的影响 [J]. 改革（5）：64-78.

易行健，周利，2018. 数字普惠金融发展是否显著影响了居民消费——来自中国家庭的微观证据 [J]. 金融研究（11）：47-67.

尹志超，公雪，郭沛瑶，2019. 移动支付对创业的影响——来自中国家庭金融调查的微观证据 [J]. 中国工业经济（3）：119-137.

尹志超，李青蔚，张诚，2023. 金融知识与家庭财务脆弱性——基于中国家庭金融调查数据的实证研究 [J]. 财经问题研究（2）：39-49.

尹志超，宋全云，吴雨，2014. 金融知识、投资经验与家庭资产选择 [J]. 经济研究，49（4）：62-75.

尹志超，吴雨，甘犁，2015. 金融可得性、金融市场参与和家庭资产选择 [J]. 经济研究，

50（3）：87 - 99.

尹志超，张栋浩，2020. 金融普惠、家庭贫困及脆弱性 ［J］. 经济学（季刊），20（5）：153 - 172.

宇超逸，王雪标，孙光林，2020. 数字金融与中国经济增长质量：内在机制与经验证据 ［J］. 经济问题探索（7）：1 - 14.

岳崴，王雄，张强，2021. 健康风险、医疗保险与家庭财务脆弱性 ［J］. 中国工业经济（10）：175 - 192.

詹韵秋，2018. 数字普惠金融对经济增长数量与质量的效应研究——基于省级面板数据的系统 GMM 估计 ［J］. 征信，36（8）：51 - 58.

战明华，汤颜菲，李帅，2020. 数字金融发展、渠道效应差异和货币政策传导效果 ［J］. 经济研究，2020，55（6）：22 - 38.

张碧琼，吴琬婷，2021. 数字普惠金融、创业与收入分配——基于中国城乡差异视角的实证研究 ［J］. 金融评论，13（2）：31 - 44，124.

张海洋，韩晓，2022. 数字金融能缓和社会主要矛盾吗？——消费不平等的视角 ［J］. 经济科学（2）：96 - 109.

张浩，唐文佳，来特，2022. 中国家庭股票市场"有限参与之谜"：数字金融发展解 ［J］. 金融经济学研究，37（4）：50 - 64.

张贺，白钦先，2018. 数字普惠金融减小了城乡收入差距吗？——基于中国省级数据的面板门槛回归分析 ［J］. 经济问题探索（10）：122 - 129.

张嘉怡，胡志明，2022. 中国城市数字普惠金融发展的时空演化特征及影响因素研究 ［J］. 西南民族大学学报（人文社会科学版），43（4）：108 - 118.

张金林，董小凡，李健，2022. 数字普惠金融能否推进共同富裕？——基于微观家庭数据的经验研究 ［J］. 财经研究，48（7）：4 - 17，123.

张龙耀，李超伟，王睿，2021. 金融知识与农户数字金融行为响应——来自四省农户调查的微观证据 ［J］. 中国农村经济（5）：83 - 101.

张龙耀，邢朝辉，2021. 中国农村数字普惠金融发展的分布动态、地区差异与收敛性研究 ［J］. 数量经济技术经济研究，38（3）：23 - 42.

张勋，万广华，张佳佳，等，2019. 数字经济、普惠金融与包容性增长 ［J］. 经济研究，54（8）：71 - 86.

张勋，万广华，2016. 中国的农村基础设施促进了包容性增长吗？ ［J］. 经济研究，51（10）：82 - 96.

张勋，杨桐，汪晨，等，2020. 数字金融发展与居民消费增长：理论与中国实践 ［J］. 管理世界，36（11）：48 - 63.

张正平，何广文，2012. 国际小额信贷可持续发展的绩效、经验及其启示 ［J］. 金融理论与实践（11）：84 - 92.

张子豪，谭燕芝，2018. 数字普惠金融与中国城乡收入差距——基于空间计量模型的实证分析 [J]. 金融理论与实践（6）：1-7.

赵会杰，于法稳，2019. 基于熵值法的粮食主产区农业绿色发展水平评价 [J]. 改革（11）：136-146.

郑美华，2019. 农村数字普惠金融：发展模式与典型案例 [J]. 农村经济（3）：96-104.

周广肃，梁琪，2018. 互联网使用、市场摩擦与家庭风险金融资产投资 [J]. 金融研究（1）：84-101.

周利，冯大威，易行健，2020. 数字普惠金融与城乡收入差距："数字红利"还是"数字鸿沟"[J]. 经济学家（5）：99-108.

周利，廖婧琳，张浩，2021. 数字普惠金融、信贷可得性与居民贫困减缓——来自中国家庭调查的微观证据 [J]. 经济科学（1）：145-157.

周天芸，陈铭翔，2021. 数字渗透、金融普惠与家庭财富增长 [J]. 财经研究，47（7）：33-47.

周小川，2015. 深化金融体制改革 [J]. 中国金融（22）：9-12.

周雨晴，何广文，2020. 数字普惠金融发展对农户家庭金融资产配置的影响 [J]. 当代经济科学，42（3）：92-105.

朱喜，马晓青，史清华，2009. 信誉、财富与农村信贷配给——欠发达地区不同农村金融机构的供给行为研究 [J]. 财经研究，35（8）：4-14，36.

邹新月，王旺，2020. 数字普惠金融对居民消费的影响研究——基于空间计量模型的实证分析 [J]. 金融经济学研究，35（4）：133-145.

Abor J Y, Amidu M and H Issahaku, 2018. Mobile Telephony, Financial Inclusion and Inclusive Growth [J]. Journal of African Business, 19（3）：430-453.

Agnew J, Balduzzi P and A Sundén, 2003. Portfolio Choice and Trading in a Large 401（k）Plan [J]. The American Economic Review, 93（1）：193-215.

Anderloni L, Bacchiocchi E and D Vandone, 2012. Household financial vulnerability: An empirical analysis [J]. Research in Economics, 66（3）：284-296.

Arjunwadkar P Y, 2018. Fintech: the Technology Driving Disruption in the Financial Services Industry [M]. Bocaraton: Auerbach Publcations.

Ashraf N, Karlan D and W Yin, 2010. Female Empowerment: Impact of a Commitment Savings Product in the Philippines [J]. World Development, 38（3）：333-344.

Athey S and G W Imbens, 2017. The Econometrics of Randomized Experiments [M]. In A. Banerjee and E. Duflo（Eds.）Handbook of Field Experiments, Amsterdam: North Holland.

Banerjee A, Duflo E, Glennerster R and C Kinnan, 2015. The Miracle of Microfinance? Evidence from a Randomized Evaluation [J]. American Economic Journal: Applied Economics, 7 (1): 22 - 53.

Hannig A, Jansen S, 2011. Financial Inclusion and Financial Stability: Current Policy Issues [J]. Finance Working Papers.

Beck T, Demirguc-Kunt A and M S Martinez Peria, 2007. Reaching out: Access to and use of banking services across countries [J]. Journal of Financial Economics, 85 (1): 234 - 266.

Bettinger A, 1972. FINTECH: A Series of 40 Time Shared Models Used at Manufacturers Hanover Trust Company [J]. Interfaces, 2 (4): 62 - 63.

Bihari S C, 2011. Financial Inclusion for Indian Scense [J]. SCMS Journal of Indian Management, 8 (3).

Bodie Z, Gray D F F and R C Merton, 2006. A New Framework for Analyzing and Managing Macrofinancial Risks of an Economy [J]. SSRN Electronic Journal.

Brown D B and J E Smith, 2011. Dynamic Portfolio Optimization with Transaction Costs: Heuristics and Dual Bounds [J]. Management Science, 57 (10): 1752 - 1770.

Brunetti M, Giarda E and C Torricelli, 2016. Is Financial Fragility a Matter of Illiquidity? An Appraisal for Italian Households [J]. Review of Income and Wealth, 62 (4): 628 - 649.

Bunnell L, Osei-Bryson K-M and V Y Yoon, 2020. FinPathlight: Framework for an multiagent recommender system designed to increase consumer financial capability [J]. Decision Support Systems, 134: 113306.

Cai S, Park A and S Wang, 2020. Microfinance can raise incomes: evidence from a randomized control trial in China [J]. HKUST Business School Research Paper.

Campbell J Y, Viceira L M and L M Viceira, 2002. Strategic asset allocation: portfolio choice for long-term investors [M]. Clarendon Lectures in Economic.

Campbell J Y, 2006. Household Finance [J]. The Journal of Finance, 61 (4): 1553 - 1604.

Cardak B A and R Wilkins, 2009. The determinants of household risky asset holdings: Australian evidence on background risk and other factors [J]. Journal of Banking & Finance, 33 (5): 850 - 860.

Chen S and H Zhang, 2021. Does digital finance promote manufacturing servitization: Micro evidence from China [J]. International Review of Economics & Finance, 76: 856 - 869.

Chuen D L K and E G S Teo, 2015. Emergence of FinTech and the LASIC principles [J]. The Journal of Financial Perspectives: Fintech, 3 (3): 24 - 37.

Claessens S and L Laeven, 2003. Financial Development, Property Rights, and Growth [J]. The Journal of Finance, 58 (6): 2401 - 2436.

Coleman B E, 2006. Microfinance in Northeast Thailand: Who benefits and how much? [J].

World Development, 34 (9): 1612 – 1638.

Conley T G, Hansen C B and P E Rossi, 2012. Plausibly Exogenous [J]. Review of Economics and Statistics, 94 (1): 260 – 272.

Crépon B, Devoto F, Duflo E and W Parienté, 2015. Estimating the Impact of Microcredit on Those Who Take It Up: Evidence from a Randomized Experiment in Morocco [J]. American Economic Journal: Applied Economics, 7 (1): 123 – 150.

Daud S N M, Marzuki A, Ahmad N and Z Kefeli, 2019. Financial Vulnerability and Its Determinants: Survey Evidence from Malaysian Households [J]. Emerging Markets Finance and Trade, 55 (9): 1991 – 2003.

Demirgüç – Kunt A and L F Klapper, 2012. Financial inclusion in Africa: an overview [J]. World Bank policy research working paper.

Diamond D W and P H Dybvig, 1983. Bank Runs, Deposit Insurance, and Liquidity [J]. Journal of Political Economy, 91 (3): 401 – 419.

Diamond D W, 1984. Financial Intermediation and Delegated Monitoring [J]. The Review of Economic Studies, 51 (3): 393 – 414.

Diniz E, Birochi R and M Pozzebon, 2012. Triggers and barriers to financial inclusion: The use of ICT-based branchless banking in an Amazon county [J]. Electronic Commerce Research and Applications, 11 (5): 484 – 494.

Drasch B J, Schweizer A and N Urbach, 2018. Integrating the 'Troublemakers': A taxonomy for cooperation between banks and fintechs [J]. Journal of Economics and Business, 100: 26 – 42.

Fama E F, 1980. Banking in the theory of Finance [J]. Journal of Monetary Economics, 6 (1): 39 – 57.

Frost J, Gambacorta L, Huang Y, et al., 2019. BigTech and the changing structure of financial intermediation [J]. Economic Policy, 34 (100): 761 – 799.

Fuster A, Plosser M, Schnabl P and J Vickery, 2019. The Role of Technology in Mortgage Lending [J]. The Review of Financial Studies, 32 (5): 1854 – 1899.

Gabor D and S Brooks, 2017. The digital revolution in financial inclusion: International development in the fintech Era [J]. New Political Economy, 22 (4): 423 – 436.

Gaudecker H-M V, 2015. How Does Household Portfolio Diversification Vary with Financial Literacy and Financial Advice? Financial Literacy and Household Portfolio Diversification [J]. The Journal of Finance, 70 (2): 489 – 507.

Goetz A M and R S Gupta, 1996. Who takes the credit? Gender, power, and control over loan use in rural credit programs in Bangladesh [J]. World Development, 24 (1): 45 – 63.

Grossman J and M Tarazi, 2014. Serving smallholder farmers: Recent developments in digital finance [R].

Guiso L and L Zaccaria, 2023. From patriarchy to partnership: Gender equality and household finance [J]. Journal of Financial Economics, 147 (3): 573 – 595.

Guo H, Pathak P and H K Cheng, 2015. Estimating Social Influences from Social Networking Sites-Articulated Friendships versus Communication Interactions: Social Influences from Social Networking Sites [J]. Decision Sciences, 46 (1): 135 – 163.

Haddad C and L Hornuf, 2019. The emergence of the global fintech market: Economic and technological Determinants [J]. Small Business Economics, 53 (1): 81 – 105.

Hansen B E, 1999. Threshold effects in non-dynamic panels: Estimation, testing, and inference [J]. Journal of Econometrics, 93 (2): 345 – 368.

Haushofer J and E Fehr, 2014. On the psychology of Poverty [J]. Science, 344 (6186): 862 – 867.

Heeks R and L L Kanashiro, 2009. Telecentres in mountain regions: A Peruvian case study of the impact of information and communication technologies on remoteness and Exclusion [J]. Journal of Mountain Science, 6 (4): 320 – 330.

Kangni K and A Mihasonirina, 2011. ICT, Financial Inclusion, and Growth Evidence from African Countries [J]. IMF Working Papers, 11 (73).

Khandker S R, 2005. Microfinance and Poverty: Evidence Using Panel Data from Bangladesh [J]. The World Bank Economic Review, 19 (2): 263 – 286.

Knewtson H S and Z A Rosenbaum, 2020. Toward understanding FinTech and its Industry [J]. Managerial Finance, 46 (8): 1043 – 1060.

Leyshon A and N Thrift, 1993. The restructuring of the U. K. financial services industry in the 1990s: A reversal of Fortune? [J]. Journal of Rural Studies, 9 (3): 223 – 241.

Li J, Wu Y and J J Xiao, 2020. The impact of digital finance on household consumption: Evidence from China [J]. Economic Modelling, 86: 317 – 326.

Liverpool L S O and A Winter-Nelson, 2010. Poverty Status and the Impact of Formal Credit on Technology Use and Wellbeing among Ethiopian Smallholders [J]. World Development, 38 (4): 541 – 554.

Loke Y J, 2017. Financial vulnerability of working adults in Malaysia [J]. Contemporary Economics, 11 (2): 205 – 219.

Lusardi A, Mitchell O S and V Curto, 2010. Financial Literacy among the Young [J]. The Journal of Consumer Affairs, 44 (2): 358 – 380.

Lusardi A and O S Mitchell, 2014. The Economic Importance of Financial Literacy: Theory and Evidence [J]. Journal of Economic Literature, 52 (1): 5 – 44.

Lusardi A, Schneider D and P Tufano, 2011. Financially Fragile Households: Evidence and

Implications [J]. Brookings Papers on Economic Activity (1): 83 - 134.

Lusardi A and P Tufano, 2015. Debt literacy, financial experiences, and Overindebtedness [J]. Journal of Pension Economics and Finance, 14 (4): 332 - 368.

Ma Y and D Liu, 2017. Introduction to the special issue on Crowdfunding and FinTech [J]. Financial Innovation, 3 (1): 8, s40854 - 017 - 0058 - 9.

Manyika J, Lund S, Singer M, et al. , 2016. Digital Finance for All: Powering Inclusive Growth in Emerging Economies [R]. America: McKinsey Global Institute.

Mbiti I and D N Weil, 2015. Mobile banking: The impact of M-Pesa in Kenya [M] //African successes, Volume III: Modernization and development, University of Chicago Press.

McKillop D G, Ward A-M and J O S Wilson, 2017. The Development of Credit Unions and Their Role in Tackling Financial Exclusion [J]. Public Money and Management, 27 (1): 37 - 44.

Mehrotra A N and J Yetman, 2015. Financial inclusion-issues for central banks [J]. BIS Quarterly Review March.

Merton R C, 1995. A Functional Perspective of Financial Intermediation [J]. Financial Management, 24 (2): 23 - 41.

Michelangeli V and M Pietrunti, 2014. A microsimulation model to evaluate Italian households' financial vulnerability [J]. Bank of Italy Occasional Paper.

Mishra P and P Montiel, 2013. How effective is monetary transmission in low-income countries? A survey of the empirical evidence [J]. Economic Systems, 37 (2): 187 - 216.

Mosley P, 2001. Microfinance and Poverty in Bolivia [J]. Journal of Development Studies, 37 (4): 101 - 132.

Munk C, 2020. A Mean-variance benchmark for household portfolios over the life Cycle [J]. Journal of Banking & Finance, 116: 105833.

O'Connor G E, Newmeyer C E, Wong N Y C and J B Bayuk, et al. , 2019. Conceptualizing the multiple dimensions of consumer financial Vulnerability [J]. Journal of Business Research, 100: 421 - 430.

Ozili P K, 2018. Impact of digital finance on financial inclusion and stability [J]. Borsa Istanbul Review, 18 (4): 329 - 340.

Peric K, 2015. Digital financial inclusion [J]. Journal of Payments Strategy & Systems, 9 (3): 212 - 214.

Perry V G, 2008. Is Ignorance Bliss? Consumer Accuracy in Judgments about Credit Ratings [J]. The Journal of Consumer Affairs, 42 (2): 189 - 205.

Pitt M M and S R Khandker, 1998. The impact of Group-Based Credit Programs on Poor Households in Bangladesh: Does the Gender of Participants Matter? [J]. Journal of Political Economy, 106 (5): 958 - 996.

Sarma M and J Pais, 2011. Financial Inclusion and Development [J]. Journal of International Development, 23 (5): 613 - 628.

Scholes M, Benston G J and C W Smith, 1976. A Transactions Cost Approach to The Theory of Financial Intermediation [J]. The Journal of Finance, 31 (2): 215 - 231.

Scholtens B and D Van Wensveen, 2000. A critique on the theory of financial Intermediation [J]. Journal of Banking & Finance, 24 (8): 1243 - 1251.

Schumpeter J, 1912. The Theory of Economic Development [M], Cambridge: Harvard University Press.

Shum P and M Faig, 2006. What explains household stock Holdings? [J]. Journal of Banking & Finance, 30 (9): 2579 - 2597.

Soll J B, Keeney R L and R P Larrick, 2013. Consumer Misunderstanding of Credit Card Use, Payments, and Debt: Causes and Solutions [J]. Journal of Public Policy & Marketing, 32 (1): 66 - 81.

Swamy V, 2014. Financial Inclusion, Gender Dimension, and Economic Impact on Poor Households [J]. World Development, 56: 1 - 15.

Thakor A V, 2020. Fintech and banking: What do we Know? [J]. Journal of Financial Intermediation, 41: 100833.

Tobin J, 1963. Economic Progress and the International Monetary System [J]. Proceedings of the Academy of Political Science, 27 (3): 77 - 92.

Tram T X H, Lai T D and T T H Nguyen, 2023. Constructing a composite financial inclusion index for developing Economies [J]. The Quarterly Review of Economics and Finance, 87: 257 - 265.

Vandone D, 2009. Consumer credit in Europe: Risks and opportunities of a dynamic industry [M]. Springer Science & Business Media.

Vissing-Jørgensen A, 2002. Limited Asset Market Participation and the Elasticity of Intertemporal Substitution [J]. Journal of Political Economy, 110 (4): 825 - 853.

Wilcox K, Block L G and E M Eisenstein, 2011. Leave Home without it? The Effects of Credit Card Debt and Available Credit on Spending [J]. Journal of Marketing Research, 48 (SPL): S78 - S90.

Yang B, Ma F, Deng W and Y Pi, 2022. Digital inclusive finance and rural household subsistence consumption in China [J]. Economic Analysis and Policy, 76: 627 - 642.

Zeldes S P, 1989. Consumption and Liquidity Constraints: An Empirical Investigation [J]. Journal of Political Economy, 97 (2): 305 - 346.

后　记

——盛夏中对普惠金融数字化的思考

书稿完成之时，不觉已是盛夏，炎炎烈日，暑气逼人。

因为研究国家社科基金项目"数字普惠金融赋能乡村振兴的模式创新与政策优化研究"的缘故，加之广东省历来作为改革开放先行先试的排头兵，萌生了写一部聚焦广东省数字普惠金融发展的学术专著。恰逢米运生教授负责的"普惠金融与'三农'经济研究院"招标相关项目，于是顺理成章地开启了这部学术著作的撰写之路。

回眸近十年的学术之旅，一直在深思中国普惠金融的发展之路。何为普惠金融？现有的发展之路本质是什么？商业上可持续吗？2013 年 11 月，中国共产党第十八届中央委员会第三次全体会议正式提出"发展普惠金融，鼓励金融创新，丰富金融市场层次和产品"的主张。随后，全国上下开启了轰轰烈烈的普惠金融运动。客观而言，我们成绩斐然，但问题不少。关键的问题是我们的普惠金融是受命于政府意愿，通过或明或暗的各种补贴而推行的，相关业务事实上大部分是亏损的。而普惠金融作为一种全新的金融理念，自从在 2005 年国际小额信贷年会上诞生之日起，无论是制度主义、折中主义还是福利主义学派，均强调其核心要旨是能够以可负担的成本，有效和全方位地为所有社会成员提供金融服务。因此，我们现行的普惠金融在商业上是不可持续的，与其叫普惠金融，不如称之为政策性金融恐怕更为合适。

那么，普惠金融未来在中国的出路在哪呢？21 世纪以来，微型金融的发展受到广度不够、深度不足以及可持续发展面临严峻挑战等三方面制约。这些制约直接推动了普惠金融的产生。普惠金融是小额信贷和微型金融在广度与深度上的延伸和发展，以金融促发展而不是简单的扶贫，不仅意味着相关不同的金融机构可通过各自的比较优势为贫困家庭和中小微企业提供多样化、层次化的金融服务，而且意味着微型金融不再被边缘化，将与广泛的金融体制相结合并成为国家金融体制的一部分。因此，普惠金融的提出具有重大的理论与实践意义，对于全球微型金融的发展和反贫困事业产生了巨大的推动作用。然而，纵观全球，普惠金融的发展都面临着同时追求社会绩效与经济绩效双重目标而导致的自身难以为继的困境，即商业上不可持续。

令人欣喜的是，互联网革命催生了受益于大数据、人工智能、区块链、云计算等技术进步的数字普惠金融，一方面，以其对长尾市场的开拓促使传统金融嫌贫爱富的本性得以部分纠偏，打通了金融服务的"最后一公里"；另一方面，以其先天内生的促进包容性增长效应，缩小了社会的贫富差距。因此，数字普惠金融的长尾效应和包容性增长两大反贫困的实现机制，或许让人类社会在追求效率的征程中找到了和谐发展的金融平衡技术和有效路径依赖。

事实上，数字普惠金融利用移动终端快速普及所蕴含的巨大机会，使传统金融服务突破了时空限制，尤其为被排斥于正规金融体系之外，无法享有金融服务的群体提供获取普惠金融的数字渠道，从而满足服务对象的切身金融需求。数字普惠金融因其惠贫性质得到国际社会的广泛认可和高度重视。2007 年肯尼亚首创富有商业价值的 "M-PESA" 模式，其核心是以移动支付发挥数字普惠金融潜力。2016 年，中国在 G20 杭州峰会上提出了数字普惠金融议题，倡导利用数字技术支持普惠金融发展，构建数字金融基础设施生态系统，得到了 G20 各成员国的高度认同，并推动出台了《G20 数字普惠金融高级原则》。这是国际社会首次在该领域推出高级别的指引性文件，是国际普惠金融领域顶层设计的关键一环，也是全球数字普惠金融发展的一个重要里程碑。

就金融对社会的影响而言，社会经济结构不平衡状态的根源就是金融结构的不平衡，穷人之所以贫穷的金融逻辑是因为缺乏有效的金融支持。人类社会需要和谐发展，天下苍生诉求金融普惠。数字普惠金融开启了数字技术与金融服务相结合的普惠金融新时代，并因其自身的低成本、多便捷、广覆盖的惠贫特质被视作反贫困的重要手段，已得到国际社会的一致认可和大力推广。因此，抓住"数字普惠金融红利"带来的包容、效率和创新的新契机，发挥数字普惠金融在支付、转账、储蓄、信贷、保险、理财等领域的信息及成本优势，将技术进步和金融深化的成果惠及社会更多弱势群体，对于促进经济包容性增长和社会包容性发展具有重要的理论意义和现实价值。当然，任何技术进步带来的金融创新都是把"双刃剑"，尤其是数字普惠金融发展中的风险与监管问题不容小觑，值得高度重视！

书稿的撰写过程并不顺利。常常开始设想很好，最终被改得面目全非。在布局谋篇过程中，深感七上八下，担心顾此失彼，首尾不接；在编文织字进程中，常怀忐忑之心，唯恐词不达意，这那出错。好在原来有些基础，尤其是手下指导的一帮弟子给力。由早春至盛夏，历经近半年的艰辛，几易其稿，终于杀青。

在项目研究过程中，课题组成员、我指导的谭卓敏博士生提供了第8章、第9章的初稿和第1章第2节的初稿，徐伟祁博士生提供了第7章和第1章第1节的初稿以及负责指导硕士生梁万阳、徐伟、廖威仲、杨锦城分别提供了第3章、第4章、第5章、第6章的初稿，陈楚娜博士生提供了第10章的初稿，硕士生王紫翎、廖威仲提供了第11章的初稿；本人负责整体设计和全文统筹修改，并撰写了第1章和第2章。此外，也借鉴了诸多学者的见解（见参考文献），尤其是北京大学数字金融研究院发布的数字普惠金融指数；中国农业出版社为本书的顺利出版付出了辛勤劳动。特此一并致谢！

感激我的家人！妻子刘春桃女士，帮我分担工作上的"报账"等繁杂之事和生活上的日常琐事，尤其是面临退休，顺利拿下了充实生活的职业规划师和心理咨询师双证，也算是圆了兴趣梦，让我能潜心于自己的修行之路；儿子柳一斌从美国名校博士毕业，虽面临疫情下的就业时艰，尚能幸运地闯进新加坡国立大学商学院，并以全系教学名列前茅而提前转正，去年底又传来了在会计学科的国际顶刊上成功发文之喜报，令我彻底释怀放心了。人生如斯，似乎从"阅己"越入到"悦己"之境了！

虽是盛夏，烈日炎炎，忙忙碌碌；然而，只要心中有清凉，手中握清风，就能浅笑安然，宠辱不惊。闲看庭前花开花落，漫随天外云卷云舒，真所谓手握清风觅清闲，醉把苦夏浸成甜，管他暑与热？

是为记。

柳　松

于羊城五山

2023 年 9 月 9 日